2017年度北京市教育科学"十三五"规划重点课题
"幼儿园教师专业胜任力的诊断标准与发展模型研究"
(项目编号:AAFA17016)的阶段性研究成果

# Essentials of Active Learning in Preschool: Getting to Know the HighScope Curriculum

（Second Edition）

高瞻课程的理论与实践
—— HighScope ——

霍力岩　主编

李金　刘祎玮　何淼　副主编

# 学前教育中的主动学习精要

## ——认识高瞻课程模式（第2版）

[美]　安·S. 爱泼斯坦（Ann S. Epstein）　著

霍力岩　刘祎玮　刘睿文　何　淼　李　金　李冰伊　姜珊珊
黄　爽　陈雅川　徐　鹏　黄　双　李文婧　刘凌云　赵一璇　译
谷　虹　杜宝杰　王冰虹　张　艺　张　昭　张静漪

李冰伊　李　金　审校

教育科学出版社
·北　京·

# 从书译者前言

# 让幼儿具有高度的热情和广泛的兴趣
## ——走近高瞻课程模式的理论与实践

高瞻课程模式在我国曾被译为"高宽课程""海伊斯科普课程"等。它诞生于20世纪60年代的美国，历经半个多世纪的建构、解构与重构，已经成为当今世界学前教育领域举足轻重的幼儿园课程模式。可以这样认为，高瞻课程模式是以公立幼儿园儿童为主要对象，以帮助儿童学会主动学习为基本价值取向，以系列关键发展指标为主要学习内容，以计划—工作—回顾的活动教学为基本组织形式，旨在让儿童对周围的自然与社会产生高度热情和广泛兴趣的一种幼儿园课程模式。在未来"幼有所育""办好学前教育"的形势下，相信高瞻课程模式会为我们思考学前教育的价值、幼儿园的本质、幼儿园课程开发和幼儿园教师专业发展等一系列重大问题，为我们可持续地为明天建构出最佳的解决方案——适宜中国儿童的学前教育课程模式、适宜中国教师的幼儿园教师培训课程模式提供一些有益借鉴。

## 一、高瞻课程模式与新时期学前教育事业的改革和发展

### 1. 高瞻课程模式对于深刻认识学前教育价值具有重要意义

20世纪60年代，在美国"向贫穷宣战"的全国性战略行动中，著名的佩里学前教育项目（Perry Preschool Project），又称为高瞻佩里学前教育项目（The HighScope Perry Preschool Program）——一项针对处境不利学前儿童进行教育干预的公立学前教育项目——在密歇根州伊普西兰蒂市（Ypsilanti，MI）诞生。高瞻课程模式正是这一著名学前教育项目的支柱性组成部分，它是在历经多年的理论研究和实践探索后形成的一套幼儿园课程模式。从某种意义上来说，正是高瞻课程模式为世人熟知和公认的长效教育结果推进了我们对学前教育高效、长期和综合价值的认识。

基于对高瞻佩里学前教育项目或高瞻课程模式中学前儿童发展的长期追踪研究，

权威研究者们有了关于优质学前教育效果的新发现，即优质学前教育方案在提高儿童的受教育年限和教育成就、增加国家税收、减少福利开支和预防犯罪等方面成果喜人。美国学者施瓦因哈特（Lawrence J. Schweinhart）、蒙铁（Jeanne Montie）等在 2005 年对高瞻课程模式的研究中发现，优质学前教育方案对人的一生有着深远的影响，并通过对人的影响而产生对社会的综合影响。经过对高瞻课程模式中儿童接受学前教育情况进行成本—收益分析，发现在扣除了通货膨胀等因素后，每投资 1 美元到学前教育以帮助贫困儿童，便有 17.07 美元的收益，其中 12.90 美元的收益属于纳税人，4.17 美元的收益为儿童个人所有。特别值得指出的是，诺贝尔经济学奖获得者赫克曼（James J. Heckman）及其同事重新分析了高瞻佩里学前教育项目的相关数据，再次确认了以上研究结果：对女性来说，高瞻佩里学前教育项目在提高教育成就、就业率、成年后经济收益以及降低逮捕率方面都产生了有益的影响；对男性来说，高瞻佩里学前教育项目对降低逮捕率、减少监禁、增加 27 岁时的收入、增加 40 岁时的就业以及其他经济收益方面都有积极的影响。除此之外，对高瞻佩里学前教育项目的追踪研究还发现，与参与其他课程的儿童相比，参与高瞻课程模式的实验组儿童在成年后（40 岁以后）的综合评价中，学前教育的长期效应最为显著。随着高瞻课程模式促进学前儿童有益、有效发展的积极意义越来越多地得到证实，高瞻课程模式的影响和发展已然跨越国界，成为有世界影响力的优秀幼儿园课程模式。

时至今日，对高瞻佩里学前教育项目或高瞻课程模式的教育效果，特别是中长期教育效果的研究成果，推动世界各国对学前教育的重要价值达成了高度共识，也推进了国人对学前教育价值的长期性和综合性的认识。在我国，越来越多的有识之士已经认识到并将越来越深刻地认识到，学前教育的价值已经远远超越了个体发展和家庭和谐的民生范畴，正在与做好入学准备和实现"幼小衔接"、提高义务教育质量和提升国民综合素质等"基本实现教育现代化，基本形成学习型社会"的目标紧密联系在一起，并将对构建和谐社会、促进社会公平和阻断贫困代际传递等全面建成小康社会目标，建设富强、民主、文明、和谐的社会主义现代化国家的国家命运产生重大而深远的影响。

**2. 高瞻课程模式对于推动幼儿园课程改革具有积极作用**

"高瞻"的英文由两个英文单词——High 和 Scope——组成，前一个词指高度的热情（high aspirations），后一个词指广泛的兴趣（a broad scope of interest），即让儿童具有高度的热情和广泛的兴趣。同时，必须指出的是，高瞻课程模式的含义绝不止于此。高瞻课程模式是儿童主动学习、在活动中学习、在获取关键经验中学习等世界主流学前教育理念的倡导者和践行者，有独到的且有影响力的课程价值取向、课程框架、课程组织形式和课程评价体系，是理性光辉和实践智慧的相辅相成，是儿童发展与教师发展的交相辉映，是实践性课程、反思型教师和发展性评价的三位一体。可以说，尽管高瞻课程模式仍处在发展过程之中，仍存在这样那样的不足和可以商榷的问题，但没有任何人可以否认，它是经历了时间和空间检验的优秀幼儿园课程模式，在世界主流幼儿园课程模式的舞台上占据重要地位。

《国家中长期教育改革和发展规划纲要（2010—2020年）》提出了基本普及学前教育、重点发展农村学前教育的任务，《国务院关于当前发展学前教育的若干意见》要求做到大力发展公办幼儿园，提供广覆盖、保基本的学前教育公共服务。由此，在重点发展农村学前教育和大力发展公办幼儿园的现实背景下，源于美国弱势儿童教育和公立学前教育的优质幼儿园课程模式——高瞻课程模式——有着可以为我国学前教育事业发展，特别是幼儿园课程改革与幼儿园教师教育改革提供参考和借鉴的重要价值。学前教育如何才能真正成为以普通家庭儿童为对象的公共产品或准公共产品？幼儿园教师如何才能不再进行"填鸭式"的直接授受，而真正帮助儿童学会主动学习和探究学习？幼儿园教师如何才能不再进行"分科式"的"传道、授业和解惑"，而以关键经验、核心内容、基本能力、主要态度等组织一日活动？幼儿园教师如何才能不再让儿童仅仅进行读写和运算的入学准备，而是引导并支持儿童对自然和社会具有高度的热情和广泛的兴趣？幼儿园如何才能走出"掠夺式开发儿童大脑"的知识导向的误区，而成为尊重生命并帮助儿童实现快乐生活、健康成长的可持续发展的另一个家园？确实，幼儿园活动室成为像中小学一样的教室，还是成为回归幼儿园本源的儿童乐园，这是一个与今日学前教育改革和发展的价值取向，特别是幼儿园课程改革和发展的价值取向密切相关的严峻问题。我们希望，高瞻课程模式可以为我们思考上述一系列问题提供线索和启示。

目前，高瞻教育研究基金会（The HighScope Educational Research Foundation）在加拿大、英国、印度尼西亚、爱尔兰、墨西哥、新加坡、荷兰、韩国、南非和智利等国家均设立了全国性的高瞻课程模式教师培训中心。高瞻课程模式中幼儿园教师实践的书籍和评价工具也已经被翻译成中文、阿拉伯语、荷兰语、法语、韩语、挪威语、葡萄牙语、西班牙语和土耳其语等多种语言。同时，随着全球化时代文化教育的跨国传播越来越多，高瞻课程模式也被越来越多的国家和地区广泛采用，并在越来越多的国家和地区产生快速、直接的或潜移默化的影响。希望我们对高瞻课程模式的解读，特别是对高瞻课程模式的价值、教育内容、教育方法、组织形式、评价体系和教师发展策略的解读，能够为我国学前教育工作者思考新时期中国学前教育价值取向、幼儿园课程建构和幼儿园教师专业发展等学前教育事业发展的重大

4

理论和实践问题有所帮助。

## 二、高瞻课程模式与本译丛的基本结构

基于对高瞻课程模式重要意义的认识，我们组织翻译了高瞻课程模式的系列著作。目前该丛书共包括16本，分为3辑。第一辑：①《学前教育中的主动学习精要——认识高瞻课程模式（第2版）》(*Essentials of Active Learning in Preschool: Getting to Know the HighScope Curriculum*，Second Edition)；②《有准备的教师——为幼儿学习选择最佳策略》(*The Intentional Teacher: Choosing the Best Strategies for Young Children's Learning*)；③《你不能参加我的生日聚会——学前儿童的冲突解决（第2版）》(*You can't Come to My Birthday Party! Conflict Resolution with Young Children*，Second Edition)；④《我比你大，我五岁——学前儿童数学能力的发展》(*I'm Older than You. I'm Five! Math in the Preschool Classroom*)；⑤《我是儿童艺术家——学前儿童视觉艺术的发展》(*Supporting Young Artists: The Development of the Visual Arts in Young Children*)。第二辑：⑥《高瞻学前课程模式》(*The HighScope Preschool Curriculum*)；⑦《学习品质：关键发展指标与支持性教学策略》(*Approaches to Learning*)；⑧《社会性和情感发展：关键发展指标与支持性教学策略》(*Social and Emotional Development*)；⑨《身体发展和健康：关键发展指标与支持性教学策略》(*Physical Development and Health*)；⑩《语言、读写和交流：关键发展指标与支持性教学策略》(*Language, Literacy and Communication*)；⑪《数学：关键发展指标与支持性教学策略》(*Mathematics*)；⑫《创造性艺术：关键发展指标与支持性教学策略》(*Creative Arts*)；⑬《科学和技术：关键发展指标与支持性教学策略》(*Science and Technology*)；⑭《社会学习：关键发展指标与支持性教学策略》(*Social Studies*)。第三辑：⑮《学前儿童观察评价系统》(*Preschool Child Observation Record*，COR Advantage)；⑯《学前教育机构质量评价系统》(*Preschool Program Quality Assessment*，PQA)。

我们希望通过对高瞻课程模式中影响较大的十几本著作的介绍，让大家更为深入地了解高瞻课程模式，特别是更为细致地了解：①高瞻课程模式的价值取向和基本框架；②高瞻课程模式中的教师角色；③高瞻课程模式中儿童的社会性发展；④高瞻课程模式中儿童认知能力的发展；⑤高瞻课程模式中儿童艺术能力的发展。同时，我们希望帮助大家在较为准确地把握高瞻课程模式的基本要素和框架结构的基础上，借鉴他人经验，创造出适合我国国情的学前教育课程模式。

◇ 第一辑

**1.《学前教育中的主动学习精要——认识高瞻课程模式（第 2 版）》**

《学前教育中的主动学习精要——认识高瞻课程模式（第 2 版）》系统反映了高瞻课程模式理论与实践的最新进展。该书以主动学习为基本线索，主要介绍了高瞻课程模式的 4 个基本要素：教学实践、课程内容、评价系统以及员工培训模式。在教学实践部分，该书详细介绍了高瞻课程模式的实践者在帮助儿童进行主动参与式学习时所使用的主要方法，包括成人—幼儿互动、室内外学习环境的创设、一日活动流程的建立、家园合作以及教师之间的有效沟通与合作策略等。在课程内容部分，该书详细介绍了高瞻课程模式的八大内容领域（包括学习品质，社会性和情感发展，身体发展和健康，语言、读写和交流，数学，创造性艺术，科学和技术，社会学习）以及这八大内容领域的关键发展指标和达成这些指标的方法、策略。在评价系统部分，该书详细介绍了高瞻课程模式中儿童评价工具和机构质量评价工具。在员工培训模式部分，该书阐释了如何将主动参与式学习原则应用到成人即员工培训之中，并特别介绍了高瞻课程模式的培训内容，以及保证培训质量的认证过程。

**2.《有准备的教师——为幼儿学习选择最佳策略》**

《有准备的教师——为幼儿学习选择最佳策略》一书的主旨是幼儿园教师应该成为有准备的教师，而有准备的教师的基本品质是能够为儿童选择适宜的教育策略。该书主要探讨了教师应该如何有效平衡教师指导与儿童自主学习，如何针对不同内容采取不同的教学方法，以有效地把教育内容传递给儿童这一问题，为困惑于"如何教"和"教什么"的教师培训者和反思性教学实践者提供解决教学有效性问题的方法。该书的基本逻辑前提是不同内容领域有各不相同的学习目标，而同一内容领域的不同学习内容也各不相同的学习目标，其中一些学习目标的达成主要借助儿童自主地去获取学习经验，另一些学习目标的达成则需要由成人主导，而儿童主导和成人主导的两种学习过程并非相互排斥的，应同时存在并相互呼应。对于教师来说，无论是儿童主导还是成人主导的活动，教师都要通过创造一个支持性的环境、鹰架儿童的学习来发挥教育者的作用。

**3.《你不能参加我的生日聚会——学前儿童的冲突解决（第 2 版）》**

《你不能参加我的生日聚会——学前儿童的冲突解决（第 2 版）》一书主要介绍了应对儿童冲突的问题解决方式，书中运用大量案例帮助教育者和家长具体理解调解冲突的基本步骤。该书在对学前教育和冲突调解领域诸多方法进行整合的基础上形成了"问题解决六步法"，并对这一方法进行了较为详细的阐释，即：①冷静地接近儿童并阻止任何可能的伤害性行为；②认可并理解儿童的情感；③收集与冲突问题相关的信息；④重述并解析引发冲突的问题；⑤和冲突各方儿童共同寻找解决冲突的方法，并共同选择一种方法；⑥做好准备，给予问题解决的后续支持。作者在每一部分的写作中都融入了具体的案例，对学前儿童冲突解决的论述分析深刻、通俗易懂又易于操作。

### 4.《我比你大，我五岁——学前儿童数学能力的发展》

《我比你大，我五岁——学前儿童数学能力的发展》一书旨在使教师和学前儿童能够享受在数学世界中探索与发现的乐趣，并学习如何促进高瞻课程模式中五大数学关键经验——分类、排序、数字、空间和时间的发展。该书首先从整体上介绍了数学领域所包含的教学策略，即布置学习环境、计划每日日常活动、与儿童互动和评估儿童五大数学关键经验的发展，其次介绍了教师应如何逐步指导儿童进行数学学习，包括：开始——如何向儿童介绍某个数学活动；过程——如何在活动中扩展儿童对数学概念的探索；变式——在活动开展中其他可以使用的材料或方法；结束——如何将一个活动带入尾声；后续——在活动结束后的日子里，儿童如何继续在该数学领域学习。同时，该书还详细列举了学前儿童的 50 个数学学习活动，实践工作者可以实施这些活动，并根据每节活动后的诸多变式和建议激发儿童对数学的兴趣，使儿童认识到数学在日常生活中的重要性。

### 5.《我是儿童艺术家——学前儿童视觉艺术的发展》

《我是儿童艺术家——学前儿童视觉艺术的发展》一书重点介绍了高瞻课程模式的视觉艺术教育理念与实践。该书首先探讨了视觉艺术在儿童发展中的价值，在此基础上揭示了视觉艺术教育的规律、方法，并提出了一种新的艺术教育法——单项深度法。这种方法以艺术媒介为核心，分为引入、拓展、创作、反思 4 个阶段，强调引导儿童在 4 个阶段逐步熟悉艺术媒介，用这些媒介进行艺术创作以及艺术鉴赏活动，发展儿童的艺术感受力和艺术表现力。该书吸纳了高瞻实验幼儿园以及全世界范围内的其他学前教育机构中的逸事与照片。作者在书中将理论研究与实践经验相结合，使读者能够较为容易地理解艺术在学前教育中的重要性。

## ◆ 第二辑

### 6.《高瞻学前课程模式》

高瞻学前课程模式是推动儿童学习与发展的重要课程。《高瞻学前课程模式》一书讲述了高瞻课程模式的发展、核心原则和实践证明的有效性。该书首先提出主动参与式学习是儿童建构知识的主要方式，然后介绍了儿童主动参与式学习的成人支持策略，包括教师的支持和家庭的支持，最后介绍了对儿童及课程的评价。在高瞻课程模式中，评价包括一系列任务，如观察、记录。书中还介绍了高瞻课程模式的学习环境、一日常规、计划—工作—回顾、大组活动时间、小组活动时间等课程核心要素。高瞻课程模式鼓励儿童在一个支持性的社会背景下学习与发展，在一日生活中表达、执行并回顾他们的计划。一整天，儿童追求自己的兴趣，用自己的方式来回答问题，并与他人分享想法。在真正对他们所说的和所做的事情感兴趣的成人的支持下，儿童能够构建自己对周围世界的理解，并获得控制感和个人满足感。在这个过程中，儿童的信任感，以及积极主动、好奇、独立、自信心和责任心等学习品质和生活态度逐步建立了起来。

### 7.《学习品质：关键发展指标与支持性教学策略》

学习品质是高瞻课程模式内容领域中的核心内容，因为儿童的学习品质影响了他们在所有领域的教育经历。儿童在与他人、物体、事件和观点互动的过程中体现出独一无二的态度、习惯和偏好。拥有积极学习品质的儿童能够以豁达的心态面对挑战，这种品质将伴随他们进入学校，甚至贯串一生。学前教育在塑造儿童的学习品质方面扮演了重要的角色。因此，教师提供个性化的经验就显得尤为重要。此外，发展儿童的主动性，培养儿童自信、灵活、坚持不懈地解决问题的能力也很重要。该书介绍了学习品质的重要性、教师的一般性支持策略和具体关键发展指标（主动性、计划性、专注性、问题解决、资源利用和反思）的内容及支持策略。

### 8.《社会性和情感发展：关键发展指标与支持性教学策略》

社会性和情感发展是高瞻课程模式的一项重要内容。儿童如何看待自己以及与他人的联系是其整体学习和发展的一个关键组成部分，而且有研究表明，儿童对自己的感觉及与他人的相处会影响他们的身体发育和学业成绩。教师在培养儿童形成对自己的积极态度，帮助儿童学会调节情绪，培养儿童解决社会问题的能力以及与他人合作并向他人学习的能力方面，发挥着重要作用。该书介绍了社会性和情感发展的重要性、教师的一般性支持策略和具体关键发展指标（自我认同、胜任感、情感、同理心、集体、建立关系、合作游戏、道德发展和冲突解决）的内容及支持策略。

### 9.《身体发展和健康：关键发展指标与支持性教学策略》

身体发展和健康是高瞻课程模式的一项重要内容。身体本身就会自然地成长和发育，但是要想完全发育成一个活跃的个体，年幼的儿童还需要设计课程的教师的有目的指导。若要支持儿童在这方面的学习，成人就要提供材料和经验，鼓励儿童调用大肌肉和小肌肉，为儿童提供机会进行自我照顾，并与儿童分享关于身体发展和健康的知识。通过一定的支持策略，儿童不仅能健康、强壮地成长，而且能了解自己的身体，养成影响一生的良好习惯。该书介绍了身体发展和健康的重要性、教师的一般性支持策略和具体关键发展指标（大肌肉运动技能、小肌肉运动技能、身体意识、自我照顾和健康行为）的内容及支持策略。

10.《语言、读写和交流：关键发展指标与支持性教学策略》

语言、读写和交流是高瞻课程模式的重要组成部分。儿童是天生的沟通者。在成长的过程中，他们想要分享观点和聆听世界的热情是显而易见的，从婴儿时期发出的声音和做出的手势，到儿童日益提高的言语技能都能体现出这一点。儿童的语言和读写能力不是通过死记硬背来获得的，而是在社会关系语境和有意义的活动中发展的。知识通过手势、口头和书面交流来传播，因此这些技能对于儿童未来的学习能力至关重要。儿童在能够"通过阅读学习"之前，必须"学习如何阅读"。而幼儿园阶段为儿童日后读写能力的构建奠定了基础。该书介绍了语言、读写和交流的重要性，教师的一般性支持策略和具体关键发展指标（理解、表达、词汇、语音意识、字母知识、阅读、印刷品概念、图书知识、书写和英语语言学习）的内容及支持策略。

11.《数学：关键发展指标与支持性教学策略》

数学是高瞻课程模式教学内容的重要组成部分。学前儿童可以学数学吗？令人振奋的回答是："是的！"研究表明，儿童不仅是有能力的数学家，而且数学中所使用的思想也是其他领域学习的关键。早期数学包括"有多少"之类的提问（数量和运算）、探索形状（几何）、比较大小（测量）、探索模式（代数）和收集信息（数据分析）。成人通过提供材料和动手活动支持儿童的好奇心，让儿童数出一个塔的积木数量，用橡皮泥塑形，为洋娃娃找到合适尺码的连衣裙，用贝壳和橡子制作一个模式，弄清楚班级成员最喜欢哪些零食。该书介绍了数学的重要性、教师的一般性支持策略和具体关键发展指标（数词和符号、点数、部分—整体关系、形状、空间意识、测量、单位、模式和数据分析）的内容及支持策略。

12.《创造性艺术：关键发展指标与支持性教学策略》

创造性艺术是高瞻课程模式教学内容的重要部分。创造性艺术包含视觉艺术、音乐、律动和假装游戏，它在多种层面上吸引着儿童。它们通过刺激儿童的智力和情感来帮助发展儿童的生理、知觉和社会交往技巧。当成人提供了一个儿童可以自由表达自己的安全环境时，他们才会被激发运用多种艺术形式进行试验。正如儿童反映在自己的作品以及其他作品上的那样，他们获得关于自己的信息并丰富了看待世界的视角。因为学前儿童正在迅速地形成心理表征能力，发展语言运用能力，并创造概念之间新的联系，所以他们拥有艺术欣赏能力。该书介绍了创造性艺术的重要性、教师的一般性支持策略和具体关键发展指标（视觉艺术、音乐、律动、假装游戏和艺术欣赏）的内容及支持策略。

### 13.《科学和技术：关键发展指标与支持性教学策略》

科学和技术是高瞻课程模式中教学内容的重要组成部分。学前儿童是天生的科学家。早期科学教育建立在儿童好奇心的基础上，并通过活动帮助他们理解这个世界是如何运转的。儿童的早期科学和技术学习基于科学探究的模式，这种模式包括提出问题、回答问题以及应用问题解决策略。当儿童提出和回答有关"怎么样""是什么"和"为什么"的问题时，当儿童重新思考期望发生和实际观察到的内容之间的差异时，当儿童使用材料并改变材料来解决问题时，他们便参与到了科学探究中。学前儿童使用他们正在萌发的观察、交流、表征和推理能力来探索世界，并分享他们的发现。成人可以通过提供动手操作材料和感官体验活动，有效地、有目的地支持这一进程，从而基于儿童的发现，培养他们的心智习惯和科学思维能力。该书介绍了科学和技术的重要性、教师的一般性支持策略和具体关键发展指标（观察、分类、实验、预测、得出结论、交流想法、自然和物质世界以及工具和技术）的内容及支持策略。

### 14.《社会学习：关键发展指标与支持性教学策略》

社会学习是高瞻课程模式的重要内容之一。儿童如何认识自己并适应社会生活，教师做什么才可以帮助儿童成长为一个对社会有价值的人？社会学习不仅影响儿童的责任感，还影响他们适应社会的能力。随着儿童社会学习意识的增长，儿童逐渐建立起社会规则意识，学习社会文化习俗以及与他人沟通交流的方法和策略。儿童开始逐渐了解他人如何生存，在哪里生活，如何适应这个社会。该书介绍了社会学习的重要性、教师的一般性支持策略和具体关键发展指标（多样性、社会角色、决策、地理、历史和生态）的内容及支持策略。

## ◇ 第三辑

### 15.《学前儿童观察评价系统》( COR Advantage )

《学前儿童观察评价系统》(COR Advantage) 是高瞻课程模式的最新儿童观察评价工具，具有发展适宜性、高信度、高效度等特点。它包括 8 个领域的内容：学习品质；社会性和情感发展；身体发展和健康；语言、读写和交流；数学；创造性艺术；科学和技术；社会学习。另外还有一个英语语言学习领域（针对母语非英语的儿童）。这些领域的评价条目与学前儿童关键发展指标相呼应，共计 36 个。

该书介绍了上述每个领域的评价方法，提供了 8 个连续发展的水平层级。该系统可供评价不同发展水平的儿童，如既可以用以评价有特殊需求的儿童，也可以评价在一些领域发展较快的儿童。为了帮助观察者可靠而妥当地使用这一系统，书中对每个领域、每个条目、每个发展水平都有简短的说明。每个水平均有两个逸事记录案例，用以对儿童的行为进行解释，因此它是具有实操性的儿童评价系统。

### 16.《学前教育机构质量评价系统》（PQA）

这是一个用来评价学前教育机构质量、确认员工培训需求的评价工具，由高瞻教育研究基金会开发，适用于所有学前教育机构。这一系统的目的是反映基于研究和实验的"最佳实践"。该系统可以识别有效促进儿童发展、鼓励家庭和社区参与以及为员工创造一个支持性工作环境的结构性特征和动态关系。

该系统从班级和机构两个层面考查质量，其中班级层面条目侧重于考查教师日常教学工作的质量，包括学习环境、一日常规、成人—幼儿互动、课程计划和评价。评价者主要通过观察真实的课堂活动、访谈教师等获得评价信息。机构层面条目侧重于考查整个学前教育机构的质量，包括家长参与和家庭服务、员工资质和员工发展、机构管理。评价者主要通过访谈主管、教师和家长等相关人员获得信息。

## 三、高瞻课程模式的主要经验

高瞻学前教育项目效果惊人，长达40多年的追踪研究证实了该课程方案的有效性和优质性，这使得高瞻教育研究基金会满怀信心地在全美乃至全球推广其课程方案。正如戴维·韦卡特（David P. Weikart）本人所宣称的，高瞻课程模式面对众多挑战都是有所准备的，因为高瞻课程模式：①有着一个具有内在一致性的理论基础；②被多年研究证明是有效的；③能在广泛的范围内应用；④不同实践条件下的实践工作者都能够清晰地说明这个课程模式；⑤有一个有效的教师培训系统，可以支持该课程模式在全球范围内复制；⑥有一个广泛定义儿童学习结果的评价系统。对于我们今天的幼儿园课程改革来说，高瞻课程模式可供借鉴的经验可能主要表现在以下几个方面。

### 1. 开展持续研究以支持课程发展

从20世纪60年代到现在，高瞻课程模式已经用其严谨的、长期的研究证明了早期学习对儿童今后生活产生的有力、积极的影响，并以此来确定如何在教育体系中实施最佳实践。五十余年来，高瞻教育研究基金会开展了多项研究与独立调查，包括高瞻佩里学前教育项目、开端计划的家庭和儿童经验调查(The Head Start Family and Child Experiences Survey)以及高瞻学前课程模式比较研究(The HighScope Preschool Curriculum Comparison Study)等，这些研究都逐步证实了高瞻教育方案的有效性，尤其是其作为主动学习学前教育方案相对于直接教学模式的有效性。

一直以来，高瞻课程研究部门都在持续发展优化教育和评价机构质量的工具。高瞻教育研究基金会通过公共项目或私人的基金支持，以及与美国各级政府和其他国家的合作，从事着机构评价、课题研究和工具开发的工作，其得到的研究结果主要用来为学前儿童、青少年和成人教育项目的设计提供依据，改善课程实践。此外，这些研究成果也致力于为政策制定者提供依据。在美国州政府、联邦政府以及国际教育机构的支持下，高瞻的研究成果也不断地被用来为实践者、政策制定者、研究者以及其他利益相关者服务。持续研究保证了高瞻教育体系的有效性，并有助于教师的专业发展。

### 2. 秉持促进儿童主动学习的理念

科学研究表明，在整个生命周期里，大脑有不断改变、形成新连接的能力（被称为"可塑性"）。因此，在人的一生中，主动学习都发挥着至关重要的作用。儿童不断"建造"或是"构建"他们的知识世界，他们通过自己对人、物、事及观念的直接探究，了解世界是如何运作的。因此，高瞻课程模式基于科学家、心理学家及教育学家对儿童发展的理论研究，提出主动学习这一理念。

韦卡特等人认为，儿童的知识来自他们与各种思想的互动，来自他们对物体和事件的直接经验，同时也来自他们把逻辑思维应用到这些经验的过程。在高瞻课程模式中，主动学习被定义为儿童通过直接操作物体，在与成人、同伴、观点以及事件的互动中，建构新的理解的学习过程。也就是说，在高瞻课程模式开发者的眼中，没有人能够代替儿童获得经验或建构知识，儿童必须通过自己的主动学习获取经验并建构知识。高瞻课程模式最重要的教育目标就是通过促进儿童主动学习，通过促进儿童自我意识、社会责任感、独立意识的发展，以及有目的地设计生活，把儿童培养成自立、守法的公民。

### 3. 支撑课程内容体系的 58 条关键发展指标

高瞻课程模式对学前教育内容的研究深入而细致，在帮助儿童发展其全部潜能方面取得了巨大的成功。高瞻课程模式是围绕着 8 个课程内容领域的 58 条关键发展指标而展开的。

高瞻课程模式的关键发展指标是儿童发展的关键经验，具有直接获得性、发展意义性、发展连续性和循证教育性的特点。直接获得性代表了高瞻课程模式主张为儿童提供直接操作的机会，让儿童通过与材料和他人互动得来"具体"经验，并逐渐形成抽象概念；高瞻课程模式将儿童的主动学习作为其核心，指出儿童的主动学习是通过直接操作物体，在与成人、同伴、观点以及事件的互动中，建构新的理解的学习过程；高瞻课程模式将活动作为儿童学习的基本方式，根据儿童的兴趣和材料的特点，把整个教室分成若干个活动区，让儿童独立自主地活动，在活动中不断建构、发展经验。发展意义性代表了"关键经验"，指向经验的基础性、稳定性，是儿童应该学习和了解的基本内容；指向经验的必要性、重要性，是儿童发展过程中必不可少的、必须学习和掌握的内容；指向经验的普适性，在世界不同国家、不同文化中，有着不同背景的儿童都会经历。发展连续性是指儿童的学习遵循某种顺序，会从简单的知识、技能学习过渡到更为复杂的知识、技能学习，每种关键经验既会从过去的经验中采纳某些东西，同时又以某种方式改变着未来经验的性质，能够联系儿童过去的经验和正在经历的体验，从而形成新的经验，指导儿童在未来可能产生的经验，展现了儿童学习与发展的连续性过程。循证教育性是指教师必须提供客观、详细的证据，了解儿童在关键经验上的发展水平，并以此为基础开展教育，进一步支持儿童获得在各学习领域的关键经验。这一持续的循环能够让儿童的学习过程看得见，也让教育的过程看得见。

高瞻课程模式的关键发展指标旨在帮助成人了解儿童发展，进而为儿童创设主动学习的环境，提供发展适宜性的学习活动，并通过积极的互动和评价，促进儿童的主动学习和发展。所谓关键，指这些经验是儿童应该学习和了解的有意义的观点；所谓发展，指学习是循序渐进、不断发展的；所谓指标，指教育者需要证据来证实儿童正在学习和发展那些被认为是为入学或人生做准备的知识和技能。为给儿童制订适宜的计划并评价课程方案的有效性，教师需要使课程对儿童的影响清晰地显现出来。正如高瞻课程模式的设计者所说，这个课程之所以能够有所作为，是因为它让儿童有目的地、有创造性地追随他们自己的兴趣。通过这样一个过程，儿童可以发展内在的兴趣、好奇心、智谋以及独立和责任感等品质。这样的心智习惯能让儿童终身受益无穷。

总之，高瞻课程模式的关键发展指标是儿童学习与发展中"关键"的"经验"，其适宜儿童年龄特征的直接获得性，在儿童成长过程中具有关键作用的发展意义性，能展现儿童学习与发展过程的发展连续性，能作为观察、了解与支持儿童学习的线索和证据的循证教育性，这些共同构成了关键经验的丰富内涵和特征。在此基础上，关键发展指标成了幼儿园教师组织活动的内容框架，成了教师观察和研究儿童的指标，以及基于这些指标改进和完善教育教学活动的依据，也成了提升幼儿园课程质量的核心。

**4. 精心设计的学习环境和计划—工作—回顾活动循环**

高瞻课程模式的独特之处是确保儿童在一天之中能有自己计划活动的机会（计划是"选择的倾向"），并能对他们的所学进行回顾（回顾是"通过分析来记忆"）。计划时间让儿童有机会表达他们的想法和意图，培养儿童的主动性和进取心。计划有 3 层含义：①计划是有目的地选择，即选择者头脑中一开始就有具体目标促使他做出某种选择；②选择是开放式的；③计划包括决定做什么，预测，找出问题，提出解决措施，理解行为与结果的关系。工作时间是这个活动循环中最长的一段时间。儿童实施自己的计划时，成人不必刻意去引导他们，而要观察儿童如何收集信息、如何与同伴互动、如何解决问题，然后加入儿童的活动中，激发、扩展活动，创设问题情境，并与儿童交流。在回顾时间，儿童不仅花时间想自己做了什么，还要思考自己学到了什么。这一过程能促进儿童思维和语言的发展。

计划—工作—回顾循环是高瞻课程模式的基础，并与儿童发展过程有着显著的正相关。这个活动循环配合小组活动时间、大组活动时间以及户外活动时间，构成了高瞻课程模式的一日生活流程。计划—工作—回顾被视为高瞻课程模式的"发动机"，正如课程设计者所说，"我们怎么样强调计划—工作—回顾这个活动流程都不为过，它确保高瞻课程模式这个主动学习的方法能够得到成功的实施"。计划和回顾能够锻炼儿童的思维能力，让儿童学会选择并做决定，规划他们自己的行为，应对复杂的挑战，并学会对他们自己的行为负责。

### 5. 有效的儿童评价工具和机构评价工具

持续评价是教育过程不可分割的一部分，为此，高瞻课程模式提供了有效的评价工具和材料，以便开展对儿童和机构的评价。高瞻课程模式的设计者曾经说过："一个功能良好的评价儿童发展的工具可为父母和纳税人提供信息，让他们知晓对早期教育的哪些投资是物有所值的，同时为每一个关心儿童发展的人勾勒出儿童发展的各个维度。评价工具为早期教育和保育的目标提供了一个操作性的定义。"高瞻课程模式的评价工具包括《学前儿童观察评价系统》（COR Advantage）和《学前教育机构质量评价系统》（PQA）等。

与许多其他传统的测验狭隘技能的评价体系不同，《学前儿童观察评价系统》（COR Advantage）重在评价发展适宜性教育项目中不同领域的儿童发展水平，所展示出来的结果可以帮助教师和管理人员决定如何去改善机构，以满足儿童的发展需求，同时满足群体中儿童的个性化需求。《学前教育机构质量评价系统》（PQA）是一个有效的机构质量评价工具，共涉及 7 个关键领域。机构质量评价的结果可以反映学前教育机构的质量。

### 6. 主动参与式的教师专业发展与认证

主动参与式学习是高瞻课程模式中最为核心的理论，在高瞻课程模式中强调了儿童的学习是主动参与式的，即儿童通过直接感知、实际操作和亲身体验来理解事物，与人、想法、事件互动，获得新的见解。为了培训成人，高瞻课程模式也同样采用了主动参与式学习法。参与培训的人员不仅要阅读理论和开展研究，还要练习课堂中使用的各种教学策略。他们反思哪里做得对，哪里做得不对，与同事讨论他们的经验。当学员学习课程及其实施时，高瞻课程模式的认证培训师会对其提供反馈和支持。

在支持儿童主动参与式学习的过程中，高瞻课程模式特别注重教师的专业发展和认证。研究表明，教师接受正规教育和专门培训的层次越高，就越有可能在课堂上使用合适的教学策略。最好的专业准备能够鼓励教师反思学到了什么以及如何将这些知识有意义地运用到他们的工作当中。经过适宜的教育和培训的教师使用他们学到的东西去指导实践，做出对每名儿童以及整个班级最佳的决定。

因而，教师的主动参与式学习培训成了高瞻课程模式中的重要组成部分。高瞻课程模式培训面向教师、照顾者，为教师和照顾者提供了多个有关学前课程的培训课程。这些培训课程全面覆盖了高瞻课程模式的主要内容，如基本的发展理念、成人—幼儿互动、学习环境、一日常规、团队协作、家长参与以及所有发展领域的课程内容和评价。这些培训均是线下的或是在线的。此外，高瞻教育研究基金会还提供了第二种课程——面向培训者的培训课程。对于那些已经完成课程培训的参与者，培训者培训课程让他们为培训和支持其他人实施高瞻教育课程模式做好准备。高瞻课程模式的培训方式较为多样，包括工作坊、实践、作业、现场访问和持续指导的方式，特别强调显性课程、分散学习和跟进机制。

为保证质量，高瞻教育研究基金会根据一系列严格的标准对教师和培训者以及机构进行认证。高瞻课程模式与美国的儿童发展副学士（Child Development Associate，CDA）认证课程、本科生（2 年制和 4 年制）和研究生的学历教育一致。顺利完成一种或两种课程的学生通过高等教育学院和基金会之间的互惠协议可以获得继续教育部门和学校的学分。高瞻课程模式的教师认证包括了教师认证、培训师认证和机构认证，想成为高瞻课程模式的教师或是想成为高瞻幼儿园，均需要经过高瞻教育研究基金会的严格认证。

## 四、借鉴高瞻课程模式经验与建构中国本土幼儿园课程模式

著名比较教育学家萨德勒（Michael Sadler）认为："我们不能随意地漫步在世界教育制度之林，就像小孩逛花园一样从一堆灌木丛中摘一朵花，再从另一堆中采一些叶子，然后指望将这些采集的东西移植到家里的土壤中便会拥有一个有生命的植物。一个民族的教育制度是一种活生生的东西，它是被遗忘了的斗争和苦难的结果，是'久远以前的战斗'的产物。其中隐含着民族生活中的一些隐秘的作用。"

### 1. 教育借鉴理论与教育借鉴的本土化走向

英国著名学者菲利普斯（David Phillips）就国际教育政策和教育实践借鉴提出过

教育借鉴理论（Educational Policy Borrowing）和教育借鉴模型，旨在帮助人们更好地理解和解释教育借鉴的复杂过程，并不限定于教育政策领域。因此，用"教育借鉴理论"这一名称或许能够更好地概括这一理论的全貌。其借鉴过程包括跨国吸引、决策、实施、内化或者本土化等4个阶段。其中，跨国吸引主要用来解释一个国家会被另一个国家的教育政策和实践吸引的内在动力和外化潜力分别是什么；决策主要解答的问题是外国教育产生的吸引力如何作用于本国的教育决策和实践；实施阶段的重点在于说明从别国借鉴而来的教育政策或实践是如何在本国施行的；内化或本土化阶段则指外来的政策或实践逐渐融为本土教育体制的一部分。以上4个阶段构成了教育借鉴的基本过程。可以说，我国幼儿园课程从无到有的百年历程就是一个向外国不断借鉴的过程——从"以日为师"到"以美为师"到"以俄为师"，再到新一轮的"以美为师"——而且都或完整或不完整地经历了跨国吸引、决策、实施、内化或者本土化这4个阶段。特别是自20世纪80年代以来，我国幼儿园课程改革的历程简直就是一个西方幼儿园课程模式"你方唱罢我登场"的热闹局面，从蒙台梭利教育法，到瑞吉欧的方案教学，再到光谱方案和高瞻课程模式，这些课程模式都曾在中国产生影响并红极一时，而且无一例外，这些课程模式都在进入中国以后进行了本土化实践，同时也面临着本土化的困境。我们在经历跨国吸引并向外求索的过程中，获得了很多关于走向本土化的经验，也有不少教训。面对这种情况，运用教育借鉴理论理解高瞻课程模式成功经验的同时，我们不得不正视这样一个问题，即如何借鉴高瞻课程模式的主要经验，特别是如何将高瞻课程模式的主要经验有效地融入创造我国本土化幼儿园课程模式的过程之中，并有效促进本土幼儿园课程模式的建构和发展。

**2. 本土核心价值观与建构本土幼儿园课程模式**

陈鹤琴先生曾针对20世纪二三十年代"中国幼儿教育美国化"问题指出，当时中国所有的幼儿园，差不多都是美国式的。这并不是说美国化的东西是不应当用的，而是因为两国国情上的不同。有的是不应当完全模仿，尽管在美国是很好的教材和教法，但是在我国采用起来到底有许多不妥当的地方。要晓得我们的小孩子不是美国的小孩子，我们的历史、我们的环境均与美国不同，我们的国情与美国的国情又是不一样的，所以他们视为好的东西，在我们用起来未必都是优良的。

经过40年的改革开放，中国学前教育在借鉴和探索中已经彻底改变了20世纪50年代以来的幼儿园分科课程的模式，儿童的终身学习和可持续发展已成为学前教育课程的最重要目标。如果我们能够在中西融会中不断吸纳优质的幼儿园课程模式的精髓，并站在本土立场上，不断地用本土的核心价值观去思考并建构自己的幼儿园课程模式；如果我们能够通过走近高瞻课程模式的理论与实践，不断地体悟如何在主动学习的活动中让儿童"具有高度的热情和广泛的兴趣";如果我们能够把关于幼儿园课程模式的思考和实践与关于幼儿园课程评价模式的思考和实践紧密地结合起来，不断地推动幼儿园课程评价模式走向情境性评价和发展性评价；如果我们能够把幼儿园课程模式的建构与幼儿园教师的专业发展有机地结合起来，不断地促进幼儿园课程模式建构与幼儿园教师专业发展走向一体化；……我们就会更快形成中国特色、中国风格的幼儿园课程模式，并以自己的课程价值、结构和路径等丰富当今世界多元化的幼儿园课程发展格局。

**3. 本土教师教育观与建构本土幼儿园教师培训模型**

形成本土教师教育观并构建发展适宜性的本土幼儿园教师培训模型，是当今我国学前教育的当务之急和重中之重。我们应切实提升幼儿园教师质量并基于此为提升幼儿园教育教学质量付出努力。学习高瞻课程模式的理论模型和实践模型，并基于此进行多轮次的幼儿园课程改革与幼儿园教师教育课程改革的研究后，我们还是要发问：脱离幼儿园实际岗位任务的新教师培训是否有效？脱离幼儿园实际工作情境的新教师培训是否有效？脱离园所发展规划和教育教学实际的新教师培训是否有效？脱离区域学前教育发展规划和教育教学实际的新教师培训是否有效？

我们还要继续发问：拿什么对幼儿园教师进行培训才有针对性和适切性？拿什么对幼儿园新教师进行培训才有针对性和适切性？如何对幼儿园新教师培训才有实效性和持续性？园长的专业领导力的核心是什么？园长的专业领导力如何体现在对幼儿园课程的领导和基于课程领导的教师领导上？园长在新教师专业胜任力发展中到底应该扮演何种角色以及如何扮演这种角色？园所整体教育教学质量如何提升？区域学前教育质量提升的关键问题到底是什么？教育行政部门应该抓何种关键问题以及如何抓住这些关键问题，以切实提升区域学前教育质量，并让区域学前教育质量提升成为可持续的整体性、差异化的教育教学改革行动？

上述这些问题都真真切切地困扰着我们今天的学前教育理论研究者和实践工作者。幼儿园教师及园长培训"是什么"，决定着将要如何定位幼儿园教师及园长的培训。"为什么"开展幼儿园教师及园长培训，决定着我们要不要安排、应该如何安排幼儿园教师及园长的培训。幼儿园教师及园长培训"如何开展"，决定着我们该设计怎样的教师和园长培训课程。

上述这些问题都已经变成我们负责任地担当明天的真问题和给出解决方案的开始。我们应当明晰幼儿园教师和园长培训的目标和定位，找准靶向才能更好地开展理论探究和实践培训；我们应当设计幼儿园教师和园长培训的课程和内容，明确靶心才能更好地促进教师"加深专业理解""解决实际问题"和"提升自身经验"。因而，借鉴高瞻课程模式对于幼儿园教师培训的思考,我们应当要形成本土幼儿园教师培训模型,这是影响幼儿园教师队伍质量的关键,是影响幼儿园教育质量提升的关键。让培训有效定将让教育高效,促教师培训建设必将促教育质量提升。

**4. 大学的今日责任与担当:为我国学前教育质量提升贡献可操作的实践模型**

大学面对当今学前教育的形势与任务,责任何在?担当何在?我们要躬身自问:大学可以为"难以走出小学化误区"的幼儿园课程与教育教学改革贡献些什么?为"难以走出讲授式误区"的幼儿园教师培训课程与教育教学改革贡献些什么?为"难为无米之炊的空谈式园本教研"的幼儿园园长的专业领导力提升贡献些什么?为"急于凝志聚力切实提升学前教育质量"的教育行政部门贡献些什么?

我们躬身自问的时候,应该如"吾日三省吾身"般持续地深度内省:大学能否贡献出一线幼儿园课程改革和教育教学改革的实践方案——具有方向性、实操性、系统性、迭代性和教师友好性、可评价性、可反思性的幼儿园"课程"或"课"与"程",幼儿园教师可直接使用并可持续迭代的幼儿园集体教育活动、个别教育活动和生活教育活动?

大学能否贡献出一线幼儿园教师培训课程改革和教育教学改革的实践方案——具有方向性、实践性、反思性的教师培训模型,具有引领性、实操性、园本性的园长提升范式?能否贡献出"主题导向,任务驱动"的幼儿园教师教育新范式,如支持幼儿园教师教育走向加深专业理解、解决实际问题、提升自身经验的专业胜任力提升的"三步走"岗位适宜性培训模型?

大学能否贡献出一线园长专业领导力提升特别是园长课程领导力和教师领导力提升的实践方案——具有引领性、实操性、园本性的"园长为纲,纲举目张"的幼儿园园长专业领导力提升新范式,如切实支持幼儿园园长凝聚共识、分步领导、个人实践、集体反思和有效支持的园本教研新范式?

大学能否贡献出以区域教育行政部门为核心和纽带,以幼儿园为实际参与者、行动者和获得者的大学、区域和幼儿园伙伴关系的新范式,以切实提升区域内幼儿园教育教学质量、教师培训质量、园所整体质量以及区域整体学前教育质量?

回答应该是"能"!我们也愿意在政策研究和理论研究的同时,对学前教育实践问题给出正能量、接地气和可操作的正面回答和回应。

为贯彻落实《国家中长期教育改革和发展规划纲要(2010—2020年)》及《国务院关于当前发展学前教育的若干意见》,早日实现"建立幼儿园园长和教师培训体系,创新培训模式",并带领园所"建设一支师德高尚、热爱儿童、业务精良、结构合理的幼儿教师队伍",基于对当前落实《3—6岁儿童学习与发展指南》"落而不实"的现状、问题的了解以及对解决方案的探寻，基于对当前我国幼儿园教师培训"针对性不强"的现状、问题的了解以及对解决方案的探寻，基于对国际国内学习共同体建设的理解、研究与行动方案的设计，基于对学前教育课程、幼儿园园长与幼儿园教师队伍发展的调研、理解，基于对国际、国内大学—政府—幼儿园合作培训模式的理解、研究与行动方案的设计，我们应该以指向落实《3—6岁儿童学习与发展指南》的幼儿园课程的实际运行为抓手，以提升幼儿园新教师岗位适应能力为直接目标，切实推动适宜中国国情的幼儿园教师培训模型的构建，从而迈向幼儿园课程发展和教师专业发展一体化的新思路和新行动。

首先，我们应设计并开发基于《3—6岁儿童学习与发展指南》的幼儿园教育教学活动或幼儿园课程。我们以落实《3—6岁儿童学习与发展指南》提出的奠基儿童后继学习和终身发展、重视儿童的学习品质为愿景，设计并开发首要目标为涵养儿童学习品质、共同目标为帮助儿童获取关键经验的集体教育教学活动——希望帮助幼儿园走出"小学化"误区以后，幼儿园集体教育教学活动往何处去的实际问题，走出切实帮助儿童"主动学习与发展""合作学习与发展""创造性学习与发展"的幼儿园课程建设道路。

其次，我们应设计并开发基于幼儿园课程的幼儿园教师培训模型。我们以落实《教育部关于深化中小学教师培训模式改革　全面提升培训质量的指导意见》提出的解决培训针对性不强、内容泛化、方式单一、质量监控薄弱等突出问题的精神为愿景，设计并开发首要目标为提升幼儿园教师岗位胜任力、共同目标为帮助教师获取岗位关键经验的"四步走"实践性培训活动，即"背景性培训""技术性培训""实践性培训""反思性培训"，希望帮助地方政府解决幼儿园教师培训"小学化"，甚至"大学化"的问题，我们的幼儿园教师培训往何处去的实际问题，走出切实"加深专业理解""解决实际问题""提升自身经验"的幼儿园教师培训道路。

再次，我们应设计并开发基于幼儿园课程领导、幼儿园教师领导的幼儿园园长培训模型。我们以落实《幼儿园园长专业标准》中提出的"突出园长的领导力和执行力，坚持在不断的实践与反思过程中，提升自身的专业能力"的理念为准则，设计并开发首要目标为建设一支业务精湛的园长队伍、共同目标为帮助园长提升专业领导力的培训模型，即以园本教研共同体（professional learning community，PLC）为抓手促进领导力提升，希望帮助地方政府回答"园长培训的内容如何设置""园长培训的方式如何选择""园长培训质量如何保障"的实际问题，走出"精选培训内容、改进培训方式、强化监管评价"的园长培训道路。

最后，我们应设计并开发基于课程领导、教师领导、园长领导一体化的区域学前教育管理和提升模型。我们以落实《教育部等四部门关于实施第三期学前教育行动计划的意见》提出的加强幼儿园质量监管和业务指导，各省（自治区、直辖市）建立完善幼儿园质量评价体系的要求为准则，设计并开发首要目标为提升学前教育质量，共同目标为帮助地方政府获取管理效能的"三位一体"的教育管理和提升模型，即"课程领导""教师领导""园长领导"。希望帮助地方政府管理者解决"区域学前教育管理往何处去""区域学前教育质量如何保障"的实际问题，走出切实帮助区域行政部门形成以"课程建设"为中心，以"教师专业发展"和"园长领导力提升"为两个基本点的区域学前教育管理道路。

学习和借鉴高瞻课程模式半个多世纪如一日持续进行课程研究和教师培训研究的做法，我们上述所有的工作都已经切实启动，我们的理解和追求正在变成行动——我们正走在基于设计提升中国幼儿园课程质量和幼儿园教师培训质量，将提升中国幼儿园课程质量和幼儿园教师培训质量一体化，从而提升中国学前教育质量研究的前行之路上。

学前教育是终身教育的开端，是基础教育的基础，是国家教育体系中不可或缺的重要一环。站在新的历史起点上，我们已经认识到"文化是民族的血脉，是人民的精神家园"。只有进行文化的传承与创新，才能凝聚和激发一个民族的活力和创造力。作为学前教育研究者，我们有责任和义务在中华民族文化所具有的独特魅力和历史土壤中，在充分认识学前教育重要价值的基础上，在借鉴国外优秀幼儿园课程模式的同时，理性思考学前教育的价值、幼儿园的本质、幼儿园课程开发和幼儿园教师专业发展等新时期的重大问题，致力于开启一个建构具有民族文化底蕴、与时代精神接轨的幼儿园课程模式和幼儿园教师专业发展模式的新时代。

北京师范大学　霍力岩

# 本书译者前言

## 从"被动接受"走向"主动学习"：寻求走出"小学化"的幼儿园教育教学质量提升方案

幼儿园教育教学质量的提升一直以来都是学前教育理论工作者和实践工作者"研"和"究"的重中之重。尽管如此，我国幼儿园教育教学仍存在着课程"小学化"、教师"揠苗助长"、幼儿"被动接受"等问题。为了在走出"小学化"误区的背景下帮助幼儿学会主动学习，切实提升学前教育质量，我们持续探寻着帮助幼儿学会主动学习的良方。高瞻课程模式倡导的主动学习是打开幼儿主动学习大门的"钥匙"，更是指引教师支持幼儿主动学习的"灯塔"。现在，越来越多的研究者致力于支持幼儿的主动学习，主动性逐渐成为幼儿学习的重要品质，这将支持和鼓励幼儿的自主发展，涵养幼儿的积极学习品质。我们可以借其框架，思我本源，探寻本土化的学前教育改革之路，建构适宜中国幼儿的学前教育课程模式，以走出"小学化"的误区，实现"以人为本"的教学和可持续的发展。

### 一、学会"主动学习"应该成为幼儿园教育教学的重要目标

#### 1. "学会学习"而不是"学习知识"：国际社会的共识

联合国教科文组织呼吁"学会学习"。学会学习是国际社会的共识。联合国教科文组织 1996 年的报告《学习——内在的财富》指出了学习的"四大支柱"。其中第一大支柱就是学会求知，即学会学习的能力，是掌握知识的手段，而不是获得经过分类的系统化知识本身。掌握知识只是学习者一定时期内的结果。我们要支持幼儿学会学习，即通过一系列有意义的学习过程发展积极主动、认真专注、不怕困难、敢于挑战、乐于想象和创造等积极学习品质。这将让幼儿受益终身。

有学者呼吁未来应教幼儿"学会如何学习"。会读书、会写字不等同于会学习。如美国著名的未来学家、社会思想家阿尔文·托夫勒（Alvin Toffler）在《未来的冲击》（*Future Shock*）一书中曾经说过，21 世纪的文盲不再是目不识丁的人，而是不会学习

的人！未来的学校不仅仅是教知识，更是引导人学习如何学习。只有学会学习，才能不断更新知识，适应环境。

世界学前教育实践从关注"学什么"到关注"怎样学"。如加拿大安大略省在2014年发布《学习如何发生？——安大略省早期教育教学法》，系统阐释了学习发生的机制，并特别强调要关注幼儿如何学习，并将支持幼儿的学习品质置于首位。好的学习不是学会哪些特定的知识，而是学会学习的方法以及态度。这意味着教育者要从关注幼儿学什么转到关注幼儿怎样学。支持与鼓励幼儿学会学习，才是真正支持幼儿学习与发展。

我国呼吁重视幼儿"学会学习"，学习品质的提出便是成果之一。《3—6岁儿童学习与发展指南》指出要重视幼儿学习品质，并强调幼儿在活动过程中表现出的积极态度和良好行为倾向是终身学习与发展所必需的宝贵品质。如果说学会学习是具有世界话语权的呼声与导向，那么重视学习品质则是其重要产物，支持幼儿学会学习就是培养幼儿一系列积极学习品质，从而使之在后续的学习与发展中获益。

高瞻课程模式呼吁并支持幼儿"学会学习"。高瞻课程模式强调关键经验而不是关键知识，将学习品质领域置于各领域之首，足见其对学习品质的重视。

**2."学会主动学习"是"学会学习"的重中之重**

"学会学习"是幼儿学习与发展中的重要内容，"学会主动学习"则是幼儿学会学习的重中之重。国内外的教育研究都逐渐意识到学会主动学习对幼儿学习与发展的重要意义。

联合国教科文组织鼓励积极主动学习。《教育2030行动框架》（*Education 2030 Framework for Action*）对青少年提出的要求是成为"积极主动、负责任的学习者"。这意味着幼儿也应该成为积极主动、负责任的学习者。

著名学者支持幼儿成为热情投入的主动学习者。如马里奥·希森博士（Marilou Hyson）在《热情投入的主动学习者——学前儿童的学习品质及其培养》一书中指出，应该鼓励幼儿热情投入，帮助幼儿为获得成功而建立坚实的基础。幼儿的兴趣、求知欲，由学习带来的成功体验和愉悦情绪，都会影响学习。

世界不同国家和地区重视幼儿的主动学习。如美国国家教育目标委员会界定了早期学习和发展的维度：①身体健康和体能；②社会性和情感；③学习品质；④语言；⑤认知和一般性知识。其中，学习品质维度包括主动性、好奇与兴趣、坚持与注意、创造与发明、反思与解释等。可见，主动性是学习品质中的重要维度。爱尔兰的早期教育课程指南指出，幼儿是主动的学习者，他们感知和探索周围的材料，并与周围的人进行互动。

我国政府也高度重视主动学习。《3—6岁儿童学习与发展指南》指出，要最大限度地支持和满足幼儿通过直接感知、实际操作和亲身体验获取经验的需要，严禁揠苗助长式的超前教育和强化训练。幼儿的学习方式和特点决定了幼儿园教育要充分尊重并支持幼儿的主动性学习。

高瞻课程模式实现了主动学习操作化。主动学习是高瞻课程模式的重点与中心。高瞻课程模式认为学习不是成人向幼儿提供信息，而是幼儿通过与人、材料、事件和思想的直接互动获得发展。在理论研究的基础之上，高瞻课程模式通过丰富的教师支持策略及生动的案例，展示了具体的、可操作的支持幼儿主动学习的方法。本书就针对如何使幼儿成为积极主动的学习者，给教师提供方法，使他们能为幼儿提供主动参与式学习经验；给教师提供课程内容，使他们能有据可依地为幼儿的主动学习提供支持；给教师提供评价抓手，评价幼儿及幼儿园质量；给教师提供培训及一系列的指导，使他们也成为积极主动的学习者，从而更好地引导幼儿学会学习，尤其是学会主动学习。

## 二、高瞻课程模式是以"主动学习"为灵魂的学前教育课程模式

从"被动接受"转变为"主动学习"不是一句口号，而应成为实实在在的幼儿园课程设计与实施，而高瞻课程模式可以为我们设计与实施走出"被动接受"、走向"主动学习"的幼儿园课程模式提供有益借鉴。作为高瞻课程模式系列图书的灵魂性图书，本书从理论基础、实践路径、关键内容、评价体系和教师专业发展5个方面，也是幼儿园教育质量提升的5个重大问题，系统描绘了一个以主动学习为灵魂的学前教育课程模式。

**1. 支持幼儿学会主动学习需要系统的研究支撑：解决好为何要学会主动学习的问题**

高瞻课程模式建立在儿童发展理论和研究的基础之上。其一，从皮亚杰认知发展理论、杜威的进步主义教育哲学和维果茨基的社会文化理论出发，高瞻课程模式将主动参与式学习作为课程的重中之重。其二，高瞻课程模式汲取杜威和萨拉·史米兰斯基的理论，形成了支持幼儿学习、活动与发展的计划—工作—回顾三部曲。这些理论为高瞻课程的研究与建构打下了坚实的基础。

高瞻课程模式开展持续研究，如高瞻佩里学前教育研究、高瞻学前教育课程比较研究和高瞻国家级培训师培训项目评价研究等。高瞻课程模式还得到了独立研究者如英国学者、荷兰学者的相关研究支持，以及美国相关机构进行的研究的支持。经过研究，高瞻课程模式发现了高质量学前教育的要素，即采用鼓励幼儿主动学习的发展性课程，聘请合格教师并支持他们专业发展，帮助家庭参与并满足家庭的需求，在真实情境中

对教学实践和幼儿进行持续的评价。因而,在我国当下亟须走出"小学化"误区的时刻,借鉴国际经验,梳理高瞻课程模式对于主动学习的研究与思考,理解高瞻课程模式背后的理论研究基础,对激发我国建构支持幼儿学会学习的课程大有启发。

**2. 支持幼儿学会主动学习需要系统的方法支撑:解决好如何学会主动学习的问题**

高瞻课程模式形成了促进主动学习的系统策略。从环境创设到一日常规建立,从家园合作到师师协作,高瞻课程模式展示了解决实际问题的系统策略,其优势显现于始终坚持以幼儿为本的自主式学习,并统筹多方力量,全方位地支持幼儿的发展。与当下生态论、系统论不谋而合的是,高瞻课程模式立足于幼儿本身,在教学策略上既关注影响幼儿主动学习的外围文化,也关注与幼儿相关联的内部各要素对有效教学的影响。高瞻课程模式的成人—幼儿互动、环境布置、一日常规建立、家园合作、教师团队协作等一系列实践,能为我国当前的学前教育实践提供参考。

高瞻课程主动学习的核心策略即计划—工作—回顾三部曲。高瞻课程模式在指出教学实践中的 6 层支持性互动关系,以及室内外的环境创设之后,聚焦于一日常规中的计划—工作—回顾过程。计划—工作—回顾是高瞻课程模式中既关键又独特的存在,它几乎囊括了主动学习的全部要素。幼儿在开始制订计划、实施计划、后期反思环节中不断发挥主观能动性,独立解决问题,与他人合作。除此之外,高瞻课程模式携手家长,积极搭建家园互动的桥梁,努力建设高效工作的团队,共同促进幼儿的发展。这对我国学前教育领域的实践具有普遍的借鉴意义。

**3. 支持幼儿学会主动学习需要系统的内容支撑:解决好学会主动学习学什么的问题**

高瞻课程模式提出了主动学习的 58 条关键发展指标。关键发展指标是幼儿发展的关键经验,即幼儿应该学习和了解的基本内容,也是幼儿发展过程中必不可少的、必须学习和掌握的内容。58 条关键发展指标可以作为教师鹰架幼儿学习的"抓手"。第一,为教师设计与实施教育活动提供依据,具有教育目标的特性。教师可参照 58 条关键发展指标制定教育目标,设计并实施各领域的教育活动。由此,教育活动才能有指向性地、科学地促进幼儿的学习与发展,教育活动的质量也得到提升。第二,为教师观察和评价幼儿提供依据。教师基于关键发展指标,可以在一日生活的各个环节有目的、有计划地观察幼儿,将幼儿典型的行为表现与 58 条关键发展指标联系起来,从而客观、真实、个性化地评价幼儿的发展情况。第三,为教师创设环境提供思路。高瞻课程模式强调以关键发展指标为目标创设环境,在各个活动区提供能够支持幼儿获得关键经验的、有趣的、值得探究的材料,并给予充足的活动时间,让幼儿通过与他人和材料的互动,建构关键经验。与此同时,教师还可以适当地支持幼儿,从而有效地促进幼儿主动学习。

高瞻课程模式对主动学习58条关键发展指标进行了细致解读和详细支持策略设计。每一条关键发展指标都有详细的描述以及对应的教学策略，教学策略中亦有具体实例的呈现，教师可以据此识别幼儿每一关键发展指标的发展水平，并采取行之有效的教学策略。例如，对于语言领域的关键发展指标"表达"，教师可以通过示范恰当的说话方式，倾听幼儿说话，谨慎地使用问题，鼓励幼儿用说话代替手势，鼓励幼儿在涉及下达语言指令的小组活动中担任领导，鼓励幼儿互相交谈等策略，鹰架幼儿的发展。教师学习58条关键发展指标，可以加深自身对于领域教育的专业理解，提升自身专业经验，推动幼儿发展。换言之，高瞻课程模式可以有效鹰架教师对学会学习导向的理解与认同，并促进教师支持幼儿学习与发展的专业能力。

**4. 支持幼儿学会主动学习需要系统的评价方案：解决好学会主动学习的评价问题**

高瞻课程模式的《学前儿童观察评价系统》（COR Advantage）是一个综合评价幼儿发展的工具，面向所有幼儿（包括有特殊需要的幼儿），旨在客观真实地评价幼儿所有领域的发展。该评价系统中共有36个条目（其中2个条目针对母语非英语的幼儿），每个条目设置了由0（最低水平）到7（最高水平）的8个水平。

高瞻课程模式的《学前教育机构质量评价系统》（PQA）是一个评价学前教育机构质量和确定教师培训需要的综合性工具，可以考查学前教育机构质量的所有要素，包括教室里的活动、与家长的互动以及机构管理等。该评价系统分为两大表格（表A关注教室，表B关注整个学前教育机构），共有7个部分63项，每一项从最低到最高共分5个水平。其中，表A包括学习环境、一日流程、成人—幼儿互动、课程计划和评价，表B包括家长参与和家庭服务、员工资质和员工发展、机构管理。该系统可面向所有学前教育机构，不仅能够用于学前教育机构的监管和评价，还能促进教师的专业发展和自我评价。

总而言之，在我国也急需行之有效的幼儿评价系统和学前教育机构质量评价系统的大背景下，高瞻课程模式的《学前儿童观察评价系统》（COR Advantage）和《学前教育机构质量评价系统》（PQA）可以成为我国建构本土化评价系统坚实有效的基础。

**5. 支持幼儿学会主动学习需要系统的教师专业发展方案：解决好学会主动学习的专业支持者问题**

高瞻课程模式在成人培训中也应用主动参与式学习原则。高瞻课程模式认为，成人的主动学习与幼儿的主动学习一样重要，但是成人的学习有其特点。虽然在支持幼儿学习时，教师是处在教的位置，但是在接受培训时，教师又处在学的位置上。只有通过培训，让教师领会如何主动学习，他们才会更好地支持幼儿进一步学会主动学习。如何让作为成人的教师们更加有效地接受培训，主动学习，高瞻课程模式提出了一系列原则。

幼儿的主动学习离不开高质量的教师。高瞻课程模式除了提出一系列成人培训的有效原则，还建构了系统的培训课程，包括两大基本类型：一类是面向教师的培训课程，囊括了教学实践和课程内容；另一类是面向培训者的培训课程，参加这类课程的人通常处于管理岗位，如幼儿园主管、教育协调员或课程专家，但是高瞻的认证教师也会接受这种类型的专门培训以利于其指导其他同事。为了保证质量，高瞻课程模式还会根据一系列标准对教师、培训者以及机构进行严格的认证。资格认证的有效期仅为3年，3年之后就需要重新申请，再次认证。以教师认证为例，注册教师除了需参加培训，还需要完成《学前儿童观察评价系统》（COR Advantage）记分、逸事收集、幼儿观察记录等若干作业。

## 三、支持幼儿学会主动学习需要系统的解决方案

支持幼儿学会主动学习是一个系统的解决方案，不只是观念的转变或活动的转变。高瞻课程模式为了支持幼儿的主动学习，建构了实践策略、课程内容、课程评价和教师专业发展等多方面的内容。但是，我们必须认识到，建构适宜中国幼儿主动学习的幼儿园课程体系与教师发展体系，我们要做的还有很多。

### 1. 建构支持幼儿主动学习的理论基础，摒弃"学习知识"的旧观念

幼儿园课程的建构应以适宜本土化发展的理论为基础。我国一直以来强调知识本位应尽快转为经验导向，在建构课程之初就将课程发展的理论基础定位为支持幼儿学会学习的发展基调。如综合主题活动是我国幼儿园走出"小学化"的实践探索，从导入、感知体验、探索发现、合作分享、回顾反思5个环节开展幼儿园活动，其背后也有着初步的理论建构，如：导入环节，以认知发展理论、情境教学理论为基础，教师通过为幼儿提供与主题相关的"鹰架物"（如照片、视频、图画、实物和录音等资料），创设一定的情境，吸引幼儿积极主动地参与；感知体验环节，基于皮亚杰认知发展阶段理论和埃里克森的社会心理发展阶段理论，教师激发幼儿运用多种感官参与学习，在看一看、动一动中获取经验；探索发现环节，以"鹰架"理论为基础，教师支持幼儿动手动脑，多方寻求答案，鼓励幼儿通过直接感知、亲身操作获得直接经验；合作分享环节，以班杜拉社会学习理论和建构主义理论为基础，教师支持幼儿对自己独立或小组共同完成的作品或成果进行展示；回顾反思环节，以表征学习理论和经验学习理论为基础，教师引导幼儿进行总结和反思，支持幼儿主动回顾与反思。我国正走在建构适宜幼儿主动学习的课程的路上，高瞻课程模式的理论和研究支撑可以提供相应的研究思路。

### 2.建构支持幼儿主动学习的课程实践策略，避免灌输式的教学

当下，我国很多幼儿园在教学形式上仍然多采用教师讲、幼儿听的模式，较多知识传授。只有尽快推动课程实践由管制式、灌输式，走向幼儿直接感知、实际操作和亲身体验，才能真正做到"为幼儿谋福祉，为教育寻出路"。当前我国的幼儿园课程实践改革，应始终坚持幼儿主动学习。在课程与教学的双重改革中，以外力为支撑，以幼儿的内部作用力为主导，积极创设有保障的环境，为幼儿提供更多可利用的资源和可探究的机会，已显现必然之势。我们可以遵循"情境创设—目标向导—自由探究—师幼相长—反思升华"的五段式教学思路，实现"被动"向"主动"的角色转变，最终推动课程实践改革的进程。值得庆幸的是，我们深刻感受到，在建构主义、进步主义、后现代主义的多重呼吁下，让幼儿由过去的"推赶式"转向现在的"行进式"已成为广大一线教育工作者的先导意识和努力方向。但我们仍然需要更符合实际、更贴近幼儿、更服务社会的理念与实践。以高瞻课程模式的理论核心和实践模式为蓝本，是探寻符合我国实际的课程与教学实践策略的开端。

### 3.建构支持幼儿主动学习的课程内容，走出"小学化"的铁笼

幼儿的思维具有具体形象性，更加适合并擅于在实际操作中建构自身的经验，从而实现自身的学习与发展。因此，幼儿园"小学化"从根本上背离了幼儿认知特点，忽视了幼儿自身生理与心理发展的特殊性，这种超前教育、揠苗助长的做法非但不能支持幼儿获得持续学习和发展的动力，反而会降低甚至抹杀幼儿的学习兴趣，不利于幼儿的终身学习乃至身心健康发展。

古语有云，授人以鱼，不如授人以渔。我们需要基于本土化立场，在全面把握幼儿身心发展规律的基础上，让幼儿学会学习、爱上学习，获得后继学习与终身发展的内在动力。为此，我们亟须建构支持幼儿学习品质的主动学习课程，让幼儿在主动学习课程中获得的不仅仅是各领域的关键经验，更重要的是主动性、计划性、专注性等一系列的积极学习品质，从而成为热情投入的主动学习者，这样对幼儿实现良好的入学准备，以及今后持久而全面的发展也是大有裨益的。我们需要研究符合我国幼儿特点的积极学习品质与相应的课程。我们需要在学前课程的设计与实施中，正视积极学习品质的重要价值和意义，使主动学习课程有效涵养幼儿的积极学习品质，支持幼儿不断获得发展。

### 4.建构支持幼儿主动学习的课程评价体系，改变终结性评价的单一模式

幼儿园课程需要课程评价体系，使用幼儿评价和学前教育机构质量评价是为了更好地检验教育教学的质量，反思教学，从而更好地提供支持性教师培训。学会评价是未来教师专业发展的关键，掌握评价的目标，学会使用评价，对教师反思并改进自己

的教学、促进幼儿学习与发展等大有裨益，有利于幼儿园明确自身定位和存在的问题，从而更好地提升办园质量。

我国目前尚未有体系完备、适宜的幼儿发展评价体系，同时也缺乏相应的幼儿园课程评价体系。评价是构建课程体系过程中不可或缺的一项，也是完成课程与评价一体化中的重要一环，评价能让研究者和实践者发现问题并解决问题，能支持教师的自主专业反思，能知道幼儿的发展需求。因而，我国应在课程模式的建构之中探寻评价的内涵与外延，并且改变单一的终结性评价，转向以过程性评价为主、多种评价方式相结合的评价路径。幼儿的主动学习是过程导向的积极产物，只有注重幼儿主动学习的过程，才能更好地支持课程的发展与评价的发展。

**5. 建构支持幼儿主动学习的教师专业发展体系，更新教师专业发展理念**

古人云，纲举目张。纲是网上的大绳子，目是网上的眼。拿起纲，目才能张，纲就是体系。所以，只有建构支持幼儿主动学习的教师专业发展体系，才能使参与者对这个领域有更深的理解，使大家对这个领域有统一的认识。而这个体系会明确需要掌握什么知识技能，参与什么课程和培训，达到什么样的标准认证。《国家中长期教育改革和发展规划纲要（2010—2020年)》指出严格执行幼儿教师资格标准，切实加强幼儿教师培养培训。顾明远教授指出《国家中长期教育改革和发展规划纲要（2010—2020年)》"是进入21世纪我国的第一个国家级教育规划纲要"，"我国的教育还不能满足国家经济社会发展和人民群众接受良好教育的要求"，"教育观念相对落后，内容方法陈旧"。[①] 有关课程的培训和面向培训者的培训正好为我国更好落实《国家中长期教育改革和发展规划纲要（2010—2020年)》提供思路，并且与我们目前的培训三部曲不谋而合。首先，培训者可以通过研讨会、培训加深专业理解，同时更新观念。其次，培训课程满足"内容整合""适合成人学习""显性课程""分散学习"及"跟进机制"这几个有效的成人专业发展原则，可以通过实践和现场持续指导解决实际问题，提升培训者经验。如果培训者已经完成大量培训，又想拓展自己的技能来培训他人，就参加培训者培训课程。培训者培训课程包含深入的成人学习原则以及成人监管和支持策略。这种培训正好帮助教师支持他人解决实际问题，从中提升自身经验。

教育部根据《中华人民共和国教师法》，研究制定《幼儿园教师专业标准（试行)》，为的就是促进教师专业发展，建设高素质幼儿教师队伍。《中国儿童发展纲要（2011—2020年)》提出"加快发展3—6岁儿童学前教育"，"配备专职巡回指导教师"。文件

---

① 顾明远. 学习和解读《国家中长期教育改革和发展规划纲要（2010—2020年）》[J]. 高等教育研究，2010，7：2.

还提出"提高教师队伍素质和能力","继续提高教师学历合格率和学历层次，完善教师培训制度，提高教师业务水平和教学能力"。

幼儿园课程的建构离不开教师的专业发展，教师的专业性关系到课程实践的有效性。幼儿园教师需要通过培训提升专业能力，更好地支持幼儿的主动学习。因而，我国在课程建构中也要思考如何更好地培训教师以及如何对培训进行评价和改进。教师培训应支持幼儿园课程的发展特别是幼儿的发展，更要引导教师学会教学，学会鹰架并学会评价。高瞻课程能够支持教师加深专业理解、解决实际问题、提升自身经验，能够通过细小案例、具体策略提升教师专业胜任力。高瞻课程有着规范、严谨的教师培训模式，在这个过程中教师学习高瞻课程的理念和实践经验，逐步提升专业胜任力。高瞻课程也为我国的教师培训提供了良好的培训理念和范式。

在我国当下，幼儿园走出"小学化"误区不能只是一个高声呼喊的口号，应该脚踏实地，成为可落地、可实践的课程模式。三人行，必有我师焉。高瞻课程可以作为我国支持幼儿主动学习的研究源泉，研究者与实践者可择其善者而从之，其不善者而改之，最终形成我国幼儿园教育教学新方案，为我国学前教育质量的提升提供坚实的理论基础与实践新道路。

# 代中文版序

**亲爱的读者：**

我非常高兴地欢迎你们走进高瞻课程模式，也非常高兴地欢迎你们阅读专为中国学前教育工作者翻译的书。和你们幼儿园的孩子一样，你们也即将踏上探索与发现高瞻课程模式的旅程。在这个探索与发现的旅程中，你们也将会得到各种各样的启迪。例如，幼儿是以何种方式学习的？你们应该如何全身心地支持幼儿的学习？你们如何在照顾幼儿的同时，获得个人的专业成长？

随着中国成为世界经济中的一大主要力量，中国社会正在经历多方面的巨大变化。改革的快速推进不仅为中国的教育工作者提供了机遇，也提出了挑战——教育工作者在考虑如何传承本国固有的社会、文化和知识传统的同时，还要帮助学生为应对未来挑战做好准备。中国人有着优秀的职业道德，一直以来都非常重视家庭和集体，在深邃的哲学思辨和辉煌的艺术成就方面历史悠久。历史记载了可以让我们回首的往日文明，并将人类智慧结晶薪火相传，但是对于未来，我们却只能猜测：它究竟会带给我们什么？因此对于学生来说，尽管掌握人类现存的知识和技能很重要，但他们更需要发展批判性思维和创造性思维，以面对将来的未知挑战。

教育是为学生乃至国家的美好未来做好准备的最佳途径。这是中国投入大量资源用于加强人力资源建设的原因。中国在教育上的这些努力已经在多方面取得了巨大成功，如与其他国家相比，中国学生在语文和数学考试中能够取得较高的分数。然而，中国的教育工作者也日益关注如何弥补学生在创造性解决问题能力以及批判性思维能力方面存在的不足。全面发展的学生不仅仅能够掌握知识，还能够在深思熟虑后将知识运用于创新、发展和实现他们的想法，并对这些想法的有效性进行评价。

高瞻教育研究基金会在关注儿童创造力和批判性思维培养方面可以成为中国教育工作者的合作伙伴。高瞻课程模式不仅强调学习什么，更重要的是强调如何学习思考以及如何形成新的想法。高瞻课程模式不仅教幼儿如何利用身边的各种材料以实现自己的创意，更重视教幼儿如何与他人合作以应对和解决真实的难题。幼儿在现有知识和技能的基础之上增进自己的知识和技能——他们不仅重复着前人的已有经验，而且在探索和了解大千世界各种可能性过程中不断创造一个又一个激动人心的时刻。

当阅读有关高瞻课程模式的书时，你们将会经历与幼儿探索世界相同的过程。这些书可以帮助你们掌握当前关于儿童早期发展的知识，还会鼓励你们运用这些知识创造有效且具有新意的教育方案。为了帮助你们充分汲取这些书的精华，在开始这段旅程前，我从5个方面提供一些背景知识，分别是：高瞻教育研究基金会的历史；高瞻学前教育课程的基本内容；关于高瞻学前教育课程有效性的支持性研究；在美国以外使用高瞻课程的国家和地区的情况；关于高瞻课程模式为什么可以在中国成功实行的一些思考。我相信，当你们读完这一中文版序言之后，你们会迫不及待地一头扎进这些书中并开始在你们自己的幼儿园中运用这套课程。我希望并相信，你们、你们的孩子乃至你们的国家会在这套课程中有所收获。

## 高瞻教育研究基金会简史

尽管现在的高瞻课程模式为来自不同家庭背景的学前儿童提供服务，但它最初是为生活在美国密歇根州伊普西兰蒂（美国中西部一个工人阶级聚居的城市）的贫穷儿童而开发的。1962年，该城市公立学校系统特殊教育服务主管戴维·韦卡特博士震惊于生活在最贫穷社区学生过高的学业失败率以及辍学率，指出这种情况的出现是由于贫穷学生没有得到充分的机会为学业做好准备，而不是由于他们有任何的先天缺陷。为了验证这个假设，他开展了一个研究项目，这个研究项目日后被人称作高瞻佩里学前教育研究。在这个研究项目中，3岁和4岁幼儿被随机分配到接受学前教育组和不接受学前教育组，由项目组对幼儿的学业准备、学业成就以及社会性行为做出评价。在一个后续研究项目即高瞻学前教育课程比较研究中，研究者对高瞻课程模式与其他两个课程模式——传统幼儿园模式和直接教学模式——进行了对比。随着课程发展以及研究活动在规模和数量上的增长，韦卡特博士于1970年离开公立学校，成立了私立的非营利性质的高瞻教育研究基金会。在2000年退休之前，他一直在基金会担任主席一职。韦卡特博士于2003年去世，他留下了一笔世界性的遗产——他的创新和巨大成就，这笔珍贵的遗产代表了儿童、家长及教师的利益。

## 高瞻学前教育课程的基本内容

高瞻课程模式是一个"建构主义"模型，它主张幼儿在个人经历和社会互动的基础之上积极构建自己对于世界的理解，而不是被动地接受成年人灌输的知识和技能。这种观点以皮亚杰、杜威、维果茨基和布鲁纳等心理学家和教育理论家的著作为基础。

该课程自出现以来不断升级完善，并吸取了包括儿童发展、脑科学以及有效教育实践等多项研究的最新成果。

高瞻课程模式教育哲学的核心在于主动参与式学习（active participatory learning）。在这种学习的过程中，成人与幼儿是合作伙伴。成人与幼儿之间的积极互动被视为形成温暖且具有支持作用的教育环境的核心，这种环境能够激发幼儿对学习的兴趣。成人还应该有组织地在教室里创设充满各种开放性材料的不同兴趣区，从而创造出一种激励性的学习环境。

幼儿园应制定遵循既有稳定性又有灵活性的一日生活流程，从而使幼儿感到安全，并提前知道他们下一步将要干什么。这种一日生活流程最与众不同的地方在于它是包括计划、工作、回顾3个环节的系列程序，即幼儿首先根据自己的兴趣点计划活动，然后贯彻实施自己的想法，最后反思他们做了什么事以及从中学到了什么。幼儿也要与教师和同龄人一起参与小组或大组活动，在户外进行大肌肉锻炼，或是在吃饭或分享甜点时进行社会性交往。

在幼儿选择、探索材料以及与他人互动时，教师应该为他们搭建学习的"脚手架"。教师应该支持幼儿对事物的现有理解并把他们的思考和推理拓展到下一个发展水平。教师会利用一套关键发展指标理解并指导幼儿的学习。这套关键发展指标包括8个领域的课程内容，分别是学习品质，社会性和情感发展，身体发展和健康，语言、读写和交流，数学，创造性艺术，科学和技术，社会学习。最后，为了帮助幼儿园工作人员满足幼儿需求并不断推进机构发展，高瞻课程模式还提供系列评价工具，供教师观察幼儿的进步并监控课程的实施。

## 证明高瞻课程模式有效性的研究

近半个世纪以来的相关研究证明了高瞻课程模式的有效性。高瞻佩里学前教育研究项目持续追踪了参与该教育项目的幼儿从学前教育阶段直至成年的生活。研究发现，那些接受过学前教育的人，比起没有接受过学前教育的人，高中毕业的比例、拥有工作以及房产的比例更高，犯罪的比例更低。一项成本—效益分析表明，每投资1美元于高质量的学前教育，社会就能够得到17.07美元的收益。高瞻课程模式比较研究发现，在参与项目的幼儿中，那些主动学习的幼儿成年后的犯罪率要比被动学习的幼儿低。高瞻课程模式以培训教师为目的的专业发展模式也被证实是有效的。对高瞻课程模式培训者培训项目进行评价发现，接受高瞻课程培训的教师，比起接受其他课程培训的教师，能为幼儿提供更高质量的教育；参与高瞻课程模式的幼儿，比起参与其他课程的幼儿，能够得到更好的发展。这些由独立调查者实施的高瞻课程模式有效性研究与其他国家性及国际性调研表明，参与高瞻课程模式的幼儿始终比他们的同龄人表现更好。最值得注意的是，提供多种多样的开放性学习材料、幼儿有机会对自己所选择的活动进行计划与反思是这一课程最突出的特色——这些特色与幼儿的智力及社会性发展有着积极且显著的关系。

## 美国以外的高瞻课程模式

在过去的 30 年中，高瞻已经在美国以外的多个国家和地区培训教师并实施课程。现在，已经有分布于北美洲、中南美洲、欧洲、非洲以及亚洲的 20 多个国家和地区用这套课程为幼儿提供服务。高瞻课程模式遍布城市及乡村，服务来自各种收入水平和语言文化群体的幼儿，包括了有着典型发展特征的幼儿及有特殊需要的幼儿。

高瞻课程模式之所以能够在全世界范围内得到运用，是因为它具有强大的适应性并富有人本主义精神。该课程的实施不需要购买特殊的器材，可根据当地环境与文化准备教育设施并选择材料。这些材料很多都是低成本的，甚至很多可以由当地商家及居民捐赠，如纸制品以及建筑业和制造业的边角料。高瞻课程模式吸引如此广泛的教育工作者，其另一个原因是它所致力于促进的品质是世界范围内人们所普遍珍视的，这些品质包括创新精神、好奇心、批判性思维、决策能力、合作能力、坚持性、创造力和问题解决能力。

正是上述这些人类普遍珍视的品质使得高瞻课程模式能够成功地帮助不同发展水平的以及有特殊需要的幼儿，并为来自不同文化及语言背景的幼儿提供服务。在高瞻课程模式中，幼儿遵循着自己的学习方法，因此他们会全身心地投入到自己的学习之中。教师随时观察幼儿的状态，而不是仅仅按照规定的课堂计划进行教学，因此教师可以设计出能够吸引幼儿注意力并保持其学习热情的活动。

## 高瞻课程模式在中国

中国历来重视学前教育，而且在 1949 年新中国成立之初就成立了专门的学前教育管理部门。这些年来，虽然大部分学前教育经费都来自个人或是地方资源而不是国家财政拨款，但学前教育经费仍旧在稳定增长。中国政府已经意识到学前教育是教育系统中最为薄弱的环节。

由于中国在全球经济中的迅速崛起，学前教育将在中国的未来发展中扮演至关重要的角色。我们从高瞻课程模式的长期研究中可以知道，高质量的学前教育可以培养高素质人才所需要的坚持不懈的精神和自我管理的能力。也许更重要的是，高瞻课程模式对于计划能力和反思能力的强调可以发展幼儿日后在社会生活和团队领导方面所需的创新精神和批判性思维。优质的学前教育将会使我们的未来公民乐于终身学习，并具备终身学习所需的各种品质。

和谐社会需要的不仅仅是心智能力，还有各种社会性能力。对于很多没有兄弟姐妹甚至没有堂兄弟姐妹的孩子来说，学校才是他们开始学习如何与他人相处的地方。高瞻课程模式培养合作能力、联合解决问题能力以及对合作伙伴的想法及贡献的尊重。这些是与中国非常重视家庭关系和社会责任的道德伦理紧密联系在一起的。与他人合作的能力同样能够为创造性地解决问题提供动力和活力。最后，学习如何与他人一起游戏和工作能够帮助幼儿发展同理心和移情能力，这是他们发展道德行为的基础。由此，社会性能力的培养是一项非常重要而且应该尽早完成的任务。与其他处于经济迅速发展进程中的国家一样，中国已经经历过将经济利益置于人民福祉之上的危害——通常在这种情况下，幼儿是最大的受害者。在学前阶段学会关心他人能够帮助幼儿懂得聪明和诚信可以同时存在，并使所有人能够因此互惠互利。

我希望你们在阅读有关高瞻课程模式的书时，发现其中有很多能够为中国幼儿——中国最重要的资源——的发展做出贡献的途径。高瞻教育研究基金会的研究者对于能够与中国建立合作关系感到非常高兴和感激，并希望我们能够在未来一起学习并解决问题，最终创造一个更为美好的世界。

致敬，致谢并共勉！

安·爱泼斯坦博士
高瞻教育研究基金会课程开发部高级主管

# 目　录

# 前　言

本书是为那些想要了解高瞻学前教育课程模式的学前教育专业学生、学前教育机构管理者以及保教人员而写的。对于初次接触这一领域的学生来说，本书介绍的是一个经过充分研究并在美国乃至全球广泛使用的综合性学前教育课程模式。管理者可能正在为他们的机构挑选课程，或者他们已经选择了高瞻，但是还想更深入地了解高瞻，以便能更好地支持教职员工实施这一课程。为此，对于管理者来说，本书阐述了在这一基于研究的课程模式中幼儿学习什么以及高瞻评价系统如何满足教育问责的要求等方面的内容。对于那些已经或即将使用高瞻课程模式的保教人员，本书介绍了高瞻课程模式的基本内容：如何创设高效的学习环境和一日常规？如何运用有效的教学策略与幼儿互动？如何呈现学前阶段的教育内容？我们希望本书所呈现的内容能够帮助读者理解高瞻课程模式的原则并应用到工作中。

## 高瞻是做什么的？

初次接触高瞻的读者，有必要先来了解我们是谁以及我们做什么等背景信息。高瞻教育研究基金会是一个独立的非营利性组织，总部设在美国密歇根州伊普西兰蒂市，致力于促进世界范围内的幼儿发展，并支持那些培育幼儿的教育者和家庭。高瞻课程模式是一套供成人使用的教学实践体系和一系列促进幼儿发展的学习内容。同时，它还有评价系统，既能够评价机构质量，也能评价幼儿所学。它还有一套专业发展体系，培训实施高瞻课程模式的教育和保育人员。

**使命和愿景**。为了通过教育提升生活质量，高瞻教育研究基金会致力于评价研究、产品和服务开发、出版及培训。我们期待世界上所有的教育机构都能够使用主动参与式学习模式，所有的人都有机会获得成功，并为社会做出贡献。

**历史**。为了继续 1962 年韦卡特博士在伊普西兰蒂市公立学校开展的针对处境不利儿童的干预工作，我们于 1970 年创立了高瞻教育研究基金会。基金会因其学前教育课程以及关于高质量学前教育对个人乃至整个社会的持续性积极影响研究而闻名于世。高瞻教育研究基金会致力于婴儿—学步儿、幼儿、青少年课程等的研发。50 余年来，高瞻的课程模式、教师专业发展模式、研究工作以及相关出版物已经对教育和公共政策产生了重大的影响。

**拓展。**今天，高瞻的课程模式、教师专业发展模式、评价体系以及研究结果已经在美国几乎所有的州以及海外 20 多个国家和地区广泛运用，在开端计划中心、公立学校中的幼儿园（public school prekindergarten）、早教中心、家庭托儿所、企业办早教机构、大学实验幼儿园和其他各种非营利性或营利性的学前教育机构中得以发展。

高瞻课程模式以幼儿的兴趣和发展为基础，适用于各种不同文化、民族、种族、语言和地理环境中的幼儿。通过高瞻的专业发展项目及其在传播方面所做的努力，全球约有 125000 名教育和保育人员接受了高瞻学前教育课程模式的培训。在近 2000 名高瞻认证培训人员的支持下，这些实践者每年大约为 100 万幼儿及他们的家庭提供教育服务。

## 本书内容

本书将为您介绍高瞻学前教育课程模式。高瞻课程模式的 4 要素——教学实践、幼儿学习内容、评价系统以及教师专业发展，将在本书的各个部分进行讨论。

**本书结构。**本书共分为 5 个部分。**第一部分是引言和概述，**共分为 4 章：第 1 章解释为什么教育者应该使用一种课程模式，第 2 章是高瞻课程模式概述，第 3 章阐述了高瞻课程模式的理论基础，第 4 章呈现了课程背后的研究证据。第二至第五部分分别介绍了课程的 4 个要素。

**第二部分是高瞻教学实践，**描述了高瞻实践者在为幼儿提供主动参与式学习经验时所使用的方法。本部分包括第 5 至第 9 章，分别介绍：成人—幼儿互动策略，室内外学习环境创设，一日常规（包括计划—工作—回顾）建立，家园合作，教师之间有效沟通以便为幼儿制订适宜的计划并不断提高课程质量。

**第三部分是高瞻课程内容，**描述了高瞻课程 8 大领域的 58 条关键发展指标，包括第 10 至第 17 章，分别介绍：学习品质（第 10 章）；社会性和情感发展（第 11 章）；身体发展和健康（第 12 章）；语言、读写和交流（第 13 章）；数学（第 14 章）；创造性艺术（第 15 章）；科学和技术（第 16 章）；社会学习（第 17 章）。

**第四部分是高瞻评价，**描述了高瞻的有效评价工具，包括两章：第 18 章是关于幼儿评价的内容，第 19 章是关于学前教育机构质量评价的内容。

**第五部分是高瞻专业发展，**描述了高瞻对学前教育工作者的培训模式，包括两章：第 20 章阐释如何在成人培训中应用主动参与式学习的原则，第 21 章简单介绍了高瞻的培训以及认证。

全书各章都以故事或情境思考（"想一想"）导入，以帮助读者将本章主题与自己的生活经验联系起来。每章都列出了学习目标和重要术语，供读者学习和理解。每章最后推荐的练习或活动会帮助读者将所学知识运用到自己的实践中，帮助读者反思本章的主要内容。

全书中还有许多高瞻学前教育课程模式的实施者——教师、保育人员、管理者——所写的实践建议、生动案例、小结及观察报告。

**拓展资源**。本书只是一本入门书籍。一旦读者开始运用高瞻学前教育课程模式的原则和方法时，我们鼓励你更深入地了解高瞻课程模式。高瞻官网（www.highscope.org）上有更多资源，可以引导你进行更为深入的研究和探索。高瞻的专业发展课程也提供了关于高瞻课程模式的额外信息，以及如何在学前教育机构中更高效地实施高瞻课程模式的信息。我们希望对高瞻课程模式的学习将帮助你成长为课程的实施者，并成为幼儿及其家长的得力助手。

# 致　谢

本书建立在高瞻教育研究基金会 50 多年实践的基础上。有很多人为基金会做出了贡献，在此不一一列举。这里要感谢的是集中为本书提供信息的书、公共机构和团体，其中最重要的一本书是《高瞻学前课程模式》（*The HighScope Preschool Curriculum*）。本书详尽地阐述了主动学习的方法、教学策略、幼儿学习内容，是高瞻幼儿教育专家多年努力的成果，是不断依据内部和外部评价的详细反馈而不断丰富起来的。本书写作中还借鉴了其他书和电子资源，如各种教师参考书、评价手册、基于研究的政策文章、有关高瞻资源和拓展的各种文本，还有一些是研究语言、数学、科学、社会性和情感发展（包括冲突解决）、创造性艺术（包括视觉艺术、律动和音乐）等领域的书籍。

高瞻课程的实践者收集了很多关于幼儿及其家庭的客观逸事。他们所进行的质的研究是量化研究的补充，有助于在实践中检验本书中的很多思想。高瞻专业发展模式由高瞻教育研究基金会员工研发，并经由一线工作人员所组成的国际顾问团队实践。这也是我希望在本书中向读者介绍的。

高瞻的领导和员工多年来都在致力于课程的开发，包括推动本书的面世。过去和现在的主席与董事会成员是高瞻愿景的热情支持者，希望主动参与式学习可以适合各个年龄段——从出生伊始到成年的学习者。尤其是早期教育部门的员工利用他们集体的智慧创造了一套课程，这套课程基于最新的儿童发展研究、对幼儿的仔细观察以及对教学实践的反思。而擅长编辑、制作及营销的员工也确保了本书的文字与图

因为高瞻课程是建立在幼儿的兴趣之上，所以它适用于所有的幼儿。

片十分有吸引力，对在各种机构中工作的读者都能提供有用的信息。

还要特别感谢的是我们的老师、孩子和家长。他们关于高瞻课程模式的第一手经验不断为我们的工作提供资料，并使得我们能够更好地实现我们的使命——通过教育提升生命的质量。最后，我要衷心感谢各位读者。我最大的愿望是本书的文字和图片能够进一步激发主动学习和主动教学，使广大幼儿都能从中获益。

# 第一部分

# 引言和概述

本部分概述了高瞻学前教育课程模式的基本要素、理论基础，并讨论了高瞻学前教育课程模式有效的原因。

第 1 章　解释为什么教育者应该使用一种课程模式。

第 2 章　概括介绍高瞻课程模式。

第 3 章　阐述高瞻课程模式背后的儿童发展理论。

第 4 章　呈现支持高瞻课程模式的研究证据。

# 第 1 章　为什么学前教育机构应该使用一种课程模式？

## 🔲 本章导读 ①

本章主要论述了在学前教育机构中使用一种被证明有效的课程模式的益处。使用被证明有效的课程模式的益处主要体现在 3 个方面：①对幼儿的学习与发展来说，使用一种被证明有效的课程模式能够更好地促进幼儿积极学习和有效发展；②对于政策制定者来说，选择一种被证明有效的课程模式是对纳税人负责任的做法；③对于幼儿园教师来说，使用一种被证明有效的课程模式会为教育教学工作提供系统的操作指南，包括适宜的教学活动、幼儿学习目标清单、评价工具以及教师专业发展模式，从而确保教师能够正确地理解和使用课程。使用一种固定的课程模式并不意味着教育是刻板的、没有灵活性的。事实上，优秀的课程模式允许变化，以更好地满足幼儿学习与发展的需求。

## 🔲 本章学习目标

**学习完本章，你应该能够**

解释为什么使用一种课程模式有助于教师为幼儿提供持续一致的学习经验。

描述为什么选择被证明有效的课程模式非常重要。

根据你自己作为学习者、决策者的经验，为幼儿选择被证明有效的课程模式。

## 🔲 本章术语

课程（curriculum）

---

① 本书中"本章导读"为译者所加。——译者注

基于研究的证据（research-based evidence）

经过验证的（validated）

 **想一想**

许多年前，安①所在的小镇还没有像样的面包房，安决定自己来烤面包。面粉、酵母、水和糖等原材料看起来非常简单，而且她自己已经做了好多年的苹果小松饼、香蕉蛋糕，烤面包能有多难呢？

她尝试烹饪书刊中介绍的各种烤面包的方法。有时面团没有发酵，有时水太热烫死了酵母，有时水太凉酵母没有被"激活"。经过两个月的尝试，安才发现做面包的面粉和做蛋糕的面粉是不同的。揉面团使她胳膊都酸痛了，可面团还是像刚开始时那样硬硬的，她沮丧极了。从烤箱拿出来的每一块面包闻起来都很不错，但每次都不一样：不是不能食用，就是好吃得让人大吃一惊。

大约一年以后，烤面包的书开始流行——有许多书可供选择。有些书非常简单，以至于安觉得自己像个专家。有些书晦涩难懂，让安感觉自己太笨了。最后，她挑中了一本。这本书从简单的制作方法逐步过渡到复杂的方法。每一个步骤都详细解释了怎么做以及为什么要这么做。买书两周以后，安学到的东西远比她在过去一年所积累的经验要多。现在她能在她的家庭菜单里加上"自制面包"，而且有信心烤制出美味可口的面包。

成人常常通过试误法进行学习，但是如果遵循一定的逻辑顺序，那学习会变得更加简单。对幼儿来说也是如此。如果有一位经验丰富并了解幼儿当前水平和发展方向的教师来引导幼儿的自我探索，那将是十分有益的。相应地，教师依赖于对多年研究幼儿学习规律的专家的引导。这样，在设计教学活动时，教师们就不用每次都全部从头开始了。既有的课程模式使教师得以将自己的工作建立在本领域已有的知识基础之上，并将自己的经验和观察融入其中，进而调整自己对班上每名幼儿以及整个班级的教学行为。本章将探讨这一过程的益处。

## 使用一种被证明有效的课程模式的益处

在你阅读这一特定课程模式——高瞻课程模式之前，你可能想知道："为什么我

---

① 为便于阅读，案例中的英文名字略去。——编辑注

> 尽管没有哪一种课程模式被公认为最好，但是如果幼儿接受经过周密设计的高质量学前教育——其课程目标具体，内容上整合了各领域的知识——那么幼儿将学到更多的东西，并且更好地为应对正式入学的复杂需求做准备。
>
> ——美国国家研究院（National Research Council, 2001, p.6）

或者我的机构要使用一种已经出版的课程呢？为什么教师不能运用他们所了解的幼儿发展规律，开展适宜性教学实践，从而生成他们自己的课程呢？"

要想成为一名优秀的教师，你需要了解幼儿如何成长，如何学习，以及如何能帮助幼儿感到安全并让其乐意上学。但是这些基本知识、技能，还不足以创设一套课程。幼儿有许多东西要学习，如理解书是怎么回事，想办法与其他幼儿共用一台电脑，学会拉上夹克的拉链。对于个人甚至一个机构来说，

为了让幼儿充分获益，幼儿园需要使用被证明有效的课程模式。

从零开始研发一套完整的课程是非常困难的。一套课程体系需要一群有想法的实践者与研究者倾尽其知识和才能，耗费数十年的时间才能研发出来。

更重要的是，仅仅提供一种在理念上被认为很好的课程是远远不够的。你必须提供证据证明它是可行的。目前，机构要想得到资助，必须展示自身正在使用一种被研究证明有效的课程。"经过验证的"这个术语同样是在描述"一种被证明有效的"课程，其含义是：科学研究已经证明，在使用这类课程的机构中，幼儿可以达到确定的教育目标。而且，相比于没有参加过任何课程模式的幼儿，或参加了未使用固定的或使用了另一种课程模式的幼儿，这些幼儿更好地实现了发展目标。

对于政策制定者来说，对有效性的证明极为重要，因为他们要确保纳税人的钱用对了地方。这对于教师也很重要，因为他们要确保自己在教室里的教学能够真正有益于幼儿的发展。由此，每一个与学前教育相关的人都想确保所开展的学前教育是高质量的，能够实现自己的目标。确定这些要素的理论依据将在第 4 章中进行详细阐释。

使用一种经过验证或被证明有效的课程模式意味着你会获得以下所有的要素和操作指南——一系列适宜成人的教学实践，幼儿学习目标清单，借以测量机构是否实现目标的工具以及员工培训模式，从而确保课程得到正确的理解和使用。

## 高质量学前教育机构的要素

- 提供发展课程，使幼儿主动参与学习。

- 班额小，这样成人能注意到每一名幼儿。

- 教师接受过幼儿发展方面的培训，能够观察、理解和支持幼儿在各领域的学习。

- 提供行政支持及在职培训，便于员工理解并实施课程。

- 家长作为合作者参与其中，因为他们是孩子的第一任也是和孩子相处时间最长的老师。

- 对幼儿的非教育性需求保持敏感，因为教育仅仅是幼儿经验的一部分。

- 有发展适宜性的评价程序，以精确评价幼儿知道什么，并设计有效的方式来拓展其学习。

资料来源: A School Administrator's Guide to Early Childhood Programs, Schweinhart, 2004, p.15.

基于以上各种原因，高瞻教育研究基金会强烈推荐使用一种已经确立的课程模式，而不是使用一种本土的、没有经过验证的课程模式。从各种各样的课程模式中东拼西凑而建立课程体系（有时这种方法被称为"折中主义"）是有问题的。如果课程混合了多种方法，教师将缺乏一套一致的原则来指导他们的实践。不同课程的指导思想可能会相互矛盾，会使得教师难以判断什么是最好的做法——这可能导致在如何学习以及学习什么的问题上，传递给幼儿相互矛盾的信息。至于补充材料，最好是为该课程模式专门设计（或是被准予与该课程模式一起使用）。

使用一种课程模式并不意味着教育是刻板的、没有灵活性的。事实上，优秀的课程模式允许你进行调整，以更好地满足你所教的幼儿以及地区的需求——就好比你可能会遵循一个基本的食谱，但是你可以根据自己的口味来变换调味品。例如，你可以使用一种课程模式来教幼儿阅读，但你可以选择能够反映当地语言和风俗的书籍。高瞻课程模式支持这种灵活性，但同时保持自己的标准和实践方式，以保证课程能够获得积极且持久的结果。在理想情况下，某一课程模式的目标，也是选择使用这种课程的机构的目标。

**试一试**

1. 想一想, 你是否因为听说 (通过你认识的某个人或某一广告、其他资源) 某种产品或技术有效而加以尝试? 它真的有用吗? 简要地描述这一经历, 并思考你从中学到了什么。你如何将你学到的东西与选择一种课程模式联系起来呢?

2. 想一想你小时候或者长大后学习的某件事, 如骑自行车、系鞋带、做连除、开车或演奏乐器。分别选出一件你做得很好的和一件你在学习时遇到困难或受挫的事情。简要描述在学习过程中让你感到困难或轻松的不同原因。你是独立

优秀的课程模式允许你为了适应所服务的幼儿而加以调整。

学会这件事情的, 还是依靠其他人或辅助材料 (如书或教学视频)? 如果你是依靠自己, 那么, 在你学习的过程中分别有哪些有利和不利的因素? 如果你获得了一些指导, 那么, 这些指导是否让你在学习的过程中感到轻松? 为什么?

你也可以设想你像专家一样教其他人做某件事情。再设想另外一种情境, 在这一情境中, 你知道的比其他人多一些, 但并不认为自己是这方面的专家。描述在这两种情境中, 你的教学风格有哪些不同。在以上两种情境中, 是哪一种效果更好, 还是这两种的效果相同呢?

# 第2章 什么是高瞻学前教育课程模式？

## 本章导读

本章简要描述了高瞻学前教育课程模式的主要组成部分。高瞻学前教育课程模式主要包括6个部分,分别是：①高瞻学前教育课程模式的基本理念；②主动学习的5个要素,即材料、操作、选择、幼儿语言和思维、成人的鹰架；③高瞻学前教育课程模式8个领域(学习品质；社会性和情感发展；身体发展和健康；语言、读写和交流；数学；创造性艺术；科学和技术；社会学习),以及8个领域的关键发展指标；④高瞻学前教育课程模式的教学实践,主要是环境布置、一日常规建立和一日常规的核心即计划—工作—回顾；⑤高瞻学前教育课程模式的评价工具,主要是《学前教育机构质量评价系统》(PQA)和《学前儿童观察评价系统》(COR Advantage) 这两个工具；⑥高瞻学前教育课程模式的员工专业发展模式,主要是采用主动学习原则,针对管理者、教师和保育人员的专业发展模式。

## 本章学习目标

**学习完本章，你应该能够**

定义主动参与式学习的要素，并运用它们来分析幼儿的教育经验。

阐释为什么主动学习原则对于所有年龄的人都是有效的。

理解高瞻学前教育课程模式内容涵盖了入学准备的所有领域。

解释教师在早期学习中扮演既重要又多样的角色。

描述高瞻的评价和教师专业发展是如何与高瞻课程模式相适应的。

## 本章术语

主动参与式学习（active participatory learning）

材料（material）

操作（manipulation）

选择（choice）

幼儿语言和思维（child language and thought）

成人鹰架（adult scaffolding）

课程内容（curriculum content）

入学准备的 5 个方面（five dimensions of school readiness）

美国国家教育目标委员会（National Education Goals Panel）

关键发展指标（key developmental indicators，KDIs）

计划—工作—回顾顺序（plan-do-review sequence）

综合评价工具（comprehensive assessment tools）

专业发展（professional development）

 **想一想**

"这太简单了，让我做给你看！"

你刚把一个画图软件安装到电脑上。你的一个同事已经使用这个软件一年了，她迫切地想告诉你这个软件可以做什么。她搬了一把椅子坐在你身旁，手里拿着鼠标，讲解道："帮你使用这个软件的模板都在这个下拉菜单中。我喜欢第二个和第五个模板。"她打开、关闭模板的动作非常快，以至于你都没看清。她继续说道："但很容易设计出你自己的模板。点击这个命令，然后将鼠标移至这一栏，选择一种颜色和一种线条。之后，图像就会显示在这里，你可以旋转或翻动这个图像……"你的椅子渐渐地被挤到一边，你的同事坐在电脑前面操作电脑。当她完成她的操作时，你一点都不记得她说了什么。你感谢她的帮助，关闭程序，然后打开单人纸牌游戏。

第二天一早，在其他人都还没到办公室时，你打开画图软件，点击"新手教程"，按照上面的步骤操作。读完教程后，你开始自己上手操作软件。一开始，你的设计和颜色非常有限。有时你不小心删除了整个图像，有时你把图像上下弄颠倒了。你笑了笑，然后重新开始。等你的同事到来时，你已经完成一份为即将开始的募捐活动做宣传的海报。这幅海报设计简单，但是色彩丰富。昨天帮过你的同事停下来赞美你的工作，并说："很高兴我能够帮到你。"

我们都有这样的经验，即别人告诉我们或者向我们示范如何去做某件事。通常，他们的初衷都是想帮助我们，他们知道的比我们多。有时，他们太迫切地想和我们分享，以至于他们告诉我们太多的信息。他们是主动的教师，而我们是被动的学习者，结果是，我们学到的很少，甚至什么也没学到。相反，如果我们有时间和材料独立进行探索，或许我们能够学到很多东西。就如上面谈到的，最好的情况是：开始时我们拥有足够的引导（无论是来自个人还是来自书本），然后我们继续独自探究。一旦我们掌握了基础的东西，我们可

高瞻课程模式强调主动参与式学习，教师和幼儿在学习过程中是一种同伴关系。

能就会向"专家"寻求深入的指点，甚至分享我们自己的一些发现。

在后一种关系中，教育者和学习者都扮演主动的角色，并且由于学习者的亲身参与，其学到的东西就很有意义并且十分持久。这种共享的教育方式就是高瞻课程模式的核心。本章我们将探究高瞻课程模式中所运用的主动学习法。

## 高瞻课程的组成部分

高瞻学前教育课程模式以儿童发展理论、相关研究结果以及经过验证的教育实践为基础，是一套完整的学前教育课程体系，包括：供成人使用的教学实践，包含幼儿全部关键发展指标的领域内容，评价教学行为和幼儿发展的工具，帮助成人使用课程的专业发展（培训）。在本章我们将对每个方面进行深入讨论。

## 高瞻课程的理念

根据《高瞻学前课程模式》[1]以及 8 本关于关键发展指标与支持性教学策略的书[2]，幼儿在不断建构对世界的认识。学习不是成人向幼儿提供信息，而是分享控制的过程，幼儿在该过程中通过与人、物、事件和想法直接互动获得知识和技能。在课程中，幼儿学习制订计划，追求自己的兴趣和目标。

高瞻教师像幼儿一样主动并且投入。他们精心准备适宜的材料，计划活动，并与

---

① 即将由教育科学出版社出版。——编辑注

② 已由教育科学出版社于 2018 年 9 月出版。——编辑注

幼儿交谈，这既支持又挑战幼儿的观察和思考。活动既是幼儿发起的——建立在幼儿自发的好奇心之上，又是发展适宜性的（即与幼儿当下发展的能力相适应）。高瞻把这一模式称为主动参与式学习。这是教师和幼儿共同获得学习经验的过程。

在这种教育模式中，幼儿同教师一起承担学习责任，发展入学准备的基本技能。除了传统学习科目，高瞻学前教育课程模式还主张发展幼儿的独立性、好奇心，以及决策、合作、坚持、创新和问题解决的能力。

高瞻学前教育课程模式的指导原则在学习轮（见图2-1）中有所体现。主动学习位于中心位置，强调主动性的重要性以及高瞻对相关教育内容的全面重视。4个扇形代表教师在与幼儿互动过程中的4个职责：与幼儿互动；创设有挑战性的学习环境；建立稳定的一日常规；开展持续性评价以制订教学计划，满足幼儿的教育需求。阅读完本书之后，你将对高瞻学前教育课程模式的各个部分如何成为一个有机的整体获得清晰的认识。

图2-1　高瞻学前教育课程模式学习轮

# 主动参与式学习

美国国家教育目标委员会指出：如果给幼儿提供以游戏为中心的探索活动，允许幼儿根据自己的发展水平选择并参与活动，进行互动，那么，幼儿的入学准备将做得更好（NEGP; Kagan, Moore, & Bredekamp, 1995）。这种愿景是高瞻主动参与式学习的核心。主动参与式学习包括以下5个要素。

1. **材料**。课程提供充足的、多样化的、适宜的操作材料。材料能够吸引幼儿多感官参与，而且是开放性的，也就是说能够用多种方式操作，有助于扩展幼儿的经验，激发其思考。

2. **操作**。幼儿摆弄、探究、组合和转化材料并形成自己的观点。他们通过操作而有所发现。

3. **选择**。幼儿选择材料、玩伴，改变或形成自己的想法，并根据其兴趣和需要计划活动。

4. **幼儿的语言和思维**。幼儿描述他们所做和所理解的。当他们思考其活动，并修正想法、计划进行新的学习时，他们用语言或非语言的形式进行交流。

5. **成人鹰架**。鹰架意味着成人支持和适当拓展幼儿当前的思维和理解水平。通过这种方式，成人帮助幼儿获得知识，发展创造性地解决问题的技能。

下面的例子介绍了主动参与式学习五要素如何帮助幼儿学习书写。

## 主动参与式学习五要素的运用

下面是一个案例，介绍如何运用主动参与式学习五要素帮助艾琳学习书写。案例发生在工作时间。老师记录了下面的逸事。

**材料**。教室里有各种不同的书写材料。

艺术区，工作时间。艾琳取了一盒彩笔、一沓普通白纸、几张黄色的美工卡纸，来到桌边。

**操作**。幼儿以各种方式使用书写材料，如写字母或写像字母一样的符号。他们尝试（或假装）像成人一样书写。

艾琳用一支黑笔在白纸上画出了直线、圆和许多"X"。像书上那样，她一行接一行地写，然后她说："我想写我的生日邀请函。"

**选择**。无论是在以幼儿为主导的计划—工作—回顾时间，还是在成人主导的活动（如小组、大组或户外活动）时间，幼儿都能自由使用材料。教师问幼儿打算如何实施计划。

我问艾琳："你打算怎么来写邀请函？"艾琳回答说："我打算用一张黄色的纸、一支红色的彩笔。"她从放在她前面的材料中选择了这些材料。

**幼儿的语言和思维**。当幼儿工作时，成人自然地和幼儿谈论幼儿正在做的事。成人拓展幼儿的词汇量，但并不主导对话。

艾琳把纸对折，然后在外侧画上了蓝叶子和绿叶子衬托的一朵粉红色的花。她说："我得先装饰我的卡片。"我点评道："在里面写邀请之前，你先装饰外面。"艾琳回答说："就像我奶奶万圣节送给我的卡片一样，既有图片，又有文字。"

> **成人鹰架。**幼儿以各种不同的形式学习写字母，如描红、临摹，或由成人拼单词，自己写出字母。基于艾琳的现有水平，教师允许她组合使用各种策略。
>
> 艾琳说她需要有人帮她写"生日会"这几个字。我问她："你是想让我把一个个字母说给你听，还是希望我都写下来，然后你来抄？"
>
> 她让我写下来。我写了"生日"，艾琳抄写在她的邀请函上。然后，她说："我想写'会'，请告诉我'会'怎么写。"我一次念一个字母，艾琳一个一个写下来了。然后，她说："我自己会写我的名字。"她写上了"艾琳"。

## 高瞻课程内容

作为一个系统的课程模式，高瞻课程模式涉及幼儿学习和发展的方方面面。课程内容被划分为 8 个领域，这 8 个领域与美国各种早期学习标准保持一致，包括国家标准和各州标准（Gronlund, 2006; National Association for the Education of Young Children, National Association of Early Childhood Specialists in State Departments of Education, 2002）、《共同核心标准》（*the Common Core Standards,* 2012）和《提前开端计划幼儿发展和早期学习指南》（*the Head Start Child Development and Early Learning Framework*，Office of Head Start, 2012）。高瞻学前教育课程模式的 8 个领域是：①学习品质；②社会性和情感发展；③身体发展和健康；④语言、读写和交流；⑤数学；⑥创造性艺术；⑦科学和技术；⑧社会学习。美国国家教育目标委员会强调这 8 个领域是相互依赖的，而且在幼儿的每个年龄段都需要同时兼顾这 8 个领域（Kagan et al., 1995）。

高瞻教师提供多样的经验，促进每名幼儿在这 8 个领域都有所发展。高瞻教师承认不同的幼儿发展有别，同一名幼儿在不同领域的发展也会有所不同。所以，成人鹰架早期学习包括在幼儿现有水平上支持幼儿，以及在幼儿沿着发展轨迹前进时逐渐扩展幼儿的知识和思维。

### ▲ 关键发展指标

在 8 个课程内容领域，高瞻课程模式确定了 58 条关键发展指标（关于婴儿与学步儿的关键发展指标，请参见：Post, Hohmann, & Epstein, 2011）。关键发展指标是幼儿发展各阶段中思维和推理的基石，是入学和成年后的成功的基础。关键发展指标不仅包括知识，还包括知识在思维中的应用（Marzano & Kendall, 2007），如幼儿只有知道色彩的名称（这属于知识），才能按照色彩进行分类（这属于思维）。

高瞻课程模式选择"关键发展指标"这个术语是有原因的。"关键"指这些指标是学前教育中最重要和最有意义的概念与能力。幼儿需要掌握的知识、技能如此之多，以至于逐个列出会永无止境。为了避免"只见树木不见森林"，关键发展指标关注的是那些可以为幼儿进一步学习奠定基础的内容。

"发展"强调学习具有渐进性和累积性。学习遵循一定顺序，从简单知识和技能的学习逐渐过渡到比较复杂的知识和技能的学习。而且，"发展"强调：让幼儿的行为和学习与学前班[①]或者一年级的学生一样是不合适的，甚至是无效的。在每个年龄段，课程必须与我们所了解的幼儿认知发展水平保持一致。

最后，"指标"一词是强调教育者需要证据来证实幼儿正在学习／发展对于入学准备乃至未来人生十分重要的知识、技能。为制订适宜的计划，并评价课程（方案）的有效性，我们需要使课程对幼儿的影响可视化。而且，通过可测量的条目定义幼儿的发展成果，我们能够研发与课程相一致的评价工具。换句话说，评价系统反映课程是否实现其预期目标。

内容领域之间以及关键发展指标之间的连续性表明：发展遵循一定的顺序，不同年龄和能力的幼儿不可能简单地归在一个年龄组。本书集中探讨 58 条关键发展指标，它们组成了高瞻 3~5 岁幼儿的课程内容。然而，这一年龄阶段的幼儿可能表现出稍大的学步儿（25~30 个月）或早期学龄儿童的行为特征。因此，我们研发了包含 0~8 岁整个早期阶段的关键发展指标。而且，有特殊需要的幼儿的发展水平可能与其年龄不一致，因此，这种灵活的系统有助于实践者了解这些幼儿并为他们的发展制订适宜的计划。

幼儿要学习关键发展指标中包含的内容，仅靠成人的传授是不够的。幼儿必须亲自体验世界。当幼儿的内在思维和知识向新的阶段发展时，成人要能够鹰架（支持并适当扩展）他们的思考和理解。成人需要在教学中有明确的目标，即了解幼儿

与人、材料、事件和想法互动的时候，幼儿卷入关键发展指标——每个发展阶段思维和推理的基石。

---

① 原文为 kindergarten，在美国指为 5~6 岁幼儿提供的教育，在大多数州是正规学校教育的起点，附设在公立小学。本书无法找到完全对应的表达，故译为学前班。——译者注

# 高瞻教育内容——关键发展指标

## A. 学习品质

1. **主动性**：幼儿在探索世界时表现出主动性。

2. **计划性**：幼儿根据自己的意图制订计划并付诸实施。

3. **专注性**：幼儿专注于感兴趣的活动。

4. **问题解决**：幼儿解决在游戏中遇到的问题。

5. **资源利用**：幼儿收集信息并形成对周围世界的看法。

6. **反思**：幼儿对自己的经验进行反思。

## B. 社会性和情感发展

7. **自我认同**：幼儿具有积极的自我认知。

8. **胜任感**：幼儿感觉自己是有能力的。

9. **情感**：幼儿识别、标记和调节自己的情感。

10. **同理心**：幼儿对他人表现出同理心。

11. **集体**：幼儿参与班集体。

12. **建立关系**：幼儿与其他幼儿和成人建立关系。

13. **合作游戏**：幼儿参与合作游戏。

14. **道德发展**：幼儿发展出内在是非感。

15. **冲突解决**：幼儿解决社会性冲突。

## C. 身体发展和健康

16. **大肌肉运动技能**：幼儿在运用大肌肉群时表现出力量、灵活性、平衡感和对时机的把握。

17. **小肌肉运动技能**：幼儿在运用小肌肉群时表现出灵活性和手眼协调能力。

18. **身体意识**：幼儿了解自己身体的各个部位，并知道如何在空间中驾驭它们。

19. **自我照顾**：幼儿自行完成自我照顾的常规活动。

20. **健康行为**：幼儿进行有益健康的实践活动。

## D. 语言、读写和交流[①]

21. **理解**：幼儿理解语言。

22. **表达**：幼儿使用语言进行表达。

23. **词汇**：幼儿理解并使用不同的单词和短语。

24. **语音意识**：幼儿能识别口语的不同发音。

25. **字母知识**：幼儿辨别字母名称及发音。

26. **阅读**：幼儿为获得乐趣和信息而阅读。

27. **印刷品概念**：幼儿具有关于周围环境中印刷品的知识。

28. **图书知识**：幼儿具有关于图书的知识。

29. **书写**：幼儿为了不同目的而书写。

30. **英语语言学习**：（在适用的情况下）幼儿使用英语和母语（包括手语）。

## E. 数学

31. **数词和符号**：幼儿

---

① 关键发展指标 21~29 适用于幼儿的母语和英语学习，关键发展指标 30 专指英语语言学习。

识别并使用数词和符号。

32. **点数**：幼儿点数物品。

33. **部分—整体关系**：幼儿组合与分解物品的数量。

34. **形状**：幼儿识别、命名和描述形状。

35. **空间意识**：幼儿识别人与物之间的空间关系。

36. **测量**：幼儿通过测量对事物进行描述、比较和排序。

37. **单位**：幼儿理解并使用单位概念。

38. **模式**：幼儿识别、描述、复制、补全及创造模式。

39. **数据分析**：幼儿使用数量信息得出结论、做出决策和解决问题。

## F. 创造性艺术

40. **视觉艺术**：幼儿通过二维和三维艺术表达与表征自己的观察、思考、想象和感受。

41. **音乐**：幼儿通过音乐表达与表征自己的观察、思考、想象和感受。

42. **律动**：幼儿通过律动表达与表征自己的观察、思考、想象和感受。

43. **假装游戏**：幼儿通过假装游戏表达与表征自己的观察、思考、想象和感受。

44. **艺术欣赏**：幼儿欣赏创造性艺术作品。

## G. 科学和技术

45. **观察**：幼儿观察周围环境中的材料及变化过程。

46. **分类**：幼儿对材料、行为、人物和事件进行分类。

47. **实验**：幼儿通过实验检验自己的想法。

48. **预测**：幼儿对将要发生的事进行预测。

49. **得出结论**：幼儿基于经验和观察得出结论。

50. **交流想法**：幼儿交流关于事物特性及运行方式的看法。

51. **自然和物质世界**：幼儿积累关于自然和物质世界的知识。

52. **工具和技术**：幼儿探索并使用工具和技术。

## H. 社会学习

53. **多样性**：幼儿理解人们有不同的特征、兴趣和能力。

54. **社会角色**：幼儿了解人们在社会中具有不同角色和作用。

55. **做出决策**：幼儿参与做出班级决策。

56. **地理**：幼儿识别和解释周围环境的特征与地理位置。

57. **历史**：幼儿理解过去、现在和未来。

58. **生态**：幼儿理解保护周围环境的重要性。

如何发展，了解学前教育的重要内容领域（Epstein, 2007）。而且，教师要知道真正的学习需要时间和重复。学习不是一蹴而就的。

关键发展指标是以最新的儿童发展研究成果和数十年的教学实践为基础的。关键发展指标也具有普适性。来自美国以及世界其他国家不同文化的保教人员报告称，他们看到当地的儿童正在经历这些重要的发展经验。研究者也证实不同背景的儿童都表现出了这些共同性。例如各地的幼儿都会把物品分类装在容器里，都会进行拆分和拼装。尽管具体材料会因文化的不同而不同，但是探究的活动和对材料性质的学习结果从本质上来说是一致的。

教师运用关键发展指标来指导课程的各个方面。他们布置教室，计划每日活动，观察幼儿并拓展他们的思维，还根据主动学习的一般原则和关键发展指标的具体内容来评价幼儿的进步。下面将描述高瞻教学实践。本书的第三部分将深入阐述幼儿所有学习领域的关键发展指标，并阐释高瞻教师为促进幼儿的发展而使用的各种经过精心设计的实践策略。

## 高瞻教学实践

高瞻教师布置教室，将教室划分为不同的兴趣区，投放各种材料，提供广泛的经验，帮助幼儿开始理解世界是如何组织起来的。为了促进幼儿的主动性和独立性，教师确保所有材料便于幼儿独立取放，反映幼儿的兴趣和他们的家庭文化，让幼儿感觉舒适，同时对学习产生兴趣。

一日常规提供各种经验。幼儿参与各种个人游戏和社会性游戏，参与小组或大组活动，帮助整理环境，在用餐中发展社会性技能，发展自我服务技能，锻炼小肌肉和大肌肉技能。一日常规中的一些环节以幼儿的计划和选择为中心，即幼儿自由选择去教室或户外的任何地方，任意挑选教具或材料，另外一些环节则是根据成人的意图来计划和安排。然而，即使在成人主导的活动中，幼儿同样能够表达他们的观点，选择如何使用成人提供的各种材料。

高瞻课程模式一日常规的核心是计划—工作—回顾过程。在这一过程中，幼儿决定做哪些事情，然后实施他们的想法，并和成人、同伴一起回顾他们的活动。我们将一日中的这些环节分别称为计划时间、工作时间和回顾时间。通过参与计划—工作—回顾，幼儿获得作为思考者、问题解决者以及决策者的信心。幼儿有目的地行动并对自己行为的结果进行反思。这些能力会在他们的学校生活乃至整个人生中发挥积极的作用。

# 高瞻评价工具

有效的课程可以实时监测教师教得好不好和幼儿学到了多少（Gilliam & Leiter, 2003）。吉列姆和莱特（Gilliam & Leiter）运用评价结果确定应该坚持什么，或者改进哪些不适宜的地方（如提供更多的教师培训或者弥补幼儿某些遗漏的经验）。

高瞻有两套综合性的评价工具来检验和改进课程，一套针对机构，一套针对幼儿。其中《学前教育机构质量评价系统》（PQA）评价教师和机构是否实施了有效的课程，评价者对课堂乃至整个机构进行评分，进而识别出做得好的地方以及应改进的地方。这一评价工具在婴幼儿阶段均可使用。而《学前儿童观察评价系统》（COR Advantage）评价幼儿各个内容领域的学习。教师和照顾者每天会记录一些客观描述幼儿行为的简短逸事。他们利用这些记录来评价幼儿的发展，并为个别幼儿或全班幼儿制订活动计划，促进幼儿进步。

这些工具反映教室中的最佳实践以及儿童发展的基本原则，适用于所有使用基于儿童发展的课程的机构，而不仅仅是那些使用高瞻课程模式的机构。在高瞻官网上，你能够找到更多关于这些评价工具的信息。

# 高瞻教师专业发展

一种课程只有得到持续且适当的运用，才能产生预期效果。通过 50 余年的研究，我们知道高瞻课程模式对幼儿发展起重要作用。然而，要真正实现效果，幼儿必须参与和被研究证明有效的课程一样的课程。为此，高瞻开发了面向管理者、教师和保育员的专业发展课程体系。

培训成人时，高瞻也同样采用了主动参与式学习原则。参与培训的人员不仅仅学习理论和开展研究，他们还要练习课堂中使用的各种教学策略。他们反思哪里做得好，哪里做得不好，并与同事讨论。当参与培训的人员学习并实施课程时，经过高瞻认证的培训师会为其提供反馈和支持。

在看本书时，采用每章结束部分（"试一试"）中的建议，你也能够"主动"地学习高瞻课程模式。可根据自身情况实践课程，也可以与其他参与者或同事分享你的想法，甚至可以和你的家人或朋友一起尝试某些练习。最重要的是，你能够把这些信息运用到自己的生活或工作中，反思你在过程中的收获。在探究这些观点以及用这些观点建构你自己的理论和实践时，你将体验高瞻教与学的方式。

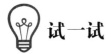

## 试一试

1. 从一张纸的中间自上而下画一条线，将纸分为两栏，然后对折，这样你只能看到一栏。挑选一个日常用品，如苹果、书、椅子。在字典或百科全书中读一读关于该物品的描述，或者让你认识的人给你描述这个物品。在第一栏，写下你能记住的通过阅读或者他人讲述的有关这个物品的信息。把纸翻过来，呈现另一栏。现在运用你的各种感官，自己探索这个物品至少5分钟。在第二栏中写下你获得的信息。打开纸，比较两列。哪一种学习方法能学到更多？写下你的答案。

2. 观察一个情境，这个情境中至少有一位成人和一名幼儿，且幼儿有机会学到一些东西。比如一名幼儿正在参加艺术活动，一组幼儿正在学习字母，父母与孩子在厨房做饭，或者父母与孩子正在购物。接下来，回顾主动学习的要素：材料、操作、选择、幼儿语言和思维、成人鹰架。回答下面的问题：在你观察的情境中，存在哪些主动学习的要素？成人如何安排才能使这些要素出现或不出现？幼儿进行的是哪种类型的学习？你如何改变情境来增加主动学习的要素？

3. 看学习轮。观察你所在的机构或者其他学前教育机构（他们不一定采用高瞻课程模式）。记录你观察的每个活动或情境以及你认为符合学习轮的地方。

高瞻一日常规让幼儿可以平衡各种各样的经验。

# 第3章 高瞻课程模式的理论基础是什么？

## 本章导读

本章分两部分论述高瞻课程模式的理论基础：第一部分主要论述了高瞻课程模式的第一个标志即主动参与式学习的理论基础——皮亚杰的认知发展理论、杜威的进步主义教育哲学和维果茨基的鹰架学习理论，论述了幼儿的认知方式、知识建构和主动学习；第二部分主要论述了高瞻课程模式的另一个标志即计划—工作—回顾过程的理论基础，主要是教育家杜威、心理学家萨拉·史密兰斯基的理论。

## 本章学习目标

**学习完本章，你应该能够**

描述人类从婴儿到成年思维（认知方式）的发展。

解释幼儿思维与成人思维的差异。

将思维的发展与高瞻课程模式的主动参与式学习联系起来。

讨论高瞻计划—工作—回顾过程的理论基础及发展价值。

## 本章术语

让·皮亚杰（Jean Piaget）

约翰·杜威（John Dewey）

列夫·维果茨基（Lev Vygotsky）

鹰架（scaffolding）

杰罗姆·布鲁纳（Jerome Bruner）

认知方式（ways of knowing）

感觉运动（sensorimotor）

前概念或前运算（preconceptual or preoperational）

具体运算（concrete operations）

形式运算（formal operations）

认知发展（cognitive developmental）

学习路径或发展轨迹（learning pathways/developmental trajectories）

互动（interaction）

知识建构（knowledge construction）

发展变化（developmental change）

同化（assimilation）

顺应（accommodation）

主动学习（active learning）

主动参与式学习（active participatory learning）

最近发展区（zone of proximal development）

计划—工作—回顾（plan-do-review）

有目的的游戏（purposeful play）

## 想一想

你是否曾经总是路过某个建筑工地，目睹了一座高楼拔地而起的过程？建筑工人首先要做的是打地基，精确到每一寸，以确保大厦有坚实的地基，保证其在各种极端条件能够屹立不倒。然后，他们搭建大厦结构，一层接着一层。每到一层，建筑工人们都会搭一个脚手架用于立足。一旦外墙、楼顶建造好了，他们开始安装"机械"，包括水、电、加热和冷却系统。待这些部分都完成后，工人将通过加地板、天花板以及内墙而将大厦分成多个部分。接下来就是永久性设施的安装，如浴室、厨房等。最后，大厦就准备好迎接住户了。人们增加细节，设计个人空间，如装窗户、铺地板、刷墙、贴壁纸和摆家具等。当设施坏了或者市场上出现了改进机型，固定设施偶尔会更新。当来了新住户，或者现在的住户改变房子的用途或外观时，个人空间可能经常更新。

支持幼儿的发展好比盖一座大楼。学习首先是基于这样一个坚实的基础——幼儿与一个或多个成人建立了真正相互信任的关系，随后便是一步一步地成长。为了使幼儿的思维进一步发展，成人必须为其提供"脚手架"（即鹰架），该脚手架既要根植于幼儿的现有高度，又要能让幼儿再往高爬一层（即"适当扩展"）。通过自己的经验，幼儿开始一点一滴地用基本的部件或概念搭建结构。然后，幼儿基于其经验和爱好，在此基础上增加更多的细节。改造的过程也随着学习与生活时刻进行着。

高瞻课程模式认为学习是发展的、互动的。本章我们探讨高瞻理念和方法，尤其是主动参与式学习和计划—工作—回顾背后的理论基础。

# 主动学习的理论基础

高瞻课程模式建立在儿童发展理论和研究的基础之上，起初大量吸收了皮亚杰及其同事开创的认知发展理论（Jean Piaget,1950）以及约翰·杜威的进步主义教育哲学（John Dewey,1938/1963），后来根据认知发展研究又进行了更新（Clements, 2004b; Gelman & Baillargeon,1983; Gelman & Brenneman, 2004; Gelman & Gallistel,1978/1986; Goswami, 2002; National Research Council, 2005; Necombe, 2002; Smith, 2002），也用到了大脑研究的成果（Shore, 2003; Thompson & Nelson, 2001）。

我们的教学实践，尤其是"儿童是在社会文化背景中发展的"这一观念，来自发展心理学家和教育家维果茨基（Lev Vegotsky,1934/1962），并且被进一步发展并由杰罗姆·布鲁纳引入了脚手架（鹰架）的概念（Jerome Bruner,1986）。随着研究的深入，高瞻教育实践在持续更新（Rowe & Wertsch，2002）。

## ▲ 认知方式

为了解释儿童的思维是如何发展的，皮亚杰描述了几大认知方式。

- 从出生开始，儿童通过感觉运动探索世界、获取知识，也就是说，他们运用各种感官直接操作物体。

- 之后，儿童能够利用语言和绘画等象征符号代替行动来获取知识。随着语言的产生，思维变得可能。这种思维被称为前概念思维、直觉思维（也被称为前运算思维），因为这一阶段的儿童仍依赖于感知特征而不是内在概念。

- 当儿童能够根据他们观察的直接证据，开始更有逻辑地思考、得出结论、解决问题时，具体运算阶段开始了。当儿童仍依赖于其所看到的事实或所做的具体事情时，儿童就不能分析他们观察到的事情背后的原因。因此，他们得出的关于世界的结论在成人的逻辑和理解中偶尔是"错误的"。而且，这一阶段的儿童总是以他们自己的视角看待事物，而不能"去中心化"，即从他人的角度来理解世界。

- 最后，借助形式运算建构的知识则允许稍大的儿童、成人考虑某一情形的所有可能性，通过形成假设、观察或实验来检验知识，并使用逻辑来解决问题。这些能力也被称为"抽象思维能力"。形式运算是高等数学和科学实验的基础。

尽管皮亚杰将这几种体验世界以及和世界互动的方式与特定的年龄阶段相对应，但是现在我们知道，他有时低估了幼儿的理解能力。"在某些条件下，幼儿能够运用一一对应原则对数字进行推理。在他们不能精确计数时，他们就能这样做。"（Gelman & Baillargeon，1983，p.215）

## ▲ 认知发展研究

当今的认知发展研究已经不再限于皮亚杰所描述的与年龄相关的普遍性认知方式。相反，他们研究儿童完成特定学习内容（如词汇）和任务（如点数）的学习路径或发展轨迹。这一现代视角与高瞻对儿童学习的看法是一致的。这些研究也引导高瞻开发各领域课程资源。高斯瓦米（Goswami）这样总结当今的认知发展研究。

"儿童的认知发展依赖于不断发展的对物质世界或社会中事物发生原因的理解，依赖于有意义的社会活动，最初都是具象的，受语言影响。儿童——世界中的新手——是他们周围'专家'成人的学徒。他们向成人学习，以掌握所在文化中物质的、象征的以及认知的工具。"（2002，p.514）

要让幼儿主动学习，就必须让幼儿看到并亲自动手操作，成人要鼓励并不断挑战幼儿的思维。

当今的大脑研究也支持这些观点，并表明学习有赖于互动。互动是指直接与人、材料、事件、活动以及想法接触。"神经学家强调这一事实，即与环境的互动不仅是大脑发育的一个有趣特征，而且是大脑发育的必然要求。……早期经验对于大脑具有决定性的影响，同时会影响成年后能力的性质和程度。这些经验会直接影响到大脑中的'线路'情况。"（Shore，2003，p.15，18）换句话说，没有经验，大脑什么也做不了。

一些大脑研究者认为，大脑最初的神经细胞联结捕捉了大量的初级经验，这些联结在使用中被不断组织和修剪。同时，研究者发现：在某一发展点之后，这些联结并不会被固定在某个地方。有证据表明：在整个生命周期里，大脑有不断地改变、形成新联结的能力（被称为"可塑性"）（Black，Jones，Nelson，Greenough，1998；Greenough & Black，1992）。因此，在人的一生中，主动参与都在学习中起着至关重要的作用。

### ▲ 知识建构

高瞻幼儿园的幼儿通过与人、材料、事件和想法互动获得直接经验，主动建构他们关于现实的理解。维果茨基把社会或文化环境看作知识建构的关键，尤其是语言和思维发展的关键（1978）。例如在成人世界，我们看到一个人的特点是受其表达自己的方式以及成长中的价值观和信念影响而形成的。对于幼儿来说，早期语言发展中的手势研究（Goodwyn，Acredolo，& Brown，2000; Iverson & Galdin Meadow，2005; Namy，Acredolo，& Goodwyn，2000）、家庭环境中的早期词汇发展研究（Hart & Risley，1995，1999）都支持这一观点。

在认知发展模式中，学习被看作一个发展变化的过程。在这一过程中，人们将新信息与已有知识联系起来并将新信息增添到已有的认识中，如果有必要，甚至可以改变以前的思维方式。例如，如果我们知道如何照顾宠物天竺鼠——给它某种食物以及干净的水，那么我们就有了如何照顾其他宠物如猫或狗的基本知识。然而，作为一个负责任的宠物主人，我们还要学习更多新的知识，如猫或狗在食性上是否与天竺鼠的食性有所不同。这一持续的发展变化过程——首先由皮亚杰提出，现得到当今的研究的支持——被称为"同化"（运用我们已有的知识和行为探索新事物）和"顺应"（改变心智模式，即关于世界是怎样运转的看法，纳入新的甚至有时候是完全相反的信息）。同化和顺应需要许多经验，才能促成思维的改变，并体现在行动中。

## 主动参与式学习

高瞻采用术语"主动参与式学习"来描述学习者和环境之间的互动过程。如果幼儿仅仅被告知某事，促进思维真正发生改变的学习就不会发生。幼儿需要在成人的鼓励以及挑战下，亲眼去看，亲自去尝试。

维果茨基提出的最近发展区指幼儿能够自己达到的水平与他们在成人或其他发展水平更高的幼儿的帮助下能够达到的水平之间的区域。高瞻教师认真观察幼儿，以便了解何时以及如何进入这一区域，进而将幼儿的学习提升到下一个更高的水平（称为"鹰架"）。在准备进入下一发展水平前，幼儿必须对他们的已有知识有信心。高瞻所谓的成人支持并逐渐延伸幼儿的学习，是指成人首先确认或者支持幼儿的既有水平，然后再逐步鼓励他们将其思维和理解延伸到下一水平。

由于幼儿是在与世界接触中主动建构知识，因此从成人的思维方式来看，他们的思维不一定都是有意义的，但是却有自己的逻辑。

**它是有生命的！**幼儿并非总能正确地辨别有生命和无生命的东西。在他们的思维中，移动的事物如从窗玻璃上滑下的雨滴可能就是有生命的。同时，到三四岁时，幼儿开始利用某些特征来鉴别电视上那些并不真实的事物（Fitch, Huston, & Wright, 1993）。此外，基于他们所知道的关于动物、玩具和物体的知识，他们能够成功地区分可以自己移动和变化的真正的动物以及由于没有"真正的脚"而无法移动的（假的）动物。这些（假的）动物就是：不是由生命物质构成的，因此只能靠外部力量来移动（Subrahmanyam, Gelman, & Lafosse, 2002）。

**通过字面意思进行定义。**幼儿以字面的意思来解释词语。所以，当有人说"大孩子玩得野"（Big kids play rough）来提醒4岁的贝基小心时，她会问她的妈妈："小孩子玩得光滑吗？"（Do little kids play smooth?）同时，幼儿会学习与他们的经验直接相关的新单词，甚至是比较复杂的词汇，如"观察""呼吸""营养"等。

**混合直觉和科学思维。**幼儿对所看到的事物的解释多基于他们以往的经验。例如当大风刮过时，云朵飘走了，杰森说："云带来风。当云飘走时，风就停了。"这句话中蕴含着早期的因果思维。杰森的推理是云彩的移动带来了风，就像疾驶的卡车带来一阵风一样。随着进一步体验风和气压，幼儿的思维将最终被重塑和重组。

**一次一件事。**稍小的幼儿往往一次只关注一件事情，而且通常不会将事件进行联系或者去发现事物之间多重的相似性。这意味着他们可能不会按照因果关系将已有的经验应用或者"推广"到相关的物体、事件或想法中（"如果出现X，那么就会出现Y"）。例如扎克正在努力将塑料泡沫粘在自己的画上，当他用劲时，画纸就会移动，堆在画纸旁边的亮片就掉到地板上。扎克捡起这些亮片，并把它们放在原来的位置。当再次发生这种情况时，他大喊："不要再到地上去了！"他没有将他对画纸施加压力与亮片掉落联系起来。

**通过看表象和点数进行判断。**幼儿往往会判断事物看起来"有多少"。例如他们会认为15颗散开放在桌上的糖比15颗堆在一起的糖要多，因为前者占据更多的空间。然而，当操作较少数量的物体时，幼儿更多地使用点数和一一对应而非根据表面现象（Gelman & Gallistel, 1978/1986），如幼儿能够说出3块椒盐脆饼要比2块多，无论这些饼干如何摆放。

从幼儿的所有这些思维方式中，我们可以看出幼儿能够基于其独特的逻辑体系去主动使用直接经验建构知识。通过与真实世界不断直接接触，幼儿的思维和理解就会扩展，获得新的发现和理解。

# 计划—工作—回顾的理论基础

除了主动参与式学习以外，高瞻课程模式的另一个标志是计划—工作—回顾过程。高瞻幼儿园中的幼儿表达他们的意愿（选择材料、活动和合作伙伴，制订计划），实践他们的想法（通过活动实现自己的目标），反思经验（回顾他们刚才做了什么以及学到了什么）。计划—工作—回顾这一顺序源于一些学者的研究，其在早期发展中的重要性也得到了高瞻以及其他课程模式研究的支持。

## ▲ 制订计划

计划包括认知和社会性两部分。在认知上，为了做出计划，幼儿在头脑中必须对自己想要做的事形成一个心理表象。幼儿想象或形成心理表象的能力并不与其运用语言的能力同时发展。发展心理学家将幼儿用于计划的心理工具称为"执行控制结构"（Case，1985）或者"执行功能"（Zelazo & Mueller，2002）。通过执行控制结构，他们能够形成心理表象或者使用已有的知识和技能去计划、尝试和评价。

事实上，随着时间的推移，通过与成人的交谈以及每天参加常规活动，幼儿谈论计划的能力会按照以下路线发展。最初，他们只关注当时当下的事情（"想要积木"）。接着，他们开始关注其他时刻，也就是会涉及过去和将来（"在工作时间，我将和马克斯一起玩"）。之后，他们能够将两个时间点联系起来（"我正在绘画。它现在是湿的，但是过一会儿就会干"）。最后，他们还能将几个时间点协调起来，并能在一定的时间区间内按顺序安排事情（"我要去拿剪刀剪绳子，然后我要将绳子系在鸟笼上"）（Weist，1989；Benson，1997）。

从社会性的发展来看，幼儿的计划能力与精神分析学家埃里克森（Erik Erikson）的"主动性对内疚感"阶段（initiative versus guilt）同时出现。幼儿对于他们想要做的事情有很多想法。当他们能够成功实施这些想法时，他们就发展了主动性。如果他们不断地失败，或者对于自己的尝试感觉很不好，他们可能就会对自己的主动性产生内疚感。为了鼓励幼儿的主动性、探索精神以及独立解决问题的能力，高瞻教师给予幼儿社会性和情感支持，以帮助他们成为有能力且自信的计划者。

## ▲ 实施计划

当幼儿开始实施他们的计划（工作）时，他们是有目的的而且是游戏性的。事实上，高瞻幼儿园的工作时间与其他幼儿园所说的自由选择时间不同，因为在高瞻幼儿园中，幼儿的游戏是有目的的。由于高瞻幼儿园中的幼儿实施的是自己制订的计划，游戏是完成对他们十分重要的任务的一种途径。此外，由于成人会根据幼儿的兴趣与他们共同游戏或交流，幼儿的语言得以逐渐提升（Tomasello & Farrar，1986）。

许多教育者和心理学家认为有目的的游戏对幼儿的学习十分有价值。杜威的理论对美国教育产生了数十年的影响，他认为理想的学习是游戏性和严肃性的结合（Dewey，1938/1963）。迪雅兹和卡欣认为在儿童早期，游戏与营养和抚育一样重要，能够提高儿童的惊奇感与好奇心，而这两样都会给幼儿社会性和情感、认知与身体发展的每个方面带来终身的影响（Dietze & Kashin，2011）。

## ▲ 回顾

回顾时间是幼儿理解自己有目的的游戏的时间，不只是简单地记住他们计划了什么或者做了什么。回顾让幼儿有机会反思自身的行动，以及与材料和人互动时学到的经验。在回顾时间里，幼儿自然地建构、记忆，形成心理表象，并依据他们目前的思维方式进行解释。这个过程类似于成人讲述自己的某件事情。叙述者选择事件的某些部分来组织这个故事，选择词汇来表达对当时发生的事的反应，并且巧妙地运用语言表现他或她从中获得的经验。

当幼儿和他人谈论起其行动时，他们也进入了故事讲述的过程。"创编故事，就是为我们今后创建记忆结构。谈论就是在回忆。"（Roger Schank，1990，p.115）因此，幼儿回顾活动时建立的记忆能够为他们对世界不断增长的理解带来永久性的改变。

进一步说，记忆本身包含几个不同的思维过程。心理学家对每种类型的记忆进行了不同的命名。对事实（你做了什么）的回顾是语义记忆，对过程（你如何做的）的回顾是程序性记忆，对事件（你首先做了什么）的回顾是情节记忆，对路径或路线（你怎样到达那里）的回顾是空间记忆。每种记忆都与大脑不同的结构相关（Bourtchouladze，2002; Kagan & Kagan，2003）。

杜威（Dewey, 1938/1963）和心理学家萨拉·史密兰斯基（Sara Smilansky, 1971）强调计划和反思对于学习和发展的重要性。杜威曾说教育应该是"目标导向的活动"，幼儿应该主动参与指向自主学习的活动。史密兰斯基曾用大量时间观察幼儿的游戏。在20世纪60年代早期，她是高瞻幼儿园的顾问。她敦促课程开发者们增加回顾时间，并与计划和工作时间放在一起，这样幼儿就能够反思他们的计划和行动，并能对在这一过程中所学到的内容有更多的理解。

发展理论及其在高瞻课程模式中的应用，证明主动学习能够发展主动性。计划和回顾是课程中与幼儿发展相关的最积极且最有意义的部分。这些结论背后的关键研究将在下一章介绍。

 试一试

1. 分别观察一名婴儿、一名学步儿和一名幼儿在首次遇到某件事情时的表现。他们是如何达到目的或获得经验的？你从中发现他们的发展有哪些不同之处？

2. 与一名幼儿分享一次新体验。将你所看到的及你对此的反应，与这名幼儿所看到的及其反应进行对比。你发现成人和幼儿在思考和理解的方式上有哪些不同？

3. 回忆你刚到一个新地方时的场景。你首先记起了哪些关键要素？之后又增添了哪些细节？你喜欢将东西摆放在固定位置，还是喜欢重新进行布置？你是否发现了与你安排生活空间类似的事件？你是如何接收这些信息的？你的反思如何影响你在教室中的工作？

4. 观察一名幼儿在几种不同的环境（例如在幼儿园的教室中，在没有人监督的操场上或公园里，在一次家庭聚会或者是派对上）的游戏状态。在每个场景中，指出其游戏是否有目的性，也就是说，是不是在实施头脑中的计划。描述目的性游戏和非目的性游戏之间的差别，并列出每种游戏的优缺点。

# 第4章　支持高瞻课程模式的研究证据有哪些？

## ⊞ 本章导读

本章主要论述了支持高瞻课程模式的研究证据，指出研究对于高瞻课程模式的重要价值。支持高瞻课程模式的研究主要有两个部分：①高瞻教育研究基金会进行的研究，包括佩里学前教育研究、高瞻学前教育课程比较研究和高瞻国家级培训师培训项目评价；②独立研究者的相关研究，包括英国学者、荷兰学者和美国相关机构进行的研究。本章还进一步论述了从以往这些研究中所得到的经验和教训，说明了高质量学前教育机构的7个要素。

## ⊞ 本章学习目标

**学习完本章，你应该能够**

描述高瞻的课程和培训模式研究。

描述支持高瞻研究结果的独立调查研究。

说明高质量的学前教育机构的要素和理论基础。

## ⊞ 本章术语

高瞻佩里学前教育研究（HighScope Perry Preschool Study）

随机分配（random assignment）

成本—效益分析（cost-benefit analysis）

高瞻学前教育课程模式比较研究（HighScope Preschool Curriculum Comparison Study）

高瞻国家级培训师培训项目评价（HighScope National Training of Trainers Evaluation）

提前开端计划家庭和幼儿经验调查（Head Start Family and Child Experiences Survey, FACES）

幼儿发起的学习活动（child-initiated learning activities）

发展适宜性的（developmentally appropriate）

开放的（open-ended）

在职培训（inservice training）

 **想一想**

现如今许多医生提醒病人体重超标和胆固醇水平太高，将面临心脏病和糖尿病等健康问题。一些医生会提议制订节食和锻炼的计划，一些医生也许会开药。因为对于哪种方案对病人最有效仍有争议——也因为每个病人都是不一样的，医学研究人员持续不断地研究不同的治疗方案产生的影响，时不时有新的药物面市。

如果你正面临这些问题，你会想知道现在的方案是否起作用。例如，药物治疗会花很多钱并且有副作用，你也许就特别希望知道药物治疗是否利大于弊——就像体重计会回答你是否减肥成功。然而，胆固醇水平是看不到的，医生需要为你做相应检查。如果结果是好的，你和你的医生就会知道治疗是起作用的；如果结果不够好，医生也许会建议你换一种药物或是改变你目前用药的方法，或建议你改变饮食和锻炼的习惯。

就像医生和科学家一样，学前教育工作者会考虑他们的实践是否有效。学前教育领域推动使用问责制，就是人们考察对学前教育机构的投资对幼儿和他们的家庭的作用的一个例子。高瞻教育研究基金会从1962年第一个学前项目启动开始就在问自己这个问题，认识到需要证明课程效果，证明课程在不同条件下的不同人群中都有效。而且，因为测试只能反映出部分事实，高瞻教育研究基金会以许多不同的方式来检验其成果，包括在现实世界发生了什么，即幼儿在与人及材料的日常交流时表现如何。最后，就像节食一般，其影响会显现出来，但是也会消失，因此高瞻研究基金会试图确保其效益具有持久性。

## 长期的研究

从20世纪60年代初开始，高瞻一直对其研发的课程进行着研究和评价。第一个目标是看一看教育是否有效达到了目标。结果是压倒性的。第二个目标是找出具体起作用或不起作用的要素，以便进行改善。高瞻长期致力于研究使其在保持现有基础的同时不断增加适应新教育政策、满足当下幼儿需要的内容。

　　证实高瞻课程模式及其培训模式有效性的证据来源于高瞻开展的 3 项主要研究，这 3 项研究也已经被美国和其他国家中的独立调查研究证实。本章我们将讨论这些研究。

### ▲ 高瞻所开展的研究

　　**高瞻佩里学前教育研究。**这项研究发布于《终身的影响》（*Lifetime Effects*, Schweinhart et al., 2005），主要是检验高瞻学前教育课程模式对于贫困幼儿的持续性影响。这项研究随机对 123 名幼儿进行分配（将参与者随机安排到不同小组），或参与项目（参与高质量学前课程）或不参与项目（不参与高质量学前课程）。至今，研究发现课程对这些幼儿的积极影响持续到他们 40 岁的时候。这些影响包括他们的学业成绩和文化水平、高中毕业率、成年后的收入、房产拥有率以及终身犯罪率。一项成本—效益分析（将某一项投资的花费与其可能产生的效益相比较）表明，给这种高质量的学前课程每投资 1 美元，就能为社会节省超过 16 美元。① 在受邀对这些结果进行评价时，诺贝尔奖获得者、芝加哥大学经济学家詹姆斯·J. 赫克曼（James J. Heckman）说："这份报告大大地激励了对处境不利人口的早期干预。在 35 年之后，佩里学前教育研究参与者中参与项目的与未被随机抽中参与项目的人相比，社会和经济生活更成功。"（Schweinhart et al., 2005，p.229）

研究表明，教师越多地让幼儿自主计划和回顾，幼儿在入学技能测试中的得分就越高。

　　**高瞻学前教育课程模式比较研究。**这项研究发布于《持续的差别》（*Lasting Differences*，Schweinhart & Weikart，1997），也检验的是学前教育机构对低收入家庭幼儿的长期影响。该研究比较 68 个被随机分配到 3 种课程模式之一的幼儿。其中第一组幼儿参加了高瞻课程模式，一个成人—幼儿共同承担责任、分享学习经验的综合课程模式（Epstein & Hohmann, 2012）；第二组幼儿接受传统的幼儿园课程模式（traditional nursery school curriculum），这种课程模式主要关注的是幼儿的社会性发展，幼儿自己

---

① 　基于常数 2000 美元，赔损率 3%。

决定其学习的性质和内容（Sears & Dowley，1963）；第三组幼儿参加直接教学课程模式，在这一课程模式中，学习是在成人的指导下分学科进行的（Bereiter & Engelmann，1966）。通过对这些幼儿到 23 岁为止的数据进行分析，研究者发现在语言、读写或是学科成绩上没有显著的、持续的小组间差异。但是，与参与另外两个课程模式的幼儿相比，参加直接教学课程模式的幼儿在成年以后有持续较高的犯罪率。

**高瞻国家级培训师培训项目评价。**这项研究发表在《为质量而培训》（*Training for Quality*，Epstein，1993）。研究调查了 203 名高瞻学前教育机构的培训师，对高瞻学前教育机构和其他学前机构的 366 名教师进行了访谈和观察，并对 200 名来自高瞻学前教育机构不同班级的幼儿进行了评价。对所有层级包括管理者、教师和幼儿的系统性在职培训显示出的效果都是积极的。高瞻的培训项目比其他培训项目带来更好的管理和教学实践。

高瞻学前教育机构中幼儿的发展水平明显高于非高瞻学前教育机构中的幼儿。最值得注意的是，研究结果显示了计划—工作—回顾过程的重要性。教师提供让幼儿自选的计划和回顾活动越多——高瞻课程模式的一个标志，幼儿在未来上学所需的学业技能和社会技能上的得分就越高。

### ▲ 独立研究

独立研究证实，幼儿入学运行良好的高瞻学前教育机构的效果会比入学其他学前教育机构好得多。英国学者（Sylva，1992）和荷兰学者（Veen，Roeleveld，& Leseman，2000）的研究发现，当幼儿计划、实施和回顾自己的学习活动时，他们的活动更有目的性，并且语言和智力会发展得更好。被大家所熟知的提前开端计划家庭和幼儿经验调查，对从美国全国抽取的 2800 名参与提前开端计划的幼儿及其家庭进行了调查。结果发现，与参加创造性课程（Creative Curriculum）或者其他课程模式的幼儿相比，参加高瞻课程模式的幼儿从秋季到春季学期的读写成绩和社会性发展水平有显著提升（Zill，Resnick，Kim，Donnell，& Sorongon，2003）。

## 研究的发现

前面列举过高质量学前教育机构的 7 个要素。基于高瞻和其他研究者所进行的研究，下面将具体阐述这些部分（Schweinhart，2004）。

**儿童发展课程。**高质量学前教育机构的所有组成要素中，"认识到幼儿发起的主动学习的价值"是最重要的。研究检验了儿童发展理论，并在实践中加以验证，指出了以下 3 个原则。

- 儿童发起的学习活动承认儿童发展的限制以及他们学习的潜力（p.18）。平衡的教育方案就是既不要求幼儿去做那些稍大年龄幼儿应该做的事，也不要求幼儿去学习那些虽有意义但并不感兴趣或者能力还未达到的内容。
- 最好的学习活动是幼儿发起的、发展适宜的、开放的活动（p.19）。这意味着活动建立在幼儿天然的好奇心之上，与幼儿现有能力以及即将达到的能力相匹配，允许幼儿采用多样化方式，而非"唯一正确的方法"进行探索。
- 通过与教师互动及与同伴的开放性的交流，幼儿学会分享观点，从而拓展自己的视野 (p.19)。教学和育儿方面的研究显示，极端专制或是极度宽容所带来的益处并不多。民主的做法是允许幼儿以不同的视角来理解事物，这对于幼儿社会性和认知技能的发展都很重要。

**班额限制。**研究发现，一位成人带较少的幼儿时，其和幼儿之间的互动会更好。另外，要使工作人员与幼儿之间的比例合适，班级的规模应在全美幼儿教育协会推荐的范围内（Copple & Bredekamp, 2009）。

**工作人员受过幼儿发展方面的培训。**为幼儿提供保育和教育的成人需要接受专门的关于幼儿发展和教育的培训。研究表明，教师接受正规教育的程度越高，他们的教育实践越具发展适宜性（National Research Council, 2001）。目前关于提升学前教育领域内教师教育水平的努力正是源于此研究结果。

**行政支持和在职培训。**除了聘请高质量的工作人员，管理者还决定持续开展在职培训，每月至少应该进行一次，以帮助教师更好地实施课程。

**家长以合作者身份参与。**家长参与对于幼儿未来整个求学阶段的良好表现都十分重要。尽管家长参与存在许多障碍（如时间安排以及多样化需求），高质量的学前教育机构创造性地排除了这些障碍。他们为家庭参与提供了很多选择。高瞻学前教育机构是如何邀请家庭参与的？请见第 8 章。

**对幼儿和家庭的非教育需求敏感。**当今的家长面临着许多需求和压力。除了要考虑幼儿的教育问题，许多家长还需要应对经济、医疗、社会以及法律的各种问题。学前教育机构不能够直接满足这些需求。但是，作为社区网络的一部分，高质量的学前教育机构非常清楚社区可以提供哪些服务，并帮助家庭获取这些服务。家庭越顺利，幼儿的适应性就越好。

**发展适宜性的评价程序。**评价的两大目标分别是评价机构的质量和幼儿的发展。管理人员通过机构评价制订有关决策和员工发展计划。教师通过评价幼儿制订适宜幼儿个体以及整个班级的教育活动计划。为了使评价结果更加准确有效，评价者需要基于目标和可观察到的行为进行评价，此外，还需要检查课程实施和幼儿发展的各要素，使之与机构的理念和目标始终保持一致。

为了实现高瞻佩里学前教育研究以及其他研究所展现出来的终身影响，各学前教育机构必须提供与经过评价的课程相同类型和质量的教育服务。首先，采用鼓励幼儿主动学习的儿童发展课程。其次，聘请合格教师并支持他们专业发展，帮助家庭参与并满足家庭的需求，在真实情境中对教学实践和幼儿发展进行持续的评价。

 # 试一试

1．首先，看一看第一章提到的高质量学前教育机构的 7 个要素。然后，回答下面问题：在学前教育机构中包含这些要素意味着什么？想想自己所在的幼儿园或者你曾参观过的幼儿园。你做什么改变能提高质量？你也可以和你的朋友或是同事观察同一所幼儿园，并对比你们认为这所幼儿园满足这 7 个质量要求的程度。

2．尝试为你所在的幼儿园写一份筹资计划书以寻求资金支持（如果你不在任何一所幼儿园工作，想象一所你将要在社区中开设的幼儿园）。要说服投资机构对你的幼儿园进行投资，你应该提供什么信息来表示它是值得投资的？要包含以下内容：你的幼儿园所对应的需求和问题，服务对象的数量和特征，服务的范围，区别于其他幼儿园的本质特征，带给服务对象的结果或利益。你是否收集了这些信息并制成图表？你怎么样才能最好地呈现这些信息呢？如果你没有这些信息，你将如何获得这些信息并加以组织呢？你能够运用高瞻研究结果来支持你的幼儿园吗？为什么能或为什么不能？如果你认为你能，理由有哪些？为什么你认为高瞻那些被证明的经验也能够运用到你的幼儿园中？

# 第二部分

# 高瞻课程模式的教学实践

本部分论述了高瞻课程模式促进幼儿主动学习的策略，以及有关环境创设和一日流程的内容。

**第 5 章** 阐述成人—幼儿互动以及如何为幼儿创设一种支持性的氛围。

**第 6 章** 阐述如何布置物质环境，以便让幼儿在舒适且更有结构性的环境中进行主动学习。

**第 7 章** 论述怎样设计一种能提供各种学习机会的一日常规。

**第 8 章** 描述怎样和家长合作，以使他们能更好地理解并促进幼儿的学习。

**第 9 章** 探讨教师作为教学团队的一分子，应该如何将计划—工作—回顾这一过程作为团队工作核心。

# 第5章　高瞻课程模式中教师和幼儿如何互动？

## ▦ 本章导读

　　本章主要介绍了创设支持性学习氛围的益处及支持性互动关系的6个构成要素。创设支持性学习氛围的益处包括：①幼儿和教师可以自由地学习；②幼儿间可以形成积极的人际关系；③教师从发展的角度来看待幼儿的行为；④幼儿变得有信任感、独立。支持性互动关系的构成要素包括：①和幼儿分享控制；②把注意力放在幼儿的优点上；③建立真正的成人—幼儿关系；④支持幼儿的游戏；⑤鼓励幼儿而不是赞扬；⑥采用问题解决法解决冲突。

## ▦ 本章学习目标

**学习完本章，你应该能够**

阐述支持性的和限制性的学习环境的区别以及它们是怎样影响幼儿行为的。

以一个真正的合作者的身份参与幼儿的游戏和对话。

明确基于幼儿兴趣和强项的学习经验。

阐述怎样通过鼓励而不是赞扬来促进幼儿的发展。

帮助幼儿运用问题解决法解决人际冲突。

## ▦ 本章术语

分享控制（shared control）

放任主义氛围（laissez-faire climates）

指令性氛围（directive climate）

支持性氛围（supportive climate）

真实的关系（authentic relationship）

封闭式问题（close-ended question）

开放式问题（open-ended question）

探索游戏（exploratory play）

建构游戏（constructive play）

戏剧游戏（dramatic play）

假装游戏（pretend play）

规则游戏（game with rules）

鼓励对赞扬（encouragement versus praise）

冲突的问题解决法（problem-solving approach to conflict）

 想一想

回忆一下小时候大人征求你的意见或者让你帮助做一个重要决定的过程。比如你可能会想起你的父母以召开家庭会议的形式来分配家务或者决定去哪里度假。可能你也会想起一位老师，他曾让学生们自己选择座位或让全体同学帮助制定操场安全游戏规则。高瞻教师把这个过程称为"分享控制"。

回忆一下，当你和成人合作时，你的感觉如何？你是否以为成人自己不知道答案，并且觉得"我怎么知道，我还是个孩子呢"？当有人征求你的想法时，你是否感觉自己长大了？你是否曾遇到这样的情况，即当你有机会对所了解的事情提出建议和要求时，却被置身事外？或者你是否曾认真地思考过自己有责任去帮助完成某些事情？

现在反转角色，回忆你和幼儿间的分享控制。也许你会让一名幼儿决定在"饭店"里点什么菜，或者提供一种他们认为公平的方法来决定谁可以去给大家分发点心。在这种情况下，作为一个成人，你会有怎样的感觉呢？你会担心幼儿不受约束去触碰底线吗？你会提供真正的选择，还是会限制两三种让你感到比较舒服的选择呢？你是真心希望幼儿加入，并且准备考虑和实施他们的建议吗（如果需要，做出一些合理的修改）？你可以预见他们的想法吗？或者你会惊讶于他们的想象力和创造力甚至被深深打动吗？

分享控制对幼儿和教师来说是一样的，既让他们感到害怕，又让他们感到兴奋。大部分教师都牢牢把控着解决问题和做出决定的权力，或者只给幼儿有限的权力和尊重。不管怎样，在高瞻课程模式中，分享控制是教师和幼儿互动的核心。高瞻课程包

括很多完成某一关键发展指标的实际策略，不必担心失去控制或者是给予幼儿过多自由。教师和幼儿都知道所要达到的目标和各自的角色。幼儿能够应对学习的挑战，教师为幼儿的思维和他们的学习活动感到惊奇。在本章中，我们将会论述学前教育中的支持性学习氛围对教师和幼儿来说意味着什么。

# 支持性的学习氛围

学前教育机构的学习氛围有时候会被人认为是两种极端——放任型和指令型。在放任型或放任主义氛围中，幼儿有支配权。班里基本没有什么结构或一日常规。教师保证幼儿的安全并照顾他们的基本需要，让幼儿按照自己的意愿玩。

另一种极端——指令型或成人控制的氛围中，教师管理所有的活动和学习。他们告诉幼儿做什么、什么时候做，经常用传统的方法去教一些具体的技能和概念。也有的机构把上述两种方式结合起来：一天的部分时间用来上课，如上阅读和数学课，剩下的时间里，幼儿可以自由地玩，成人基本不监督或参与。

第三种方案是在高瞻课程模式的组织下形成的，它能提供一种支持性的氛围。在这种环境中，教师和幼儿分享控制整个学习过程。教师在幼儿探索时所需的自由与为安全做出的限制之间寻求一种平衡。教师提供的材料和经验既建立在幼儿的兴趣之上，又可以促进他们的学习。在支持性的氛围中，幼儿主动发起多种学习。甚至当教师设计一个小组活动或大组活动时，他们会考虑幼儿感兴趣的活动目标、行为以及想法。

在支持性学习环境中，教师和幼儿在一天的任何时间都是合作者。学习本身就是一种奖励，并且，幼儿知道教师就在那里，鼓励他们主动探索。当冲突发生时，教师会认为幼儿并不是故意使坏或淘气。相反，教师知道幼儿需要学习怎样恰当地处理他们的情绪。因此，社会性冲突被视为社会性学习和认知学习的另一种机会。

主动参与式学习源于支持性的环境。在这种环境中，不仅幼儿自己感到舒适自在，而且和其他人的相处也很融洽。他们可以自由地探索材料，并与人进行交流。在相反的情况下，幼儿的各种探索行为会受到限制，在表达情绪和观点时甚至还会受到惩罚。这样的环境会阻碍幼儿的学习，而且也会使教育成为幼儿的一种消极体验。

因此，高瞻课程模式的主要目标是创造一种幼儿能在其中丝毫不感到恐惧、焦虑、厌烦的学习和游戏环境。在高瞻课程模式环境中，教师重视并理解幼儿，努力创造一种支持性的氛围。在这一氛围中，教师提供幼儿发展所需的认知挑战，学习是一种积极的、快乐的和自然的体验。

## 不同学习环境的作用

**支持性氛围的积极作用**

- 允许幼儿追随自己的兴趣和想法并从中学习。
- 帮助幼儿发展独立性和主动性。
- 增强幼儿对自己能力的信心。
- 让幼儿学会信任他人。这种信任感会一直延续到上小学。
- 培养幼儿的同理心以及关心他人的行为。
- 通过谈话和问题解决等多种方式教会幼儿解决同伴交往问题。
- 不断促进教师对幼儿发展的理解。
- 鼓励教师以发展的眼光积极地去理解幼儿的行为，不认为幼儿是难以改变的、淘气的、顽劣的，或者拥有其他的不良动机。

**限制性或惩罚性氛围的消极作用**

- 增加幼儿对教师的依赖。
- 注重教师对于权威的短期需求，而不是幼儿对于自我控制的长期需要。
- 强调幼儿的服从。
- 增加幼儿的恐惧感、攻击性和愤怒感。
- 鼓励幼儿不加思考地顺从而不是采取建设性行动。
- 让幼儿有一种避免被关注的愿望。
- 限制幼儿恰当表达强烈感情的能力。
- 教师把体罚作为表达愤怒情绪的方法，让幼儿觉得这是可接受的，并且向幼儿暗示：等你长大了，你可以去伤害别人。
- 使幼儿习惯于受他人支配而不是受自我支配，从而挫伤幼儿的主动性。
- 将注意力放在幼儿的"恶"而不是问题或行为上，从而增加了幼儿的内疚感。

### ▲ 支持性氛围的作用

在支持性环境中，幼儿和教师间的合作关系给双方都带来了认知和社会性交往的有益经验。

**幼儿和教师可以自由地学习。**教师鼓励幼儿去讨论他们感兴趣的主题和想法。教师经过仔细观察，开始理解幼儿的思维方式，并了解幼儿下一步所需的学习经验。

幼儿间形成了积极的人际关系。如果教师是耐心的、尊重他人的，那么就是一种积极行为的示范。幼儿就会学习以这种方式去和别人交往，形成一种对教育的积极态度。

教师从发展的角度来看待幼儿的行为。因为理解幼儿的行为和做法是与他们的知识和发展水平相一致的，所以教师会去教他们，而不是对他们做出评判。

幼儿变得有信任感、独立。在支持性氛围中，幼儿相信教师会照顾他们的需求，同时，他们也在帮助自己和他人的过程中变得越来越自信。

# 支持性互动关系的基本要素

为创设一种积极的早期学习氛围，高瞻课程模式确定了支持性互动关系的 6 个关键因素。下面是你能在教室中运用的创造支持性氛围的策略。

## ▲ 和幼儿分享控制

在支持性氛围中，分享控制意味着幼儿和教师可以轮流担任领导者和被领导者、讲话者和倾听者、教师和学习者。每个人都有机会发表观点和探索世界。

在分享控制中，你可以运用以下教学策略。

**应幼儿的要求参与活动。**教师按照幼儿的提示进行游戏和交流。分享幼儿的兴趣，从幼儿想象的事情中获得乐趣，赞赏幼儿创造性的想法和行为。进入幼儿的游戏时，接受幼儿分配的角色，并遵循他们的指导。

教师雪莉去了娃娃家，很多幼儿正在那里玩。詹尼对她说："我是医生，现在大家都得了流感。你最好也打一针。"雪莉说："医生，我有点不舒服，我应该怎么办呢？"詹尼回答说："躺在垫子上，撸起你的袖子。"雪莉躺在了垫子上，詹尼把一个有盖的彩笔当作针，给她打了一针。

**向幼儿学习。**教师不应该把自己视为一个无所不知的权威人物，而应该把自己也当作一个学习者。有时候，幼儿有能力教我们。例如在使用科技产品方面，他们比我们更擅长。有时，他们也能告诉我们一些我们不知道的有关他们需要和情感的事情。

**有意识地给幼儿支配权。**安排一些活动和时间让幼儿自己管理，以便他们能感觉到自己的力量（如问幼儿如何从大厅走到体育馆）。教师在和幼儿一起工作时，和幼儿进行真正的、自然的交流。

## ▲ 关注幼儿的优点

如果自己有目标和兴趣，幼儿的学习效果最好。高瞻课程模式不同于"缺陷模式"。

## 向幼儿学习

沃尔特兹夫人是一位家长志愿者。她喜欢大笑，经常和幼儿玩得意兴盎然。无论她什么时候来教室，孩子们都会围在她的身旁。一天，她问新来的幼儿吉米是否想玩玩其他幼儿都玩过的秋千。吉米摇摇头，到院子的另一边去挖土了。过了一会儿，沃尔特兹夫人走到他身边，大声地对他说："吉米，怎么了？你不喜欢荡秋千吗？"吉米说："太吵了。"沃尔特兹夫人疑惑地问："什么太吵了？"吉米说："你啊！"沃尔特兹夫人于是用一种平静的声音说："我这样讲话是不是更好一些呢？"吉米微笑着点了点头。从那以后，沃尔特兹夫人只要接近吉米，她就会降低她的音量。她也发现吉米更愿意一对一地做一些事情，而不愿意和整个小组一起做事情。

在缺陷模式中，成人将注意力集中于幼儿不能做什么并试图纠正他们的缺点。幼儿感到的压力越大，他们就变得越焦虑。实际上，紧张的情绪会干扰幼儿的学习。以幼儿的能力和兴趣为出发点，幼儿的学习动机才能被真正激发起来。要关注幼儿的优点，你可以这样做。

**密切关注幼儿的兴趣。** 幼儿更愿意去尝试一些自己已有一定知识经验的新事物。有时候我们认为幼儿在反复做相同的事情，但是如果我们仔细观察，就会发现随着时间的推移，他们在改变，或在活动中增加了一些东西。提供幼儿感兴趣的新材料和新信息，会增加额外的学习机会。

**从幼儿的角度看问题。** 想想幼儿怎样学习自己穿衣服，衣服搭配错，纽扣扣错，或者穿反了，等等。着急的时候，衣服就更容易穿错。然而，幼儿会很满意自己穿衣服的能力。我们可以鼓励幼儿独立地做更多的尝试。与幼儿的父母和其他同事分享幼儿的兴趣，把注意力集中在幼儿的优势上。例如，不要抱怨"今天汤米还是不和其他小朋友一起玩"，而应该谈论一下他的进步："汤米今天玩卡车时非常开心。他还给了马克一辆卡车，让马克把卡车从他搭建的车道上滑下来。"如果确实出现了问题，分享重点应是幼儿真正做了什么，并和其他成人一起努力，找出大家一致同意的解决办法。

**围绕幼儿的优势和兴趣制订计划。** 因为每名幼儿的兴趣和能力都是独特的，所以将注意力放在幼儿的优势方面是高瞻进行个性化教学的主要方式。高瞻教师每天都记录一些幼儿的逸事，然后将这些观察记录用于日常教学计划中。这意味着教师在教学过程中应该有意识地思考怎样促进每一名幼儿的学习。同样，应该确保每名幼儿每天能在幼儿园中找到他们感兴趣的事情并进行学习。

### ▲ 和幼儿建立真实的关系

在这种环境中，真实意味着你和幼儿的关系是真诚的。因为学习是一种社会性活动，幼儿必须相信教师是诚实的和开明的。教师和幼儿一样是独特的，每位教师都能找到自己的方法和幼儿双向交流。你可以运用下面这些有创造性且有意义的策略去发展真实的互动关系。

**与幼儿分享你的兴趣。**教师约尔喜欢弹吉他和唱歌。她让唱歌成为早上问候时间的一个惯例，这使得一天的幼儿园生活变得轻松且充满乐趣。幼儿会把课上所学习的歌曲教给他们的父母，并且也会经常带来一些新歌和约尔分享。

**专心地回应幼儿的兴趣。**把你所有的注意力都放在幼儿的行为和语言上。幼儿能感觉教师是否心不在焉，或者仅仅是做出听和看的姿势。相比之下，如果教师渴望分享幼儿的快乐，就会传递出这样一种信息：活动和学习是重要的。

**给每名幼儿具体的反馈。**泛泛地讲述表明教师并没有注意此时此刻在幼儿身上发生了什么，或者没有考虑幼儿做的哪些事情是重要的。相比之下，具体的评论表明教师的注意力是集中在幼儿身上的，并且参与了幼儿的活动，同时也肯定了幼儿做出的成绩。假如幼儿给你一幅画，不要去评论色彩，而是去描述作品：你在上面画了一道很宽的红条，在下面画了两道细的绿条。在这个角上，我看你还用了蓝色和黄色。

**诚实地提出和问答问题。**诚实的问题是指发问者也不知道答案的问题。多数情况下，教师会问封闭性的问题，他们为这些问题寻找"正确"答案。相比之下，开放性问题有很多种可能的答案。就像教师真诚地想要答案一样，教师也应该认真地回答幼儿的问题。下面是一些诚实问题（开放性）的例子。

"杰里米，你是怎样把这块积木稳稳地放在木桩的顶部的？""萨利马，你用什么材料做火箭飞船啊？"

下面是一些诚实回答幼儿问题的例子。

当布伦达问是否必须穿靴子去南瓜农场时，泰勒先生说："我们今天晚上看了天气预报才能知道，以防万一还是穿上靴子吧。"

**限制提问。**除了对自己的提问类型有所选择外，教师还应该限制提问的数量（Sawyer，2004；Wood，Mc Mahon，& Granstoan，1980）。当教师问很多问题以至于幼儿感觉他们是在被盘问时，幼儿可能会完全停止讲话。当你和幼儿交谈时，最好做出一些评论，就像你很自然地和另外一位成人交谈。为了取得好的交流结果，有一位高瞻教师为幼儿家长示范了这种提问方式。这一提问取得了好的效果。

M 夫人每天傍晚去接儿子乔纳森时，会接连不断地问他在幼儿园做了什么事情，因为她真的非常想知道他在幼儿园是怎样度过的。但令人沮丧的是，儿子在回答第一个问题后就拒不回答了。一天，乔纳森的老师就站在他们的旁边。M夫人问："你今天都做什么了？"儿子回答道："建了一座塔。"这时，老师加入了他们的谈话："我看到你和维罗妮卡一起搭塔来着。"乔纳森详细地说道："我用蓝色的积木，她用红色的积木。"老师做出了更多的评论，乔纳森也说出了更多的细节。M夫人一直在听着老师和乔纳森的对话。当乔纳森去取他的帽子时，他的母亲问老师："你

在专心回应幼儿兴趣的过程中，成人创造了有意义的联系，发展了与幼儿之间真诚的关系。

是怎么做到让他对你说那么多的？他从来不这样和我说。"老师回答道："我发现比起问很多问题，有时候仅仅评论他们的谈话会让他们说得更多。"在接下来的几天时间中，老师注意到M夫人在有意识地限制自己的问题，并且用一种更适合对话的方式与孩子交流。乔纳森变得越来越渴望和妈妈分享他一天的生活。两周后，M夫人对老师说："谢谢你的建议。我在吃饭时也用这种方法和我的大儿子交流，现在两个孩子和我们交流的事情非常多，真让人惊喜！"

## ▲ 支持幼儿的游戏

高瞻课程持有这样一种理念：游戏是幼儿的工作。幼儿游戏是因为游戏本身是有趣的和有益的。游戏是一种他们可以自由地做出选择和发现新事物的活动。游戏可能是嘈杂的或安静的，混乱的或有秩序的，简单的或是严肃的，需要付出努力的或容易的。无论是什么样的形式，我们总能从游戏中学到许多东西。可使用以下策略来确保游戏有利于幼儿的主动性和学习。

**观察、理解幼儿的游戏。** 幼儿会做多种游戏。在探索性游戏中，他们使用材料以了解材料的性质，而不是使用材料来制作东西，如幼儿会挤压和连续拍打橡皮泥。建构性游戏涉及建造一些东西，如一座木头房子，而角色扮演游戏是假装并扮演一些角色。稍大一点后，幼儿还会玩规则游戏，不过在开始阶段，他们所制定的规则可能会不断变化。观察幼儿的游戏能帮助我们理解他们的意图。

**和幼儿一起游戏。** 充满热情地加入幼儿的游戏。坐到地上，爬到滑梯的顶部，和其他"小猫"一起舔"牛奶"。把你自己"关在监狱中"或让医生"打一针"。当参与幼儿游戏时，大部分教师必须有意识地做出选择，以便让自己变得好玩。一旦这样做了，教师就可以体会到和幼儿分享这种重要学习活动的极大满足感。通过成为活动的一部

分，教师还可以进一步了解幼儿的想法和需要。

## ▲ 鼓励幼儿而不是赞扬幼儿

许多教师运用赞扬，因为他们认为这有助于幼儿对自身乃至工作建立自信。他们也可能把赞扬当作一种行为管理手段，那就是帮助幼儿平静下来，并且表现得像"好孩子"。然而，研究表明，赞扬可能会是有害的（Henderlong & Lepper，2002；Kohn，1999）。当成人运用赞扬时，幼儿学会了依靠成人来判断对错，而不是运用自己的能力来判断是非。赞扬同样会使幼儿为了获得外部奖励而好好表现，而不是出于自我奖励而欣然学习。幼儿可能会变得害怕去尝试新事物，因为他们担心得不到别人的赞扬，或者更糟糕——受到批评。有些幼儿甚至会把不赞扬视为批评。

高瞻课程指导教师们运用鼓励的方法而不是赞扬的方法。通过鼓励幼儿，教师认可他们的努力和成就。幼儿的行为和他们学到了什么是关键，而不是幼儿是否让教师满意。试着运用以下策略来鼓励（而不是赞扬）幼儿。

**参与幼儿的游戏**。和幼儿一起使用同样的材料做类似的活动。通过轮流的方式成为幼儿游戏的伙伴，基本服从幼儿的领导。思考下面的例子。

教师贝基注意到了艾利森、格莱班和切尔西在建筑区做比萨。教师贝基到娃娃家给比萨店打电话，询问是否可以外送，并以此加入幼儿游戏。于是，其他幼儿纷纷给比萨店打电话订比萨。贝基很快参与游戏，假装在接订单，并帮助做比萨，其他幼儿负责外送。第二天教师基于幼儿在比萨区的兴趣，引导幼儿在点心时间制作松饼和各种比萨。

在这样的情境中，一些教师可能就会表扬幼儿，如夸幼儿的比萨做得特别好。教师贝基的做法不同，她通过行动告诉幼儿，这样的行为是有价值且是被接受的。比起表扬幼儿，她的行为是在传递着一个很有意义的信息。并且，教师以游戏伙伴的身份，鼓励幼儿延伸游戏。她使用积极的鹰架思路支持和适当扩展幼儿早期读写经验（在幼儿与她或其他幼儿交流时提升幼儿语言能力）、数学经验（使用数字排序，计算比萨的配料）。

**鼓励幼儿描述自己的努力、想法和成果**。最终的目标不是成人评价幼儿的作品，而是幼儿的自我评价。这能让幼儿发展健康的自我概念，对自己的行为和想法感到自豪。不要说"你做得很好"或者给出类似于"很美"的评论，鼓励他们描述自己做了些什么，以及其他对于他们来说很重要的事情。关注幼儿的行为，而不是结果。例如，不是对幼儿说"那幅画很可爱"，而是指着画说："我想知道你是怎么在这个角落画出这么多彩色线条的。"这样的陈述表明你是感兴趣的，并能鼓励幼儿思考和描述自己所做的事情。它会促成一次自然的交流，也能帮助你和幼儿建立一种真实的关系。

**通过对细节的评论来认可幼儿的工作。**除了鼓励幼儿谈论自己的工作外，成人可以直接评论幼儿正在做的事情。这些评论是正在进行的对话的一部分，并且是一种奖励。教师可以通过细节和具体观察（如"你在上面画了蓝色条纹，在下面画了红色条纹"）代替笼统的评论（如"不错"），或者是提供一定的认可（如"你今天和铁塔工作了很久"）。这些评论为幼儿打开了一扇观察和评价自己工作的大门。相反，表扬表示教师认为幼儿的工作完成了，或谈话结束了。

## ▲ 采用问题解决法解决冲突

冲突是幼儿游戏中很自然的一部分。举几个例子。在一个假装游戏中，2 名幼儿都想当爸爸；只有 3 个秋千，可是 4 个人都想玩；听故事的时候，所有幼儿都想坐在教师的旁边。在支持性氛围中，教师把这些冲突都看作学习的机会，会以一种平常的方式处理。教师知道冲突源于幼儿的正常发展和需要，而不是因为他们"坏"或是"顽固"。幼儿没有问题，也不应该被惩罚。相反地，问题在于行为本身，并且这个问题能够解决。幼儿需要学习社会交往技巧，正如他们需要学习阅读和书写一样。明确问题所在，并且知道大家能一起解决这些问题，这也是学习的一部分。当从很小就开始练习解决社会性冲突时，幼儿便发展了受益一生的与他人有效互动的技能。

高瞻教师运用 6 个步骤来解决人际交往问题。每一步都列在下面，并且都有一个简短的例子（如想了解更多关于幼儿社会性和情感发展的内容，参见第 11 章）。

第 1 步，平静地走向幼儿，停止一切伤害行为。

第 2 步，认同幼儿的感受。教师冷静地制止幼儿的伤害性行为并认同幼儿的感受，幼儿可以释放他们的情绪，重新恢复平静，这可以让他们识别并解决问题。

**教师**（蹲在莱尔和汉克中间，并用胳膊搂着他们）：你看上去很生气，莱尔。汉克，你看上去很失望。（两个男孩点头表示认同）

第 3 步，收集信息。

第 4 步，重述问题。教师听取双方的观点，不带入私人情感，所有幼儿的观点都能够被倾听和认同。

**教师：**发生了什么？

**莱尔：**我想扮演爸爸，我是第一个说的。

**汉克：**你总是扮演爸爸，我也想当大人。

**莱尔：**我是最大的！你不能扮演爸爸，你太小了！

**教师：**所以问题是，莱尔，你想扮演爸爸；汉克，你也想扮演爸爸。（两个男孩点

头表示认同）

第 5 步，询问幼儿解决问题的办法，并共同选出一个。

第 6 步，需要时给予后续支持。这就让幼儿获得了控制。"他们同意了这个情境，指出要如何去做，并且选择接下去怎样做。他们的掌控力和自主性在这里发展起来。"（Curry & Johnson, 1990, p.117）

**教师**：我们如何解决这个问题呢？（两个男孩看着老师，他们在思考）

**莱尔**：我可以今天扮演爸爸，汉克明天扮演爸爸。

**汉克**：我想今天扮演爸爸。

**教师**：看样子你们都想今天扮演爸爸。

**莱尔**：但是我们不需要两个爸爸，汉克你可以扮演工人，并且带上工具袋。

**汉克**：还有手套。

**莱尔**：好的，拿着手套。（两个男孩看上去高兴了）

**教师**：所以莱尔，你会扮演爸爸。汉克，你会扮演工人，并且带上工具袋和手套。

（男孩点头，教师看着他们开始活动，并看着他们分别扮演工人和爸爸，搭建了一艘"沼泽船"）

高瞻课程模式的教师使用问题解决法帮助幼儿解决冲突。

用别的方式去代替伤害性行为，指出幼儿的情绪，并想出解决的办法，这并不容易，特别是幼儿经常会以自我为中心思考问题。反复提供机会，让幼儿练习冲突解决，幼儿会逐渐相信自己可以是一名冲突解决者，相信成人会在他们需要的时候给予帮助，学会移情并帮助他人，并且相信自己和集体能让关系变融洽。高瞻课程模式"预防教室中冲突的产生"帮助你从根源解决冲突。

---

### 预防教室中冲突的产生

下面介绍的高瞻课程的特点有助于预防教室中问题和冲突的产生。

- 工作区域开阔，并为所有幼儿提供充足的材料。
- 一日常规固定，可预测。
- 在工作时间，幼儿实施自己的计划。
- 在集体活动时间和过渡时间，幼儿可以有多种选择。
- 集体游戏围绕幼儿兴趣设计。
- 幼儿在活动开始前不用等待（或等待时间不长）。
- 教师帮助幼儿识别、表达自己的情绪情感。
- 教师做好每日观察和逸事记录。

---

 **试一试**

1. 描述最近一次你与幼儿之间的互动（可以是在班上、家中或者其他地方）。你使用了哪些互动策略？幼儿是如何回应的？

2. 看看幼儿园教室中的 3 个场景。依据支持性互动六要素，阐述你将如何处理这些情况。

整理时间，萨莎从教室的一个区跑到另一个区。

罗格和杰克正坐在长沙发上看一张工具表。这时，贝拉在杰克边上坐下，问道："我也想看看，行吗？"罗格说道："女孩不许看。"杰克把贝拉赶走了。

在问候时间过后，孩子们走到桌前开始计划活动。艾米丽径直走到艺术区，开始绘画。和艾米丽一组的弗兰克说："她不能这样做，她必须先制订计划。"艾米丽把画刷扔到地板上，走到积木区，开始搭塔。

3. 把一张纸分成左右两栏。在左栏的最上面写上"赞扬"，在右栏的最上面写上"鼓励"。在左栏下方写上你说过或者做过的赞扬幼儿（或成人）的事情，在右栏，对应每一件事情，写上你能说的和能做的意在鼓励的事情。

4. 当幼儿生气或者沮丧时，他们可能说出伤害性的或者不真实的事情。下面就是幼儿所说的一些典型话语。成人作为调解者，你将如何重述他们的话语，从而既能承认他们的感受，又能帮助他们更有效地交流？

我也可以坐秋千，只要我想。我讨厌你，你这个大傻瓜。

蒂姆和约翰能参加我的生日聚会，但是山姆不能。

如果我不能踢球，我就不来幼儿园了。我要告诉妈妈幼儿园令人讨厌。

萨拉为什么能经常坐在你的膝盖上？你喜欢她，不喜欢我。

# 第6章　高瞻课程模式的学习环境是什么样的?

## 本章导读

本章主要讨论高瞻课程模式的室内外环境创设,具体包括室内空间和区域的环境创设、材料和设备的选择与投放以及室外环境的设计。高瞻课程模式提倡综合运用以下原则来组织学习空间:①划分不同兴趣区域;②有吸引力;③适合开展活动和收纳物品;④开放且易于出入。在材料的选择上,高瞻课程模式认为要注重多样化,数量要充足,要能反映幼儿的生活。另外,材料的摆放要便于幼儿发现、使用和归还。最后,本章还对高瞻课程模式室外环境的创设提出了建议。

## 本章学习目标

### 学习完本章,你应该能够

阐述设计良好的学习环境对幼儿各个领域发展的促进作用。

创设这样一种学习环境,即能够提供广泛的活动和各种类型的游戏,引人入胜,让幼儿和成人都乐于在其中进行探索。

根据具体课程方案选择恰当的设备和材料,以适合室内外各个学习领域。

## 本章术语

学习环境（learning environment）

兴趣区或学习中心（interest areas or learning centers）

标志和做标志（labels and labeling）

开放性材料（open-ended materials）

发现—使用—归还循环（find-use-return cycle）

 **想一想**

回想一家你最喜欢的超市。是什么使它具有吸引力？也许，它大小合适，不会太小让你觉得受限制。它有足够库存。它的通道够宽，推车的人不会彼此让不开。物品种类丰富，并且从来不会断货。蔬菜和水果没有打包，你可以查看它们是否新鲜，可以需要多少就买多少。良好的光线可以让你看清物品和价签，每一通道的上方都悬有大而易见的标牌。你很容易拿到所有的物品，即使是在货架顶层的物品也不例外。还有，超市还提供每周特价商品。收银员友善而高效，服务中心乐于回答你的疑问，并会寻求你的建议。

我们生活的环境影响着我们的行为和感受。如果这个环境具有吸引力，是令人舒适且组织良好的，我们就愿意待在其中。只要我们愿意，就可以独自或者和别人一道进入这个环境，进行日常的交往活动。我们对环境和环境中的人了解得越多，在探索环境时就越觉得安全。

早期学习环境在许多方面与我们的工作环境或日常生活环境相似。幼儿基本的健康、安全和舒适需求要得到满足。此外，他们也像成人一样，需要在组织性和多样性之间、独立性和合作性之间保持平衡，需要在练习已有技能和掌握新技能之间保持平衡。最佳的环境能够激发幼儿的探索欲望，同时让幼儿有随时都可获得帮助的安全感。本章主要探讨高瞻学前教育机构的室内和户外空间如何考虑幼儿的这些需要，并为幼儿及其照看者创设积极的学习环境。

## 为什么学习环境很重要

大部分幼儿一天的主要时光是在学前教育机构度过的。我们希望他们在那里感到舒服和安全。从认识字母的发音、画画，到解决同伴之间的冲突等，每一种早期学习都在进行着。因此，只有当你创设的环境充满有趣材料并且组织良好，幼儿才可能在各个发展领域进行主动学习。

**智力发展。** 当空间被合理地划分为多个兴趣区，并且各个区域都备有相关设备和材料时，幼儿就会形成对整个世界组织形式的初步认识。例如，他们会在阅读区发现印刷品（如图书和杂志）和书写工具，在艺术区发现颜料和刷子。进一步而言，根据幼儿的自然兴趣来设置区域，会让幼儿知道其想法和发现是重要的。这是他们在开始

正规学校教育时能对学业以及其他方面的
学习充满期待的基础。

**情感发展。** 设置固定的游戏场地，
各种物品摆放在固定位置，这给了幼儿
一种安全感和对环境的控制感。对于那
些在家庭生活中相对缺乏有序性的幼儿
来说，这种安全感更显重要。幼儿熟悉
各活动区的标牌和材料后，就可以找到
并使用某些材料来实施自己的计划，随
后将材料放回相应位置。这样，他们就
不必等待或依靠教师来实现自己的目标。
要确保幼儿每天都可以得到他们喜欢的
材料——而不只是在某些日子。固定而
有序地摆放材料和设备能够提升幼儿的
自信心和独立解决问题的能力。

安全并适时提供支持的学习环境，能够激发幼儿
的好奇心。

**社会性发展。** 特定的空间布置能鼓励幼儿两两或小组合作，从而促进幼儿间的社
会性互动。高瞻学前教育机构不限制每一区域的人数，幼儿可以自由地以小组或大组
的形式来进行活动。这种环境提供亲密、舒适的空间，幼儿可以和教师或者一两个小
伙伴趴在地上阅读、讲故事、角色扮演、交谈，或者仅仅是待在一起。

**身体发展。** 对幼儿的身体发展来说，教室和可以到处走动的宽阔的户外空间是
非常重要的。在这种环境中，幼儿可以自由走动而不用担心摔倒，或撞到别人或其
他物品。教室和操场的有序布局也会有助于幼儿在脑海中构建"认知地图"。幼儿构
建有关事物形状、大小和相对位置的"内部图式"的能力对以后的数学技能（如几
何技能）等非常重要。

**艺术发展。** 在高瞻教室内外，色彩、质地、自然材料、光线及声音都是经过精心
布置的。多样化而吸引人的设计、光线及装饰有助于幼儿产生美感，并激励他们进行
创造。

教室也是教师的主要工作场所，因此，让教师在教室中感到舒适非常必要。教室
的环境应该有利于教师工作，也就是说，教室环境在满足幼儿和家长需要的同时，也
要与教师的教育理念和所接受的课程培训相一致。

# 设置学习空间

一进入教室，你就很容易认出这是一个高瞻教室。这种教室清晰地分为各兴趣区或学习中心。每个区域都有一个简单的名称，如娃娃家或艺术区，并用标签表示。标签可以使用文字、图片或实物。教室里的设施和材料也有标签，并依据其作用和种类合理摆放在各个区域（见"高瞻教室材料清单示例"）。

以下原则有助于你安排室内游戏空间。本章的后面部分是选择材料和设备以及创设户外游戏空间的指导原则。

## ▲ 将空间分成不同的兴趣区

幼儿喜欢各种游戏，喜欢运用各种感官进行探索和创造，包括角色扮演、阅读和书写、绘画和雕刻玩简单的益智玩具和规则游戏。高瞻教室被分成各个区域，以支持幼儿的这些活动。各区域的名称很简单，但对幼儿有意义，如"玩具区"而不是"操作区"。

各个区域的选择反映的是幼儿的天性。高瞻教室包括积木区、娃娃家、艺术区、玩具区、读写区、沙水区、木工区、律动和音乐区以及户外区（因为数学和科学是探索各区域的材料，因而高瞻课程模式没有特设的数学和科学区）。如果某些材料或活动对某一特定文化或社区的幼儿来说具有普遍的趣味性，那就可以纳入教室。例如在北方的某个社区，冬季时玩水区重新命名为"玩雪区"，幼儿每天早上都会带来刚下的雪。某幼儿园在孩子们参观了当地艺术家的工作室之后，在艺术区的旁边创设了一个穿珠区，来满足探索这个活动的兴趣。

各区域用低矮的分界物来分隔，合理地摆放各种材料。每一区域都有一个大的标签，标签上展现的可能是一个真实的物

高瞻教室分为很多兴趣区。每个区域都有幼儿可理解的简单的名称和清楚的标签。

品（这个物品可以在该区域找到）或是在该区域进行的典型活动（可以是画的图片或照片），或者是手写的该区域的名称。例如幼儿也许会在某个区域看到一个真正的画刷，或一张大的蜡笔图，和一个写有"艺术区"字样的标签。这种做法有助于不同读写水平的幼儿理解，同时练习读写技能。用上胶，这样标签就能轻松粘贴到架子上或容器上。当需要为新材料腾出空间时，这种标签也很容易挪动。尽管材料是按区域摆放的，但幼儿在游戏时可以自由地将材料从一个区域搬运到另一个区域，以便进行各种游戏。

高瞻课程对区域的数目并没有硬性规定。但是，总的来说，比起设置多个区域但各区域材料数量有限，区域少一点但每一个区域备有能以不同的方式来操作的多样化材料会更好一些。材料太多会"淹没"幼儿，给每一名幼儿任意地分配材料并不能保证幼儿发现材料是根据用途分类的，也不能保证他们以积极主动的方式来操作材料。

如果空间较小，你可能只能设较少的区域，但你可以时不时变换这些区域，只是这种变化不要太频繁。如你有固定的娃娃家、艺术区、积木区、沙水区及玩具区，你还可以增加一个可替换的第六区域，如木工区，来满足幼儿当下的兴趣。有的机构起初的区域很少，以便幼儿更容易学习。一旦幼儿对这些区域都非常熟悉了，就会增加一两个区域。然后，幼儿就可以和教师一起决定哪些材料要从现有的区域移到新的区域去。

区域的位置取决于材料以及使用方式。如把艺术区放置在水槽或其他供水设备的旁边，这样幼儿就能够很方便地调配颜料，并进行清洗。图书区靠近窗户，以便利用自然光线来阅读。或者你可以将图书区安置在娃娃家，把书架放在一张舒服的沙发或豆袋旁边。如果房间被分成几个部分，那么将积木区安置在最大的空间，就给了幼儿充足的空间来搬运材料，搭建大型建筑。因为幼儿经常会用积木区的材料进行娃娃家的角色扮演，反之也一样，所以就可以有目的地将这两个区域放在一起。

每个区域应该有足够的放置材料的空间，如果幼儿愿意，他们就可以在其中游戏。在任何时候都要避免对在某一特定区域进行游戏的幼儿人数进行限制——限制人数会限制幼儿的自由选择，限制幼儿追

温和而令人愉快的颜色和质地、自然的建筑材料和光线，以及其他令人舒适的元素，使得教室受到幼儿的欢迎。

求自己的兴趣，不利于幼儿学习解决由空间和材料引发的冲突。

最重要的是，要保证充足的空间让幼儿游戏，将其他非游戏性的设施、设备放到别的地方。这意味着把教师的桌子、储物柜以及成人会议区等设在教室的外面。教室是为幼儿准备的，是教师与其一起进行活动的地方。

## ▲ 让空间对幼儿很有吸引力

幼儿在学前教育机构度过的时光非常重要。有时幼儿一天中的大部分时间是在学前教育机构度过的。因此，应该让他们在这种环境中过得愉快。下列环境特征能够让游戏空间变得舒适而有吸引力。

**柔软。**就像居家一样，柔软的教室环境营造出温馨和安全的氛围。地毯、地垫、椅子、豆袋、靠垫、枕头、充气垫、蒲团、窗帘和布质的墙壁装饰等都能够增加环境的柔和性。这些东西也有助于吸收声音，因而对活泼而吵闹的幼儿来说是很重要的。

**悦目的色彩和纹理。**明亮的色彩和清淡优美的色调总是能够吸引幼儿。不要布置刺目花哨的色彩，这种色彩成人也不喜欢。太多的色彩汇集在一起会让人不适，会让幼儿很难集中注意力。一定的变化是重要的，但不要极端，以免幼儿的感官超负荷运转。

**天然的材料和自然光线。**天然的材料如木头和石头可以提供多样性，并可以与当前过度使用的塑料和其他人工材料形成对比。在所有的活动都依赖于人造光线的情况下，尽可能多地使用自然光线。自然光线的来源可以是墙上的、屋顶的和门上的玻璃窗等。

**舒适。**即使是最活跃、最爱交往的幼儿有时候也需要一个安静的地方独处，或是与一两个小伙伴蜷缩在一起。高瞻教室里总有一个或数个舒适的地方，如躺椅、阁楼、靠窗的座位，或是一个隐蔽处。这些场所尤其适合阅读。通常它们也就在图书区。

## ▲ 使空间适合开展活动和收纳物品

高瞻学前教育机构的日常活动包括单人活动、双人活动、小组活动和大组活动等多种类型，所有这些活动都在同一环境中进行。有许多学前教育机构提供餐点，全日制学前教育机构还会包括午睡。在设计教室空间或活动中心时，这些都要考虑到。

如果教室的空间较大，则将兴趣区布置在房间较外围的地方，这样中间的空间就可以用来开展集体活动，同时各区域之间的走动也更为容易。如果教室空间较小，或是带有一些拐角，或是被分成多个小房间（就像家庭日托中心那样），那么一个区域可能就有多种用途。例如大的积木区也可以用来进行大组活动，幼儿制订计划和进行小组活动的桌子也可以用于就餐。

单独的储存空间也是很重要的，因为每一名幼儿都需要一个地方来存放自己的东西。这个空间可以是一个带锁的储物柜，或一个小房间、搁物架、盆、盒子或是篮子——任何可以让幼儿放置自己物品的平整的地方或容器。存物处的位置要便于幼儿自己存取个人物品。单独的储物柜有利于幼儿管理个人物品，如衣服，或者一幅想带回家的画。高瞻教室的每一个储物柜都贴有字母链接图片和使用此储物柜的幼儿的名字（要了解更多有关字母知识的内容，请阅读第 13 章）。因为幼儿最先学习的字母通常是自己名字中包含的字母，所以储物柜标签上的字母对幼儿学习阅读、形成所有权意识及对自己物品负责的意识都非常重要。

## ▲ 创设开放且易于出入的空间

幼儿要能够从房间的不同位置看到各个区域，这样，当他们计划某种游戏时，就可以确定这个游戏是否可行，并在玩游戏的同时关注教室里的情况。要使幼儿能够看见教室的每个地方，教师可以使用低矮的物品来将各个区域分隔开来。这些物品可以是矮架子、地毯以及地板上画的过道或粘的胶带等。在有多个房间的环境中，就像家庭日托中心，敞开的大门、窗户和镜子等都能够帮助幼儿从房间的一个部分看到另一个部分。

能让幼儿在各区域行动自如也是非常重要的，原因有 4 个。第一是安全。对幼儿来说，各区域之间的分隔物不应该是危险的，如带有尖锐边缘的东西，或是会把他们绊倒或使他们摔跤的东西。这样的考虑对有特殊需要的幼儿更为重要，因为他们会使用特殊的工具（如轮椅、拐杖等），或者视觉有缺陷。第二，免受打扰。幼儿的游戏不应被在不同区域走动的其他幼儿打断。如果有幼儿必须穿过某个区域，他们应该快速而轻轻地穿过去，尽可能地减少对别人的打扰。第三，便利。可以自如地从一个区域走到另一区域，这种便利性能够鼓励幼儿探索和扩展游戏。如果能够在不同区域间搬运材料，他们就会自由地探究自己的想法。第四，能促进幼儿同伴交往能力的发展。不论是一个人还是分小组，如果旁边区域的某种物品吸引了幼儿的注意力，他们就会很乐意地加入该区域。这种流动性通常会引发一些跨领域的更复杂的游戏，尤其是对稍大的幼儿而言。

珍妮尔和弗里达正在娃娃家玩。他们的玩具娃娃生病了，需要带到医生那儿去打针。弗里达到旁边的积木区取了个木钉，用来当注射器的针头。这时马里奥、奥林和亚历克斯正在积木区。马里奥说："你需要一辆救护车去医院。"马里奥和奥林用一些大空心积木做成救护车。然后，他们用长条积木从积木区建了一条通往娃娃家的道路。

珍妮尔和弗里达把玩具娃娃抱到积木区，放到救护车上。他们已准备好开车回娃娃家，这时亚历克斯说："等一等！就这样开车会发生交通事故，我们最好有警察。"他去艺术区拿了一个用黄纸剪成的袖章，别在衬衫口袋处。亚历克斯还要做一个标记牌，用来示意停车（stop）。他在一块纸板上写下字母"STP"，把它作为标记牌。莉莎刚刚在艺术区完成一张画。她把一支大画笔拿到积木区，宣布说："这是指挥交通的红绿灯。"亚历克斯和莉莎指挥交通，马里奥和奥林开救护车去娃娃家，珍妮尔给玩具娃娃打针，而弗里达则一边轻轻地摇晃玩具娃娃，一边安慰说："好了，好了，乖，不哭。"

能够看到不同区域并自如地在各区域走动对于教师而言也很重要，因为这有助于教师了解教室里的各种情况，监控幼儿的安全，对可能需要调停的冲突保持警惕。能够看到和听到教室里的一切也有助于教师利用各种机会参与幼儿的游戏，并为他们的学习提供支持。

# 选择设备和材料

学习的"原材料"是指我们提供给幼儿的客观物品、活动和社会性互动。因此，在为幼儿选择材料和设备时，我们既要仔细考虑材料和设备的类型和数量，也要仔细考虑这些设备和材料的放置地点和投放方式。

在幼儿游戏的过程中，要确保他们在任何地方都有材料可用，并能以自己需要的任何方式操作，从而实现自己的计划，解决所遇到的问题。然而，材料存放地点和存放方式的一致性也同样重要。当需要在教室中增加新材料，或者必须移动教室里的材料时，就要考虑到这种一致性，并尽量征求幼儿的意见（灵活的一致性也是日常工作的一个特征，这将在下一章论述）。

在做出材料和设备方面的决定时，请记住高瞻教师使用的下列指导原则。

## ▲ 材料多样、开放并且充足

幼儿的兴趣各异，他们需要各种各样的材料来进行游戏与学习。因此，教室里的各个区域和户外都备有随时可用的各种材料和设备就非常重要（见"高瞻教室材料清单示例"）。储备一些开放性材料——可用多种不同的方式来操作的材料。除了那些专门为幼儿制作的材料（如玩具、拼图或攀爬设备），也需要准备一些日常生活中的物品，如电话机、锤子、制服、菜单和卷尺等。幼儿喜欢在游戏中利用这些真实的物品来模仿成人。当幼儿在角色扮演、建构、解决问题等活动中运用这些材料时，他们也是在探究和学习这些材料。

教室中的材料包括日常物品（如真实的茶杯和碗），让幼儿可以
在假装游戏中进行互动。

　　要确保室内和户外的游戏空间都备有天然的、日常收集的和可回收的材料。这种类型的材料通常是免费的或是廉价的。例如在散步时，幼儿可以收集天然的东西，像贝壳、树枝、石块和落叶等。这样收集来的东西可以与买来的东西在质地和色彩方面进行对比——买来的东西一般是由塑料或其他有限几种类型的材料制成。幼儿需要机会来探索和发现木头、石块、贝壳和树叶等其他各种天然材料的特性。发现和对比这些材料的特性为数学、科学、艺术和其他领域的学习奠定了重要的基础。

　　家庭也可以为教室提供许多物品，如废纸、旧容器、旧衣服、没用的小东西、室内或院子里用的工具和设备。由家长捐献物品有很多好处。首先是经济方面，因为物品是免费的。其次，这能提供家长参与的机会。通过捐献物品，很多家长都感到他们发挥了重要作用，即使是那些因工作繁忙没时间到孩子教室提供帮助的家长也能获得成就感。最后，这些材料能够反映幼儿的家庭生活，这一点很重要——熟悉的东西让幼儿在教室中感到舒适。在教室里使用这些物品也是对幼儿家庭和文化价值的确认。

　　材料充足意味着每一个区域都有足够多的材料，以便多名幼儿能够同时在某一特定区域进行游戏。如果同时有好几名幼儿都想画画，那么，就有必要准备多个画架，提供足够的绘画空间（如桌子或场地），投放多个颜料盒、不同尺寸的画笔以及一定数量的工作服。材料充足意味着每一名幼儿都可以操作材料来执行自己的计划而不必花时间等待。因为等待对于稍小的幼儿来说是有困难的。同时，材料充足也意味着幼儿在材料方面有很多选择，从而实现其目的，就像下面这两则逸事记录一样。

　　佩吉小姐的小组里有6名幼儿都想送佩吉慰问卡。因为教室里有4套完整的记号笔，所以每名幼儿都找到自己需要的色彩来画或写自己的祝福语。

宾刚刚完成了一个拼图，他宣布下一个计划是画画。这里共有两个画架，他想在其中的一个画架上画画，但是谢丽尔和伊冯已经在那儿了。宾的老师马库斯想看看他会怎么办。宾拿出一张纸，请马库斯老师帮忙将纸紧贴在桌边的墙上，以便他用透明胶带来粘这张纸。伊冯说宾应该放一张报纸在这张纸的下面，以防颜料滴落，并给他取来一张报纸。宾挤了红色、蓝色和白色颜料到颜料盘中，然后把颜料盘放到桌子上，开始画画。

充足的材料有助于最大限度地减少幼儿的冲突。虽然有些冲突是不可避免的——这提供给幼儿重要的学习经验，但关于材料的经常性的冲突会缩减他们游戏和探索活动的时间。

最后要提的是，幼儿需要多样化的材料来提供广泛的游戏经验，以便在每一发展领域都有所发展。因此，要提供材料让幼儿进行感知、建构、手工制作，玩假装游戏和简单的规则游戏。当幼儿自由地使用其感兴趣的材料时，他们经常会用独特而复杂的方法来操作这些材料。

| 高瞻教室材料清单示例 | |
|---|---|
| 艺术区的材料 | |
| 用于混合颜料和绘画的材料 | • 蛋彩画颜料、手指画用液体淀粉、皂片、水彩颜料、画架、挤压瓶、储存罐、不同大小的画笔、食品罐头盒、颜料盘、海绵、纸巾、工作服、牙刷、网板 |
| 用来连接和分开东西的材料 | • 剪刀、鞋带、细线、橡皮筋、回形针、透明胶带、美纹胶带（用于盖住不需颜色的部分）、胶水、糨糊、打孔机、订书机 |
| 制作二维作品的材料 | • 普通铅笔、彩色铅笔、蜡笔、粉笔和黑板、记号笔、印台和印花、报纸书刊、不同颜色和质地的纸张、棉花球、纸屑、纸盘、鞋盒、壁纸样品、纸板 |
| 制作三维作品的材料 | • 橡皮泥及相应的小工具、纽扣、吸管、冰激凌盒、空线轴、毛根、晾衣夹、小木块、小金属饰品、纸筒、纸袋、废旧材料（废布料、废毡子、废地毯）、羽毛、泡沫塑料片 |

续表

| 高瞻教室材料清单示例 | |
|---|---|
| **娃娃家的材料** | |
| 幼儿在家中可见到的材料 | • 电话（拆掉了线的）、旧时钟、小板凳、工具盒、儿童尺寸的熨斗和垫板、软椅、小吸尘器、扫帚和簸箕、废旧烤箱、废旧微波炉、皮箱、冰箱或冰柜、书桌、毯子、旧电脑设备（如键盘、鼠标） |
| 用于假装游戏的材料 | • 假装游戏的道具（如模拟理发室、农场、消防队、医生办公室、饭店、加油站）、玩具娃娃、毛绒动物、玩具床、婴儿用品（发声玩具、围嘴、奶瓶）、衣服和帽子、镜子、睡袋 |
| 厨房设备 | 儿童尺寸的厨房用具（炉子、冰箱、水槽）、炊具、大小不同的勺子和抹刀、打蛋器、计时器、茶壶、咖啡机、冰盒、绞肉机、蛋糕和馅饼烤盘、碗、量杯和量勺、茶叶罐、筛子、隔热手套、盘子、杯子、清洁材料（海绵、抹布、毛巾）、桌布（餐巾纸、餐垫）、塑料水果和蔬菜、可以假装食物的小物品（如筹码、瓶盖、泡沫、橡树果）、空食品盒、食品袋和垃圾袋 |
| **积木区的材料** | |
| 用于建构的材料 | • 大的空心积木、单元积木、小积木、纸板积木、鞋盒、牛奶盒、地毯碎片、纺织品（如床单、被褥、毯子）、大小不同的盒子、木头、管子、细线、绳子 |
| 象征材料 | • 方向盘、小推车（小卡车）、小汽车和小人、工具套装、拼插积木、木头火车和火车道、谷仓和农场动物 |
| **玩具区的材料** | |
| 可供分类的材料 | • 弹珠、嵌套和堆叠玩具（杯子、盒子、积木、圈、罐）、学习算术用的古氏积木（cuisenaire rods）[①]、珠子和细线、分类积木、天然材料（贝壳、石块、松果、豆荚）、纽扣 |
| 可供组合和分解的材料 | • 乐高积木、垫圈[②]、螺母和螺栓、钉和钉板、磁铁、拼插积木 |

---

① 由 10 种不同颜色及长度的积木构成，相同颜色的积木为相同的长度。——译者注

② 用于螺母或管子之间。——译者注

续表

| 高瞻教室材料清单示例 |
|---|
| 用于假装游戏的材料 | • 木偶、计数熊（counting bears）、微缩动物模型、小人偶、木制模拟村庄（城市、农场） |
| 游戏 | • 拼图、弹珠、多米诺骨牌、简单的纸牌游戏（如"钓鱼""枪""老女仆"①）、简单的棋盘游戏 |
| **数学和科学材料分布于其他区域** | |
| 用于识别和比较事物特征的材料（用于收集、配对和分类） | • （不同大小、形状和颜色的）积木、盒子、盖子、盘子、形状盒（shape sorters）、地毯、墙纸样品、套圈、多米诺骨牌、属性积木（attribute blocks）②、古氏积木、剃须膏、薄金属片、各种质地的纸张（砂纸、皱纹纸等）、天然物品（树叶、鹅卵石、贝壳等）、磁铁 |
| 用于构建序列和模式（规律）的材料 | • 嵌套积木、堆叠圈、量杯和量勺、钉子和钉板、珠子和线、颜色和大小渐变的纸板和毛毯 |
| 用于排序的材料 | • 不同大小的花盆和托盘、塑料盒子、茶杯和托盘、塑料挤压瓶、卡片和信封、螺栓和螺母、盒子和盖子 |
| 用于计数、测量和比较数量的材料 | • 弹珠、积木、玩具车、玩具动物、纽扣、石头、贝壳、树叶、橡树果、瓶盖、带数字的材料（加法器、旧电话、计算器、游戏卡片、游戏币、数字邮票、数字贴纸）、棋盘和骰子游戏、常规和非常规的测量工具（尺子、天平和砝码、绳子） |
| 用于探索空间的材料（填充和倒空、组合和分解、形状和排列） | • 可倾倒的连续性材料（沙子、水、盐、面粉、鸟食）、分散性材料（小塑料动物、珠子、筹码、坚果、贝壳、细砾石、纽扣）、小立方体（可以组合或分解的塑料方块）、瓶盖、各种勺子和容器、拼插玩具和积木、珠子和线、钥匙和钥匙扣、纸、布、橡皮泥、纱线和缎带、毛根 |

---

① 这是一种经典的纸牌游戏，英文称"old maid"，主要是通过抽牌来配成对子。游戏者轮流从别人手中抽牌，抽牌后一旦配成了对子，便打出这对牌。最后谁只剩下一张无法配对的牌，谁就输。——译者注

② 积木套装，可根据不同属性（如颜色、形状、尺寸）进行分类，也可自由组合。——译者注

续表

| 高瞻教室材料清单示例 | |
| --- | --- |
| 用于从不同视角来观察的材料 | • 能够展现各种视角的印刷品（影集、图片集、杂志、艺术品）、凳子、台阶、坡道、不同高度和角度的户外设备（攀登架、梯子、蹦床、跷跷板）、自然的高度变化（小山和树桩、洞和地面的坑）、放大镜 |
| 用于探索时间的材料（可停止和开始、手动调节） | • 计时器、可上发条的时钟、乐器、带轮子的物体、可以不同方式移动（如摆动、滚动、旋转、滴）的东西 |
| 读写区的材料 | |
| 书写用材料 | • 铅笔、蜡笔、橡皮擦、旧键盘、记号笔、打字机、橡皮图章和印台、回形针、胶带、尺子、各种纸张（有线条或无线条的）、信封、邮票或贴纸、安装了适宜（开放的、互动的）书写软件的电脑 |
| 阅读用材料 | • 系列图画书、无字书、可开展预测的书籍、诗集、字母书、知识类图书、民间故事书、家庭制作的和幼儿自制的图书、相册（包括儿童照片、家庭照片、班级实地考察或特殊事件等的照片）、故事录音和听录音的耳机、豆袋、枕头 |
| 沙水区的材料 | |
| 用于玩水桌的材料 | • 玩具汽车和卡车、厨房用具（锅、盘子）、塑料管、挤压瓶、虹吸管和水泵、漏斗、量杯和量勺、雪、冰、剃须膏 |
| 用于玩沙桌的材料 | • 除了玩水桌上的材料外，还可包括铲子、勺子、筛子和滤网、塑料泡沫颗粒、木屑、刨花、松针、鸟食 |
| 律动和音乐区的材料 | |
| 设备 | • 录音机、CD 播放机、代表各种音乐风格和文化的录音、麦克风、耳机 |
| 乐器 | • 打击乐器（如鼓、小手鼓、三角铁、沙锤、木琴）、管乐器（如笛子） |
| 舞蹈道具 | • 围巾、绶带、铁环、棍 |

续表

| 高瞻教室材料清单示例 | |
|---|---|
| **木工区的材料** | |
| 工具 | • 锤、锯、手钻、螺丝刀、镊子、钳子、夹子、砂纸、护目镜 |
| 用于固定的材料 | • 螺丝钉、螺母、螺栓、垫圈、金属线、胶 |
| 建筑材料 | • 木块和废木屑、塑料泡沫、瓶盖（做轮子用） |
| **户外区的材料** | |
| 固定设备 | • 攀爬架、高出的地面（平台、小山、大石块、树桩、雪堆和土堆）、秋千、滑梯、平衡物（平衡木、铁路枕木、按不同规律排列的砖） |
| 带轮子的玩具 | • 三轮车、滑板车、玩具货车、独轮手推车、带方向盘的动力车、婴儿车 |
| 零散材料 | • 蹦跳材料（车内胎、树叶堆、跳绳）、投踢材料（球类、豆袋、低篮球架和球网、桶、靶心或其他目标）、建筑材料（木板、纸板盒、麻线、旧床单被套、小锯木架、轮胎、手工工具和工作台）、玩沙材料（沙坑或沙桌）、玩水材料（玩水桌、水龙头、软管、变形管）、园艺工具、角色扮演道具、乐器、艺术材料（注意：许多区域的材料如艺术区、娃娃家、沙水区和音乐区的材料都可以在户外使用） |

### ▲ 材料反映幼儿的家庭生活

教室里的材料传达给幼儿这样一种信息：什么东西在教师看来是重要的。为了显示教师对幼儿及其家庭生活的重视，教师在教室里增加一些家庭中可以找到的东西，如书、杂志、照片、玩具、衣服、音乐以及食品容器等。它们真实地反映了班上幼儿在文化和语言上的多样性。设备和材料也可以反映诸如残疾或家庭结构差异等事实。材料可以是编织品，或当地社区流行的民间音乐或传统音乐唱片、毛绒玩具、外国书籍、拐杖、不带镜片的眼镜以及家长的工作服等（见"体现家庭多样性的教室材料清单"）。

## 体现家庭多样性的教室材料清单

高瞻教师运用下列清单来检查教室的不同区域，评价教室反映幼儿家庭文化多样性的程度。

### 艺术区

- 能够反映班上和社区中人们肤色的颜料、蜡笔和纸张。
- 其他能够反映社区中艺术和工艺的材料。

### 积木区

- 不含性别角色刻板印象的多种族的玩具娃娃。
- 反映当地农场动物和家庭宠物的各种形象。
- 模拟社区真实交通工具的玩具车。

### 读写区

- 用幼儿家庭语言写的书。
- 描写不同种族、民族和文化群体的书。
- 避免投放有关消极的种族、文化和性别刻板印象的书。
- 反映各种家庭状况的书。
- 反映残疾人（包括儿童和成人）的书。书中将残疾人描述为有障碍的真实的人，而不是同情的对象。

### 娃娃家

- 反映多个民族特征的男女玩具娃娃，体现出不同的肤色、头发以及面部特征。
- 娃娃家的材料及其布置反映了社区家庭实际情况（如城市幼儿园将娃娃家设计为带两个房间的公寓）。
- 厨房用具和空的食品容器反映了幼儿及其家庭成员的饮食习惯。
- 装扮类服装反映了当地风格及家长的职业。
- 包含供残疾人使用的设备（儿童尺寸为佳，在角色扮演时随时可用）。

### 律动和音乐区

- 反映幼儿文化的音乐和乐器。
- 反映幼儿文化的律动游戏和舞蹈。

### 玩具区

- 描绘社区环境和活动的拼图。
- 反映幼儿家长和其他社区成员职业的拼图。
- 反映不同种族的玩具人偶和拼图（不带有性别刻板印象）。

## ▲ 储存方式有利于幼儿完成"找到—使用—归还"这一过程

高瞻学习环境最重要的原则是：幼儿要能够自己找到、使用和归还其所需的材料。按照功能划分的兴趣区有助于幼儿发现这些材料可能存放的位置。区域和材料上的标签也能够进一步帮助幼儿找到所需的材料，并在用完后放回原处。

高瞻教室的这个基本特征激发了幼儿独立实施自己计划的动机，提高了他们满足自己需要的能力。对所储备材料的管理和标注也有助于幼儿发展一个概念，即如何根据材料的外观、功能和其他特征进行分类。要从这些方面帮助幼儿，教师可以使用下列指导策略来对材料进行管理和标记。

带有标签的材料便于幼儿根据自己的需要发现、使用以及归还物品。

**将相似的材料放在一起。** 在同一区域储备配套的物品，有利于幼儿发现其所需的材料并在使用后归还。例如在艺术区会放置一些用于着色、素描、雕刻等的材料。当相似的材料放在一起时（如放在相邻架子上的记号笔、胶带、细绳等），幼儿在实现自己想法或解决面临的问题时就会思考不同的选择。

**使用幼儿能看到里面并且可以抓握的容器。** 敞口的或者透明的容器能够让幼儿很容易找到所需的物品。选择那些大小和形状适于幼儿小手抓握的容器。把容器放在低矮的架子上，或者就放在地板上，让幼儿能轻松拿到。有的材料，如积木，就可以直接放在地板或架子上。

**用幼儿能够理解的标志来标记容器。** 用幼儿能够理解的简单易懂的标签来为教室里各区域命名。同样，用能够反映幼儿不同读写能力水平的各种方法来标记材料和容器，如用文字、画、轮廓图、照片及真实物品等。幼儿乐于决定新材料的放置地点，也乐于为它们做标记。让幼儿参与新材料的标记能够鼓励他们注意材料的特征。尤其是当他们在画、描或以其他方式呈现的时候，他们更会注意材料的特征。鼓励正在写字的幼儿用文字来标记材料（见"为区域和材料做标签"）。

## 为区域和材料做标签

标签或标志可以帮助幼儿找到所需的物品从而实现自己的计划，解决游戏中遇到的问题。在完成之后，标签也有助于他们将物品放回。能够独立找到所需材料并放回原处，这有助于激发幼儿的主动性，增强其独立性和自信心。当幼儿能够自我解决这些问题时，教师也就有了更多的时间与幼儿进行更有意义的互动。以下是为区域和材料做标签的指南。

- 使用幼儿能够理解的名称，如"玩具区"而不是"操作区"。
- 创造幼儿能够理解的标志，包括材料本身（如一支挂在厚纸板上的画笔）、材料的轮廓图、图片、图片目录、照片。
- 让幼儿参与给新材料做标签。这能够鼓励幼儿注意材料的性质和特征，尤其是当他们在画、描或以其他方式呈现的时候。让正在写字的幼儿用文字来标记某个区域或某种材料。
- 大而清楚。

- 用透明胶带将标签的两边粘好，注意要让标签很容易粘贴到架子或者容器上。当需要为新材料腾出空间时，这些标签也很容易移动。

创建标签的方法之一就是使用真实的材料，如将螺丝刀用胶带缠在螺丝刀收纳箱上。

## 户外学习环境

幼儿喜欢户外活动，同时，他们也需要户外活动。他们在户外能够比在室内更自由地走动、叫喊。户外活动除了发展大肌肉运动技能的攀爬和奔跑，也给幼儿创造机会来设计和建造出比在室内更大型的物品。而且，户外的环境是幼儿欣赏大自然的美丽与奇妙，感受光线、温度、风力变化的场所，同时也是感受不同景色、声音、气味和材质的地方。在户外环境中，那些有一种或几种感官缺陷的幼儿可能会更受益。

户外的游戏空间最好设置在空旷的场地，或在教室旁边的院子里，以便幼儿快速、安全地出入，把恰当的材料从一个地方搬到另一个地方。如果你就没有这种选择，你可以在附近的公园或运动场来开展户外活动。有时候房顶也可以充当户外空间，只要它有高围栏和平坦的地面能够让幼儿安全地游戏。

如果较小的幼儿和较大的幼儿共享户外空间，记得要为不同年龄组的幼儿提供各自的活动和区域。选择便于移动的设施和材料。要为不同年龄组的幼儿制订计划，便于所有的幼儿可以安全、自由地移动。

和室内空间一样，户外空间也应该有各种独立的区域以进行不同的游戏，要有可以进行剧烈活动（如奔跑、骑行、攀爬和滑行）的区域，也要有区域来进行安静、需要集中注意力的游戏，如搭积木、绘画、讲故事或表演故事。利用低矮的障碍物或不同高度的材料，你可以有多种方法来标记和分隔各个区域。例如玩带轮子的玩具的区域需要坚实的地面，而在秋千和滑梯下有细砾石或木屑就可以。你也可以使用天然的分界物，如树木、灌木丛、花坛和低矮的石墙等来区别不同的户外空间。

户外的材料也需要存放的空间。一间带锁的户外小棚就适合存放带轮玩具。较小的材料可以放在带把手的便携容器中，如塑料盆、塑料篮子，这样幼儿就能够便利地在教室和户外场所来回拿取这些容器。

最后一点就是安全性。户外游戏空间的重要考量之处就是安全。高瞻学前教育机构在户外安全方面确定了4个关键因素：成人的监督、适于幼儿年龄和身材的设备（还能够满足特殊需要的幼儿）、减缓冲击力的地面、维护良好的设备。你可以在国家有关安全保护条例上了解更多的户外游戏空间及相关安全指导。

在户外奔跑和爬行能发展幼儿大肌肉运动技能。

**试一试**

1. 看看你的教室（或者选择观察一间教室）。如果可能，可以拍一些照片。如何布置教室才能最大限度地促进幼儿的主动学习？画一张修改后的教室布置图，简单描述一下它如何或者为什么改善了原来的布局。

2. 在幼儿不在教室的时候进教室，花上一个小时左右的时间来玩一玩不同的玩具和材料（记得用后要整理哟）。考虑一下什么是你喜欢玩的，什么是你不喜欢玩的，以及喜欢和不喜欢的原因。你也可以与一个或几个朋友一起来进行这个活动。对于你们每个人喜欢玩的材料，讨论它们之间的相同和不同之处，哪些材料适于独立的个体游戏，哪些适合平行的同伴游戏或合作游戏。

3. 设想你刚刚获得 15000 美元来设计和装饰一间新的教室及户外空间。画一张新教室和户外游戏空间的图。列出每个区域的材料清单，包括开放性的、随处可见的及真实生活中的材料。确定哪些材料需要购买（参考有关幼儿园用品目录，别忘了旧货商店），哪些可以自己制作、收集，哪些可以再利用。

4. 就近参观一个操场，观察幼儿的游戏。幼儿最喜欢什么样的材料和活动？他们在干什么？你认为是什么特征使得某个设备或活动吸引了幼儿？游戏时他们在学习什么？

# 第 7 章　高瞻课程模式的一日常规是什么样的?

## 本章导读

　　本章论述了高瞻课程模式一日常规的重要性,详细介绍高瞻课程模式一日常规的基本组成部分。具体来说,一日常规包括计划—工作—回顾环节(计划时间、工作时间、回顾时间)、小组活动时间、大组活动时间、户外时间、过渡时间以及其他集体活动时间。本章还探讨了教师应当如何在一日常规活动中为幼儿提供相应的支持。

## 本章学习目标

**学习完本章,你应该能够**

解释一日常规对于幼儿和教师的重要性。

明确高瞻课程模式一日常规的基本组成部分。

支持幼儿的计划和工作,并回顾他们的活动(计划—工作—回顾环节)。

以同伴身份用不同方式支持幼儿游戏。

基于幼儿的兴趣,为教室中不同类型的活动(包括小组活动和大组活动)制订计划。

运用多种策略,使幼儿的户外活动成为有效学习的经验。

有效过渡,使幼儿获得积极学习经验。

## 本章术语

一日常规(daily routine)

计划—工作—回顾(plan-do-review,plan time,work time,recall time)

大组活动时间(large-group time)

小组活动时间(small-group time)

户外活动时间（outside time）

过渡时间（transitions）

探究性游戏（exploratory play）

建构游戏（constructive play）

假装游戏（pretend play）

（规则）游戏（games）

## 想一想

你在工作日的早上有一个常规：6点钟起床，穿上运动服，散步45分钟，7点钟淋浴、更衣，7点20分开始吃早餐并阅读报纸，7点50分装好午餐，8点离开家去上班，并通过汽车广播收听你喜欢的新闻和脱口秀。

周日晚上，你家来了一位客人，他准备在你家住一周。周一早上，当你散步回来时，你的客人在淋浴，报纸被拿到了浴室。你发现本打算当早餐的酸奶和准备打包作为午餐的水果已经被吃掉了。当你最终晚于计划半个小时出门时，你发现客人的汽车堵住了你的车。尽管你十分期待在今晚能够对你以往的常规有计划地进行改变——你的客人却因感谢你而准备带你外出就餐，现在你觉得生活全乱套了。

一日常规使我们的生活井井有条并更有效率。当我们按照常规来做事时，我们会觉得对事物更有控制感，而且不那么容易忘记事情或是出现失误。常规同样会使人感到安心。我们知道接下来会发生什么，而且我们也不用时常担心会出现不必要的"惊喜"。出于同样的原因，幼儿同成人一样需要常规，尤其是当日常生活中有太多的事情不在他们的掌控之中时。当幼儿能够预测一天中事情的顺序和内容时，他们会感到安心和更有力量。

当然，幼儿也会像成人一样，也会面临被过度安排日程的风险。每天都会发生大量的事情，而日程表或许过于严格，以至于有趣的或是复杂的活动不能得到拓展，而枯燥或简单的活动也不能够删除或削减。因此，流程或常规活动都需要精心计划，必须全面地考虑到体力和智力、个人和集体的需求。

高瞻的一日常规为幼儿和教师提供所需的连贯性和对行为的可预测性。同时，也提供了足够的灵活性，使幼儿在活动实施的过程中不感到过于仓促或缓慢。最重要的是，幼儿能够在合理范围内对一天中的任何一个部分做出选择。因为活动本身就是基于其兴趣和能力的，也因为幼儿知道自己对于学习经验有发言权，所以高瞻学前教育机构中的幼儿能够感到一日常规活动是"他们自己的"。他们喜欢学习常规并按照常规进行活动。事实上，当参观者或新的幼儿进入教室时，那些已成为"老手"的并且渴望传授"秘诀"的幼儿常常会自发地带领他们按照日程表进行活动。

## 一日常规概要

一日常规是一天活动的顺序，每一部分都有一定的时间量。除了外出实地参观、举办庆祝活动或其他特殊活动，每天的日程是一样的，也就变成了常规——尽管偶尔会根据幼儿的兴趣而调整时间。

如同学习环境是对空间进行组织，活动常规是对时间进行组织。除了赋予幼儿控制感以及允许他们独立行动外，每日活动的规律性安排还有助于幼儿发展重要的顺序概念（事件的顺序）以及持续性概念（事情持续的时长）。这些概念在早期数学和科学思维中发挥核心作用。

高瞻学前教育机构一天中最主要的部分，一般总计有一个小时以上的时间，是按照计划时间、工作时间和回顾时间的顺序进行被称为计划—工作—回顾的活动。在小组中，每名幼儿决定自己在工作时间要做的事情——在什么区域进行游戏，使用何种

---

### 高瞻一日常规概览

问候时间 / 信息板（5~10 分钟）

计划时间（10~15 分钟）

工作时间（45~60 分钟）

清理时间（10 分钟）

回顾时间（10~15 分钟）

大组活动时间（10~15 分钟）

小组活动时间（15~20 分钟）

户外活动时间（30~40 分钟）

过渡时间，包括入园和离园（时间可变）

进餐和休息时间（时间可变）

注：高瞻一日常规各部分顺序可以根据学前教育机构的开放时间和结构进行调整。但是，计划时间、工作时间、清理时间和回顾时间的顺序通常是不变的。在半日制学前教育机构中，每个环节通常只发生一次。在全日制学前教育机构中，可以重复其中的一个或多个环节。

## 高瞻一日常规范例

| 入园和离园模式 | 半日制机构 | 全日制机构 |
|---|---|---|
| 幼儿在相同时间到达和离开<br> | • 问候时间/信息板<br>• 计划、工作、清理、回顾时间<br>• 点心时间<br>• 大组活动时间<br>• 小组活动时间<br>• 户外活动时间<br>• 离园 | • 问候时间、早餐、信息板<br>• 大组活动时间<br>• 计划、工作、清理、回顾时间<br>• 小组活动时间<br>• 户外活动时间<br>• 午餐<br>• 阅读和休息时间<br>• 点心时间<br>• 户外活动时间和离园时间 |
| 幼儿在不同的时间到达和离开<br> | • 早到者的小组活动时间<br>• 问候时间/信息板<br>• 计划、工作、清理、回顾时间<br>• 点心时间<br>• 户外活动时间<br>• 大组活动时间<br>• 晚离园者的小组活动时间 | • 早餐/自由游戏/户外活动<br>• 问候时间/信息板<br>• 计划、工作、清理、回顾时间<br>• 户外活动时间和点心<br>• 小组活动时间<br>• 大组活动时间<br>• 午餐<br>• 唱歌、休息<br>• 户外活动时间和点心<br>• 计划、工作、清理、回顾时间（和家长） |
| 变化<br> | • 早到者的小组活动时间<br>• 问候时间/信息板<br>• 芭蕾/户外活动时间<br>• 点心和计划时间<br>• 计划、工作、清理、回顾时间<br>• 大组活动时间<br>• 晚离园者的小组活动时间 | • 早餐/自由游戏/户外活动<br>• 问候时间/信息板<br>• 计划、工作、清理、回顾时间<br>• 户外活动时间和点心<br>• 拜访艺术家<br>• 大组活动时间<br>• 午餐<br>• 唱歌、休息<br>• 户外活动时间和点心<br>• 计划、工作、清理、回顾时间（和家长） |

材料以及和谁一起进行活动，并且与教师或者是同组的其他幼儿分享他的计划。幼儿在工作时间独自或是与他人一同执行计划，之后进行收拾整理。在回顾时间，他们会与教师以及小组成员分享和讨论他们在工作时间做了什么和学到了什么。

高瞻学前教育机构的一天还包括大组活动时间——整个班级共同做某件事情的时间。全班一起活动不仅限于大组活动时间，也可在其他活动时间，如问候时间（包括信息板时间）、户外活动时间以及过渡时间（除了计划和回顾时间），进餐或吃点心都是以小组活动形式开展的。全体幼儿都参与小组活动，只是以小组为单位。在所有的小组活动中，幼儿将看到同一位教师和同一组伙伴。这种安排为幼儿提供了连续性和安全感，也能使教师在小组活动时间中更多了解每名幼儿。

在半日制的机构中，除了各环节之间的过渡时间，每个环节在一天中通常只进行一次。而全日制机构会重复一个或多个环节，而且还包括额外的进餐和午睡时间。我们将了解一日常规的组成部分及其如何为幼儿主动性和学习提供支持。

## 一日常规的重要性

一日常规中活动顺序的可预测性以及可选择性，对高瞻课程模式中的幼儿和教师有 4 个益处。

**创造安全感和控制感。** 一个持续的常规意味着幼儿知道每天要做什么。由于入园对幼儿来说是他们第一次与家人分离，可预测性能够使他们自如地进行身体和情感的转换。幼儿能够自信地来园，因为并没有不受欢迎的"惊喜"或是武断的要求。如果活动常规发生了偶然的变化，幼儿知道他们会被提前告知变化的原因，这样，他们就能够为变化做好准备。

一致性对家庭生活不稳定且没有得到很好组织的幼儿来说特别重要。西雅图的一位教师这样说道："生活在无秩序家庭环境中的幼儿对活动常规的理解很有限。较低的自尊感来自幼儿对事件的无能为力，这也是为什么高瞻课程模式要给予幼儿选择和计划自己活动等权利的原因，因为这些对幼儿来说太重要了。幼儿将逐渐发现自己做计划的能力，并开始从自己的计划和探索中获得满足感。"

**支持主动性。** 尽管活动常规规定了一天中每个环节要进行的活动，但它并没有要求或限制幼儿在每段时间中做什么。在这种框架下，幼儿知道他们有选择的权利。这种选择性在计划—工作—回顾中体现得最为明显，因为幼儿能够按照自己的意愿进行活动。即使是教师计划的集体活动，幼儿也有许多选择的权利，他们能根据自身的发展水平，按照自己的兴趣爱好进行活动。

**提供社会性交往集体。** 当人们在同样的时间做同样的事情时，他们之间就会产生联系。尽管幼儿是以个体的方式来进行相同的活动，他们也在分享共同的经历。例如当和家人或朋友在饭店就餐时，人们通常会在同一菜单上点不同的菜，但他们会参考他人的选择并发现新的比较喜欢的菜。有时，集体中所有人都会参与交谈，而有时则是两两交谈或是小组交流。尽管个人的用餐感受在某种程度上是不同的，但每个人都共享了冒险的感觉，产生了归属感。

**为教师提供观察和计划的框架。** 除了以上所列出的对于幼儿的益处，一致的常规还能够帮助教师了解并满足幼儿的需要。教师在每一天的每个环节里观察幼儿，并了解幼儿的需要和兴趣。由于活动常规中的每个环节都是独特的——有自己的内容、节奏和社会性模式，教师能够为多种类型的学习制订计划。

> 在我们这里，与去年相比，计划—工作—回顾这一常规流程激发出教师和幼儿之间更多的相互依赖关系。计划—工作—回顾建立了一种必要的成人—幼儿关系，这种相互关系确立了对于未来成功的学习和生活十分关键的反思模式。缺少回顾而仅仅进行选择和游戏，就缺少了对幼儿成长和发展至关重要的元素。
>
> ——一位教师

# 计划—工作—回顾

计划—工作—回顾过程是高瞻课程模式中既关键又独特的部分。它包括主动学习的所有要素。幼儿在其中发展的能力，诸如积极主动、独立解决问题、与他人合作、积累知识和技能等，会一直延续并影响接下来的学业学习，甚至会成为一生的思维和行动模式。

## ▲ 计划时间

计划时间通常是10~15分钟，是计划—工作—回顾模式的开始。当幼儿进行计划时，他们有一个意图或目的。基于其年龄和交流能力，他们通常使用行动（拿起画笔）、手势（指向绘画区）或是语言（"我准备画一座房子"）来表达他们的计划。

为了进行计划，幼儿必须能够在脑海中勾勒一幅不存在的或者还未发生的事情的图像。计划不同于进行简单的选择，因为计划包含幼儿想做什么以及将怎样做的具体思考。换句话说，计划比选择更具目的性和意向性。正因为如此，对于婴儿和稍小的

# 高瞻一日常规

问候时间

计划 ⟹ 工作 ⟹ 回顾

计划时间

工作时间

清理时间

回顾时间

大组活动时间

小组活动时间

户外活动时间

餐点时间

过渡时间

学步儿,我们用的是"选择",而对于稍大的学步儿和幼儿,则将其表述为"计划"。

幼儿可能会很快地改变自己的计划。事实上,幼儿经常在实施自己的想法,或者对他人的活动感兴趣时对计划进行变更。这与成人根据事件的展开改变计划一样灵活。因此,高瞻课程模式不要求幼儿必须坚持最初的计划,当幼儿无法完成活动时也不会遭受批评。相反,在工作时间,教师会遵照幼儿的想法并帮助其展开新计划。幼儿也可能会完成最初的计划,然后,通常会在教师的鼓励下想出下一个计划,继续工作。

高瞻课程模式是第一个将幼儿计划作为主要组成部分的综合性课程模式。如今,计划被作为《提前开端计划表现标准》的重要内容,被全美幼儿教育协会和其他专业组织视为最佳实践。计划对于幼儿来说有以下发展性价值。

**鼓励幼儿交流想法、选择和决定。**因为教师重视幼儿的计划,他们就渴望并主动地分享这些计划。

**提升幼儿的自信心和控制感。**幼儿凭借自己的能力做决定、解决问题并将自己的想法变为现实。

**引领幼儿参与并专注于游戏。**一般观点认为,相对于他人要求做的事情,人们更专注于自己选择的事情。这个观点也已被研究所证明。研究者卡拉·贝里(Carla Berry)和凯西·西尔瓦(Kathy Sylva)对英国高瞻学前教育机构进行研究,发现比起没有计划的幼儿,有计划的幼儿开展的游戏目的更为明确,并且专注时间更长(1987)。

**支持游戏的复杂化。**有计划的游戏和普通游戏不同,后者有更多的重复,也更随意和盲目。在开展有计划的游戏时,相较于普通的、未经过计划的游戏而言,幼儿会运用"更多想象力、注意力和智力"(Berry & Sylva, 1987, p.34)。幼儿在进行计划时也更有可能设定目标,参与复杂游戏并学到新知识和技能。牢记"幼儿会随着时间的推移而改变自己的计划"这一点是很重要的。尽管每名幼儿处理计划的过程都是不同的,但记住这些基本原则还是十分必要的。

在计划时间,幼儿表达自己关于材料、活动与同伴的意图,以及他们想要在工作时间落实的想法。

**计划随着幼儿的发展变得更为复杂和详细。** 幼儿或刚开始制订计划的人可能只是简单地指向某一领域或是用一两个词语来表达计划。稍大的幼儿和有经验的计划制订者能够制订出更为复杂的计划。

**计划是教师和幼儿的合作。** 幼儿表达其想法和意愿，教师则鼓励他们去思考如何实现这些想法。通过平等的交流，教师基于幼儿能力，帮助其通过手势或语言表达自己的计划。因此，计划是一个包含着合作的分享过程。

**计划仅仅是一个开始。** 幼儿的计划仅仅是一个起点。一旦幼儿表达出一些意愿，下一步就是在教师的支持和鼓励下，在工作时间实现这些意图。

要了解更多教师支持策略，详见"在计划时间给予支持"。

## 在计划时间给予支持

**想一想你对幼儿计划的看法。**

许多教师十分支持幼儿计划，因为他们认为当幼儿实施自己的想法时会学得最好。但是，还有一些人对此持怀疑态度。普遍的担心是教师会因此丧失对幼儿的控制，而幼儿会重复简单的活动，以致没有掌握入学准备所需的基础。研究表明这些担心是不必要的（Sylva, Smith, & Moore, 1986）。事实上，那些根据计划行动的幼儿在游戏中更有目的性，并能逐渐对其行动的结果负责。更进一步说，由于教师和幼儿在计划的过程中都会有很多不同的想法，比起在高度控制的环境中，幼儿更有可能获得广泛的学习经验。

你可以采用许多策略支持幼儿的计划。

**在亲密的环境中与幼儿一起进行计划。** 计划能够在座位、地板、沙发或其他任何幼儿感到舒适并能够与教师分享观点的地方进行。每天在同样的地点进行计划，能够使幼儿更加关注于计划本身——尽管偶尔在不同的地点（如在户外）会更有新鲜感。幼儿的数量越少（通常是一位教师和5~10名幼儿，理想状态下，一位教师和6~8名幼儿组成固定小组），计划就能越细致。要使计划时间变得放松且亲切，就要有耐心，并在那些方便看到人和材料的地方进行。

**在计划时间为幼儿提供材料和体验以维持其兴趣。** 利用道具、同伴，增强趣味性和新鲜感，使计划不那么机械和令人厌倦。让幼儿介绍自己的游戏或所作的变化。幼儿也可以开始和同伴一起计划。有时候与其他幼儿合作会产生比与成人合作时更加详细的计划。

**与每一名幼儿交流他们的计划。**让每名幼儿有机会表达自己的计划。给予每名幼儿同样的时间和机会来介绍其想法,不管他们是使用语言还是其他非语言的形式。

第一,问简单且开放的"是什么"的问题,例如:"你今天想做什么?"当幼儿不愿表达计划时,要温和地找出原因,例如幼儿可能想要与他人一起游戏但又担心不被接受。教师不要急于要求幼儿说出计划,要让幼儿能够畅所欲言。然后,他们就能够一起解决问题,克服障碍。

第二,专心倾听幼儿的计划。尽管一些幼儿会直接回应问题或游戏,但是也有些幼儿间接地进行计划。如在计划时间,贾尼丝告诉老师她新出生的小弟弟的事。老师认真听贾尼丝对医院、新弟弟以及爸爸做早餐的叙述,然后帮助贾尼丝说出了一项在娃娃区给娃娃洗澡、做沙子煎饼以及哄娃娃睡觉的计划。

第三,当幼儿对计划没有反应时,为他们提供选择。例如,如果你知道一名幼儿已经在艺术区进行了好几天的工作,你可以说:"你昨天画了画。"如果幼儿点头,你接下来可以问:"你今天是想继续在艺术区还是到别的区工作?"幼儿有可能再次点头或者指向其他区域。根据幼儿的回应,你可以回应:"那么你计划的工作是在艺术区。""今天你准备去图书区进行工作。"

---

**特别的计划游戏和体验**

计划时间的游戏创意如下。

- 在教室中旅行,或是制造一列火车,从一个区域开到另一个区域,请幼儿自己计划想要游戏的区域。

- 幼儿之间滚球,球到谁那,谁就进行计划。

- 将幼儿的名字编成童谣,提示该轮到谁进行计划。

- 用道具(如电话或木偶),激发幼儿进行计划。

- 幼儿口述,教师记录。

- 让幼儿画出自己的计划或写下字词代表计划。无论何种策略,重要的是每名幼儿都能够通过某种方式理解并表现出与他们发展能力相一致的水平。计划绝不能成为对幼儿所掌握知识的"测试"。

## ▲ 工作时间

计划—工作—回顾中的"工作"是幼儿实施计划的时间。这部分的活动持续45~60分钟。"游戏是幼儿的工作"这一精神与高瞻课程模式相一致，也是工作时间的要求。许多学前教育机构有一个相似的环节，被称为"自由选择活动时间"。然而，工作更有目的性，因为幼儿事先已经思考和描述了他们的目标。他们在游戏的过程中会遇到感兴趣的挑战并着手解决问题。基于发展水平和兴趣，幼儿通常会参加4类游戏：探究性游戏、建构游戏、假装游戏和规则游戏。探究游戏通常是最先发展起来的，接下来是建构游戏和假装游戏，最后是规则游戏（Bergen，1988）。但是，任何幼儿在任何时候都会参与一种或多种类型的游戏。

工作对于幼儿有如下好处。

**允许幼儿实施自己的计划并有目的地进行游戏。**工作时间是幼儿将想法付诸实践的时间。他们将自己看作"行动者"，有能力完成计划，达到预期目标。

**使幼儿能够参与社会性情境。**当幼儿进行工作时，他们会自然地两两成对或是组成不同规模的小组进行合作。即便是选择独自工作的幼儿也能意识到周围的人和各种活动。

在工作时间，幼儿带着兴趣和目标实施计划。他们动手操作，解决游戏中产生的人与人之间或人与材料之间的问题，从而不断学习。

**提供众多解决问题的机会。**因为幼儿参与的是自己所计划的活动，他们有可能会遇到没有预料到的问题，如纸张过大而无法放入信封中，或者两名幼儿想要同样的卡车。当幼儿开始着手解决问题时，不管是独自解决还是有教师或者游戏同伴的协助，他们都将自己看作有能力的问题解决者。

**使幼儿能够自己构建知识，发展新的技能。**幼儿在实施计划和解决问题时，他们会对世上的事和人产生新的理解，拓展读写、数学、科学、视觉艺术和音乐等方面的知识和技能（见高瞻课程模式关键发展指标以及第10~17章中的有关讨论）。

**使教师能够观察幼儿的游戏并从中学习，对幼儿的游戏给予支持。**通过观察、支持以及参与幼儿的游戏，教师能够洞察每个幼儿的发展。

想要获得更多的策略，详见"在工作时间给予支持"。

## 在工作时间给予支持

想一想你对"幼儿如何学习"的认识。

在高瞻课程中，工作时间的学习取决于参与者的主动性。也就是说，教师不会直接指导学习，让幼儿被动地接收信息，也不会对幼儿不管不顾，让他们承担教育自己的所有责任。相反，教师采用第 5 章所描述的互动策略，参与幼儿游戏并鹰架他们的学习，幼儿追随自己的兴趣和计划。

为确保工作时间能令幼儿满意并且具有教育性，教师可以采取以下支持策略。

**根据幼儿的兴趣提供工作场地和材料。**因为工作时间一般在不同区域进行，所以要确保这些区域方便出入，并且有大量适合幼儿年龄特点的材料。

**提供幼儿需要的安慰和身体接触。**有时候，幼儿需要教师支持他们的感觉或想法。教师要留心幼儿在进行计划之前需要直接关注的迹象。幼儿可能会因为紧张而通过姿势（摇头表示"不"）、动作（退到一个角落）或语言（"没有人愿意和我一起玩"）来表达自己。在这些案例中，教师可以通过身体接触安慰幼儿（例如，坐在幼儿的身边，搂他或拍他，或把他抱起来坐在腿上）。

**认可幼儿的行动和成就。**有时候，幼儿仅仅需要教师关注他们在做什么。教师可以给予幼儿简单的确认，比如看幼儿做了什么，模仿幼儿的行为，或者重复幼儿的发言（"是的，我看到你用那些积木搭了一座高塔"）。

**参与幼儿的游戏。**这会让他们知道你重视他们的兴趣和意愿。但注意不要代替他们主导游戏。你可以使用以下策略，以合作者的身份，参与幼儿的游戏。

- 寻找一种自然的方式来开始游戏。如你可以在幼儿旁边探索材料，扮演幼儿分配的游戏角色，或加入由幼儿自创或指导的规则游戏。

- 成为幼儿游戏的合作者。教师与幼儿之间是平等的，成为合作者意味着要成为一个跟随者，而不是指导者。因此，教师要调整自己的言行，与游戏的内容和步调一致，接受幼儿的指挥，并且遵守小组制定的规则。

- 在幼儿的水平上参与游戏。从幼儿的视角看待事物，教师就不太会去掌控游戏。如果你与试着将乐高玩具放入碗中做"汤"的幼儿一起游戏，你可以拿一把勺子在锅里搅拌，而不是往"汤"中加入新的配料。

- 平行游戏。平行游戏意味着在幼儿身边、用与幼儿相同的材料或相似的方式进行游戏，如往容器中装沙子再倒掉。

- 在游戏情境中提出建议。在注意到不会提升幼儿游戏复杂水平的前提下，你可以提出一些建议来延伸游戏。为了避免越过提供新想法与指导游戏过程的界限，就要像萨拉·斯密兰斯基指出的，教师可以在原有的游戏主题范围内给出建议，而不要引出一个新的主题（Sara Smilansky, 1971）。如教师可以加入"母亲"带着幼儿去医院做检查的队伍，而不要建议去看急诊。

**与幼儿交谈。** 谈话能够帮助幼儿表达其想法。单词的积累以及其他语言技能的发展对幼儿早期阅读能力发展十分重要。与幼儿自然交谈的策略与加入游戏的策略比较相似。教师需要从幼儿那里得到提示，并且需要敏锐地感知到什么时候进行谈话比较受欢迎，如当幼儿渴望谈论自己画的画时。在别的时候，交谈可能会干扰幼儿的活动，如当一名幼儿专注地在图画上增加细节时。

教师需要在不妨碍幼儿活动的情况下帮助幼儿发展思维和表达能力，如寻找自然的交谈机会，谈话要与幼儿的发展水平相适合，给予幼儿发起对话的机会，你一言我一语地进行交谈，限制提问。

**鼓励幼儿解决问题。** 有时候，教师会错误地认为幼儿应该生活在一个没有任何问题的环境中。但是，问题的解决是幼儿在工作时间获得的最重要的经历之一。事实上，幼儿喜欢提出问题和解决问题。当幼儿遇到那些对于他们来说十分重要的发展经历时，你可以在一旁耐心等待，让幼儿自己来做这些事，或者邀请小伙伴来帮助他，将自己作为幼儿的合作者而不是管理者。

**观察并记录幼儿在做什么。** 高瞻课程模式的教师基于幼儿做了什么和说了什么来制订计划，从而支持并扩展幼儿的学习。工作时间发生那么多事情，教师要想记住所有幼儿做的每件事通常是十分困难的。因此，当你与幼儿一起工作或是游戏的时候，请记笔记或是其他简单的提示，它们能够帮助你在之后的团队计划中回忆起一些细节。

**安排清理环节以结束工作时间。** 教师有时会畏惧清理时间。但是，如果教师将之视为不愉快的差事，幼儿就可能会以消极的和抵制的态度来对待这一工作。而如果你将这一时间看作解决问题的机会（"我在想我们应该把这个东西挂在哪里晾干?"）、学习经验的机会（如何组织和摆放材料），甚至为一大乐趣（创编一个整理游戏、使用拖把及海绵、背诵童谣），那么，幼儿就会将这最后一步自然地作为实施计划的一部分。

如果教师对幼儿的期望是现实的，那么他们也可以将清理时间变得更简单。幼儿力所能及的程度，可能达不到教师的健康标准和设备维护标准。教师、管理员以及其他工作人员需要在活动之间完成剩余的工作。教师需要帮助幼儿更快地完成清理工作而不是强调完美，要使他们能够立即对自己在工作时间的活动进行回顾和评论。

## ▲ 回顾时间

高瞻课程模式设计的回顾时间，一般历时 10~15 分钟，以鼓励幼儿反思自己的活动以及在一天中学到了什么。对于幼儿来说，最佳回顾时间是与事件发生时间尽可能近。幼儿通常会回忆起他们最近做的事，因为这在他们头脑中的印象最为清晰。当幼儿能够在头脑中更长久、更细致地记住形象和观点时，他们更容易回忆起自己在工作时间的活动顺序，甚至还可能回忆起最初的计划。回顾时间必须紧跟在工作时间和整理时间之后。

以上关于计划的讨论指出计划时间与普通的自由选择时间是不同的，因为制订计划时，幼儿带有目的和意向，并对自己想要做的事以及该如何做有具体的想法。同样，回顾与简单的回忆也是不同的。在回顾时间，幼儿不仅要花时间去想自己做了什么，还要思考自己学到了什么。另外，教师鼓励幼儿将观察到的东西与教师以及共同参与计划的小组成员进行分享，这一过程能够促进幼儿思维和语言的发展。如果幼儿将他做的活动画下来或是写下来，这是一种能够发展读写技能的方式。最后，作为计划—工作—回顾过程的最后一个步骤，回顾更有可能帮助幼儿记忆学到的经验并应用于日后的行为和互动中。这些益处可以概括为以下几点。

**锻炼幼儿形成心理表象并加以讨论的能力。** 回顾鼓励幼儿对以往的事件形成心理表象并把其观点表达出来。

**巩固幼儿对于经验和事件的理解。** 回顾帮助幼儿检测自己的选择和行动及其对物和人（幼儿自己和他人）的影响。

**扩展幼儿对于"现在"以外的概念的意识。** 幼儿生活在当下。通过帮助他们思考过去的事件以及他们是怎样受到影响的，教师能够帮助他们积累经验，并将经验运用到新的活动和学科问题中。

**公开幼儿的体验。** 回顾是社会性互动的一种形式。在回顾时间，幼儿是讲述者，讲述自己在工作时间发生的故事——也就是说，他们是"明星"。当幼儿逐渐成熟，他们就更能够接受同伴对自己回忆的补充，也能够对同伴讲述的故事加以补充。回顾成为一种分享，并能帮助幼儿发展信任感。

要了解更多的策略，详见"在回顾时间给予支持"。

---

### 在回顾时间给予支持

**想一想你对回顾时间的看法。**

如果幼儿能够用语言、手势和图画来讲述自己的故事，回顾就是成功的。经验是有趣的、社会性的，能够采用许多有创意的形式。但是，如果教师只将回顾看作一天中必须要完成的一部分，那么它就会变得僵硬且机械。或者如果教师把回顾错误地认为是对幼儿是否完成了自己计划的检验，那么就会带有惩罚的味道。

回顾，能够营造舒适和信任的气氛。周围环境中分散注意的因素越少，幼儿就越能够关注于回顾本身。

**在回顾时间为幼儿提供材料和活动以维持幼儿的兴趣。** 就像计划时间一样，道具和游戏能维持回顾时间的趣味性，并能使幼儿安心地等待。例如，你可以让每一名幼儿带一件玩过的材料到回顾桌旁，或者用在幼儿工作时间抓拍到的照片，激发幼儿讨论。这些材料或活动要确保简明，否则幼儿可能会对道具或游戏（如转呼啦圈或用玩具电话给下一名幼儿打电话）感兴趣，导致回顾目的的迷失。

教师在回顾时间的角色类似于在计划时间的角色。这一角色要求在幼儿感兴趣且主动参与学习的基础上，观察幼儿，与幼儿互动。在回顾时间，采用以下策略能够帮助幼儿对工作时间的活动进行思考并有所收获。

**在平静、舒适的环境中与幼儿一同回顾。** 就像与幼儿一起进行计划一样，与同组的成员在固定的场所进行

**与幼儿交流其在工作时间的体验。** 同样的，类似于计划时间，要有耐心、专心，让他们自然地表述自己的想法。一个简单的开场提问也许会有所帮助，但需要避免幼儿依赖教师。你可以做出一些评论并进行观察，确保谈话得以继续。

**幼儿：** 我在娃娃家玩。

**教师：** 我看到你玩洋娃娃了。

**幼儿：** 它们在洗澡。我把水倒进

澡盆里。

　　**教师**：你从水槽接了水，拿到娃娃家。

　　**幼儿**：我拿了一只水桶去接水，装满后提回来，倒进澡盆。

　　**教师**：看起来你接了很多水。

　　**幼儿**：大约 1008 桶水。而且我没有洒出来一点儿！

　　**教师**：你一点也没有洒出来！你是怎么做到的？

　　**幼儿**：我只把水接到了这里（用手指），所以就不会溢出来了。

　　随着能力的发展和经验的积累，幼儿的回顾日趋熟练。当你在回顾时间采用不同的策略给予幼儿支持时，记住你必须要灵活，且要敏锐地观察。就像你将在计划时间注意到的一样，幼儿将渐渐能够在回顾时讲述更多的细节，叙述更长的故事，倾听并记住别人的故事，并在当日活动的基础上为接下来的活动做出计划。回顾的过程能将幼儿带回到过去的活动中。

## 集体活动时间

　　计划—工作—回顾是高瞻课程模式常规活动中主要的、独特的部分，但幼儿也能够从其他活动中获益。高瞻一日常规还包括小组活动时间、大组活动时间、户外活动时间以及过渡时间。

　　每个小组活动时间和大组活动时间一般都是 15 分钟。在这些时间段中，教师向幼儿介绍新的材料、想法和活动，以便幼儿在工作时间继续探索这些内容。集体活动也为社会性交往提供了很多机会。户外活动至少 30 分钟。在户外活动中，幼儿使用大型器械或是开展不能在室内开展的一系列体育活动。过渡时间是指不同活动之间的时间。高瞻学前教育机构中的过渡时间不是偶发的，而是经过计划的、供幼儿选择不同方式活动以及学习重要概念的机会。

　　在所有这些时间中，主动参与式学习的原则都适用。即使教师围绕具体内容对集体活动或小组活动已有了规划，他们也必须基于幼儿广泛的兴趣，鼓励幼儿选择操作材料的方式，并与幼儿讨论他们正在做什么和学什么。集体活动也为幼儿提供了与他人进行互动的机会。这对于在计划—工作—回顾中选择独立工作的幼儿来说尤为重要。高瞻课程模式中的集体活动是没有压力的，所以，即使是害羞的或是习惯独处的幼儿也能够以他们感到舒服的方式参与其中。

　　高瞻课程模式中的教师在设计集体活动时进行了大量的思考，做出了很多努力。他们借助日常观察了解幼儿对什么感兴趣以及如何探索。集体活动时间要确保所有幼儿都能进行系统、有序的学习，如学习读写算的具体技能和概念。为保证集体活动时间能最大限度地促进幼儿智力、社会性和身体的发展，教师可以使用《集体活动时间计划表》。

---

### 集体活动时间计划表
（同时适用于小组活动和大组活动）

**最初的想法：**_____

（标明概念、事件、具体材料或者你所观察到的引出这一想法的幼儿的言行）

**材料：**_____

（列出你将需要的材料，包括材料名称和数量）

**课程内容：**_____

（列出活动主要关注的关键发展指标，要包括其他可能发生的活动）

**开始：**_____

（描述你将怎样为幼儿介绍活动，包括你的开场白或动作）

**中间部分：**_____

（描述幼儿在活动过程中可能会做什么以及你将如何支持他们）

**结束：**_____

（描述你如何结束这个活动）

**延伸：**_____

（描述你将在之后几天为幼儿提供的材料和活动，以帮助幼儿巩固和积累这次活动的经验）

---

### ▲ 小组活动时间

在小组活动时间中，小组（理想状态下6~8 名幼儿与同一教师）一起进行 15~20 分钟的活动。小组成员也一起进行计划和回顾。这些固定的小组能够帮助教师更好地了解每名幼儿，帮助幼儿在与他人相处时感到舒适（在许多机构中，幼儿吃饭时也与同组成员在一起。本章最后将对点心和用餐时间进行简单的讨论）。

在小组活动时间，同组的幼儿每天见到相同的成人。在成人介绍活动之后，幼儿以自己决定的方式操作自己的材料。

在教师简要地介绍活动之后，幼儿一般会拿到自己的材料进行工作，有时也会额外有大量的、能够保证每个人公平享有的材料或工具，如每名幼儿或许能拿到一个钉板和一篮子钉子，但在桌子中间还有一大桶的钉子，以供组内所有幼儿使用。如果是读书活动或介绍一款新的电脑软件，则教师可放置或者使用一个共享副本，让所有的幼儿都能看、听、触摸并谈论他们的发现等。

当使用材料进行工作时，幼儿会选择如何使用材料。他们互相交谈或者与教师谈论他们正在做的以及所看到的事。教师进行观察并对幼儿的行为和思考做出评论，建议他们寻求同伴的意见和帮助，认可并鼓励他们的努力，促进他们独立解决问题，在必要的情况下帮助他们实现意图。幼儿通常会连着几天在工作时间使用这些材料并扩展他们的想法。每一天的小组活动都在固定的场地进行。当某一环节活动开始时，幼儿知道该到哪里去开展他的活动。进行小组活动的地方可能是座位（也许与进行计划、回顾活动或者吃点心的地方一样）、某个区域的地板，或是阅读区的沙发或椅子。如果哪天小组活动换了地点（如户外），教师和幼儿要以小组为单位一同来到新地点。详见"支持幼儿的小组活动"。

## 支持幼儿的小组活动

### 想一想你对于幼儿小组活动的想法。

一些没有使用高瞻课程模式的机构用小组活动时间来训练幼儿的技能，如写字母表中的字母或学习颜色的名称。教师主导活动，或是幼儿模仿教师做好的工艺品。这在高瞻学前教育机构中是不会出现的。在高瞻学前教育机构中，虽然教师主导小组计划，提供操作材料，但他们会意识到每名幼儿对此的反应是不同的。

教师的角色是基于幼儿的发展水平和兴趣，支持和拓展幼儿的学习。与众不同的是，高瞻学前教育机构中的小组活动不是所有幼儿使用完全相同的材料做完全相同的事情。事实上，为了保证小组活动的经验对幼儿是适宜的，高瞻教师要确保主动参与式学习的所有组成要素（见第 2 章）无一遗漏。

与一日常规中的其他环节一样，在小组活动时间使用不同的支持策略以确保幼儿喜欢小组活动并能从中有所收获是十分重要的。你可以尝试以下这些策略。

**提前计划。**成功的小组活动能够吸引幼儿的兴趣，允许他们在自身发展水平上选择材料并实施他们的想法，促进他们的学习。

以下为小组活动创意的来源。

- **幼儿的兴趣。**许多灵感来自工作时间对幼儿的观察。如果你发现幼儿沉迷于在艺术区混合颜料，你或许可以计划为幼儿提供两种颜料（一种原色，一种白色）、纸、一把刷子。还可以提供额外的杯子，让幼儿从大塑料瓶中挤颜料。你也可以提供额外的纸张和其他的绘画工具（小棍、海绵），来让幼儿进行探索。

- **课程内容。**或许当你和你的教学小组回头看之前的逸事记录笔记时，发现幼儿很少探究某一内容领域，或者你和你的合作教师决定要确保每名幼儿有平等的机会探究每个学习领域。不管是哪种情况，你都可以利用小组活动时间，让幼儿探索相应内容领域的材料，或参与相关活动。例如对于模式（早期数学中的一个重要内容），你可以为每名幼儿提供带格子的纸和不同颜色的正方形。你可以先摆出一种模式，然后说："我想知道你们能怎么摆这些材料。"

- 新的、不曾探究过的、未被充分利用的或者幼儿最喜欢的操作材料。小组活动时间需要你向幼儿介绍新的操作材料（如交互式媒介）或者唤起幼儿对已有的却被忽略的材料（如玩具区中的拼图）的注意。这也是鼓励幼儿尝试用新的方法操作熟悉的或喜爱的材料的机会，如在玩橡皮泥时使用玩具卡车轮胎做印记。

- **当地传统和社区活动。**幼儿经常会带来教室之外的想法和经验。这些想法和经验可能源于家庭或是来自更为广阔的社区，它们都是小组活动创意的来源。如果几名幼儿谈论与家长一起去菜市场的经历，你可以计划一个小组活动，探索本地生长的水果和蔬菜的颜色、形状、气味、味道以及其他特征。

- **教师指导用书或其他课程材料。**为了能够开始小组活动，一些教师选择已经设计好的、并经过有经验的高瞻教师验证的计划，如教师指导用书或高瞻官网上的相关资源。

**在幼儿到达之前做好小组活动的准备。**高瞻教师在头脑中有一个清晰的计划，并通常在早晨幼儿入园之前为小组活动做好准备。这样，幼儿就不必等待，并且能够很好地利用每一分钟进行活动。做好准备主要指两件事：一是将必需的操作材料收集在一起，通常是能够满足人手一份；二是当小组活动开始时，将操作材料存放在教师能方便且快速拿到的地方。这一点尤为重要，因为小组活动的区域也需要进行其他活动。

**决定小组活动中的每一环节要做什么。**采取以下步骤指导幼儿小组活动。

- 开始部分。让幼儿尽可能快地集中到活动区域。做一个简要的介绍或提出一个简单的挑战，例如："今天我们有一些大小不同的箱子和玩具熊。我们可以用它们做些什么呢？""看我们从这本书的封面中能发现什么。"
- 中间部分。一旦幼儿开始使用材料进行工作，教师就应转而关注幼儿的行为和想法，鹰架（支持和适当拓展）幼儿进一步的学习，并且鼓励他们之间的互动和相互学习。你可以密切关注每名幼儿，和他们保持同身高，观察并聆听他们，模仿并强化他们的行为。由幼儿引领交谈，谨慎地提问题，既鼓励幼儿独立解决问题，也鼓励他们寻求其他幼儿的

帮助。教师同样支持幼儿以高度个性化的方式运用材料及进行观察。事实上，有效小组活动的一个指标就是，幼儿提出多种想法。例如在小组活动中，教师计划进行恐龙和方形毯的活动，幼儿使用材料的方法主要有以下几种：按照大小（颜色）对恐龙和方形毯进行分类；使用方形毯建造恐龙的家；将恐龙分到不同的家中；将方形毯堆成塔；用方形毯盖住不同大小的恐龙；按规律摆放方形毯；先将恐龙排成一排，然后按大小进行排序。

• 结束部分。让幼儿知道小组活动时间将要结束（提前 2~3 分钟提醒），以此来让他们决定怎样逐步结束活动。一些幼儿已经准备结束，还有一些幼儿想保留他们的工作和操作材料，到第二天的工作时间继续。虽然小组活动设置了时间长度，幼儿仍然可以在不同的时间结束活动。在任何一天，都会有一些幼儿很快结束对材料的操作和活动，而另一些则想再继续。因此，教师需要对一天日程做出安排，这样当幼儿准备好了就能直接进入下一环节（如吃点心或是户外活动）。

## ▲ 大组活动时间

大组活动时间是所有的幼儿和教师共同参加一个活动的时间。一天中有几次这样的全体参与活动。在这一节，我们集中讨论大组活动时间。问候时间（包括使用信息板），也是全体参与，本章最后部分将对此进行简要说明。

大组活动时间一般持续 10~15 分钟，目的是在教室中发展幼儿的集体感。这是所有人聚在一起并共同参与活动的时间。这些活动主要有音乐活动、律动活动、讲故事或者体育活动。和高瞻课程模式一日常规的其他部分类似，大组活动也要体现主动参与式学习的要素：有供幼儿操作的材料（如讲故事时用的道具、跳舞时用的围巾或者自己的嗓音），幼儿选择怎样使用操作材料或者移动身体，幼儿谈论自己的观点和活动，教师基于幼儿兴趣和知识积累鹰架幼儿的学习。

教师厄休拉开始讲述一个关于坐木筏旅行的故事。讲了一会儿，她停下来邀请幼儿加入想象的木筏旅行中。一些幼儿决定把他们想要携带的材料收集起来，如娃娃家的厨房用具（准备餐点）、积木区的积木（搭一个避雨处）、睡前要读的书以及用来给家长写信的纸和笔。

当所有人都上"船"以后，厄休拉从包里拿出望远镜（空的卫生卷纸筒）。"划向大海"时，旅行者大声说出他们发现的景色。一些是"写实的"（"我看到一个画板"），还有一些是"想象的"（"那里有一头鲸"）。厄休拉认可并支持每名幼儿的观察。在摆脱许多"饥饿的鲨鱼"的追赶并经历了一场"暴风雨"以后，厄休拉说："我看到陆地了。我们很快就到家了。"他们停靠"码头"，并将从别的地方拿来的材料放回原处。然后厄休拉说："这真是一次长途旅行——我饿了。"幼儿从四面八方来到点心桌前。

大组活动需要能够进行强度较大的活动而不伤害或撞到别人。幼儿园若有足够空间，可以有一个长久性的集合区，如教室中间的小地毯。在比较小的幼儿园中，可能需将设备搬到一边。在比较温暖的气候或季节中，全班可聚集在户外的树下或在院子中。

大组活动的开展取决于当天的计划。事实上，要想让大组活动更加多样化，就要确保不整齐划一。例如，某些游戏需要幼儿用不同的方式从一块方形毯移到另一块方形毯上，使用各种道具（如呼啦圈）需要幼儿散开以免相互碰撞。

与小组活动一样，虽然大组活动是由教师计划和发起的，但是幼儿也有许多选择。例如当幼儿听到反映不同情绪和速度的音乐时，可以自己决定怎样移动身体。他们可以做不同的动作来让他人模仿，或者建议让每个人来歌唱或背诵大家最喜爱的某一首歌或童谣。在大组活动时间，教师提供幼儿轮流当领导者的机会。如果全班正在唱《变戏法》（*Hokey Pokey*）①，每一名愿意参加的幼儿可以先选择任何一个身体部位，然后将这个身体部位藏起来或露出来。幼儿绝不会被强迫当领导者，但是大多数的幼儿都渴望被其他人注意。事实上，害羞或退缩的幼儿也会喜欢这样的情境 —— 因为轮到他们做领导者了，其他人就会自然地听从。详见"支持幼儿的大组活动"。

## 支持幼儿的大组活动

### 想一想你对于大组活动中幼儿学习方式的观点。

在高瞻学前教育机构中，大组活动时间是一日常规中教师和幼儿作为合作者分享经验（如天气、日历或者"一周一字"）的时间，而不是教师给幼儿讲课的时间。幼儿通常不会一直坐在那里听这类的讲课，而且这种抽象的方法也不适宜他们。许多教师也许将大组活动时间看作自己成为"明星"的机会，带领幼儿唱歌或给他们讲一个故事。然而，高瞻课程模式认识到幼儿需要律动、歌唱和谈话，而不是被动地看别人来表演这些活动。幼儿和教师在大组活动中发挥同等重要的作用。

教师在大组活动中的角色与其在小组活动中的角色类似。教师提供想法和（或）操作材料来开始活动，继而支持幼儿的探索并鼓励其提出自己

---

① 一般配合肢体动作进行，可以不限人数和年龄玩，也不要求太大场地。一般歌词如下："伸出你的右手，收回你的右手。伸出你的左手……"

的想法。采用以下策略可以帮助幼儿从活动中学习。

**提前计划。**以下是大组活动创意的来源。

- 幼儿的兴趣。幼儿如果对大组活动关注的焦点感兴趣，就会对活动产生很大的热情。观察幼儿在一天中其他时间做了什么，从而提出有关大组活动的想法。如在奥运会期间，也许你注意到在户外活动中，一些幼儿将院子里的铁路枕木作为"平衡木"。你就可以计划在大组活动中将几样东西——一个长木条、一块橡胶垫、地板上的一条胶带以及一排方形毯——用作平衡木。

- "身体发展和健康"以及"创造性艺术"课程的内容。高瞻课程身体发展和健康与创造性艺术，特别是律动、音乐和假装游戏的关键发展指标，是有关大组活动想法的有效来源。例如你可以计划一个律动活动，在这个活动中幼儿携带围巾、指挥棒、报纸等以不同的方式移动身体。在一个音乐活动中，幼儿一边听不同类型的音乐，一边进行打击乐演奏。使用道具去表演幼儿最喜欢的书里的故事，则是假装游戏的例子。

- 合作游戏和项目。讲故事、跳舞和唱歌都是让全班共同融入的好办法。要保证所有的幼儿都受到关注，但也要确保每名幼儿在活动中都主动参与。你可以通过给予每名幼儿一种材料以及律动的空间、一句由他来演唱的歌词来鼓励参与。例如编一个关于小狗和小猫的故事，发给幼儿们两种不同颜色的袜子，套在他们的手上。当他们想让故事中狗说什么或做什么时，他们将动红色的袜子，而当讲到猫时则动蓝色的袜子。幼儿可以用任何方式移动套着袜子的双手，对故事中的两个角色进行再创作。

- 当下对幼儿有意义的事件。围绕假期或其他热门事件设计大组活动，但只有当幼儿认为它们有意义时才能开展。如果它们是基于成人目前发现的东西，幼儿也许不会感兴趣。因此，在进行大组活动计划之前，首先观察是什么在吸引幼儿十分重要。如在某个班，幼儿对圣诞节礼物或装饰不感兴趣。但是，与祖母一起过节日的一对双胞胎对祖母的烤箱感兴趣，并且还和其他幼儿在娃娃家进行角色扮演。在一次外出实地考察中，全班参观了一个面包房，在那里幼儿看到了更

大规格的工具和更大规模的活动，并尝试自己用橡皮泥来做。然后，教师计划了一个大组活动。在这个活动中，幼儿边唱烤面包的歌曲，边用自己的身体做出与烤面包相关的动作。

• 教师指导用书及其他课程材料。教师有时会将一些已经经过验证的大组活动加以调整后用在自己的教学中，如教师指导用书或高瞻官网上的相关资源。这个策略对于提升新教师计划能力十分有效，同样也有助于有经验的教师寻找新的想法。

在幼儿到达前做好准备。和小组活动一样，立即开始进行大组活动是非常重要的。在活动开始之前就要准备好操作材料以避免让幼儿等待。如果你计划使用歌曲或故事，要提前熟悉——既为了更顺畅地表现，也为了幼儿不会因错误的开始或者误解而丧失了兴趣。提前检查设备是否能正常工作。

决定大组活动的每个部分做什么。在大组活动中采用以下步骤来指导幼儿。

• 开始部分。用一个活动将全班幼儿集中起来，并使他们迅速加入活动。例如边唱歌曲《绕圈跑》边绕着圆圈跑，或者唱一首熟悉的歌并相应做动作。一旦所有人都到位以后，计划好的活动就可以开始了。

• 活动。简要地解释活动。例如："今天让我们来看看怎样进轮胎里，又怎样从轮胎里出来。"立即为幼儿提供道具和操作材料（在这个案例中，需要提供充气内胎），并且对他们用这些东西来做什么表现出兴趣。鼓励幼儿提出自己的想法，询问他们谁愿意成为第一轮的领导者，重复并遵循幼儿的建议。例如你可以这样说："蒂姆说我们应该缩到轮胎的里面，然后弹出，就像太空飞船一样！"然后每个人尝试这个动作。

- 过渡。绝大多数时候你会以过渡活动形式结束大组活动并过渡到下一个活动中。如果活动时间进行的是体育活动，那么一些比较安静的事能够帮助幼儿平静下来。过渡时间的内容也可以基于在大组活动所获得的学习经验。如当幼儿指出进出轮胎的方法以后，你可以要求他们回到座位上，进入计划时间，思考怎样只让身体的一部分进入轮胎里面。

## ▲ 户外活动时间

户外活动时间持续30~40分钟，幼儿可以参加喧闹的和运动量大的体育活动。教师加入幼儿的户外活动中，而不是仅仅站在旁边进行观察。在户外进行活动还能使幼儿和教师与校园乃至社区产生联系，并且让幼儿用他们所有的感官去欣赏大自然。

户外是可以供幼儿跑、跳、投掷、踢、摇摆、爬、挖沙和骑车的场所。他们的假装游戏比在室内时有了更为广阔的场地，而且还可以利用室内没有的道具，如树、花坛、攀登架或滑梯。户外平台也为艺术工作提供了更大的区域，如幼儿能够在走道上画粉笔画或水彩画，或者用篱笆来编织。另外，户外设备促进了幼儿的社会性游戏，例如排成一排挖沙坑。幼儿都十分急于分享发现的结果（"看我发现的这只发着绿光的虫子！"）。

在大多数情况下，户外活动通常在操场的游戏区域进行。这样的空间是特别为幼儿设计的，考虑到了场地的大小和安全性。如果幼儿园没有自己的操场，可以利用附近公园。如果可能的话，带上小型器械（球、围巾、自行车或小推车）。极少数幼儿园，尤其是在市中心的幼儿园，附近并没有公园或者没有能够保证安全的公园。在这种情况下，能够保证幼儿安全的天台以及类似的区域就是十分宝贵的场所。如果没有户外的区域可以用，或者由于天气极端不能进行户外运动，可以用体育馆或其他大的室内空间来代替。详见"支持幼儿的户外活动"。

## 支持幼儿的户外活动

想一想你对于幼儿
户外活动的观点。

为了保证幼儿在户外能像在室内一样积极主动地学习，高瞻教师在户外时努力成为幼儿的伙伴。幼儿发起活动，教师在他们的领导下积极参与活动。教师不是将一天中的这一部分作为自己放松或和他人聊天的时间，也不指导幼儿进行不适宜的运动和规则游戏。

户外活动为学习提供了许多机会，并不仅仅包括身体成长方面的，还包括所有其他领域，如可以阅读操场中和操场周围的标志，按照颜色或大小对树叶和岩石进行排列，研究昆虫和云朵，解决关于轮到谁去滑滑梯的社会性冲突。为了支持幼儿每一个领域的发展，可以在户外活动时采取以下策略。

**帮助幼儿获得他们所需的材料。** 操场的结构是固定的，而有些材料可以存放在附近小屋或是教室中。与教学团队的其他成员合作，思考存放材料和轻松运送材料的办法（如使用牛奶箱、篮子、装有手柄的塑料筐）。在一天结束时，让幼儿（有时也会有家长）共同整理材料。确保幼儿能够独自或在最小的帮助下拿到他们想要的材料。

**使用工作时间支持策略。** 教师支持幼儿室内游戏时所使用的互动策略在户外活动中同样适用。教师以合作者的身份参与幼儿的户外活动，与幼儿交谈，并鼓励其解决问题（见前面关于工作时间的内容和第 5 章有关内容）。

**与幼儿一起观察自然。** 户外为幼儿提供了一个全新的探索环境。充满激情地分享幼儿的发现，并唤起其对诸如风、云、光线、气温、尘土、雪和冰、气味、动植物等的自然特征的注意。要记住：在街上散步、到农场和牧场去实地考察同样能增加幼儿户外活动的体验。

**结束户外活动。** 与其他活动一样，在户外活动快要结束的时候，给幼儿一个提醒，这样他们就能结束自己的游戏。例如你可以宣布："3 分钟内，爸爸妈妈就要到了，我们必须把自行车和其他玩具放好。"鼓励幼儿帮助教师整理，将轻便的设备存放到小屋里面或者将一些类似于围巾和粉笔之类的东西带回教室。当户外活动是一天中的最后一个部分时，家长也可以帮助进行整理。如果幼儿不愿意结束其游戏，你可以帮助他们制订一个计划，从而可以让他们在第二天接着玩。

## ▲ 过渡时间

尽管过渡时间发生在两个活动之间，它们也应该被视为独立的活动并受到足够的重视。过渡时间包括入园和离园时间（接下来会进行讨论），以及前面所描述的一日常规环节之间的空隙。除了涉及活动变化之外，过渡时间还包括位置的转移（如从问候圈到工作区域）、材料的变化（如从点心时间的饼干到小组活动的毛根）、穿着的变化（穿上或脱下户外衣服）、照顾者的变化（如教师因轮班而变动）或者玩伴的改变（如由小组活动变为大组活动时产生的变动）。

一些幼儿能够轻松自如地应对过渡时间，而另一些幼儿却觉得过渡时间有压力。当幼儿刚刚开始习惯常规活动时，过渡时间往往是最难进行的，如幼儿在入园时会黏着家长哭闹，或者不希望工作时间结束——还没有意识到同样的操作材料在以后的每天中都能运用到。一般来说，一旦幼儿体验到由始终如一的常规活动带来的舒适感和内部控制感时，过渡时间就不再是压力了。然而，在任何时候，对于任何一名幼儿来说，过渡都可能是困难的。这可能是因为身体状况（疲劳）、家庭环境的变化（父母离婚或有了弟弟妹妹）或是当天在幼儿园中发生的某件事（例如与同伴发生冲突）。详见"在过渡时间支持幼儿"。

## ▲ 其他集体活动时间

高瞻课程模式的一日常规还包括其他集体活动时间，下面对此进行讨论。

**用餐时间。**在大多数半日制幼儿园中，幼儿和教师共享点心时间，而在全日制幼儿园中，幼儿和教师共享正餐和点心时间。进餐一般是以小组进行。教师最好与共同进行计划和回顾以及小组活动的幼儿一同进餐。

用餐时间特别强调社会性互动。教师与幼儿一同进餐是十分重要的，既可作为一种自然的社会情境，也可借机轻松谈话，支持幼儿想法。教师不应当在用餐时间向幼儿教授具体学业技能，但教与学经常会在自然情境下产生。例如，值日表明轮到谁去摆盘子和杯子，有助于发展幼儿的读写技能；摆放盘子和杯子的过程能锻炼一一对应能力，发展幼儿数学技能。用餐时间也是幼儿练习自我服务技能的良好时机，比如，自己倒果汁，将东西切成小块（使用塑料材质的儿童安全刀），取餐巾纸，擦拭溅出的东西等。

**问候和离园时间。**你会发现问候时间和离园时间包含了个体活动和集体活动的特征。这些时间段也是过渡时间，你同样可以采用前面所描述的策略来帮助幼儿完成从家到幼儿园再回家的转换。入园时间，欢迎每名幼儿的到来是十分重要的。当家长一起来园时，教师也应当亲切招呼家长。同样的道理也适用于与幼儿道别时。

## 在过渡时间支持幼儿

**想一想你对幼儿在过渡时间的学习的看法。**

教师经常会忽略活动之间的过渡时间。过渡时间顶多被认为是需要快速度过的时间，以便开展一日生活常规中下一个"真正的"活动。在最坏的情况下，过渡时间变为幼儿和教师之间的权力斗争。幼儿抗拒转变，而教师急于让幼儿按计划进入下一个活动。在高瞻课程模式中，过渡时间被视为真正的、有意义的教育机会。当被看作教育机会时，如如何解决保留"正在进行中的工作"这一问题，以使幼儿能够在第二天继续进行这项工作时，过渡时间便包含了主动参与式学习的所有要素。有了这种积极的态度，过渡时间不仅进行得很顺畅，还帮助幼儿和教师平静且充满期待地进入到下一个活动中。

为了确保过渡时间尽可能顺畅，并且成为积极的学习体验，教师可以采取以下策略。

**调整过渡时间以适应幼儿的发展需要。**一般说来，过渡时间越少越好。幼儿能记住有较少组成部分的一日常规，从而因有一定预测性而获得舒适感和掌控感，也能够尽可能少地改变活动场地。假若幼儿从早餐开始他们的一天，他们就可以在同一张桌子上进行计划活动。在这种一致性中，用你的创造力把过渡时间变得更有趣，如用各种不同形式的律动、歌曲、童谣和儿歌等。幼儿能够在此期间作为领导者。最后，尽量缩短活动之间的等待时间。这将会帮助幼儿过渡得更加流畅，如事先为小组或大组活动准备好材料，能够使过渡更快、更简单。

**在计划过渡时间时将每名幼儿视为独特的个体。**上述策略能够对整个集体发挥很好的作用，但是，个别幼儿也仍有可能认为在一天中的某些时候进行转变十分困难。在这些情况下，给予充足的提示和最大的选择权并提供额外支持是十分有效的。如果一名幼儿对于过渡到整理时间存在困难，你可以说："工作时间已经差不多结束了。你今天在娃娃家和积木区工作了。你想先清理哪个区域？"如果在过渡时间中，一名幼儿有退缩的倾向或表现出对同伴的攻击性，教师可以在这个时间走到这名幼儿旁边。例如每次灯光闪烁预示着要进行清理时，蒂米就会藏到桌子下。他的老师雷切尔在工作时间快结束时加入他的活动中，这样就能让他参与清理活动。

**为最长的过渡时间——清理时间——做好计划。**清理时间是一天中时间最长且常常是压力最大的过渡时间。教师知道在进行下一项活动之前必须做好这个工作，但是幼儿的自然倾向是继续玩。为了使清理时间过得更顺畅，教师首先需要认识到：幼儿想要继续玩，并不意味着他是坏孩子或者在反抗教师（消极的）；相反，他们很有积极性且参与的是有目的的活动（积极的）。教师也需要对幼儿持现实的期望，并将清理时间看作另一个学习机会。幼儿不会像教师那样清理得十分彻底，他们也不必那么做（工作人员会在一天结束以后进行全面清理工作）。如果不打断幼儿有

目的的游戏，那么在工作时间进行清理也会有好处。想一想你一边做饭一边清理厨房，而不是将所有的壶和锅都留在那里，直到吃完饭以后再收拾。最后，利用幼儿个体乃至全班的兴趣，让清理时间变得有趣。例如，如果幼儿在工作时间"写"购物清单，那么他们将按照他们写下的顺序整理这些区域和材料。

如果入园时间和离园时间交错，教师要帮助每名幼儿进入活动或完成正在进行的那一部分活动。例如你可以和幼儿一起计划，这样他（她）就能开始工作。或者你可以在家长接前不久，帮助幼儿将东西放好并穿好衣服。如果幼儿在同一时间入园，问候时间就更多地呈现出集体活动的特征。然而，它也可能有其他形式。如家长将幼儿送达后还能够再停留片刻，可以和幼儿一起先看书，直到其余的幼儿都到达。当绝大多数幼儿在同样的时间离开时，离园时间仍然可以是个别化的活动，因为很少有家长能够在同一时刻来接。尽管如此，由于要离开集体，要结束当下进行的活动，教师可以帮助幼儿结束活动，使幼儿有完整的一天的感觉。

**信息板。**一般情况下，所有幼儿都到达后，就在信息板前集合，这是一个集体活动。用这个时间分享信息，并让幼儿了解当天发生的以及即将要进行的事情，例如有参观者（如一个当地艺术家或者是一个新生）要来，或许是昨天介绍的新材料或设备现在

已在教室某一个区，还可能是计划第二天的实地考察。你也可以将这段时间用于整个班级共同解决某个对每个人都有影响的问题。例如，如果在教室中奔跑是一个安全隐患，那么，幼儿可以用头脑风暴法提出可能的解决办法，然后选择一两个方法进行尝试。几天以后，在信息板时间，幼儿可以一起进行回顾，并且确定问题是否得到解决或者他们是否需要采取另外一种方法。

在信息板时间，幼儿和成人分享前一天的重要信息，如户外和艺术区的新材料。

教师"写下"这些信息——在黑板或画架上，采用图文夹杂的方式。用各种方式写下信息，让不同读写能力水平的幼儿都能"阅读"它们，了解要做什么，并且参与讨论。这也是幼儿认识字母和单词（尤其是自己的和他人的姓名）以及向幼儿介绍语言和读写游戏（如押韵）的良好机会。最后，信息板有助于在常规活动之前营造一种集体感。

在一日常规活动中，高瞻教师不断了解幼儿正在经历和学习着什么。为了引导幼儿进行计划和互动，教师要把关键发展指标记在脑中。这些必要的指标（包括所有内容领域）将在本书的第三部分描述。

 **试一试**

1. 在周五的时候制订一个周末计划，写下你将要做什么，你所需要什么材料和信息，还需要哪些人加入，以及每项活动需要多长时间等。在周日晚上回顾你的计划。想一想，哪些事情是以你所计划的方式进行的？哪些发生了改变？这对于在将来计划相似的活动有什么启示？你的反思是怎样帮助你理解幼儿计划—工作—回顾过程的重要性的？

2. 设想有一名来自毫无规律的、混乱的家庭的幼儿。再设想有一名来自严格的、过度计划的家庭的幼儿。他们各自对于幼儿园中固定的一日常规会有什么样的反应？

3. 你如何帮助一名不说英语的幼儿了解一日常规？

4. 想一想你班中的一日常规（或是观察别人班级的一日常规）。按顺序写下一天中的各部分以及每个部分要花多少时间。注意一天中各环节的数量是否适宜，是否需要增加哪些部分，省略哪些部分，或将哪些部分组合起来。接下来，在每个环节旁，注明这个活动在这一时间进行是否有意义。该活动是过短、过长还是刚刚好？根据你自己的意见，修改一日常规。你将怎样向幼儿介绍新的一日常规？你将一次性地进行改变还是逐渐地进行改变？为什么？

5. 列出你可以用来鼓励幼儿做计划和进行回顾的策略。记住，要区分适用于不同年龄和不同水平的幼儿的策略。试验你的策略（也可请别的老师试验，你在一边观察）。写下发生了什么，并反思哪些策略有效或无效。你如何基于观察调整后来的想法？注意，计划和回顾时间有些策略可以通用，所以你需要想些不同的策略，合起来一共 10 个。

6. 将一张纸分为两栏，一栏写上"幼儿发起"，另一栏写上"教师发起"。观察一个小组活动。一旦幼儿有了想法，以自己的方式使用操作材料，自发做出评论等，在"幼儿发起"栏做标记。当教师介绍材料、进行行为示范、提问等时，在"教师发起"一栏下做标记。最后，将每一栏的总数相加。幼儿发起和教师发起的活动是否平衡？如果主要是教师发起的活动，那如何鼓励幼儿发挥主动性？如果绝大多数是幼儿发起的，教师是否错过了拓展和支持幼儿学习的机会？

7. 观察 8 名幼儿的兴趣，设计一个小组活动计划。计划要体现本章《集体活动时间计划表》中列出的内容。

8. 观察 16 名幼儿的兴趣，设计一个大组活动计划。计划要体现本章《集体活

在离园时间，教师与一位父亲分享幼儿在工作时间做的事情。

动时间计划表》中列出的内容。

9. 思考一下你自己的班或是你所观察的班上存在的一个过渡问题（如幼儿在吃完点心之后需要用很长的时间进行清理，导致只剩下 10 分钟的户外游戏时间）。根据一条或多条关键发展指标，制订一个过渡时间的计划，要确保包含主动学习的 5 个要素。尝试实施计划。过渡是不是更顺畅？你是否认为这是有价值的而不是在浪费时间？为什么（或为什么不）？如果必要，你还会做些别的什么事来让这个过渡时间成为幼儿积极的学习体验？

# 第 8 章　高瞻课程模式如何与家长合作?

## 本章导读

　　本章主要阐述高瞻课程模式中教师如何与家长合作，共同促进幼儿的成长。本章共分为两部分。第一部分阐明了家长参与的 5 大益处（搭建家园互动的桥梁，增进教师对幼儿的了解，增进家长对幼儿的了解，促进幼儿在家庭中的成长，丰富课程），并就促进家长参与提出一系列策略。第二部分重点强调了促进家长参与的 4 个要素：教师要审视自己的家庭背景、信仰及观念，了解幼儿及其家庭传统，与家长分享幼儿的发展状况，让每一位家长都能从幼儿身上看到成功的希望。

## 本章学习目标

**学习完本章，你应该能够**

解释家长参与将如何对幼儿、家长、教师以及课程产生积极影响。

运用各种策略来促进家长参与——这些策略尊重差异并且能够搭建起家园互动的桥梁。

运用各种有效的方式与家长交流幼儿发展状况、幼儿园促进幼儿发展的方式，让家长知道在家中如何进一步促进幼儿的学习。

## 本章术语

家庭参与（family involvement）

家长参与（parent involvement）

家园联系（home-school connection）

个人偏向（personal filter）①

家访（home visit）

 **想一想**

你的父母曾在多大程度上参与你学习的过程？比如他们两人或其中一位是否曾辅导你做家庭作业？是否曾让你在生日或假期后把好吃的食品带给同学们分享？是否鼓励你练习某项技能？是否来看过你学校的演出或体育竞赛？是否做过班级的志愿工作者，参加家长会、学校开放日及相关活动？是否会打电话、发电子邮件给你的老师？是否参加家长—教师协会（PTA）的会议或成为协会会员？是否和你谈论过成绩报告单？是否尝试过以其他方式参与你的学习？你对父母参与你的学习过程所采取过或没采取过的方式是怎么看的？

"家庭参与"或"家长参与"这一概念的内涵很广泛。正如以上列举的各种行动，家庭参与囊括了从参加学前教育机构的各项活动到在家中对幼儿进行鼓励。家长可以同包括教师、园长、其他家长在内的成人进行沟通交流，或直接参与幼儿的学习过程，与幼儿共同完成学习任务，甚至帮助班上其他的幼儿。家庭配合可以以多种形式实现，包括付出时间（如担任班级的志愿工作者或加入学校委员会）、提供资源（如提供食物和用具、分享经验、展示技能等）、提供想法或建议（如向幼儿园提出改善意见、协助制定幼儿园制度等）。

高瞻课程模式提供了各种各样有意义的机会，以帮助家长参与其中。教师能敏锐地察觉到一些原因会限制家长的时间和精力，一种参与方式不一定适合每一位家长，因此高瞻课程模式提供了各种方式以供选择。高瞻课程模式首先肯定了家庭对幼儿学习的重要性，认为家庭是幼儿学习的第一个也是最重要的来源；其次，高瞻课程模式认为教师和家长通过家园合作可以互相学习。本章将讨论高瞻学前教育机构中家长的参与对幼儿、幼儿的同伴、教师甚至整个课程的作用。家长的影响甚至会持续到他们的孩子离开幼儿园之后。

---

① 指个人的信念、态度以及生活经验等综合性因素将影响其对他人及事件的看法，如一个积极而乐观的人在看待事物时多看到事物的积极方面，而悲观者则多看到事物的消极方面。——译者注

# 家庭参与的好处

家园联系的重要性，从美国各州学前教育机构质量标准（Barnett et al.，2010）和认证指南（National Association for the Education of Young Children，2015）中可见一斑。研究表明，家长参与对于幼儿在学校取得成就十分重要。例如提前开端计划家庭和幼儿经验调查表明，提前开端计划中家长的参与和幼儿在学业和社会性方面的积极表现密切相关。从学业成就来看，家长陪同阅读的频率越高，幼儿在早期读写能力测试中获得的分数就越高。从社会性发展来看，家长参与幼儿活动的程度越高，幼儿的行为问题就越少。最重要的是，家长的参与能够缓解那些影响幼儿上学意愿与情绪健康的危险因素（如暴力等）的消极作用。

学前教育机构与家长的合作关系将有益于幼儿、家长、教师以及整个机构。教育者可以通过多种方式促成与家长的合作关系，例如每天与接送幼儿的家长交谈，邀请家长参与各种活动，家访，融入当地社区等。高瞻课程模式倡导家庭参与的原因如下。

**有助于搭建家园互动的桥梁。**学前教育机构往往是幼儿第一次在家庭以外的场所获得延伸性教育体验。从这个角度来说，幼儿至少需要在家庭和学前教育机构这两个世界中活动。成人对在不同场合与角色间的转换习以为常，但幼儿不同。穿梭于不同场域是个不小的挑战，何况每个场域对幼儿的期待以及提供的经验都有所不同。教师越多地将家园联系起来，幼儿就越容易接受每天两次在不同地方的转换。要使幼儿适应这种转换，教师可以将幼儿家中的材料和活动纳入教学中来，并帮助幼儿了解在家庭和学前教育机构这两种场合分别有什么样的要求以及如何调整自身的行为。

在家园之间建立连续性或许还能使幼儿更轻松地完成幼小衔接。这些活动为家长们提供了一个持续关注幼儿的平台，他们开始把自己视作学前教育机构的重要组成部分，而幼儿将养成与家长一同活动、分享快乐的习惯。

**有助于增进教师对幼儿的了解。**教师们对幼儿的家庭生活以及文化了解得越多，他们对幼儿的支持工作就做得越好。对幼儿家中的活动、游戏材料以及家庭教育观念的了解，能让教师设计出建立在幼儿知识经验、兴趣爱好和能力水平基础上的有意义的活动。如教师可以了解到某幼儿对各种昆虫感兴趣，或者知道很多歌曲。对幼儿家庭生活的了解还能够帮助教师掌握各种可能影响幼儿注意力、学习和同伴交往情况的因素。接下来，教师就能为幼儿以及幼儿的家庭提供适当的帮助，可以通过课程给予直接指导，或帮助家长寻求社区的医疗、社会保障、经济以及法律的支持。

**有助于增进父母对幼儿的了解。**通过家庭参与，教师将有很多机会与家长分享幼儿的发展状况，还能够帮助家长成为更好的观察者。这方面的沟通可以通过正式的家长会或家庭教育研讨会，也可以通过非正式的机会，如在家长们来接幼儿时聊聊当天学习和生活情况。

与每天接送孩子的家长交流是教师培养家园之间支持性关系的方法之一。

许多家长的教育观念建立在自己过去的学习经验上，而这些经验往往与当前的理论和实践相脱节。或者，他们受一些宣扬能让幼儿更聪明的产品的误导而想知道高瞻学前教育机构是否也拥有类似的功能。这些想法导致家长无法意识到游戏对于幼儿学习能力发展的重要性。教师将通过加强家长对关键学习经验的重视，如堆积木能发展数概念，帮助家长以适当的方法理解、支持幼儿的发展。

参与高瞻课程模式不仅能发展家长的教养知识与技能，还是对家长的一种"赋能"。随着家长们日益胜任"有效的家长"的角色，他们内心的个人价值感与社会价值感也得到了提升。此外，一些机构为家长提供各种机会，如在政策制定和规划委员会服务的机会、接受继续教育的机会以及参加职业培训的机会。

**促进幼儿在家中的成长。**父母是幼儿的第一任教师，并且幼儿在家度过的时间多于待在幼儿园的时间。因此，在转化幼儿园课程以及指导幼儿如何将主动学习的理念运用于日常生活实践这两方面，家长扮演着极其重要的角色。例如去大型超市购物时辨认字母可以看作一次有意义的读写体验。同样，按照大小整理衣服这种行为也可以成为幼儿学习数学中的分类的机会。一位家长参与协调员（a parent involvement coordinator）说道："家长意识到他们在日常生活中已经为幼儿提供了许多学习经验，例如摆桌椅或者是将要洗的衣服分类。他们允许幼儿在自我照顾方面拥有更多的独立空间，并且一些家长还为幼儿在卧室里准备了易于幼儿管理的储物箱。家长更倾向于接受这样一个观点——让幼儿自由探索，不必太在意他们把一切弄得一团糟。"

> 家长们似乎已经了解高瞻课程模式如何处理学习所必需的概念性技能（conceptual skills）。随着家长对于高瞻课程模式发展适宜性理念的理解，那些类似"他们全是玩"的批评成为过去时了。
>
> ——一位教师

**丰富课程。**家长可以通过许多具体的方式参与课程。例如他们可以成为教室里的志愿者，或协助组织外出实地考察，或为学校委员会服务等。无法经常参与幼儿园活动的家长，则可以偶尔抽空拜访幼儿园，与幼儿们分享自己的兴趣爱好和各种技能，或邀请幼儿们去参观自己的工作室。即使是繁忙的家长也可以把原本准备卖掉或丢弃的旧物品捐献给幼儿园，如可用于角色扮演的旧衣服，可用于娃娃家的空食品罐和各种厨具等。

对于那些愿意投入时间活动的家长，很重要的一点是让他们在教室中扮演有意义的角色。把一些日常琐事（如准备颜料）交给家长来做，能帮助教师分担一些工作，但这无法让家长直接与幼儿互动并了解他们的发展状况。通过教师适当的介绍和不断提供支持，家长就能在幼儿的活动中发挥积极作用。此外，一旦家长理解了课程的目标和方法，他们就能够成为最强有力的支持者。详见"高瞻课程模式与家庭合作的方式"。

## 促进家庭参与的策略

高瞻课程模式提出了多种策略鼓励家庭参与，其中许多策略并不是高瞻课程模式所特有的，而是从广泛的成功实践中提取出来的。然而，当运用这些策略时，你需要根据本课程强调的主动参与式学习的 5 个要素，不时地评价这些策略的效果。首先，重视幼儿从家中带来的那些熟悉的材料的使用，幼儿在探索新玩法、学习知识、练习技能的过程中可以操作这些材料。其次，为幼儿提供一些能反映其家庭生活的材料，并向家长解释如何在日常生活中为幼儿提供多种选择。再次，以各种方式鼓励幼儿表达和思考，例如欢迎幼儿谈论自己的家庭生活，聘请一些能够说幼儿家庭语言的教员。如果你不会说这些语言，花时间来学习一些重要的单词与短语，这样，幼儿（及其家长）在与你沟通时会更愉快和顺畅。最后，为幼儿的学习提供支持。这可以通过两方面来进行：活动设计基于幼儿家庭经验，协助家长将幼儿园的学习活动延伸到家庭中。

## 促进家庭参与的 4 个要素

以下将列举使家庭参与高瞻课程模式的 4 个要素以及落实的建议。其中，50 条与家长联系的途径，是由参加高瞻课程模式培训的教师和研究家庭参与的专家们总结的。

### ▲ 审视自己的家庭背景、信仰以及态度

想要理解你所服务的幼儿及其家庭的信仰和习惯，首先你必须反思一下你的家庭

## 高瞻课程模式与家庭合作的方式

- **关注家庭。** 教师会对幼儿的家庭背景与文化进行了解，发现幼儿家长的各项长处并判断家长可以为班级做些什么。他们支持、鼓励家庭的主动参与。此外，教师们对那些会影响幼儿及其家庭的幸福的因素保持警觉，并在适当的时候给予家庭所需要的帮助。

- **促进合作。** 家庭和机构彼此分享信息。家长可以让教师更了解幼儿，而教师教家长如何看待幼儿的发展，如何通过课程支持幼儿的学习。这样的合作关系基于双方互相信任、互相尊重。

- **以计划—工作—回顾的操作程序为指导。** 教师和家长将讨论共同的目标，以及如何通过幼儿在家庭和学校的主动学习实现发展目标。当他们担任起各自职责时，家长和教师会定期审视幼儿的进步情况，并在需要时做一些调整。

- **分享对于幼儿的观察。** 教师与父母分享《学前儿童观察评价系统》（COR Advantage）中的逸事，以让家长更好地理解、支持幼儿的发展。同时，教师鼓励家长分享幼儿在家中的表现。

- **将幼儿家中的活动及其材料纳入课程中。** 教师将来自幼儿家中真实、熟悉的材料带到教室，并在活动设计中反映幼儿的家庭及集体文化。另一方面，教师鼓励家长将自家的材料以及自身的经历、兴趣和技能与所有的幼儿分享。

- **强调成人与幼儿间的互动。** 教师将帮助家长成为更好的观察者，以便家长在家中能为幼儿的学习提供支持。让志愿协助教室活动的家长承担有意义的角色，与幼儿进行互动，并成为幼儿主动学习过程中的伙伴。

背景是如何影响你对世界的看法的。以下几条建议将帮助你更好地了解自己，这样，你就不会在无意中评判或误解他人。

**列举你家几代人的家庭出身以及生活条件。** 你或许会惊讶于自己家父辈和祖父母生活条件和背景是如此多样。例如你的家族成员或许曾从一个地区迁移到另一个地区生活，并创造性地将自身的语言、服饰、饮食和家居摆设等习惯融入当地的风俗民情中。

一个家庭或社会内部的生活状况将随时间而发生改变。例如在一定的文化或历史时期,几代人住在同一屋檐下的家庭很普遍。与此类似,幼儿由父母以外的亲人抚养——这种情况不仅目前存在,而且在过去经济困难时期也是存在的。因此,通过了解自己家谱中的这种多样性,你就更能理解为什么在大多数情况下,处理事情的正确方法并不是只有一个。

**审视关于你自己"是什么、怎么样和为什么"的问题。** 回顾一下对你而言重要的事情有哪些,哪些事情让你感到舒服和轻松,如某种食物、图画、音乐或者幽默,某个特定的话题,或是情感或言行开放程度、表达感情的方式等。想一想,作为家长、家庭成员、朋友和同事,你的行为是否恰当？反思一下你为什么会形成这些行为方式以及这些方式反映了你的哪些信仰和态度。当你和你的同事一起分享关于自己的这些细节时,你们将以更为开放的态度对待并尊重个体之间的差异。

警惕你的"个人偏向"。个人偏向指个人的信念、态度以及生活经验等综合性因素将影响其对他人及事件的看法。一旦你了解自己的信念及习惯的产生背景,你就能将自己的观点与不同家庭的观点区分开来。此时,面对与家长的分歧,你更有可能会说:"尽管我自己不会这样做,但我能理解他们这种做法的原因。"

## ▲ 了解幼儿及其家庭传统

如果说了解自身是第一步,那么下一步就是了解他人了。以下几点建议将帮助你了解幼儿及其家庭的状况。

**家访。** 家访是指教师到幼儿家中,而不是让家长来园。在高瞻学前教育机构中,教师要在每名幼儿入园前至少进行一次家访。此外,教师也可以选择在课程进行了一年之后或者在课程的结束阶段（对于那些在每年夏季结束的机构而言）再次家访,这样能够让家园合作更紧密,更有针对性。在家访过程中,你能亲自观察幼儿在自己的"地盘"——周围都是熟悉的人、物和声音的环境——有什么样的行为表现。幼儿往往会乐于带教师参观自己的地方,例如睡觉、吃饭、存放玩具、玩游戏的地方等。此外,花时间和精力到幼儿家的家访传达给家长这样一个信息:你真诚地希望与他们合作以便更好地教育他们的孩子。此外,通过家访过程传达的家长和教师共同的对

家访启发教师了解幼儿的兴趣和他们喜欢的材料与活动。

幼儿的关注，会使家长不再担心教师是否会对他们个人及其家庭有什么看法。

**融入社区生活。**如果你住得离你上班的地方很远，那么，这条策略就极其重要。通过参加当地的活动以及访问附近居民区等，你可以向家长们表明一点：你渴望成为社区的一分子。这也是你理解幼儿在幼儿园的行为和需要的一种方法。参与社区的方法有很多，例如，到当地市场购物，参加街头活动及节日庆典，认识社区的领导和服务人员等。

**每天观察幼儿。**虽然家访和参加集体活动都很重要，但它们都不是经常性的，而教师对于幼儿的观察则要每日进行。幼儿自主发起的对话和活动是教师了解其兴趣、想法以及经历的窗口。例如当看到某名幼儿拿着拼贴画的碎条在模拟织布时，教师就估计其家中或许有台织布机。接下来，教师邀请其母亲来园演示如何织布。在观看了家长的演示后，幼儿使用由木材和布制成的简易织布机模型，并用各种材料纺织。在这一天晚些时候的户外活动时间，幼儿园的篱笆上装饰了带有蕾丝花边的纱线和小树枝。

**主动与家长接触。**你和同事们可以通过多种途径邀请家长参与。

### ▲ 与家长分享幼儿的在园情况

当家长明白幼儿是如何学习以及本课程是如何支持幼儿主动学习之后，他们就能在教育过程中更好地与教师合作。在高瞻学前教育机构中，教师们将应用一些已经经过验证的策略（Brand，1996；DiNatale，2002）与家长分享信息，交流经验。

**迎新活动。**在登记入园时，教师会有很多机会向幼儿的家庭成员介绍机构的相关信息以及幼儿将获得的各种体验。此外，教师可以鼓励家长在上课时间参观，这样还有助于幼儿逐步熟悉周围的人和环境。一旦家长登记成功，应立即为其提供一本家长手册，手册应包含本机构的指导思想、工作程序以及课程简介。

**家长工作坊。**许多高瞻教师每个月都会开家长工作坊，讨论如何实施课程以及如何将课程的基本要素运用于家庭教育中。另外，你可以让家长来提他们感兴趣的话题，并以此作为工作坊的主题，比如，如何为幼儿选择合适的读物？或者，如何处理兄弟姐妹间的打闹？（关于家长工作坊的资源，请查阅高瞻官网）要使工作坊生动而有效，你可以运用那些用于成人互动的主动参与式学习的原则。

**简讯。**我们鼓励每一个高瞻学前教育机构定期制作简讯，提供关于本机构的综合性介绍，包括指导思想、程序以及即将开展的活动，还可以包括对新教员的介绍，对近期外出实地考察的报道，或是就一个常见问题开设咨询专栏。此外，如果有数码相机、摄像机，还可以把幼儿的逸事与照片刊登到简讯中。你也可以鼓励家长把他们写的文章、拍的照片放进来。每一期简讯中可能会重点介绍机构的某一方面，探讨教师是怎样做的，家长在家庭中可以如何做，如一篇关于早期阅读的文章可以包括对班上新图书的介绍，并对在家中如何开展亲子阅读提出指导意见。

**正式会议。**每年至少定期举办两次家长—教师会议是比较理想的。这种正式会议也能为教师与家长交流有关机构以及幼儿的信息提供良好的机会。高瞻教师应用《学前儿童观察评价系统》（COR Advantage）来总结观察结果，与家长分享记录的逸事（见第 18 章）。此外，下列几点也非常重要：鼓励家长提问，请家长分享有关幼儿及家庭的信息，让家长表达他们的关心，鼓励家长提出他们的建议。

**非正式接触。**家长接送孩子的时候是教师与家长进行沟通的最自然的时机。教师可以与家长谈论幼儿这一天在幼儿园里做了些什么以及幼儿家中发生的任何值得注意的事情。把幼儿的作品带给家长也为教师与家长谈论幼儿的活动和发展提供了更多话题，如关于幼儿是怎么画画、讲故事的，以及在活动过程中幼儿学到了什么。你也可以写便条、打电话或发邮件给家长，或及时更新网站。如果幼儿是自己坐校车上下学，或家长每天接送幼儿时都特别匆忙，那么这些策略特别重要。此外，在这些非正式接触中，告诉家长幼儿在幼儿园中的"好"表现非常重要，而不仅是讨论问题。

## ▲ 让家长对每一名幼儿都拥有较高的期望

家长们都对自己的孩子有很高的期待，并且希望他们在幼儿园表现优秀。他们还希望教师能够发现孩子的特殊之处，并给予他们成功所必需的个别关注。正因为高瞻教师理解幼儿的发展，所以他们坚信每一名幼儿都能够取得自己的成功。为了把这一理念和信心传达给家长，教师可以运用以下几条策略。

**避免给幼儿及其家庭贴标签或形成刻板印象。**贴标签的行为限制了幼儿的发展。一些评价是主观的，如"不成熟""害羞""处境不利"以及"恃强凌弱"。贴标签对幼儿的实际影响远大于表面的一句简单的评价。而在高瞻学前教育机构中，教师区分每名幼儿的不同特长，如"罗曼画画很细致"或"麦迪逊的父亲很关心在哪儿能买到便宜的材料"。学会客观地观察和记录幼儿的逸事（见第 9 章和第 18 章）能让教师把注意力放在具体的行为上，而不是进行主观评价。接下来，即使发现了幼儿身上的问题，你也可以通过观察来判定这些行为是什么时候以及怎么产生的，并及时设想合适的处理方法，如帮助爱咬人的幼儿找到其他更安全的途径来表达其情绪。

**相信每名幼儿都能成功。**如果你认为所有的幼儿都是有能力的学习者，你就会坚信这样的想法：在一个支持性的教育环境中，他们都能并一定会做得很好。有时，对于特殊幼儿，家长和教师往往会怀疑他们能否取得成功。他们太过在意幼儿的缺陷，而忽视了幼儿多个方面的潜力——从制订计划到运用所有可利用的感官探索世界，解决问题。正因为高瞻课程建立在承认个体的强项和兴趣的基础上，所以每一名幼儿都有学习和成功的机会。

家庭成员参与教室活动的同时，也在了解如何拓展孩子在家的学习机会。

# 50 条与家长联系的途径

1. 园所简讯（纸质版或网络版）

2. 家长会和工作坊

3. 幼儿园和（或）班级网页、博客

4. 私人便条

5. 电话

6. 电子邮件和短消息

7. 活动日程（可放在网页上）

8. 家访

9. 家长网络

10. 实地考察

11. 家长入园活动

12. 家长手册

13. 家长成为班级志愿者

14. 家长布告栏（可放在网页上）

15. 家长图书馆

16. 玩具出借处

17. 家长接待室（Family room）

18. 家长支持小组

19. 继续教育 *

20. 家长扫盲项目 *

21. 就业培训 *

22. 计算机（CDA）培训 *

23. 与家长感兴趣的机构建立联系

24. 邀请参加专业会议

25. 参观其他幼儿园

26. 幼儿每日活动安排表

27. 家长—教师会议

28. 在教室中张贴有关幼儿、家庭、教室的照片

29. 家庭捐赠活动材料

30. 咨询委员会或政策制定委员会

31. 读书小组

32. 家庭之夜

33. 家庭聚餐会及野餐

34. 建议箱

35. 家庭活动打折券

**你也可以邀请家长参与以下活动，与他们加强联络。**

36. 帮助布置教室

37. 募捐

38. 为幼儿园或班级网页提供内容

39. 建造操场

40. 检修教室设备

41. 帮助幼儿顺利过渡到学前班

42. 准备特别的点心

43. 展示才华

44. 制作家具或用具

45. 从图书馆借书

46. 分享对幼儿的观察

47. 完成对幼儿的评价

48. 完成对操场的评价

49. 完成对幼儿园的评价

50. 分享在教室里拍的照片或录像

---

\* 直接由幼儿园提供或将相关的社区服务机构引荐给家长。

 **试一试**

1. 想一想，在你成为现在的你的过程中，如何受到家庭的影响，例如你的价值观和信仰，对教育的看法，对职业的选择，对婚姻与亲子关系、对友情的看法，业余爱好，最喜欢的食物以及理财方式，等等。你与家中的其他成员在哪些方面相同，哪些方面不同？这些反思能如何帮助你欣赏班上各具特色的幼儿？

2. 拿出一张纸，将它分为3栏：在第1栏（称为a栏）中列举让家长参与的所有方式；在第2栏（称为b栏）中列举所有可能阻碍家长参与的因素；在第3栏（称为c栏）中列举作为教师或管理者，为消除每个阻碍因素能够采取的措施。如表格的第一行可以是这样的：(a) 组织家长工作坊；(b) 没有交通工具；(c) 组织拼车。

3. 以下为一位教师的话，你对他或她有什么建议？

"在我的幼儿园中，家访是工作的一部分。我曾遇到一些家长，他们很明确地表示希望我直接教孩子学习字母、数字、颜色，而这不符合我的教育观。我不知道该如何应对这些家长的要求。"

# 第 9 章　高瞻课程模式中员工如何合作？

## 本章导读

　　本章主要阐述了高瞻教师如何协作，以更有效地促进幼儿的发展。本章首先阐述了高效团队的主要特点。其次，本章对如何记录逸事以及记录逸事的益处进行了论述。在收集幼儿各种信息的基础上，教师一起制订恰当的活动计划。最后，本章阐述了高瞻课程对教师的两种支持和管理系统：观察与反馈系统、机构质量评价系统。

## 本章学习目标

**学习完本章，你应该能够**

描述高效工作团队的特征及创建高效团队的过程。

理解如何客观记录幼儿逸事。

理解每日团队计划的重要性。

描述高瞻课程模式的这种独特性，即通过观察 / 反馈系统以及《学前教育机构质量评价系统》（PQA）为员工提供支持和管理。

## 本章术语

团队 / 团队成员 / 团队合作（team，team members，teamwork）

坦述（leveling）

关键发展指标（key developmental indicators，KDIs）

逸事记录（anecdotal notes）

客观逸事（objective anecdote）

主观逸事（subjective anecdote）

团队计划（team planning）

观察／反馈（observation/feedback, O/F）

《学前教育机构质量评价系统》（Program Quality Assessment，PQA）

专业发展（professional development）

 **想一想**

现在将你自己想象成工作团队中的一员。你们准备为当地社区中心新建一个运动场。你首次召集大家开会，想讨论一些相关的事宜，如运动场应该是什么样子，社区内的家庭和幼儿应该如何使用这个运动场，等等。你邀请小区居民前来说说他们的期望以及他们所关心的事情。经过商讨和对各方意见的综合考虑，你提出了一套大家都能接受的整体方案，每个人都至少能从中发现一个令其兴奋的地方。

一些社区委员会成员研究了有关运动场的不同设计方案和成本。他们还邀请了当地专门研究游戏空间的建筑师来与工作团队进行交流。其他成员则通过申请政府补助和募捐为运动场筹措资金。还有一些成员和周围的家长擅长木工技术，他们牺牲个人时间来帮着建造运动场、管理志愿者。从最初对这一设想进行讨论到运动场竣工，共耗时两年。大家为运动场正式投入使用举办了一个盛大的派对。城市议会投票决定每年给社区中心拨款，用来维护运动场。

是什么使一个团队如此成功？相对于那些认为开会就是浪费时间并且对会议结果不抱任何希望的团队来讲，这个团队又有什么不同？他们如何听取各种不同意见，如何处理分歧，如何信任彼此？请考虑下列方法的重要性：在做决定之前先收集信息，根据每个人的能力来分配任务，不断讨论已经完成的任务以及仍需继续努力的事情，等等。你可以称为团队层面的计划—工作—回顾过程。这一过程对幼儿和成人的工作都很重要。

在研究和实践的基础上，高瞻创建了一套体系，以将这些原则运用于机构团队中。这一团队成员包括管理人员、教师以及支持人员，如汽车司机、警卫以及厨师（在前一章，我们讨论了把家长纳入团队的方法）。团队协作为什么重要？要想为幼儿及其家长提供良好的服务，团队的内部成员首先必须进行良好的协作。他们必须要让家长明白他们的目标，并且有用来解决分歧的指导原则。在高瞻学前教育机构中，这种原则来源于课程——课程让团队成员对幼儿的发展有共同的理解，并提供了如何实现共同目标的实用原则。

团队成员必须维持两套重要的关系体系，一是与他们服务的幼儿及其家庭之间的关系，一是与同事的关系。在本章中，我们将探究高瞻学前教育机构的教学团队如何在日常活动中观察和了解幼儿，并设计活动来满足幼儿的发展需求。我们还要探究高瞻学前教育机构的管理模式如何帮助教师满足他们自身需求，并使他们成长为专业人员（想了解更多有关成人学习和高瞻教师培训的内容，请见第21章）。

在制订学期计划时，教师互相分享客观的逸事记录，针对个别幼儿和班级做出支持幼儿学习经验的计划。

# 建立团队

团队成员的首要任务就是照看幼儿并同他们的家人交流。团队成员主要包括每天照看幼儿的教师和照顾者。其他的那些与幼儿和家长有定期接触的成员包括园长、校车司机、厨师和家长参与协调员等。那些为上述人员提供直接支持的人，如秘书、课程专家和评价人员，也可认为是团队成员。

虽然所有团队成员必须相互交流并相互信任，但是最重要的还是教学团队或保教团队日常观察幼儿并制订计划。在观察和评价教学过程及幼儿园的具体情况时，教师和监管人员拥有一个观察和评价体系也很重要，这样他们才能协同为幼儿和家长提供高质量的基于幼儿发展的课程。

## ▲ 高效团队的特点

高效的团队为相互协作营造了一种信任和支持的氛围。你和同事可以运用以下策略创建这种氛围。

**开放地交流。**简洁而坦诚的交流是形成良好工作关系的核心。心理学家弗吉尼亚·萨提尔将这种直接交流称为"坦述"，在日常用语中我们称其为彼此间的"坦诚相见"（Virginia Satir，1988）。

坦述指直接表述一个人如何看待问题、理解问题以及解决问题。例如你的教学团队成员对在小组活动时间玩吹泡泡的价值持不同意见。有的教师也许会说："我确信幼儿喜欢用吸管吹泡泡，但是我们如何保证这个活动包含了主动学习的所有要素呢？"

团队就此展开如下讨论：还能给幼儿提供什么材料？幼儿如何使用这些材料？人们对幼儿的期望是什么？如何将活动和关键发展指标联系起来？成人如何支持和强化幼儿探索？教师如何记录所发生的事情，并在此基础上设计合适的后继活动？

坦述并不容易。这是人类的天性——害怕（遭到反对）、担心（失去掌控）或其他任何能让我们做出保护性行为的情感。然而，坦述让所有的团队成员敞开心扉、互相倾听，不因害怕受到惩罚或担心丢脸而缩手缩脚，以共同找到解决问题的办法，并对大家一致同意的解决办法进行事后评价，看看它们是否发挥了作用，或是否需要进一步修订。开放的交流体系不仅能够帮助团队成员进行良好协作，还能尽可能地制定出对幼儿最优的解决方案。

**尊重个人差异。** 团队成员的想法、喜好和个性各有不同，这是很自然的。在高瞻团队中，人们将这些不同视为创造性和多样性的源泉，而非造成愤怒和无法达成共识的原因。从多个角度看问题有助于教师理解在各种情况下幼儿可能会出现的各种反应，并为此做好计划。在头脑风暴时将所有个人的和角色的差异都集中呈现出来，有助于增加选择和学习的机会。

**在团队工作中保持耐心。** 随着教师逐渐习惯团队合作以及新成员的陆续增加，教师在团队工作过程中失去耐心或是感到沮丧是很正常的。通常，团队成员熟悉课程和熟悉同事的过程是同步的。与教师相比，那些提供支持服务的工作人员，如厨师、校车司机等，他们接受培训的机会很少，也许仅仅关注自己的任务（如给幼儿提供食物或接送他们）。尽管偶尔有些挫折，但了解这些情况后，团队合作就会变得容易些。

随着所有团队人员对课程越来越熟悉，课程将引导他们理解并支持幼儿的发展。等到你和同伴开始互相熟悉并了解每个团队成员应扮演的不同角色时，你就会欣赏他人的长处，接受他人的短处，敢于"身先士卒"，并坚信团队合作能给幼儿提供良好的教育经验。详见"高效团队的特点"。

# 收集幼儿的信息：逸事记录

每位教师做的逸事记录——教师对幼儿言行举止的观察和记录——对团队计划都很重要。教师客观的记录不仅用于团队每日计划中，还可填入监测幼儿发展过程的评价工具——《学前儿童观察评价系统》（COR Advantage）。有关《学前儿童观察评价系统》（COR Advantage）及其用法在第18章中有所论述。逸事记录还可用来与家长分享一些有意义的信息。

## 高效团队的特点

1. **氛围**：高效团队有一个相互分享、彼此信任的积极氛围。员工和管理人员都知道各自的职责。
2. **目标设置**：员工们一起设立目标。这些目标将引领团队。
3. **预期**：预期是明确的，并且建立在共同的理念和目标之上。
4. **做决定**：员工尽可能做出一致决定。他们会讨论很多替代方案。决定一旦做出，每个人都必须承诺执行这一决定。
5. **冲突解决**：问题被视为协作过程中的常见部分。员工使用冲突解决策略来有效地解决问题。
6. **定期评价团队工作**：所有成员齐心协力地为实现团队目标而努力。评价以团队是否作为一个整体来达成团队目标为基础。

### ▲ 记录逸事

教师每周对每名幼儿做逸事记录，确保持续一段时间后幼儿所有发展领域都被覆盖到。要做到客观地记录逸事，即真实而中立地记录，你必须做到以下 3 点。

**全天观察**。当你在一日常规的所有环节中支持幼儿，并与他们进行互动时，你要对他们进行观察并倾听他们。注意主动参与式学习的 5 个要素，记录幼儿选择了什么材料，他们如何操作材料，在与成人进行互动时他们说了什么和做了什么。使用高瞻关键发展指标来描述幼儿在游戏中遇到的问题、问题的解决过程以及在解决问题时幼儿表现出的知识和技能类型。观察也能指导你和幼儿进行现场互动。在做团队计划时，你可以参考成员的观察记录，从而设计出适宜幼儿个体或小组的经验，以进一步促进幼儿学习。

**简要记录观察结果**。每天发生的事情那么多，教师不可能凭记忆回想起每名幼儿或每组幼儿做过或说过的所有事情。因此，要求所有教师都试着进行简短而完整的记录，或是记下一些关键词以供日后书写更细致的观察记录是很重要的。在做记录时，可以有很多种选择。关于逸事记录的概要，详见"逸事记录：小结"。

**不做评论**。逸事记录的目的是记录发生了什么，而不是猜想幼儿的意图或是陈述教师觉得幼儿的行为是对还是错。一则客观的逸事记录也许是这样的："在工作时间，艺术区，约翰画了 3 幅画：一幅是用宽的红条和窄的蓝条画成的，一幅是用宽的绿条和黄条画成的，还有一幅是用宽的红蓝黄绿 4 种颜色条画成的。他把它们挂

# 逸事记录：小结

## 如何使用逸事记录

逸事记录可以用来：

- 了解幼儿个体并为其制订计划；
- 了解幼儿群体并为其制订计划；
- 与家长分享幼儿的信息；
- 完成《学前儿童观察评价系统》（COR Advantage）并进行评价。

## 怎样客观地记录逸事

书写逸事记录时要：

- 关注幼儿做了什么、说了什么；
- 实事求是；
- 具体；
- 简洁。

## 记录格式

每则逸事记录都要包括以下内容：

- 发生时间；
- （开头）行为或活动发生的时间、地点以及参与者；
- （中间）某名幼儿说了什么或是做了什么，在记录中引述幼儿原话；
- （结尾）如果可行，记录结果如何。

## 逸事记录的小提示

- 使用缩写，如幼儿姓氏的首字母，HA（代表娃娃家）、SGT（代表小组活动时间）。只记录能够帮助你回忆的信息，稍后再详尽书写。

- 在各个区域都准备记录用材料，如即时贴、索引卡片、标签、文件记录夹、数码相机、用绳子拴着挂在墙上的小记事本。还可以准备能挂在脖子上的笔或是有很多口袋的围裙。你也可以使用手机或平板电脑拍照。
- 确定每天要记的逸事数量。开始时可以每天先记 4~5 个，等慢慢熟悉这一过程后再逐渐增加。

## 例子

一位教师在一个即时贴上简略地记录了以下信息：Maddy，WT，HA，穿衣服，问 Mike："结婚，不一样。""年龄大，红头发。"当天晚些时候，她写了以下的逸事并与其他成员进行分享。

12/07/13——在工作时间（WT），在娃娃家（HA），玛德琳（Madeline）正在穿衣服、戴帽子和项链。她问迈克尔（Michael）是否会因为和她不一样而和她结婚。当我问她有什么不一样时，她告诉我说："他比我大，而且是红头发。"

教师可以在玛德琳的创造性艺术领域快速记录，将此作为创造性艺术领域关键发展指标 43（假装游戏）的例子放入玛德琳的成长档案，也可以作为关键发展指标 46（分类）的案例。

起来晾干。"而一个主观的（或评价性的）逸事记录也许是这样的："约翰用几条线画了 3 幅画。每张纸的大部分都是空的，浪费了很多纸。"客观的逸事记录可以帮助教师们评价每名幼儿的行为，也有助于教师们根据幼儿的需求、兴趣和发展水平来制订计划。

### ▲ 利用逸事记录

逸事记录会给你和同事带来很多好处。记录并回顾这些逸事有助于你了解和思考幼儿是如何发展的。因为是根据关键发展指标来观察的，所以记录也能帮助你进一步熟悉高瞻课程模式的内容。

当你与计划团队的其他成员评价逸事记录时，你可能会发现自己几乎没有某些幼儿或是关于某个特定内容领域的学习的信息。这可能提醒你们关注这一事实：需要更多地关注某些幼儿，设计更好的个体或小组活动，以弥补个体之间的差距，或者增加一些材料以促进幼儿在某些特定领域的发展。也许团队还会决定举行一次培训，来学习幼儿有关这一领域发展的更多知识。最后，尽管做记录有时会增加每天的工作量，但大部分教师可能会发现，这

记录和回顾逸事帮助教师学习和思考幼儿如何发展。因为观察是依据关键发展指标进行的，记录还能够帮助教师更了解高瞻课程模式。

比在每个评价阶段的后期整理几个月的数据要省事得多。

## 每日团队计划

一旦团队成员收集了幼儿的信息，那么，下一步他们会判断这些信息的含义并据此采取相应的行动。教师会使用高瞻课程模式的关键发展指标，思考一件事或一种活动对于幼儿个体或小组的重要性，并提出有关强化个体和小组兴趣的支持性策略和促进幼儿发展的想法，然后由成员决定采用一个或多个策略实施，并在第二天对它们进行评价，看看这些策略到底起没起作用。当你在为团队设计一个有效而又有价值的活动时，你可以运用以下策略。

**在一个固定的、大家都可接受的时间段集体做计划。**尽管我们建议每天做团队计划，但这并不总是可能的。每两天做一次计划或是每周做两次都行，但是不能少

于每周一次。如果时间安排是个问题的话，就要创造性地思考你的团队在什么时候能做计划。如果你园是半日开放制，那么，你的团队就可以在每天幼儿放学之后、成人开始做最后的整理工作之前的这段时间来制订计划。如果你的园是全日制的，也许团队可以趁幼儿休息时安静地做计划，这样，既能继续观察幼儿，也避免了打扰他们，或让他们听到那些关于自己的讨论。偶尔，其他教师或是家长志愿者可以在教师趁幼儿午休做计划时帮助照看幼儿。当团队成员习惯了计划的流程之后，团队计划就不会占用太多时间了 —— 教师能在半小时内回顾一天的记录，并为一名或是一组幼儿做计划。

**通过有效回顾和反思来为第二天做计划。** 在制订计划的时候，将一日常规中好的方面以及问题转变成第二天的计划和策略。通过评价已发生的事情、制订新的工作计划、决定如何实施计划以及建立评价的标准，团队成员就可以系统地展开工作。当你做计划时，和你的团队成员一起做如下事情。

- 评价前一天计划中什么策略起了作用，什么没起作用。
- 将每日逸事观察汇总起来，将每位成员能够观察到的幼儿的言行汇总起来。
- 讨论每则逸事展示了幼儿哪些发展情况，并就如何在第二天运用这一知识做计划。争取达成一致的计划。
- 通过观察幼儿兴趣、发展水平以及有关课程学习内容来制订小组活动计划。
- 通过观察幼儿兴趣、发展水平以及有关课程学习内容来制订个别教育计划。
- 明确每个团队成员责任，确保每个人对执行第二天计划都持同样的期望。
- 根据幼儿的独特兴趣和发展水平为每名幼儿设置长远目标，并设计策略，让他们投入那些能够帮助他们达成这些目标的活动和互动。
- 讨论并解决所有个人和小组的问题，例如讨论幼儿在何时何地可以跑、跳，或是回应某家长对点心时间所提供的食物的关注，努力找到大家一致认同的解决办法。如果团队成员无法达成共识，他们可以试试其他解决方案，并在事后评价该方案是否起了作用。
- 偶尔评价一下团队计划过程本身，以确认计划的优势和还需改进的地方。制订计划时，团队成员反思以下3个问题是十分有帮助的：①你知道什么（今天发生了什么事）？②这件事意味着什么（你对幼儿的兴趣、发展和学习是怎么理解的）？③明天你会采取什么样的行动（你将如何支持幼儿）？

**在计划过程中仍然要保持聚焦和组织性。** 要想保持计划的可控性，团队成员可以把每项任务分解成较小的部分。例如作为集体活动计划的灵感来源，每个团队成员首先应该分享他们所观察到的幼儿当天所做的事情，并为明天的集体活动提出一个想法，再就活动中可能出现的关键发展指标进行讨论。接下来，成员们可能要检查活动所需的材料，并决定由谁负责准备哪种材料。在确定大家都明确了自己的任务之后，成员们将会讨论由谁以何种方式介绍活动、每个人在活动中将要做什么以及哪个成员将以何种策略来结束集体活动时间。详见"一次成功的团队计划会议"。

## 一次成功的团队计划会议

玛格丽特对她的配班老师贝基说，在工作时间有些幼儿模仿宠物——猫、狗或鹦鹉的叫声或是动作。基于这一观察，他们决定在集体活动时间让幼儿假扮动物并模仿动物的叫声。这将会使幼儿关注创造性艺术领域的关键发展指标（41. 音乐；42. 律动；43. 假装游戏）。

教师决定让他们在开始的时候唱一首他们最喜欢的歌——《老麦克唐纳有一个农场》（*Old MacDonald Had A Farm*），并鼓励幼儿说出一种动物的名字，然后，模仿这个动物的动作和叫声。作为备用材料，他们决定准备一些幼儿熟悉的动物的图片和一张录有动物声音的 CD。玛格丽特负责找图片，贝基则负责找动物叫声的 CD。

教师们同意贝基用这句话来引入活动："昨天，我听到你们中有人像小狗和小鸟一样汪汪汪汪、叽叽喳喳地叫。我想今天我们可以唱《老麦克唐纳有一个农场》并假扮成他农场中的小动物。"她开始唱歌，在唱到"在他的农场中有"的时候停顿。如果有幼儿说出一种动物的名字，大家就都假装那种动物，然后学着动物叫。然后，玛格丽特会把歌再唱一遍，停下来等幼儿说出又一种动物名字。对于那些有些腼腆不愿意主动说的幼儿，或是为了答案的多样性，她会拿出动物的图片。幼儿可以通过手指的方式选择一种动物。如有必要，贝基会播放有动物声音的 CD。这样，幼儿就能说出动物的名称并模仿它们的叫声了。

教师们决定在集体活动时间结束时，告诉幼儿从明天开始，这些图片会放在娃娃家（如果需要，可以把 CD 放在音乐区）。贝基会建议幼儿在去餐桌的路上自由模仿某种动物的行为和声音，并以此来结束集体活动。

**一起决定如何计划和记录并形成表格。**一个标准的表格可以为多种目的服务。它突出了需要回顾和决定的内容。它帮助团队成员组织和聚焦他们的讨论。最后，当形成文字供大家参考时，困惑和不一致将会很明显地呈现出来，并得到解决。

最方便的表格是那些简单遵循一日常规顺序的表格，全班集体活动可记录在一行里，小组活动则可以按小组分成多列。另外一个有用的办法就是在表格的底部写上关键发展指标的序号和《学前儿童观察评价系统》（COR Advantage）的条目，表示一天各个时段聚焦的领域。作为提示，你可以简要写下幼儿每一关键发展指标早期、中期、后期可能的言行，以便鹰架幼儿的学习。你的表格也许还包含着国家或地区标准或其他重要的类目，并标明这些条目在每日计划中何时得到展现。

不管你的团队成员绘制了什么样的表格，都应该是简单、便利并能反映每日计划和特别设置的内容。请参看示例。

**轮流。**轮流执行计划的不同部分。如此分工能让每个成员与一日常规的每个部分保持合拍，还能减轻那种觉得自己定期被困难的或是自己不中意的任务卡住的感觉。任务轮换还能让成员有机会成长为专业人员。即使有些人不确定自己是否有做某事的能力，如领唱，然而同事能够为他提供支持，鼓励他尝试新事物。当团队建立起信任后，一切皆有可能。

**利用团队中每个人的长处。**团队中的每个人都带来了独特的兴趣和智慧。就像教师承认幼儿的努力和成就一样，让团队成员知道他们的贡献受到重视这一点很重要。另外，也像他们对幼儿那样，教师们互相鼓励而不是互相赞扬。例如成人会在以下时候感到自己得到认可：同事邀请他们帮助开展一个班级活动，观察他们的教育实践以便向他们学习，点评幼儿对经验的回应，请他们对活动的延伸以及拓展给出建议等。可参考"团队计划的要素"。

## 员工支持和管理策略

正如观察是教师了解和支持幼儿的关键一样，观察还能帮助成人了解和改进他们的教学实践。除了观察，管理也借助于互动。与单向的管理模式（自上而下）不同的是，高瞻的管理是各方为共同解决问题而做出的努力。高瞻学前教育机构激励所有成员为幼儿及其家庭的最大利益服务。换句话说，管理人员和教师共同促进教师的专业发展，就如教师之间相互协作以促进幼儿的发展那样。

高瞻使用观察以及管理者—教师的互

> **团队计划的要素**
> - 每日制订计划。
> - 以团队的形式来制订计划。
> - 简洁，以一日常规为依据。
> - 基于逸事记录评价幼儿的兴趣和能力。
> - 制订计划时要综合考虑：
> —幼儿的兴趣；
> —幼儿的发展；
> —课程内容（关键发展指标）；
> —班里的材料；
> —成人的观点。

## 一日计划表示例

---

### 一日计划表

**成人：香农和多拉**　　　　　　　　　　　　　　**日期：2013.4.10**

**问候时间**

关键发展指标 11、24、25、26、27/《学前儿童观察评价系统》（COR Advantage）条目 E、F、N、O、P、Q

门口：香农　　　图书区：多拉

信息：1. 轮到乔伊选歌。

　　　2. 玩具区有了新乐高玩具。

　　　3. 今天是马修 4 岁的生日。　　**过渡：根据幼儿年龄**

| **计划时间** | **计划时间** |
|---|---|
| 关键发展指标 1、2、56/《学前儿童观察评价系统》（COR Advantage）条目 A（香农）<br><br>让幼儿在班级地图上驾驶乐高车（使用区域标记）。 | 关键发展指标 1、2、35/《学前儿童观察评价系统》（COR Advantage）条目 A（多拉）<br><br>让幼儿用围巾把他们想玩的玩具包起来，然后放回桌子上。 |

**工作时间**

支持玩新玩具；在艺术区和安娜一起游戏。

**清理时间**

提前 5 分钟放音乐、打铃。

| **回顾时间** | **回顾时间** |
|---|---|
| 关键发展指标 6、21、22/《学前儿童观察评价系统》（COR Advantage）条目 L（香农）<br><br>让幼儿使用玩具手机互相交谈。 | 关键发展指标 6、21、22、25、29、39/《学前儿童观察评价系统》（COR Advantage）条目 O、R<br><br>（多拉）让幼儿在区域表上填自己去的活动区。 |

**点心：牛奶、水、胡萝卜和调味酱**

关键发展指标 19、20、21、22、26/《学前儿童观察评价系统》（COR Advantage）条目 E、F、L、Q

续表

**大组活动时间**

简单导入：唱"我把我的头贴到地板"，并问幼儿其他的身体部位哪些可以贴到地板。

活动：乔伊选的歌。

活动：给每名幼儿一条围巾；播放快节奏和慢节奏的音乐。

关键发展指标 16、41、42/《学前儿童观察评价系统》（COR Advantage）条目 Y、Z

过渡时间：说到某一种颜色的围巾，请相应幼儿把围巾放好，进入小组活动。

| 小组活动时间（香农） | | | 小组活动时间（多拉） | | |
|---|---|---|---|---|---|
| 材料：蓝色和黄色颜料、纸 | | | 材料：钉子和小钉板 | | |
| 关键发展指标 40、48/《学前儿童观察评价系统》（COR Advantage）条目 A 和 BB | | | 关键发展指标 31、32/《学前儿童观察评价系统》（COR Advantage）条目 S | | |
| **早期** | **中期** | **后期** | **早期** | **中期** | **后期** |
| 幼儿用手画画，并说"颜色有了变化"。 | 幼儿用手画画，说"变成绿色了"，然后解释为什么变成绿色。 | 幼儿预测会发生什么，然后检验他们的预测。 | 幼儿会随机说数字。 | 幼儿能够点数 1 到 5。 | 幼儿能够点数超过 5，并在点数最后一个数字后报出总数。 |

**户外活动时间**

关键发展指标 16/《学前儿童观察评价系统》（COR Advantage）条目 I、J

自行车、球、玩沙、玩具、吹泡泡玩具

**提醒**

今晚家长会

内容→兴趣→计划想法→发展范围→支持策略

动，来支持课程实施并解决教室中出现的问题。一种支持形式叫作观察/反馈(O/F)。这一过程由管理者或教学团队发起，在回应有关课程实施的具体问题时发生。管理者会详细记录他们重点观察的问题（如关于学习环境），做相关的笔记（例如环境的设置如何鼓励幼儿深入推进他们的游戏以及与他人互动），然后，通过双向反馈过程与教师讨论这些问题。

在高瞻学前教育机构中，管理者和教师会使用观察工具，如《学前教育机构质量评价系统》（PQA）去了解员工个体或团队的目标。

另一个支持和管理教师的系统是使用《学前教育机构质量评价系统》（PQA），它对机构的具体方面进行评价。管理者运用该系统的一个或多个部分（如学习环境或一日常规）制定观察表，并和教师们分享观察结果。然后，管理者和教师一起设立目标。除了为教师个人和教学团队制定目标，该系统还能满足整个机构的评价需求，其结果可直接用于量身定制专业发展项目，借此，团队成员可以强化既有技能，并发展新技能。

这些基于观察的、旨在为教师提供支持的步骤在下面都有简要描述。为了有效地实施这些步骤，在高瞻培训者培训过程中，管理者要接受广泛的技术培训和实践练习（见第 21 章）。

### ▲ 观察 / 反馈

在观察/反馈中，管理者观察教室中的幼儿以及教师如何与幼儿互动。然后，管理者会提供有关教师的强项和尚需改进之处（或"有待改进的问题"）的反馈。教师和管理者一起决定观察的焦点。他们约定观察的时段、观察对象以及作为观察重点的课程内容（如主动学习、小组活动时间和工作时间中的成人支持等）。观察本身持续15~20 分钟。观察者使用表格来记录所发生事情的细节，并以问题的方式标出它与课程的相关性。随后，管理者和教学团队会对观察表进行讨论，列出做得好的方面和需要改进的问题，一起给出解决问题的大致方法，并制订出包含跟进和支持措施的改进计划。

观察/反馈是有效的，原因有如下几点。

**管理者和教师共同致力于理解幼儿。**因为管理者和教师的兴趣在于尽可能提供最好的教育，所以他们就能够客观地考察，对于幼儿的发展结果而言，什么策略起了作用或不起作用，而不是将讨论看成对教师个人的评价。

**幼儿是观察的焦点。**比起把焦点放在成人行为上，把焦点放在幼儿身上，实际上能让管理者对有关项目教学的质量有更多了解。管理者能够发现课程中的哪些要素贯彻得很好，差距可能在哪里。当"聚光灯"打在幼儿身上而不是教师身上时，也能较少引发教师的焦虑。

**课程引领观察和小组讨论。**通过评价主动学习的要素、成人支持的因素以及课程的其他突出特征，团队就能够了解什么因素在起作用，并在必要的时候制定改善教学实践的策略。

**对观察结果的讨论是双向的。**在观察结束后的对话中，管理者和教师一起讨论，相互倾听，提出自己的想法并采纳合理的建议。一般观察／反馈由教师而非管理者发起，因为教师想找一个值得信赖的、知识面广的"第三人"来帮助他们观察在一日的某一时段中幼儿或小组做了什么。例如一位教师可能会对管理者说："最近有些幼儿在大组活动中做得不太好。比如杰克逊和爱丽丝，在活动开始没几分钟就对活动失去了兴趣，并且很难把他们的注意力拉回来。下周二你能观察一下我们的大组活动吗？我们有些想法，但是如果你能来帮忙观察的话，我们将会非常感激。"然后，管理者会观察下周二的大组活动，填写一份记录表，并参加教师下一次的每日团队计划会议。

**团队讨论产生统一行动计划。**一旦团队成员从课程角度，尤其是参照主动参与式学习的要素和关键发展指标进行讨论，他们就会找出解决办法，并决定采用哪种办法。教师还会制订一个后续观察计划，以评价解决方法是否有效，是否需要调整策略。

**成人的工作与幼儿的工作一样。**在观察／反馈中，回顾性的讨论会产生一个待教师执行的"计划"。随后，管理者和教师会重复这一循环，以检验这一行动是否起作用，或是需要调整。详见"观察和反馈"案例。

## 观察和反馈

两位教师请他们的管理者观察一次大组活动。原计划的活动是让幼儿根据音乐的快慢，以不同的方式做身体动作。观察过后，合作团队讨论了如下内容：教师有关这一活动的想法从何而来？本活动凸显了哪些关键发展指标？包含或未包含主动学习的哪些因素？幼儿的参与程度如何？在下次设计相似的活动时，教师如何继续保持或是做出改变？

管理者（分享她的观察记录）：16 名幼儿中有 11 名幼儿——分别是杰里米、黛利亚、诺亚、帕特西、宾、雅各布、德万、胡安、蒂芙尼、皮拉尔和萨沙——差不多 2/3 的幼儿全程参与了活动！在播放慢节奏音乐期间，卡尔和贝拉去娃娃家拿了一些围巾来挥舞。

教师 A：我们本次设计的活动重点是关键发展指标 41 "音乐" 和 42 "律动"。

教师 B：有几个孩子喊自己在做什么。当看到杰里米扭着他的小屁股说 "看我扭屁股"，我忍不住笑了出来。黛利亚和雅各布用到了 "弯腰" 和 "转身" 这两个词。

管理者：是的。我听见宾说 "弯、弯、弯胳膊"，我还注意到在慢音乐开始 3 分钟后，杰克逊、凯特和贝瑟尼不再跟着音乐活动，跑到了积木区。你让他们回来，但是他们继续搭积木。

教师 B：他们并没有破坏集体游戏，但是他们不能投入到大组活动中，这让我感到很烦恼。

教师 A：我也很受挫，因为我不得不停下手头的事情，把他们带回到集体中。我觉得这会打断活动，尤其是这种情况发生了几次之后。

教师 B：（赞同 A 的观点）是的，接下来是乐曲中快节奏的部分，有更多孩子离开集体。对他们来说这像是一种追逐游戏。

教师 A：（向管理者提问）在这一环节集体活动应该持续多长时间吗？

管理者：我的观察发现，大概在 17 分钟左右，在慢节奏音乐部分有 3 名幼儿离开了。

教师 A：真的吗？我不知道竟然持续了那么久！

教师 B：我也没意识到。怪不得他们离开了，大概是因为他们已经觉得无聊了！

管理者：除了语言，幼儿经常用行为来交流，不是吗？

教师A：现在我对我刚才的失望感到内疚。

管理者：我想知道如果以后在发生类似的事件，你们会如何处理？

教师B：我认为我们应该重新思考一下我们的计划。我们之前做了简单的热身活动，唱了3首歌，然后根据音乐的快慢做律动。

管理者：确实做了很多活动。

教师A：我认为我们已经养成了习惯，因为去年的孩子十分喜欢集体活动。我不得不提醒我自己这只是学期刚开始，孩子也不一样了。

教师B：我们之前在其他区域也讨论过这些，也许现在，我们要么唱歌，要么做律动。

教师A：也许我们自己也需要留意时间。

教师B：我喜欢这个提议。在我带集体活动的时候你记录时间，然后你带集体活动的时候我记录时间，这个主意怎么样？

管理者：这个主意听起来很有用，但是我不想让你们感觉到你们必须严格遵守时间。

教师A：我们知道，但是我们两个人都很享受每天的这一时刻，这很容易使我们沉迷于活动中而忘记时间。

教师B：我们也需要记得留意幼儿的情绪，尤其是当他们表现出已经玩够了的时候。

管理者：所以现在的策略是在热身活动之后，要么唱歌，要么做一些律动，但是不要尝试两种活动都开展。不带活动的那个人既要记录时间，又要留意幼儿对活动的反应。

教师A：听起来像是一个计划！

教师B：我已经迫不及待地想明天去尝试了！

管理者：让我知道开展得如何。

## ▲《学前教育机构质量评价系统》(PQA)

《学前教育机构质量评价系统》(PQA)（见第19章）也将观察视作聚焦团队讨论的工具——在这种情况下，观察的焦点就是机构的质量。在前几章中论述过的高瞻教学实践，体现在该系统的39个班级观察项中（另外24个聚焦于机构层面）。该系统旨在促使管理者和教师对在教室中观察到的内容进行客观记录。因为管理者和教师对《学前教育机构质量评价系统》（PQA）都比较熟悉，所以对观察到的内容就没有什么好隐藏和惊讶的。教师们知道在观察的过程中会发生什么，也知道在观察后的讨论中以一个平等的参与者身份来进行讨论。

《学前教育机构质量评价系统》（PQA）以多种方式来支持教师的专业发展及相互合作。当教师确定了课堂和课程重点之后，他们就会要求那些熟知课程的管理者来审视某一具体领域或机构的设置情况，例如教师想知道在一日常规活动的每个环节时间是否足够。《学前教育机构质量评价系统》（PQA）也可能成为围绕以下问题展开团队讨论的起点："这个教室中最有效的和最无效的地方是哪里？"或"教室布置得很好。现在我们怎样做才能促进成人和幼儿之间的互动？"也会主动做出一份完整的或部分的《学前教育机构质量评价系统》（PQA）观察记录，以发现教室的优势以及尚需改进之处。随后，这一结果会引发一系列的专业发展工作坊和指导活动。

总之，管理者和支持人员的目的是收集有关教师在教室里做些什么的信息——不是评判他们，而是要看看教师如何有效为幼儿服务。当课程进展顺利时，管理者可能会帮助教师意识到那些对幼儿发展有效和有支持作用的教学实践。如果课程进展得不顺利，例如在阅读信息板时幼儿四处走动，管理者和教学团队就会一起找出更有吸引力的分享信息的方法。

这与高瞻鼓励教师对待幼儿的态度是相似的。当幼儿集中精力于某项活动时，教师就要鼓励和支持他们。当他们互相打闹或是追赶跑动时，教师们并不认为"行为不端"，而是将之归因为幼儿还没有学会如何在这样的情境中恰当地行动。同样，如果课堂环境不好，不会被视为教师的"坏"行为导致的结果，而是这位教师还需要审视他或她的教学实践——通常在可信赖的人的帮助下，这位教师能够学习如何更好地处理这一问题。团队提出良好的意愿，并帮助教师和管理者实现这些意愿。幼儿是最终的受益者。

 ## 试一试

1. 回想你作为一个团队或是委员会成员的一次美好经历。是什么使它成为一次美好经历？列一个清单，考虑以下问题，如团队目标、成员的个性和技能、领导者的素质（如果有领导的话），以及你们如何收集信息或资源，如何分工，如何处理不同意见，等等。你的反思如何帮助你成为一个更好的团队成员？

2. 在一张纸上列一个表，写下你所在的机构（或是你能够进行观察或拜访的机构）中的成员和活动。在表的第一行列出所有员工的名字，第一列（逐行）写上相应责任。

将所有的事情都列上，如准备材料和饭菜，做幼儿自己做不了的清洁整理工作等日常琐事，订购日常需要的东西，和家长交流，召开家长会，举办工作坊，安排社区机构为家庭服务，填写《幼儿健康记录表》，填写各种审批表，招募家长，带领潜在的"客户"参观园所，指导幼儿进行各种活动（如音乐活动），记录幼儿逸事，制订每日活动计划，等等。核对谁都做了些什么——就是说，将表格中的空格填上。画出做得好的活动，如什么任务做完了，哪些分工是基于对工作、兴趣和技能的认识而做出的合理安排。将有问题的地方圈起来。想想如何改进，以使任务变得更加有效、公平，或更好地利用团队成员的兴趣和技能。

3. 观察一个班级并做逸事记录。集中观察一名幼儿或是一个小组活动。在观察的基础之上，为第二天制订一个计划，包括：①能够在工作和自由活动时间为所观察幼儿提供支持的方法；②一个小组活动。

4. 以下问题可能会给团队成员每天制订计划带来困难。

• 在一日常规中没有空闲时间，两位教师都必须一直和幼儿待在一起。

• 班上教师的交接班时间很短（仅 15 分钟）。

• 家长总是晚接幼儿，导致教师没法在一天结束时制订计划。

• 工作一结束，团队的某个成员就急着赶最后一班车回家。

• 团队成员说不同的语言。

• 性格冲突。有些团队成员互相讨厌。

• 团队成员喜欢独立行事。

• 管理人员认为制订计划是在浪费时间。

把任何你能想到的问题都加到这个清单上。为列举出的每一个问题写下你的解决办法，以便团队成员在日常工作中制订计划。

5. 想想那些能对你的工作给予有用反馈的人，如某位教师或领导。是什么使得反馈极为有用？再想想那些提供无用反馈的人。他们的反馈为什么是无用的？这些人或这些情境之间到底有什么不同？如何将你的反思应用于管理者和教师的关系之中？

# 高瞻课程模式的教学内容

本书的这一部分讨论高瞻课程模式的教学内容，每一章涉及幼儿发展的一个领域，包括幼儿发展内容与成人指导策略两方面。

欲知更多相关内容，请阅读《高瞻学前课程模式》，以及配套的 8 本关于关键发展指标与支持性教学策略的书，后者包括幼儿各领域发展早期、中期、后期可能的行为和语言案例以及成人如何鹰架不同水平幼儿学习的内容。

# 第 10 章　学习品质领域的内容是怎样的？

## 本章导读

本章主要论述了高瞻课程模式在促进幼儿学习品质领域发展的理论依据和实践做法，主要包括 3 个部分：第一部分讨论了为什么学习品质很重要；第二部分介绍了高瞻课程模式在学习品质领域的一般性教学策略；第三部分具体明确地介绍了学习品质领域的 6 条关键发展指标，分别是主动性、计划性、专注性、问题解决、资源利用和反思，并对每一关键发展指标提出了具体教学策略。

## 本章学习目标

**学习完本章，你应该能够**
解释为什么学习品质是早期发展的一个重要组成部分。
描述高瞻课程模式学习品质内容领域的关键发展指标。
理解并应用支持幼儿学习品质发展的策略。

## 本章术语

学习品质（approaches to learning）
个性倾向（dispositions）
学习风格（styles of learning）
气质（temperament）
主动性（initiative）

![想一想]

## 想一想

《纽约时报》的一篇文章介绍了一个渴望进入下一年将要开办的实验学校学习的 10 岁小女孩（Janofsky, 2005）。她是一个狂热的学习者，每个月要读 6 本书，练习小提琴和钢琴，并且"问太多的问题，以至于有时她的老师被问得恼火了"。这位感到受挫，且急切地盼望能进入新学校的女孩说："现在很多时候，我会问三四个真的非常复杂的问题，然后老师会停下来说，'我们现在不讨论这个。让我们换个话题'。在新学校里，我知道我可以问任何我想知道的问题，而且老师也不会发火。"

试想一下，一名在相似情境中的幼儿每天带着各种各样的思考进入教室中，却因为用胶带把他积木塔上的缝隙"堵起来"，用毛巾为他的堡垒建一个屋顶，或是跳下滑梯去试试他的"魔力披风"，而被要求在"反思椅"（thinking chair）上待了很长时间。

我们国家的领导人，包括公司高管们，经常抱怨我们的社会缺少富有创造力的思考者，并且正在失去"竞争优势"。造成这一问题的可能原因之一，在于我们的教育体系对上述那些能力和学习动机极强的学生的回应方式存在不足。这些渴望学习的学生被教育系统中那些将学生的好奇心和创造力视为缺点而不是财富的成人给压制了。在这种教育背景下，学生不被鼓励去提问、探索感兴趣的主题或创造性地使用材料。他们可能因为没有按照教师要求的方式做事情而遭到批评。幼儿个体和社会都在失去潜在的可能性。

幼儿带着不同能力和学习风格来到幼儿园。适应不敏感和不变通的学习环境的重担不应该落在幼儿身上。更确切地说，一切取决于教育环境是否能创造普遍的成功机会。这个过程可以并且应该开始于幼儿期。鼓励幼儿表达和探索自己的兴趣，并且接受具有挑战性的问题，将能够发展积极的学习品质。

在本章中，我们将讨论学习品质——幼儿如何获得知识、技能，以及教师如何支持和增强幼儿学习的动机。

## 为什么学习品质很重要

幼儿学习的方式塑造了幼儿所有内容领域的教育经验并且影响其学业成就。研究者罗斯·汤普森（Ross Thompson）说，当幼儿感到好奇、有兴趣并且对发现问题的答案有信心时，他们从阅读、数学以及其他学科中获益最多。这体现在他们低年级以及更高年级的学业成就上（2002）。

## 学习品质意味着什么

美国国家教育目标委员会表示，学习品质包括好奇心、创造力、自信心、独立性、主动性和坚持性（Kagan et al., 1995）。心理学家称这些为个性倾向，是"持久的思维习惯和对体验的典型回应方式"（Katz & McClellan, 1997, p.6）。

幼儿也有不同的学习风格，他们可能偏好特定的感官，如视觉、听觉或是触觉；在一件事情上坚持很长时间或在任务之间摇摆不定；喜欢独自工作或与人合作。某种程度上，尽管我们可能使用每一学习风格，但是早期的偏好可能会持续一生。

学习品质也涉及把一个任务分成多个小任务，组织工作计划，以及反思如何成功实现目标。在这些方面，幼儿的学习品质会影响其在其他内容领域的表现，如学习品质可以决定幼儿是否请教师帮忙书写字母表中的字母，还是找字母表模仿，也可以决定幼儿是独自搭建一个小塔，还是与他人合作建构一个更大或更复杂的物体。

通过鼓励幼儿探究他们感兴趣的问题，以及具有挑战性的问题，成人帮助幼儿发展积极的学习品质。

## 气质如何影响学习品质

幼儿学习品质的形成有一部分受到气质的影响（Chess & Alexander, 1996）。婴儿天生就存在气质差异，例如抑制力水平、情绪反应强度，这些先天的气质差异会一直持续到成年。然而，幼儿的这些生物特性能否被展现出来，环境具有很重要的作用（Eliaset al., 1997）。例如，"坚持"能帮助幼儿解决问题，但是"固执"会导致死板和糟糕的社会关系。通过提供真实的选择，以及留意幼儿受挫折的迹象，成人可以帮助幼儿建设性地利用与生俱来的品质。

## 学习品质领域的一般性教学策略

### ▲ 创设让幼儿有多种选择机会的物质环境，支持幼儿对材料、行为、观念和关系进行探索

为幼儿主动学习而布置的教室，允许幼儿用自己的方法独立做事情。幼儿在众多选择中，找出符合他们兴趣和个性的东西，这让幼儿在探索能力、回答自己的问题、建立有意义的关系方面获得信心，并且去了解世界是如何运转的。

### ▲ 建立一日常规，允许幼儿表达多样化的学习风格与偏好

可预测的但是灵活的常规建立了一个安全的环境，在这里幼儿可以以任何他们感到舒适的方式进行学习。在个人和集体活动时间，幼儿或成人发起的活动的组合，提供了一系列经验来满足幼儿的需求、兴趣和参与世界的模式。

### ▲ 给予幼儿时间，让他们用自己的方式进行学习

幼儿需要时间和心理空间去尝试新鲜事物、做计划、解决问题、练习技巧以及思考他们的所见所闻。因此，当幼儿在用自己的方式获取经验时，成人要有耐心。如果成人太快地介入，就会剥夺幼儿自己发现和创造的机会。

## 学习品质领域的关键发展指标

高瞻课程模式有 6 条关于学习品质的关键发展指标：主动性、计划性、专注性、问题解决、资源利用、反思。本章余下的内容描述和讨论了各关键发展指标的早期发展，以及你可以采用的支持幼儿发展的具体的教学策略。

 **关键发展指标 1　主动性：幼儿在探索世界时表现出主动性**

描述：幼儿渴望学习。幼儿在探索关系、材料、动作和观点时，表现出好奇心、独立性和自我导向性。幼儿在探索环境时会进行合理冒险。

> **学习品质领域的关键发展指标**
>
> 1.**主动性**：幼儿在探索世界时表现出主动性。
> 2.**计划性**：幼儿根据自己的意图制订计划并付诸实施。
> 3.**专注性**：幼儿专注于感兴趣的活动。
> 4.**问题解决**：幼儿解决在游戏中遇到的问题。
> 5.**资源利用**：幼儿收集信息并形成对周围世界的看法。
> 6.**反思**：幼儿对自己的经验进行反思。

## 主动性如何发展

《渴望学习：教育我们的幼儿》（*Eager to Learn：Educating Our Preschoolers*，National Research Council，2001）强调从婴儿期开始，人们就有强烈的寻找新挑战的动机。这些幼小的学习者生来充满热情、专注，并且，他们不需要外在的奖励，而是主动探索、掌握新的技能，并发现他们的行为对环境的影响。

选择参与各种各样的活动时，幼儿表现出主动性，即随着时间的推移，他们所有的感官都会投入。他们会逐渐尝试新鲜事物、承担风险和形成自己的想法。在成人的支持下，他们讨论广泛的话题，交流观察结果，考虑开放性问题，并且解决问题。

## 支持主动性的教学策略

### ▲ 关注幼儿付出的努力而非结果

赞扬幼儿努力了，而不说他们是成功或失败了。当他们尝试掌握一项新的技能，解决某个问题，或者解释他们观察到的内容时，要给予认可。描述你看到幼儿做了什么，或评论幼儿的观点，鼓励他们而不是夸奖他们，从而聚焦他们的行为。询问开放性问题，让幼儿知道成人对他们的思考而不是一个正确的答案更感兴趣。

### ▲ 在幼儿尝试新鲜事物时给予认可

鼓励——但绝不强迫——幼儿探索新材料（如剪刀、电脑），鼓励幼儿尝试运用他们的知识和技能（如分珠子、骑三轮车），或者分享观点和想法（如关于为何冰雪会融化、画表达了什么情感）。幼儿的主动性行为需要自信和信任。

让幼儿知道成人能看见并且欣赏他们的勇气以及好奇心。

在小组活动时间，幼儿正在使用手指画画。简刚开始不愿意用手指头碰黏黏的颜料，所以老师给了她一次性手套。几分钟之后，简脱掉了手套并把手指蘸进颜料里。她举起蘸满颜料的手指给老师看，老师肯定道："你把手指放进颜料里了！"简把那只手的所有手指都蘸满颜料，然后用毛巾擦干净。简在之后的小组活动时间一直用手指蘸颜料，然后擦干净。

### ▲ 平衡环境中的自由与结构

一个过于结构化的教室会让幼儿害怕制造"混乱"，但一个没有组织并且材料过多的环境可能会十分混乱。幼儿应该在知道设备和材料是可以安全使用的前提下自由地进行合理的冒险。给予幼儿独立接触材料的机会，让他们自主地追求目标，这就是对幼儿主动性的支持。最后，进行相应调整以支持那些能力水平不同的幼儿（见"支持不同能力水平幼儿的主动性"部分）。

在一天中的成人主导时间，成人提供材料，但是幼儿选择如何使用它们。

### ▲ 鼓励幼儿主动参与成人发起的活动

在一天中的成人主导时间，成人提供材料和（或）初始的想法，幼儿选择材料并且提出自己的想法。如在小组活动时间，你可以用简短的故事或描述来介绍材料，但之后让幼儿根据自己的兴趣和好奇心去探索材料（如"这里是我们昨天采集的鹅卵石、树叶、树枝。我很好奇你们将在纸上怎么摆"）。同样地，在大组活动时间中，你可以开始一个律动、音乐或者故事，之后鼓励幼儿贡献他们自己关于如何移动（如"让我们一起跳一跳"）、唱什么歌（如《造船歌》）或者如何在故事中加入情境（"我们是吃掉所有食物的鱼怪"）的想法。

## 支持不同能力水平幼儿的主动性

- 留出宽敞的过道，供轮椅、行人以及其他移动设备通过；确保地板不会太粗糙，也不会太光滑（如避免在活动区铺地毯、地板打蜡）。

- 为需要特定支持才能移动或感知的幼儿提供适宜的设备和材料。

- 调整材料和活动，以便幼儿能够尽可能独立地参与其中（如使用大号字体和有防滑把手的容易抓握的材料，增大音量，伴随震动或用震动代替声音，用不止一种方式给出指示，如讲述或展示等）。

- 提供多种感官形式的信息和经验（如提供视觉和听觉线索，使用面部表情和手势，使用真实的物体、凸起的形状和字母来制作可触摸的一日常规表，用黏土和橡皮泥制作模型）。

- 与幼儿的医疗团队协商，使用特别为幼儿设计的辅助技术。一般原则是以"低技术化"解决方案为目标，即教师更多使用传统玩具和设备，而不是电子产品。有特殊需要的幼儿和其他幼儿一样，通过动手操作，利用真实世界的材料本身的自然感官性能，能获得最多的学习。

- 当幼儿开始一项活动时，如果需要，成人提供帮助。之后当幼儿展现出独立操作的渴望和能力时，成人减少帮助。

- 在一天中为不同能力的幼儿提供与同伴互动的机会，把每一名幼儿当作集体的一员，平等对待。

- 鼓励幼儿成为榜样、助人者和他人的朋友。当幼儿为他人提供帮助与鼓励时，给予肯定。

- 鼓励幼儿发起或调整活动以便自己能够参与。

 **关键发展指标2　计划性：幼儿根据自己的意图制订计划并付诸实施**

**描述：** 幼儿根据自己的兴趣做出计划，进行决策，表达选择和意图。幼儿的计划逐渐变得详细和复杂。幼儿会按自己的计划行动。

## 计划性如何发展

研究揭示了计划性在早期发展中的价值（Epstein，1993；Friedman & Martin，2011），许多州标准和提前开端项目表现标准都把计划性当作评价机构质量和幼儿学习的标准（Administration for Children and Family，2002）。计划通常被视为"简单地做选择"。事实上，"计划是有意图的选择。就是说，选择者从心中特定的目标和目的出发，形成其选择结果"（Epstein，2003，p.29）。

计划性要求幼儿在心里形成物体和行动的图像。对于陷于当时当下情境的稍小的幼儿，这样的图像帮助他们在计划时看到并保持自己的选择。稍大的幼儿能够更容易地想象教室中的区域、物体和人，记住自己之前的所作所为，并思考下一步将要做什么。幼儿的计划也会逐渐变得更加详细和复杂，包含更多材料、步骤和（或）人员。随着时间的推移，幼儿能够更好地执行他们的计划，预见问题，并拓展计划。

## 支持计划性的教学策略

### ▲ 在一日常规中设置固定的计划时间

设立一个可预测的时间表，包含一个计划时间，幼儿每天在这段时间进行计划并执行计划。一旦幼儿熟悉这个常规，并且知道他们将有时间和材料按照自己的意图行事，幼儿有时甚至会在上学的路上做计划。

### ▲ 在一日生活中提供有意图地进行选择的机会

除了安排好的计划时间，高瞻课程模式还鼓励幼儿在全天生活中有目的地做出选择和决定，如幼儿在典型的一日生活中会有以下机会来做出选择。

- 问候时间：和谁坐在一起，看哪本书，和谁讨论，讨论什么。
- 计划时间：在工作时间做什么，使用哪些材料，如何使用材料，在哪里使用材料，和谁一起工作。
- 工作时间：如何开始执行他们的计划，如何调整计划，活动持续多长时间，需要加入哪些材料，如何解决问题，接下来做什么。
- 回顾时间：分享什么，需要包括什么细节（人物、事件、地点、方法），如何分享（手势、词语、图画）。
- 小组活动时间：坐在谁的旁边，使用什么材料，用材料做些什么，说些什么，是否和如何使用备份材料，是否和如何与他人互动。

- 大组活动时间：唱哪首歌，添加什么歌词，尝试什么动作，是否当领导者，故事接下来发生了什么。
- 户外活动时间：使用什么设备和材料，和谁一起玩，快还是慢，大声地还是安静地。

### ▲ 对幼儿的选择和决定表现出兴趣

因为很多决定是由成人做出的（如为了健康和安全），所以不论何时，一旦幼儿能够适宜地做决定时，让幼儿安排他们自己的日程是很重要的。幼儿可以在幼儿园这么做，教师也可以与家长分享如何鼓励幼儿在家进行计划。成人通过评论幼儿的想法，复述和延伸幼儿的想法，模仿幼儿的行为，接受幼儿的建议，让幼儿成为领导者从而支持幼儿的意图。

 **关键发展指标 3　专注性：幼儿专注于感兴趣的活动**

描述：幼儿持续参与并专注于游戏。幼儿是坚持的、积极的，并能够保持专注状态。

### 专注性如何发展

专注性是"学习品质的行动导向维度"（Hyson，2008，p.17），包括注意和坚持，是执行功能的关键过程，是帮助我们"掌控"生命中每天的任务的认知技能（Rothbart，Sheese, & Posner，2007；Zelazo, Muller, Frye, & Marcovitch，2003）。通常情况下，当成人说幼儿注意时，他们指的是"保持注意"（即倾听他人）。高瞻课程模式更倾向于"专注性"这个术语，即幼儿持续参与感兴趣的活动和事件。

注意和坚持有助于入学准备（Fantuzzo, Perry, & McDermott，2004）。它们需要自我调节，即幼儿"在管理自己的行为方面表现出目的性、按计划行事的能力"（Bodrova & Leong，2007，p.127）。年龄越大，幼儿能够保持注意的时间越长，与此同时更不容易分心；学到的越多，学习更多内容的好奇心越重。因此，专注性得到了自我强化。

## 支持专注性的教学策略

### ▲ 提供能保持幼儿兴趣的材料和活动

一旦有值得关注的东西，幼儿就会产生注意。通过提供大量多样的材料和有计划地安排个人活动和集体活动，成人可以确保每名幼儿每天都能找到一些令他/她感兴趣的事情。

### ▲ 给幼儿充分的时间以实现其意图

即使幼儿最初没有在一件事情上停留很久，也需要安排45~60分钟的工作时间，或者允许幼儿完成小组活动，让幼儿知道他们的想法有价值。允许他们逐渐而不是整齐划一地进行过渡（如在整理时间把书放回书架前读完图书，或者在吃完点心后加入大组活动时间）。当活动结束时要提醒幼儿，并且给幼儿提供"正在进行中"的标牌，以便幼儿在第二天能够继续。

出于同样原因，教师要敏感发现幼儿何时对小组或大组活动失去兴趣，要么调整活动（如介绍备份材料，或让不安分的幼儿动起来而不是坐着），要么结束这个活动。如果幼儿感觉被强迫继续，可能会对这段时间产生不愉快的联想。他们可能会笼统地不喜欢集体活动时间并且拒绝参与，即使他们对材料和活动感兴趣。

### ▲ 最大限度地减少干扰与过渡

尽管专注性会随着时间增长，但是不要假设幼儿只有短暂的注意时间。不断改变的步调或者新颖的刺激可能会影响幼儿的专注。为了鼓励幼儿持续参与，应最大限度减少干扰与过渡，如不要在工作时间设立特别项目，干扰幼儿正在进行的活动。较少的过渡时间保证幼儿在一天中每个环节都有必要的时间实现他们的意图。

 **关键发展指标4　问题解决：幼儿解决在游戏中遇到的问题**

**描述：**幼儿在解决各种问题时具有创造性和灵活性，从不断试误发展到尝试更系统地解决问题。

## 问题解决能力如何发展

心理学家卡罗尔·德韦克（Carol Dweck）发现幼儿在解决问题时分为两类：表现导向（performance oriented）或学习 / 掌握导向（learning/mastery oriented）（2002）。表现导向的幼儿关注从别人那里得到积极的评价，避免可能导致失败或批评的情况，并且容易放弃。学习（掌握）导向的幼儿关注提高能力，不在意他人的反馈。他们会尝试新挑战，即使最初的努力没有成功。尽管两种导向根源在于气质差异，但都受到成人是强调结果（表现）还是努力（学习）的影响。

除了个体差异，也有发展性变化。稍小的幼儿处理问题更有热情、更自信，但是持久性较差。稍大的幼儿更坚持、更善于变通，有可能提出自己的解决方案（Flavell, Miller & Miller, 2001）。执行功能也发挥了作用。研究表明，稍大的幼儿能够更好地调节自己的注意力并且将认知技能应用于问题解决情境（Zelazo et al., 2003）。由于幼儿大脑，特别是额叶皮质即管理调节和表达情绪部位的变化，3~5 岁至关重要（Shore，2003）。

为帮助幼儿发展问题解决技能，教师要给予他们自己思考解决办法的时间。

## 支持问题解决的教学策略

### ▲ 鼓励幼儿描述遇到的问题

给予幼儿时间去识别和描述问题，而不是代替他们做这件事。如果他们的语言能力有限，教师可以进行简单的陈述（如"所以问题是……"），直到幼儿开始自己说。幼儿可能用与成人不一样的方式看待问题，但是通过使用他们自己的词语，幼儿开始相信自己作为观察者和分析者的技能，如下面的例子。

科尔来到他的老师杰基身边说："电脑坏了。"老师让科尔告诉她电脑怎么坏了并跟着科尔回到电脑旁。科尔解释道："看，它总是回到我开始的地方。"当杰基询问科尔想用电脑做什么时，科尔说："我要去游戏的下一关。"老师接着问："为了进入下一关，你已经做了哪些尝试？"科尔按下空格键和回车键。杰基看着屏幕，指着箭头图标，然后说："我想知道这是做什么的。"科尔尝试点击箭头图标。当点击前进的箭头图标时，游戏继续。科尔说："现在我把它修好了！"

### ▲ 让幼儿有时间想出自己的解决方案

正像你等待幼儿自己发现问题一样，你要退居其后，以便幼儿可以尝试自己解决问题。尽管你的解决方案可能会更有效率或更有效果，但简单地将解决方案告诉幼儿，剥夺了幼儿学习的机会和发展自信的机会。

### ▲ 与幼儿谈论哪种措施有效，哪种无效

为帮助幼儿从试误到用系统的方法（因果关系）解决问题，教师应鼓励幼儿描述和思考自己行为的结果。让幼儿意识到一种解决方案何时有效以及何时需要使用另一种方案同样重要。

瑞文让老师贝丝看她的胳膊卡在夹克袖子里了。贝丝说："你戴着手套，手套穿不过袖子。你之前穿衣服时是怎么让胳膊穿过去的？"

### ▲ 帮助遭受挫折的幼儿

有些时候，幼儿确实需要成人的帮助，尤其是当他们对问题无能为力，无法向前推进计划时。当幼儿遭遇他们无法逾越的障碍时，为幼儿提供"刚刚好"的帮助，以便他们自己继续解决问题。简单说明一下解决方案，有助于幼儿在今后独立使用这些方法。

## 关键发展指标5　资源利用：幼儿收集信息并形成对周围世界的看法

**描述：**幼儿用所有感官和多种工具对周围世界进行探索并收集信息。幼儿会对所遇事物提出问题，并尝试说明自己的想法。

### 资源利用的能力如何发展

幼儿会逐渐熟练地利用资源——可操作的物体、常见的行为和事件、人类的知识，从而获得知识并达成目标，其中表现的个性倾向（也被称为"思维习惯"）包括渴望把事情弄清楚，使经验有意义，追求正确性，追寻事物工作的证据（Katz，1993）。尽管气质差异会影响幼儿尝试新鲜事物的欲望（Kagan，2005），但一个发展趋势是开放性渐增。幼儿知道的越多，他们可以从资源中提取的知识越多。幼儿的提问也有一个转变。不像学步儿反射性地问"那是什么"，幼儿的问题"为什么会这样"经过了更多的

思考。幼儿可能很大声地问问题（如"为什么下雪时会变冷"），或者向自己提问（如"我想知道胶带是否比胶水效果更好。我要试一试"）。

　　给幼儿提供适合年龄的、动手操作的资源以便其在探究时加以利用的重要性再强调也不为过。高瞻课程模式"为质量而培训"研究发现，有机会接触各种各样的材料是早期发展的一个重要预测因素（Epstein,1993）。一项由高瞻协调的 10 个国家不同项目国际研究发现，学前几年开放性材料的可获得性显著和积极地预测了幼儿在 7 岁时的认知和语言表现（Montie, Xiang, & Schweinhart, 2006）。这些研究与大脑研究相一致。大脑研究表明："早期教育者的任务是促进知识网络与语言表达进一步连接和应用。"（Catherwood，200，p.33）换句话说，我们的工作是提供科学家研究发现的、幼儿大脑中正在发展的语言和认知联系所需的资源。

## 支持资源利用的教学策略

### ▲ 提供能吸引所有感官的开放性材料和经验

　　当材料可以用许多方式操作和体验时，幼儿将习得有意义的经验。多样的材料也是对个体通过一种或多种感官学习的偏好的尊重。封闭性的材料只有一种"正确的"使用方法，为探索和发现提供的可能性有限。幼儿会很快失去对封闭性材料的兴趣。相反，开放性的材料可以有多种用法，保持幼儿的注意力，并且激发他们的想象。开放性材料还提供了更多的学习机会。如用真实黏土工作的幼儿会惊讶于黏土变干了之后颜色变浅，这与橡皮泥不同。这会引导他们感受其他艺术材料并比较材料的含水量。

### ▲ 与幼儿谈论他们如何使用材料

　　像之前提到的，大脑研究表明，用语言描述行动和观察结果有助于幼儿建立持续的神经连接。因此，与幼儿谈论选择与谁一起工作、如何使用资源解决问题、观察到什么、得出了什么结论是很重要的。然而，也不要谈论太多，否则你打扰了或干涉了幼儿的游戏。教师只需要安静地坐在幼儿身边，给他们时间去探索和观察。当幼儿做好分享的准备时，他们可能会在晚些时候选择发起对话。

### ▲ 鼓励幼儿使用多种资源回答自己的问题

　　幼儿提出的——而不是我们提出的——关于自己和他人的问题往往能够带来最有意义和持久的深刻见解。鼓励幼儿提问并帮助他们定位能让他们找到答案的资源。如教师说"我好奇你可以使用什么来找到答案",吸引幼儿在教室中四处搜索。或者教师问"这个材料如何发挥它的作用",以此鼓励幼儿用不同材料试验并观察结果。

 ## 关键发展指标 6　反思：幼儿对自己的经验进行反思

**描述**：幼儿运用自己的经验得出关于人、材料、事件和想法的结论。幼儿将已经掌握的与正在操作和学习的内容进行联系。

### 反思能力如何发展

学前阶段的认知和语言发展使得幼儿逐渐能够进行反思。当幼儿开始建构关于物体、事件和互动的心理表象（表征）时，他们不再是仅仅关注当时当下。他们可以回顾过去，展望未来。词语帮助幼儿编码经验（形成心理表象），所以他们能够记得过去的事情或者接纳"如果……会怎样"的关于尚未发生的事情的想法。

反思涉及的不只是"回忆或者机械背诵已完成的活动，反思是带着分析去记忆"(Epstein, 2003, p.9)。与生硬记忆不同，反思让幼儿发现和应用潜在的概念。如把握字母发音规则，了解每个字母都有独特的样子和发音，能让幼儿在遇到新字母时加以应用。总结、提炼信息是一种有效的学习方式。

### 支持反思的教学策略

#### ▲ 在一日常规中安排固定的回顾时间

当幼儿能预测到在清理时间之后是回顾时间，他们就会逐渐养成回顾和思考他们在工作时间的活动的习惯。成人也可以通过回顾式的提问，或在一天中其他时间进行评论，鼓励幼儿多加反思。如在工作时间，如果幼儿邀请你加入他们的假装游戏，你可以询问他们到目前为止都发生了什么。你可以说："所以我是大姐姐，需要让我的小弟弟宝宝停止哭泣。你们到目前为止已经尝试了哪些方法？"贯串工作时间的反思帮助幼儿在回顾时间概括地或更详细地描述他们的活动。

#### ▲ 通过评论和提问鼓励幼儿反思

当你在幼儿身边游戏时，询问开放性的问题，分享观察结果，能促进幼儿反思。这些问题可以是："故事还可以怎样结束？""如果……会怎么样？""你还可以……？""我很好奇这个还能在哪里用。"为了在先前和当下的经验之间建立联系，你可以询问:"这让你想起了什么?"或者这样评论:"在户外骑三轮车时,你发出了呜呜声。当你把小汽车从斜坡推下来时,你发出了同样的声音。"

### ▲ 使用照片和纪念品帮助幼儿回忆并反思经验

"一张图片胜过千言万语"指的是一张图片能够唤起其背后蕴含的整个故事。一系列照片帮助幼儿回顾事件的顺序,并突出了"如果……那么……"的联系。如幼儿搭积木的照片不仅帮助他们回顾一系列的步骤,还能提醒他们务必添加积木块加宽地基,使建筑保持平衡。同样地,一个物品代表一件事,如实地考察后带回来的物品,能够引发回忆和反思。

实地参观艺术博物馆后的第二天,幼儿看着他们在礼品店买的翻印明信片。一名幼儿仔细看着一幅画,并用忧郁的语调说:"这幅画是灰色的,因为作者在创作这幅画的时候很伤心。"另一名幼儿仔细观察一个庞大的人物雕像,并评论道:"这个太高了,你看不到他的眼睛。它很恐怖,像一个怪物。"第三名幼儿没有回顾他在博物馆看到的作品和度过的时光,而是想起了在博物馆咖啡厅里的一场风波。"汤米把他的果汁洒到我的鞋上了。"这名幼儿回忆道。

 试一试

1. 列出你认为幼儿进入学前班时在学习品质领域需要知道或做到的 5 件最重要的事情。为什么这些是最重要的?教师可以如何支持?

2. 回忆你小时候上学的经历,比如:

- 作为一个学习者,什么使你对自己的能力感到自信 / 缺乏自信?
- 教师在多大程度上鼓励 / 不鼓励你的主动性和独立性?
- 这些早期经验如何影响你日后对学校的态度?
- 你现在如何学习?

你将如何把你自己小时候上学的经历用于工作中?

3. 想一下你最近完成的一个重要的项目,之后回答以下问题:

- 在你开始前,如果有的话,你花了多长时间和努力来计划该项目?
- 你如何收集信息、材料或其他资源来完成项目?
- 工作时或完成任务后你是否反思过你的满意程度?
- 如果你之后做一个类似的项目,在开始前、进行中和结束后,你会做哪些改变?
- 你如何运用你的经验支持幼儿的工作?

4. 想想你最近在家中、学校或是工作当中遇到的问题（如同时完成几个限期完成的任务，修理或是更换坏了的设备，调解观念冲突）。

- 你是如何解决问题的？

- 面对挑战，你是否感到愤怒或兴奋？你是有条不紊地应对挑战吗？

- 你在解决问题时如何应对问题情境的变化？什么决定了你每次的应对措施？

- 你可能会做些什么来让你解决问题的方法更加令人满意？

- 你将如何把你的问题解决经验应用于和幼儿一起的工作中？

5. 观察幼儿园中的幼儿。记录幼儿表现出主动性、计划性和解决游戏中遇到的问题的案例。你的观察告诉了你有关幼儿发展的哪些信息？你如何支持他们的学习品质？

# 第 11 章　社会性和情感发展领域的内容是怎样的？

## 本章导读

　　本章主要论述了高瞻课程模式促进幼儿社会性和情感发展的理论依据和实践做法，主要包括 3 个部分：第一部分讨论了为什么社会性和情感发展领域的早期学习很重要；第二部分介绍了高瞻课程模式在社会性和情感发展领域的一般性教学策略；第三部分具体明确地介绍了社会性和情感发展领域的 9 条关键发展指标，分别是自我认同、胜任感、情感、同理心、集体、建立关系、合作游戏、道德发展和冲突解决，并对每一指标提出了具体教学策略。

## 本章学习目标

**学习完本章，你应该能够**

解释为什么社会性和情感发展很重要。

描述高瞻课程模式社会性和情感发展领域的关键发展指标。

理解并应用支持早期社会性和情感发展的策略。

## 本章术语

学习倾向（dispositions toward learning）

社会交往能力（social competence）

示范（modeling）

指导（coaching）

独自游戏（solitary play）

平行游戏（parallel play）

合作游戏（collaborative play）

冲突的问题解决法（problem-solving approach to conflict resolution）

 **想一想**

当你还是孩子时，是否玩过"上学"游戏呢？不管是哪个孩子幸运地得到了教师的角色，都急切地和其他人分享他（她）的知识。他可能会大声地给其他孩子读书，或是让他们来解一道算术题。有时，扮演教师的孩子会给其他孩子讲述来自真实的学校的趣闻，同时，扮演学生的孩子可能也会展示他们在家里、课堂上或是社区里了解到的信息或技能。

在玩"上学"游戏时，你也会学到学科知识之外的东西。当你和其他孩子为这个游戏设定规则（争论怎么玩"上学"这个游戏的时间可能会比玩游戏本身的时间更长），大量的社会性学习就已经发生了。你可能练习过特定技能，如写字和画画。你可能会被要求长时间地静坐着来听教师的讲课和指导——这取决于扮演教师的孩子如何掌控他的课堂（这个孩子常常被视为权威人物）。这个游戏还反映或可能影响孩子对学校的态度，这被教育心理学家称为"学习倾向"。总之，孩提时期"上学"这一社会性活动是其他领域如学业知识学习、创造性和身体发展的基础。

正如"上学"游戏所展示的，早期社会性和情感经验在许多方面塑造了幼儿的生活。在与其他人交往的过程中，幼儿观察并尝试运用不同的互动方式，预演他们今后会形成的各种人际关系，如与家人、教师、同学、朋友或同事之间的关系。社会性交流也会为幼儿获得其他领域的知识和技能提供机会（如对话发展了语言，抓人游戏强化了动作技能）。如果这些经历是积极的、支持性的，那么幼儿更有可能成为积极参与的、主动的学习者。如果学习环境是严厉的、惩罚性的，那么幼儿就会倾向于拒绝。

基于这些原因，高瞻课程模式高度重视为幼儿创造出温暖的、养育性的环境。这样的环境可以为幼儿今后的学习和生活提供一个良好的开端。本章我们将讨论幼儿社会性和情感的发展以及教育者应该如何在这方面提供支持。

## 为什么社会性和情感发展很重要

社会性和情感发展一直以来都是早期教育的一个主要关注点。尽管近几年学前教育领域被要求强调学业学习。但早期社会性与智力一样，再一次受到了关注。划时代的出版物，如《渴望学习：教育我们的幼儿》和《从神经元到社区》（*From Neurons to Neighborhoods*，National Research Council & Institute of Medicine, 2000），通过证据揭示社会性和情感学习是入学准备的重要内容。事实上，幼儿各个方面能力的增强，很大一部分需要通过社会互动（Katz & McClellan,1997）。

伴随着对社会性和情感发展的普遍关注，人们开始重视游戏的多种益处。在 2006 年，美国儿科学会（The American Academy of Pediatrics）呼吁"复兴"游戏，如那些能发展抵抗挫折、管理压力以及与成人或同伴建立（家庭内或家庭外）关系的能力的游戏。他们的报告提出了如下建议："在父母为幼儿选择早期保育和教育服务时，儿科医生应强调选择那些不只是'学业准备'的机构的重要性，应该引导家长同样关注幼儿社会性和情感发展的需要。"（p.18）

## 转变对社会性和情感发展的认识

在 20 世纪 90 年代末，心理学家朱迪·邓恩（Judy Dunn）和卡罗琳·萨尔尼（Carolyn Saarni）对挑战传统的关于早期社会性和情感发展的观念，尤其是将幼儿看作利己主义者的研究进行了总结（Judy Dunn，1998；Carolyn Saarni，1999）。即使是学步儿，也会对别人的感受和想法感兴趣，并将之与自己的进行比较。较小的幼儿开始发展越来越复杂的"心理理论"（theory of mind），以解释人们的行为如何受内在想法和感受影响（Wellman, 2002）。较大的幼儿很清楚内在的个性特点影响一个人的想法、感受和行为（Giles & Heyman, 2005a, 2005b）。这个年龄的幼儿能够区分更多不同的情感并解释因果关系（如"你很生气，因为它总是失败"）。详见"社会性和情感发展的里程碑"。

早期社会性和情感体验会以很多方式影响人的一生。

### 社会性和情感发展的里程碑

**婴儿**

- 学习调节行为（如哭、移动、注意）。
- 与主要照顾者建立联系，并通过这种依恋产生信任感。

**学步儿**

- 认识并控制自己的情绪。
- 测验自己的技能并开始认为自己是有能力的。
- 越来越多地将自己与别人区分开来，并进入互动的世界。

**幼儿**

- 逐渐理解自己和他人的感受。
- 因为能实现自我发起的目标而将自己视为行动者。
- 扩大社会交往网络，培养爱好，建立友谊，并与家庭和幼儿园中的新群体建立联系。

来源: 改编自 *Me, You, Us: Social-Emotional Learning in Preschool*，Epstein，2009a，p.13.

## 影响社会性和情感发展的因素

幼儿正在逐渐发展建立人际关系的能力，这种能力受 3 个因素影响（Epstein，2009a）。

**对友谊的渴望。**幼儿是社会的一员。从学步儿后期开始到整个幼儿园时期，他们对友谊的渴望在不断地扩展，从与成人的交往扩展到与其他幼儿的交往。

**解决"我"与"我们"的对立的努力。**有时候，幼儿个体（"我"）需要或想要得到某件物品与成为某个团体一员（"我们"）的愿望相冲突。可能需要成人帮助他们解决个体与社会交往意愿之间的矛盾。

**不断发展的社会交往能力。**随着幼儿体验到他们行为的后果，他们开始能够更好地在积极和消极的社会交往中做出选择。语言赋予幼儿强有力的解决冲突的工具——以一种非攻击性的方式来解决问题并发展社会交往能力。尽管他们仍旧将很大一部分注意力放在自己的需求上，但也开始越来越关注其他人的情绪情感和需要。

# 社会性和情感发展领域的一般性教学策略

## ▲ 创建支持性的环境

只有在感到安全的氛围中，与照顾他并提供学习机会的成人建立社会性关系时，幼儿才能学习和茁壮成长。当幼儿发现自己周围都是陌生人，身处一个并不熟悉的地方，被期望做出新行为时，你需要对他们面临的挑战有所认识，为他们创设一个安全可靠的环境。

## ▲ 帮助幼儿从家庭顺利过渡到幼儿园

在幼儿有分离焦虑的这段时期，全心全意地支持他们，直到他们能够自己应对。让幼儿确信你是友好的。鼓励家长尽可能在班里多待一会儿，直到幼儿适应为止。可能需要建立一个简单的接送常规（如幼儿自己挂外套，拥抱 3 次，从窗户向妈妈挥手道别）。如果幼儿能在自己参与活动时随身携带一张全家福照片，他们将受益良多。要意识到来自家庭的压力也可能使幼儿产生焦虑。让幼儿确信你关心他们。

## ▲ 安排并布置一个利于社会互动的教室

教室的布局会影响互动（Gummings, 2000）。如有一项观察研究发现，如果幼儿工作的区域适合多名幼儿一起玩耍，或者当玩具（如启发他们玩角色扮演游戏的服装道具，或者需要两名或更多幼儿一起开的多轮车）适合多名幼儿一起玩时，他们的互动水平会更高。这种环境当中的幼儿会参与更复杂的游戏中，与同伴和成年人交流得更多，冲突也会更少（Hemmeter & Ostrosky，2003）。

## ▲ 遵循可预测的时间表和常规以创建安全的环境

可预测性能够让幼儿感到安全，让他对一天当中要发生的事件有掌控感。一个平衡的时间表有放松时间，又提供了独自一人、两两一组、小组和大组工作和游戏的机会。此外，大家使用统一的一日常规，营造了集体感。

## ▲ 通过示范、指导和提供练习机会培养特定技能

全班集体上课并不能培养社会交往和情感技能，但是来自温暖、支持性的成人的个别指导能。在与幼儿互动时，可使用以下 3 个有用的策略。

**示范。**"不管教育者有意或无意，通过举例、示范来教学是最有用的技巧。"（Eliase

通过示范支持幼儿社会性和情感发展。通过示范，成人能够向幼儿展示他们是如何与他人互动的。

et al.，1997，p.56）在幼儿参与有意义的活动时，示范的效果是最好的（Fox & Lentini，2006）。如和一组幼儿一起玩耍时，你可能会提出建议："看起来你还需要一块大积木，我可以把我的给你。"

**指导。**社会性和情感领域的指导（也可以叫作游戏指导）就像其他如读写、运动领域的指导一样，包括将某一个行为分解，解释要领和步骤，创造机会练习（下面的逸事就是一个例子），并给予反馈。当幼儿不被他的同伴接纳，他被拒绝后的愤怒让他被进一步拒绝和排斥时，社会交往指导可能会特别有效。

在计划时间，乔伊说："我要去玩电脑。"当被告知两台电脑都有人在使用时，他皱起了眉头并紧绷身体。之后他想起了老师之前的建议。"也许我可以看着他们用电脑，"他说，"之后我就能玩了。"他拉过来一把椅子，看那两名幼儿用绘画软件画画。"你可以在这儿画一只小狗，"乔伊建议道，其中一名幼儿照做了。他挪开了一点，给乔伊腾了地方，这下乔伊也能使用键盘了。三名幼儿一起尝试并评论结果。在回顾环节，乔伊骄傲地宣布："我、阿里和凯文都玩了电脑。"

**提供机会练习。**社会性和情感发展需要学习新的技能，以及"习惯性思维和行为的去学习"（Elias et al.，1997，p.55）。如幼儿意识到自己可以简单地说出需要什么，而不是通过大喊大叫引起注意。在学前期选择"习惯性思维和行为的去学习"可能比之后某种习惯已经固化后更容易一些。一旦幼儿的社会交往技能成为自发行为，他们便能够将其应用到新的环境以及与他人的相处中。

## 社会性和情感发展领域的关键发展指标

在社会性和情感发展领域，高瞻课程模式提出了9条关键发展指标：自我认同；胜任感；情感；同理心；集体；建立关系；合作游戏；道德发展；冲突解决。本章余下的内容讨论了每一关键发展指标以及教师与幼儿互动时可以使用到的支持其发展的策略。

---

**社会性和情感发展领域关键发展指标**

7. **自我认同**：幼儿具有积极的自我认知。

8. **胜任感**：幼儿感觉自己是有能力的。

9. **情感**：幼儿识别、标记和调节自己的情感。

10. **同理心**：幼儿对他人表现出同理心。

11. **集体**：幼儿参与班集体。

12. **建立关系**：幼儿与其他幼儿和成人建立关系。

13. **合作游戏**：幼儿参与合作游戏。

14. **道德发展**：幼儿发展出内在是非感。

15. **冲突解决**：幼儿解决社会性冲突。

---

 **关键发展指标 7　自我认同：幼儿具有积极的自我认知**

**描述**：幼儿意识到构成其个人身份的特征，如性别、民族、文化和能力。他们意识到自己的独特性，并建立健康的自我形象。

### 自我认同如何发展

自我认同就是关于我们是谁（女孩还是男孩，黄眼珠还是蓝眼珠）而不是我们能做什么的认识（见关键发展指标 8）。健康的身份认同基于生命早期建立的充满信任与安全感的关系。自我认同最初出现是在婴儿意识到他们自己和照顾他们的人彼此都不是对方的延伸，而是彼此独立的个体（Post et al.，2011）。如果幼儿学会尊重不同人的性格特点，身份认同将会持续发展。

因为幼儿的思维是具体形象的，他们最初关注的是身份可见的部分，建立了关于种族、社会阶层、文化、性别以及生理或心理能力的认识（Ramsey，2006）。他们更关注自己与别人相同的地方，而不是不同的地方。较大幼儿的关注点能够超越外表和行为。4 岁的幼儿开始模糊地理解自己的心理，如他们饶有兴致地或小心翼翼地接近一个新事物（Marsh, Ellis, & Craven, 2002）。他们发展心理理论，意识到不可见的想法和感受是如何影响行为并影响自我认知的（Pomerantz, Ruble, Frey, & Greulich, 1995）。如幼儿会注意到相比吃完晚餐时家人的放松状态，家长在接他们放学回家时，会更容易激动和生气。他们便会形成一种心理理论：饥饿或劳累使人不高兴。将这一理论运用到自己身上，幼儿可能会得出一个结论：自己在吃完零食或休息时，会更有耐心地解决问题。

## 支持自我认同的教学策略

### ▲ 在一日生活中关注幼儿

把你绝大部分时间用在与幼儿互动，而不是用于准备材料、清洁或与成年人聊天。永远不要大声喊叫、羞辱、讲脏话或使用非常刻薄的语言和行为。最后，直接告诉幼儿们你的评价或建议。不要当着幼儿的面议论他们，就像他们不在似的。

### ▲ 积极说明多样性和差异性

以一种直接的、礼貌的方式回答幼儿关于人的问题。使用中性的词语来描述性别、肤色、家庭构成、宗教及与身份相关的其他特征。使用一些常见的特征来给幼儿分组，以便于过渡时间游戏的展开（如"有哥哥或弟弟的小朋友，请穿上你们的外套"）。展示并讨论体现幼儿家庭多样性的照片。

### ▲ 提供非刻板的材料、活动和行为榜样

与幼儿分享一些能让他们自我感觉良好，并与和他们相同或不同的人形成积极关系的书、故事和歌曲。提供非刻板的材料，计划新颖的、能够反映多样性背景的活动。

### ▲ 鼓励家庭成员参与机构活动

邀请家庭成员——父母、祖父母、兄弟姐妹等成为班级的一员，以强化幼儿正在形成的自我概念。提供多样的选择，以便家庭成员能够选择适合他们工作时间和个人偏好的活动类型以及参与水平。

### ▲ 建立与社区的联系

与社区中能够为幼儿贡献时间和专业知识的成员建立关系，可以是个人，也可以是团体，如艺术家、商人、企业主、部落领袖或能够成为导师或行为榜样的老人。一些人能够在自己工作的地方接待参观访问，另一些人则能够来教室。提早与他们讨论幼儿感兴趣的事情，分享想法，使活动对幼儿来说具有操作性和互动性。

## 关键发展指标 8　胜任感：幼儿感觉自己是有能力的

**描述**：幼儿怀着对成功的期待发现和解决问题。幼儿相信自己能够掌握所需知识或技能。

### 胜任感如何发展

胜任感是"一种相信自己可以成功地完成某事的信念"（Kagan et al., 1995, p.16）。胜任感有时会和自尊相混淆。然而，过高的自尊并不健康。如果自尊心过于膨胀，可能会导致糟糕的学业成果以及不合理的冒险行为（Baumeister, Campbell, Kreuger, & Vohs, 2004）。健康的自尊心是对人的能力有真实认知，接受自己的局限性，无惧失败。有健康自尊心的幼儿，不需要成人的赞赏也能够认可自己的努力。

不过，在帮助幼儿积极评价自我方面，成人有很重要的作用。如婴儿的某个行为产生后果，能帮他们产生自我胜任感（如"如果我咕咕叫，爸爸也会对着我咕咕叫"）。同样地，当学步儿和幼儿探索材料或活动时，成人表示出的兴趣和鼓励，不仅能够支持他们的智力发展，也能够支持他们形成胜任感（Meece & Daniels, 2007）。同伴也发挥着越来越重要的作用。一旦有个想法被同伴接受并遵守，幼儿便会认为自己很能干。促进合作而非竞争的环境有助于形成胜任感（Bandura, 1994）。

### 支持胜任感的教学策略

#### ▲ 鼓励幼儿掌握符合发展水平的自助技能

以幼儿一心要做并做成的事情，而非成人的标准来评判成功。抵制更快或者更好地去做某事的诱惑，让幼儿自己尝试，逐渐形成"我能行"的信念。认可每名幼儿的努力，了解幼儿在逐渐学会自我照顾的过程中每一步的努力。

#### ▲ 在幼儿准备好时，通过引入更高水平的挑战以鹰架幼儿的学习

幼儿有时缺乏自信或不知道怎么解决稍有困难的事情，应当在适宜的时候提供更温和的鼓励。给予间接的建议而不是直白的指导，如你可以说："当我穿不上鞋子的时候，我可能会先试着松开鞋带。"

### ▲ 支持幼儿的想法和主动性

鼓励幼儿做出选择，实现自己的计划，分享观点。当他们能决定游戏地点、使用材料、游戏伙伴、活动持续时长时，他们的自信心在不断发展。当有人倾听他们的想法时，他们会感到自己很有价值。鼓励幼儿互相帮助，是对他们问题解决能力的信任。

模仿幼儿的行动，并告诉他们，你很重视他们的努力和想法，以至于你也要亲自尝试。

### ▲ 认可幼儿付出的努力和取得的成就

表扬会让幼儿依赖于他人的判断，并阻止他们发展自我的工具（Katz,1993; Kohn,1999）。相反，鼓励能够帮助幼儿以一种积极的、自尊的态度来评论自己逐渐获得的知识和技能。鼓励（而非表扬）幼儿，可以这样做。

- 观察和倾听，表达你的兴趣。
- 模仿幼儿的行为和话语，表示你重视他们的想法，以至于愿意自己尝试。
- 评价幼儿做的事情，以帮助他们自我反思。
- 向其他人展示幼儿的作品，使他们感到大家都一样得到重视和认可。

更多的鼓励而非表扬的策略，请参阅本书第 5 章。

### ▲ 为幼儿提供成为领导者的机会

成为领导者，能让幼儿认可自己是有能力的人，自己的想法也会得到别人的认真对待。在一日生活中，为幼儿提供成为领导者的机会（如请幼儿针对大组活动时间或过渡时间的移动路线提出建议）。永远不要强迫幼儿领导别人，而是给每名想当领导者的幼儿机会，允许他们有足够的时间去思考。

 **关键发展指标 9　情感：幼儿识别、标记和调节自己的情感**

**描述**：幼儿识别并命名自己的情感，意识到别人可能与自己有相同或不同的感受。幼儿调节自己的情感表达方式。

## 情感是如何发展的

幼儿通过表达（体验和表现情感）、调节（控制情绪的表达）、知识（理解情绪如何影响个人和人际交往），从而实现情感的发展（Denham，2006）。幼儿情感的发展可能受到多种因素影响，如先天的气质差异（易于满足还是焦虑）、认知（人如何觉察和理解情感）、语言发展（识别感受和从信息中发现情绪）、社会化（学习如何用适宜的方式处理情感）（Raver, Garner, & Smith-Donald, 2007）。

幼儿逐渐增长的词汇量在帮助其区分不同的情感状态时尤其有用。他们逐渐形成的心理表征能力也同样能够帮助他们猜想产生某种情绪的原因，解决情绪问题（如他们能够想象父母返回家中）。拥有更多情感知识的幼儿更有可能获得友谊，因为他们能够想象别人的感受，并做出维持良好关系的行为。

## 支持情感的教学策略

### ▲ 将幼儿所有的情感都视为正常的情感并予以接受

不要评价某种情绪情感是好是坏。停止伤害性的话语或行为，让幼儿确信，你所限制的不是他们潜在的感受，而是他们的行为。通过语言、面部表情、手势、眼神接触、蹲下来与他们同身高、倾听等方式表示你接受他们的情感。敏感察觉因个体差异或文化差异导致的不同情感表达方式，永远不要给幼儿压力，使他们用不舒服的方式表示感受。

### ▲ 命名或标记幼儿和教师自己的情感

到上幼儿园时，大部分幼儿已经习得基本的表示情感的词语，如生气、开心、伤心。鼓励他们使用已经知道的词汇，在对他们有意义的背景下逐渐介绍新的词语（如外出旅行被取消时，感到"失望"）。标记你自己的情绪（如"我感到挫败，因为活动区标签老从墙上掉下来"）。展示你是如何处理你的感受的，让幼儿相信他们能够学着做同样的事情。

### ▲ 请幼儿关注他人的情感

帮助幼儿意识到别人的情感，有助于他们理解情感是普遍存在的，和自己的情感可能相同或不同。学习"阅读"别人的感受帮助幼儿发展情绪能力。指出线索，如肢体语言（拳头紧握、喜悦地大跳）、面部表情（露齿而笑、眼睛低垂）、口头语言（咆哮、舒缓地哼哼）。成人的解释对于那些尚不能熟练发现情感线索的幼儿来讲尤其有用。

### ▲ 在一日生活中评论和讨论幼儿的感受

与幼儿谈论其感受，觉察并评论他们的积极情感和消极情感。让关于感受的随机谈论成为日常生活的一部分，同时，当认识到那些强烈的情感可控时，也就变得不再那么害怕（如"消防演习警报响声很大，有时会让人感到害怕"）。

幼儿逐渐发展的表征能力，使其能够谈论自身还未体验过的情感。如他们能够讨论故事书中刻画的情感，并将其与他们的经历相联系，也能够谈论自己或别人在绘画作品中表露的情感。

 **关键发展指标 10　同理心：幼儿对他人表现出同理心**

**描述：** 幼儿基于相同的情感经历理解他人感受。他们在看到他人情感失落或身体受伤时，通过分享喜悦或提供帮助进行有同理心的回应。

### 同理心如何发展

同理心是对某一事物在别人看来是怎样的感受的想象。同理心现象在婴儿期和学步儿时期出现，并在幼儿阶段逐渐复杂化（Eisenberg, Spinrad, & Sadovsky, 2006）。早在新生儿两个月时，便对看和倾听别人产生了兴趣。在半岁的时候，他们将自己的行为和重要的人的情绪表达进行匹配。学步儿会转向悲痛的声音并尝试帮助和安慰别人，这体现的是同理心。幼儿能够推断他人的想法、愿望和感受，如加餐时间看到别人在哭，幼儿会问："他这么伤心是因为他想要妈妈吗？"

家庭成员对于幼儿同理心的发展非常关键，尤其是其示范作用影响巨大。父母更多地满足幼儿的情感需要，幼儿便能够更好地与兄弟姐妹、玩伴共情（Atance, Belanger, & Melzoff, 2010）。当较小的幼儿进入幼儿园后，他们与教师、同伴的互动，以及观点采择能力的发展，都会影响其同理心的发展。

### 支持同理心的教学策略

#### ▲ 示范对他人的关心

使用词语、面部表情、肢体语言来展示你对幼儿感受的理解，并且要帮助其处理情绪情感。描述你看到的和你采取的行为（如"我要挪开一点给泰伦腾地方，因为她没有地方坐，有点伤心"）。提供对不同幼儿起作用的个性化的抚慰（如拥抱、交谈或者仅仅是站在一旁）。积极地回应那些用不受人欢迎的或伤人的方式（如很黏人、噘嘴或打人）表达需要的幼儿。你的耐心和理解将帮助幼儿学习用积极的方式表达自我。

### ▲ 认可和标记幼儿共同的感受

帮助幼儿意识到他人也有同样的感受时一定要具体。关注情境和随之而来的情感（如"伊莎贝尔很伤心，因为她的妈妈离开了。你刚来幼儿园时，妈妈离开后也会感到伤心"），唤起幼儿的经验，以帮助他们理解甚至预想到他人的情感表现。

### ▲ 为幼儿创造表现同理心的机会

创造情境，明确地鼓励幼儿倾听和思考别人的感受，如在郊游时，邀请幼儿给生病在家的幼儿挑选一个大南瓜。鼓励幼儿帮助别人（如当别的幼儿倒水时，扶一下杯子；帮助坐轮椅的幼儿捡起掉在地上的东西）。照顾植物和动物也能帮助幼儿领会他们的行为对别人健康幸福的影响。

### ▲ 在非社会性情境中练习观点采择

认同他人的观点是同理心的认知基础，因此，引入观点采择活动，学习对人、物体和行为的采择。如户外活动时间，要求幼儿分别从侧面、上方和底部观察灌木丛。鼓励幼儿使用语言指导他人移动，以使其思考那些听其指令的人所听和所理解的内容。许多三维的艺术活动也涉及观点采择。鼓励幼儿从多角度观察或拍照。

 **关键发展指标 11　集体：幼儿参与班集体**

**描述：** 幼儿以班集体成员的身份，参与一日常规活动，展开符合社会期待的合作，分担维持教室运行的责任。

### 集体意识是如何发展的

班级是一个集体，这里的成员有着不同年龄，并从事不同的活动，拥有各自的兴趣、时间表以及友谊。幼儿想要加入这个集体，但平衡自我和他人的需求需要一个学习过程。成为集体一员的满足感能帮

成人如何对待其他成人与幼儿，奠定了教室的感情基调。成人应当创造尊重与负责的氛围。

助幼儿跨越这座桥梁（Battistich, Solomon, & Watson,1998）。

当幼儿从"我"过渡到"我们"，便发展出一种集体责任感。如当幼儿使用教室中的材料时，他们会发现材料一旦没有得到妥善保管，会发生什么（如记号笔不盖盖会干）。这种推断因果关系的能力的生成，帮助幼儿转变他们的行为，成为越来越有责任感的集体成员。

## 支持集体意识的教学策略

### ▲ 创设尊重和负责的氛围

成人的行为确定了班级环境的基调，积极的集体环境能够让幼儿对幼儿园有良好的感受，成为成功的学习者（Randolph & Gee，2007）。因此，成人应该知道永远不要当着他人的面责备、羞辱幼儿，使幼儿感到难堪，或批评他们的个人特质和他们的贡献。当幼儿犯了错，成人应当使用社会交往问题解决技巧，允许幼儿自己解决问题并进行学习（Zeiger, 2007）。设立常规清理时间，也能够提升幼儿的集体感——教室属于大家，而不是教师。最后记住，倾听是支持性集体的关键，不仅是成人倾听幼儿，也包括幼儿倾听其他幼儿。

### ▲ 请幼儿关注全班参与的活动

日常的全班集体活动包括大组活动时间、问候时间、过渡时间、清理时间以及户外活动时间。请幼儿关注这些集体活动的时间段，能够增强幼儿对于集体的归属感。在这些时间段拍照，并使用如"我们的班级""我们全体""我们大家"来描述和回顾全班活动。尽管在一个集体中计划这样的全班活动很重要，但是同伴互动不应当是被迫的，如指定游戏伙伴（DeVries & Zan, 2012）。尽管教师可能是出于好意，尤其有些幼儿很少主动与他人互动，但这种高压实际上会阻碍幼儿归属感的发展。教师的角色是设计让幼儿有机会选择参与的活动。

### ▲ 鼓励幼儿参与教室外的集体

幼儿逐渐意识到家庭和学校之外的社区，如图书馆、公园、购物中心或者电影院。鼓励幼儿将有关经历与同伴交流并进行角色扮演，也可将社区中的材料带到班级中，让幼儿知道教师对这些经历感兴趣。参观当地的场所，如凸显本地文化特色的街头集市，参加游行活动。邀请所在社区的人进入班级，以便幼儿能够以主人的身份，认识到班级是一个集体从而获得自豪感。

## 关键发展指标 12　建立关系：幼儿与其他幼儿和成人建立关系

**描述：** 幼儿与教室中的其他人建立关系。幼儿提及教师和同伴的名字，发展友谊，寻找同伴，相互让步。

### 建立关系的能力是如何发展的

早期人际关系引导着幼儿在学校中与成人和同伴的互动。能与他人和谐相处的幼儿适应能力更强，在学业上也比那些不能很好建立关系的幼儿强 (Ladd, Birch, & Buhs, 1999)。

当幼儿在两岁时表现出对同伴的偏好，同伴关系便已显见。越多的幼儿一起玩，游戏便会愈加复杂和包容 (Ladd, Herald, & Andrews, 2006)。在幼儿园时，同伴关系变得越来越互惠、独特 (Rubin, Bukowski, & Parker, 2006; Vandell, Nenide, & Van Winkle, 2006)。幼儿能够解释他们喜欢朋友的原因 (如有共同的兴趣或特点，如都很有趣或善良)，也可以说明他们不喜欢某人的原因 (如太吵闹或太小气)。虽然朋友更有可能产生冲突，但是他们愿意解决冲突以维持友谊。

与成人的关系在幼儿阶段也是很重要的，但是这段关系的本质与婴儿—学步儿时期不同。幼儿时期，幼儿开始选择自身所期望的环境，寻找安慰和帮助，分享发现，或者仅仅是聊天。这使幼儿获得效能感和幸福感，尤其是当成人与幼儿分享一部分管理权时。

### 支持关系建立的教学策略

#### ▲ 真诚而真诚地与幼儿开展互动

当成人以温暖、尊重的方式对待幼儿，幼儿也会有同样的回应。为培养与幼儿的真实的互动，成人需要倾听幼儿说了什么，避免提问题或要求。通过称呼姓名、蹲下来与幼儿的身高持平、让幼儿主导谈话、给幼儿时间去思考和表达等方式，努力创造真实的对话。偶尔询问一个真实的问题 (你也不知道答案的)，真诚地回应幼儿提出的问题。

#### ▲ 使幼儿和成人的分组保持稳定

幼儿与成人一样，通过不断而有意义的接触来了解别人。为了让他们有时间建立人际关系，高瞻教室通常保持稳定的分组——不同的小组活动成人和幼儿固定（一般5~10 名幼儿，理想状态是 6~8 名幼儿，详见第 7 章）。这也有助于幼儿从生理和心理上持续感到安全。

### ▲ 支持幼儿与其他幼儿建立的关系

当你通过日常观察发现幼儿正在建立友谊时，你可以使用大量的策略来支持他们。比如你可以将两个朋友安排在同一个计划和回顾小组。你也可以评论他们在工作时间、小组活动时间或户外活动时间共同做的事。如果幼儿的游戏围绕着某个主题，你要确保材料足以支持他们实现目标。

### ▲ 为幼儿提供与不太熟悉的人进行交往的机会

幼儿的友谊是自然而然产生的。不过，你也可以创造情境，让他们与不常一起玩耍的同伴互动，提供一个了解不同背景和经历的同伴的机会（如让两名对降落伞着迷的幼儿把降落伞折起来并收好）。同样地，要接受幼儿独自玩耍，或只和一两个朋友玩耍。永远不要要求幼儿去"交朋友"，这是对他们的选择和独立性的否定。幼儿之间的关系，就和成人一样，只有是真诚的、自发的，才能茁壮发展。

### ▲ 向幼儿推荐另一名幼儿

你也可以通过让一名幼儿去请教另一名幼儿的方式来支持同伴交往，可以是为了帮助解决某个问题，也可以是为了提供更多的想法。这给了幼儿一个与他人互动的理由，同时建立了信任和尊重。幼儿便会更乐意彼此帮助，而不需要成人的提醒。

##  关键发展指标 13　合作游戏：幼儿参与合作游戏

**描述**：幼儿请成人和同伴参与游戏。他们与他人分享材料和空间，相互交流想法，进行合作游戏。

### 合作游戏是如何发展的

合作游戏意味着与他人一同游戏或工作，分享玩具、空间、朋友、兴趣点、谈话、资源、技能以及想法。它包括理解他人的权利，不过度命令他人或顺从他人，区分有意的和偶然的行为，以自己所期待的方式对待他人，以及平衡自己与他人的需要（Szanton,1992）。

合作游戏发端于婴儿时期婴儿对他人的模仿。在那个年龄，独自游戏是最常见的。第二年，幼儿便能开始平行游戏（在别人旁边游戏）。第三年，幼儿能够合作游戏。到幼儿园后，随着语言的发展，互动的时间和强度不断增加（Vandell et al., 2006）。更完善的自我情感调节能力，帮助幼儿解决社会交往问题，维持互动。幼儿合作游戏的能力并不是自然而然发展的，成人构建的学习环境发挥重要作用。事实上，研究表明，高质量的幼儿看护通常带来幼儿期和学龄期更好的同伴关系（Belsky，2002；National Institute of Child Health and Hama Development，2006）。

## 支持合作游戏的教学策略

### ▲ 鼓励幼儿一起制订计划、工作和回顾

一起制订计划强调了幼儿合作与友谊的重要性。工作时间，让幼儿一起丰富计划的细节和内容。然后，当幼儿一起回顾的时候，每名幼儿都在他人的基础上叙述和补充。通过计划—工作—回顾模式，幼儿体验自己的想法获得了尊重或受到挑战，以及同伴互相补充、彼此完善的过程。

### ▲ 在集体活动时间提供合作的机会

在小组或大组活动时间，鼓励合作游戏。如让幼儿想一个传球给别人的方法，与幼儿一起假想一次远航，或在大组游戏时间提供机会让幼儿轮流发出指令和听从指挥。当幼儿分享和扩展别人的想法时，他们便掌握了合作游戏的本质。

### ▲ 在集体活动时间为攻击性或退缩性幼儿提供帮助

有些幼儿在能够自己与他人协商并进行合作游戏之前，需要额外的帮助。你可以用以下几种方法帮助倔强的或害羞的幼儿。如亲自指导一名靠武力参与集体活动的幼儿。与他们一同在旁边观察，肯定其想要加入游戏的愿望，讨论可以使用的非攻击性策略（"如果你帮着搬积木，也许他们会让你和他们一起搭塔"）。以同伴的身份参与这些幼儿的游戏，示范如何与他人游戏。对于那些害怕加入游戏的幼儿，常规的集体活动时间允许他们跟同伴平行游戏，而不是硬要把大家协调到一起。退缩的幼儿能够从别人的邀请（而不是要求）中获益，从而更主动地参与。即使是害羞的幼儿，在你邀请他提供想法和建议时，也通常不会拒绝。看到同伴接受了他们的建议，可能会使他们有胆量尝试着在自发游戏时间加入合作游戏。

#### ▲ 以同伴身份与幼儿一起游戏

当教师作为幼儿的游戏同伴时，教师可以示范合作。为了加入幼儿的游戏，教师要蹲下，与幼儿保持同样的高度，模仿他们使用材料，与他们谈论不同兴趣或想法。让他们担任领导，分配给你任务。你可以偶尔提供想法，但是对幼儿的回应保持敏感，如果幼儿不采纳就放弃这个想法。阅读如下的逸事，理解教师如何让幼儿管理和扩展游戏。

室内，工作时间，吉娜和丽莉宣布她们的饭店开始营业。贝丝，他们的老师，问是否能点餐。"您想点什么？"吉娜问。贝丝说她很饿，点了三明治、沙拉和柠檬汁。"我们这个餐厅只有汤和纸杯蛋糕。"丽莉说。"那我就点你说的那些。"贝丝说。"快进来吧。"吉娜说完，在桌子上放了碗、盘子等。

 **关键发展指标 14　道德发展：幼儿发展出内在是非感**

**描述：** 幼儿发展合乎道德的行为。他们理解道德准则不随情境变化而变化（如无论如何都不应打人）。

### 道德感是如何发展的

研究表明，道德发展始于学步儿时期，并在成人期时逐渐发展完备（Pinker，2008）。皮亚杰（1932/1965）是首先研究幼儿道德发展的心理学家之一，他的研究详见劳伦斯·科尔伯格和他的同事的著作（Power, Higgins, & Kohlberg, 1991）。他们描述了幼儿的道德发展进程：从自我中心（什么对我是最好的）到服从规则（僵硬地区分对错）再到系统地评价行为（基于个人意图）。

幼儿努力解决如何对待他人的问题。在这个阶段，幼儿的道德发展表现出思维的具体性，他们观察结果。之后幼儿逐渐开始考虑隐藏在行为背后的动机和行为带给别人的感受（DeVries & Zan, 2012）。他们思考有害的行为是偶然的还是故意的，但是其区分意图的能力还比较弱，主要还是关注行为的结果。然而，随着分类技能的发展，两者的区别愈加清晰，也就是说，幼儿逐渐能够清晰地将行为分为"故意的"和"偶然的"。

户外活动时间，凯西骑自行车时撞到了马里贝乐。他下车来并道歉："我真的很抱歉，这是个意外。"之后他给了她一个大大的拥抱。"没关系，你也没有伤到我。"马里贝乐宽慰道。凯西松了口气。"你想骑自行车吗？"他说。

## 支持道德发展的教学策略

### ▲ 示范道德行为

在和幼儿互动时，要保持一视同仁和公平。重点是解决问题，而不是责备或惩罚。在解决幼儿的冲突时，避免模糊的和抽象的解决方法。幼儿需要看到行为和结果之间的直接联系。记住，指导策略会影响幼儿的道德归因，自上而下式的直接教学意味着道德源自权威。相反，主动的、基于探究的学习（分享控制）鼓励幼儿表达想法，落实想法并从成人或其他幼儿那里获得反馈。这一互惠的互动系统，正是道德准则的体现。

### ▲ 用简单的因果句陈述道德事件

使用具体的短句来简单解释和描述情况（如"在我们分第二轮之前，确保每一个想要鸡肉的孩子都拿到了一块。如果有小朋友在别人一块还没有时就拿了两块，那是不对的"），而不是抽象地陈述道德准则（如"贪婪是不对的"），后者是幼儿不能理解的。幼儿将会接受这些因果关系的陈述并开始自己运用它们。

### ▲ 认可幼儿的道德行为

成人经常认为，如果幼儿自我感觉良好，那他就会做正确的事情。但是道德发展并不源于自尊心。发展心理学家威廉·达蒙（William Damon）认为，情况恰恰相反，幼儿因为做了正确的事情从而感觉良好（1990）。通过认可（而非表扬）幼儿的道德行为，我们帮助他们越来越清晰地意识到自己的行为及其对别人产生的积极影响。

### ▲ 请家长尽可能保持家庭与幼儿园价值观的一致

当家长培养幼儿的道德行为时，尤其是当他们试图抵消媒体中与自己价值观不同的信息时，要给予支持。如果家庭和幼儿园的信念不同，开诚布公地与家长谈一谈如何解决这个问题。通常这些差异反映了社会习俗的不同（如用餐时使用餐具还是靠手），而不是内在的道德准则（家长应该给孩子健康的食物）。搞清楚家园之间的异同之处有助于教师找到双方都接受的解决办法。

**关键发展指标 15　冲突解决：幼儿解决社会性冲突**

**描述：**幼儿参与冲突解决或社会性问题解决，处理人与人之间的分歧。他们识别问题，提出自己的想法，倾听别人的想法，并达成所有人都同意的解决方案。

## 冲突解决能力是如何发展的

冲突解决指使用适宜的和非攻击性的策略来处理人与人之间的分歧。冲突之所以发生，是因为幼儿尚未习得用更令人接受的方式表达他们的需求。"幼儿并非行为不端，他们只是犯了错误。"（Evans, 2002, p.13）将幼儿的做法看作错误而不是坏行为，让我们得以用更宽容和理解的态度来回应，而不是惩罚他们（Gartrell,1995）。

冲突解决的能力有赖于幼儿其他情感和社会交往能力的发展。因为冲突会引发强烈的情感波动，幼儿必须能够识别和调节情绪（见关键发展指标 9）。寻求解决问题需要从别人的视角看问题或者有同理心（见关键发展指标 10），维护集体（见关键发展指标 11），会合作（见关键发展指标 13），以及有一定的道德感（见关键发展指标 14）。因此，掌握冲突解决的策略，反映了幼儿多个领域的成长。

## 支持冲突解决的教学策略

### ▲ 创建有着明确期待的安全的教室

幼儿需要知道自己的身体、感受、想法以及一言一行都是安全的（Levin, 2003）。让幼儿知道你不允许其受到身体或言语上的伤害，会立即阻止任何有害或危险的行为。自己不会被惩罚、羞辱或被剥夺基本的需要。有许多建立学习环境和一日常规的策略能够帮助创建安全的教室环境。充足而多样化的材料能尽可能地减少幼儿冲突。开放的教室通道和整洁的环境能让幼儿避免冲撞或打扰他人的工作，但是太多的开放空间（如所有的家具都靠墙）反而会导致幼儿在教室里奔跑，发生冲撞。一以贯之的常规帮助幼儿了解什么行为是被期待的。尽量减少消极等待和过渡时间，有效避免挑战性行为的产生。提供清晰的、一以贯之的规则，使得幼儿有一种控制感，知道什么行为被接受，什么行为不被允许。

### ▲ 使用 6 步法解决冲突

当幼儿之间发生冲突时，为了帮助他们解决冲突，高瞻教师接受了一套训练——

6 步冲突解决法（Evans，2002）。下面描述了每一步并配以案例。欲知总结及更多的案例，请见本书第 5 章。

**第 1 步，平静地走向幼儿，停止一切伤害行为。**

你保持镇定，更有益于幼儿重获控制。将你自己置于幼儿之中，蹲下来，使用平静的声音和温和的触摸，不要偏向谁。如果是由某物引发冲突，你要把这个物品拿在手里，这样能够消除该物品的影响，使幼儿能够参与问题解决。

艾玛和乔正在共同搭建一间恐龙房。乔不小心碰掉了一块积木，艾玛推了他，说："你出去！"老师看到了，走过来，蹲在孩子们及其搭建的房子中间，轻轻地搂住他俩。

**第 2 步，认同幼儿的感受。**

在遇到冲突时，幼儿容易变得很激动，因为他们有强烈的愿望。帮助幼儿表达感受，能使他们释放情绪，以便开始解决问题。使用简单的词汇帮助幼儿识别自己的感受（如"你看起来好沮丧"）。在你准备好下一步之前，你可能需要多次确认幼儿的感受。

**成人**：艾玛，你听起来很生气。乔，你看起来很伤心。

**第 3 步，收集信息。**

让冲突双方都表达自己的观点是很重要的。你和其他成人需要信息，幼儿需要表达，每个人都能从倾听别人陈述的过程中获益。你可以问一个开放问题，如："出了什么问题？"

**成人**：（分别问每一名幼儿）出了什么问题？发生了什么？

**第 4 步，重述问题。**

重述问题（"所以问题是……"）而不是立刻采取措施，能够让幼儿知道你真的倾听了他们的表述。重复幼儿的话，或者用自己的语言转述以使之更清晰。例如，如果一名幼儿说"他是一个傻瓜，他拿走了我的积木"，你可以说："你有点不高兴，因为他拿走了你搭塔顶用的积木。"向幼儿确认你正确地重述了问题，允许他们补充更多必要的信息。

**成人**：乔，你不想让艾玛推你。艾玛，你也不想让乔再搭房子了，因为他把房子撞倒了，是这样吗？（幼儿点头）

**第 5 步，询问幼儿解决问题的办法，并共同选出一个。**

可以问幼儿："我们能做什么来解决这个问题？"鼓励幼儿提出解决措施，给予他们充足的时间去思考和回应。接受他们的想法，即使有些是不切实际的。如果幼儿想不出办法，教师需要提出一两个建议。帮助幼儿思考每一种解决方案的结果，鼓励他们进行选择。有时，成人可能认为解决方案是无效的，或者不公平的，但实际上获得了良好的效果。一旦幼儿选择了解决措施，确保每名幼儿都能接受。

**成人**：你们俩都想要继续搭建恐龙房子。我们怎么做才能解决这个问题？

**艾玛**：我想要自己搭建这一部分。乔可以在那里搭建。

**乔**：我也想给恐龙建个东西。

**成人**：似乎乔也想给恐龙搭建点什么。恐龙还需要什么呢？你的房子里有什么东西？

高瞻教师使用多步法帮助幼儿解决社会性冲突。

**乔**：我家有游泳池，我可以搭那个游泳池。

**成人**：好主意。

**乔**：嗨，我可以给恐龙搭一个像我家那样的游泳池！

**艾玛**：好啊！

**成人**：所以，艾玛要继续在这里（指着一堆积木）搭恐龙房子，乔在那儿（指着旁边的一块地方）给恐龙搭游泳池。（艾玛和乔点了点头，并继续开始搭积木。艾玛重新给恐龙搭建了房子，乔也建好了一个游泳池）

**第6步，需要时给予后续支持。**

认可幼儿的成果："你们已经解决了问题！"当幼儿回到游戏中时，教师要在旁边观察，确保解决方案是有效的，每个人都满意（你也可能需要帮着落实冲突解决措施）。如果问题再次出现，重复上述过程，寻找其他解决方案。

**成人**：艾玛和乔，你们解决了问题！你们都说出了自己的想法，并仔细倾听了别人的想法。我很高兴看到搭好的恐龙房子和游泳池。

### ▲ 帮助幼儿跳出实际冲突情境反思问题解决策略

有时在冲突过后，幼儿情绪平复时，可能会更加容易让幼儿回顾他们从冲突中学到了什么。你可以事后回顾冲突，肯定幼儿成功解决了问题（如在餐点时间或者户外活动时）。你也可以读一本书，分享关于人们如何处理类似社会交往问题的歌曲或故事。幼儿也可以在自己的艺术作品或假装游戏中探索冲突解决的办法。另一个有效的策略是社会性故事（social story）。在集体活动时间（如晨圈时间）成人提出一个常见问题，幼儿讨论并提出解决问题的想法，之后他们达成一致并尝试。常见问题包括：分享玩具，不让别人加入游戏，不安全的行为如乱跑或洒水。

 **试一试**

1. 列出你认为幼儿进入学前班在社会性和情感发展领域需要知道或做到的 5 件最重要的事情。为什么你认为这些是最重要的? 要怎么帮助幼儿获得你所列出的这些知识和技能呢?

2. 找出下面的情境中社会性和情感发展方面的关键发展指标。还涉及其他哪些领域的学习? 作为一位教师, 你可以做些什么来支持和扩展幼儿的学习?

布伦达和米奇藏在一张桌子下, 假装是小猫。"我们需要盛牛奶的碗。"布伦达说。"我去娃娃家找。"米奇回答道。米奇带碗回来后, 布伦达说:"太小了。我们真的很渴!"米奇说这是他能找到的唯一一只碗。于是他们决定自己造碗。"我知道,"米奇说,"我们可以做方形的碗。让我们用大积木来做吧。"布伦达和米奇来到积木区, 分别搬了一些积木到桌子下。格瑞格过来问他们在做什么。"我们是小猫, 我们要用这些碗喝牛奶。"布伦达说。格瑞格问他是否也可以成为一只小猫。"不行,"米奇说。格瑞格看了他们一会儿, 然后去拿了更多的积木过来。"把它放在下面。"布伦达说,"你可以做那个帮小猫倒牛奶的人。"

3. 想一想你上次与别人 (如家人、朋友或是同事) 意见不一致的情形。对方是否认同你的感受? 你是怎样回应的? 你是否认同对方的感受? 对方是怎样回应的? 这种反思对你在教室中与幼儿的互动有什么启示?

4. 想一想你和幼儿在一起时可以使用的所有关于情感的词 (如高兴、生气、伤心)。和另一个成人分享你的词汇清单并征求更多的词。在你帮助幼儿识别和表达情感时, 使用这些词。写下你使用这些词的情况以及幼儿的回应。过一段时间, 注意幼儿是否已经自己开始使用这些词, 以及是在何种情况下使用的。

# 第 12 章　身体发展和健康领域的内容是怎样的?

## 本章导读

　　本章主要论述了高瞻课程模式在促进幼儿身体发展和健康方面的理论依据和实践做法,主要包括 3 部分:第一部分解释了身体发展和健康对于早期学习的重要性;第二部分提出了身体发育的阶段和原则,并指出了支持幼儿身体发展和健康的一般性教学策略;第三部分论述了身体发展和健康领域的 5 条关键发展指标,即大肌肉运动技能、小肌肉运动技能、身体意识、自我照顾和健康行为,并针对每一关键发展指标提出了具体教学策略。

## 本章学习目标

**学习完本章,你应该能够**

解释为什么身体发展和健康领域的早期学习十分重要。

描述高瞻课程模式身体发展和健康领域的关键发展指标。

理解并应用支持幼儿身体发展和健康领域学习的策略。

## 本章术语

运动教育(movement education)

大肌肉运动技能(gross-motor skills)

小肌肉运动技能(fine-motor skills)

自助技能(self-help skills)

非移位 / 原地运动(nonlocomotor /anchored movement)

移位运动 / 非原地运动(locomotor /nonanchored movement)

手眼协调（hand-eye coordination）

自我边界（self-other boundary）

稳定节拍（steady beat）

节奏（rhythm）

## ？ 想一想

"选我，请选我……"一名幼儿默默地恳求他的同学在游戏分组时选中他。那些先被选中的同学骄傲地走到自己所在队列，身姿挺拔，头高高地扬起，与他们的组员相互击掌。相比之下，那些仍在等待被选中的幼儿变得越来越沮丧。即便仍然保持站立，由于被拒绝和感到尴尬，他们的身体看起来像要散架似的。他们宁愿去其他任何一个地方，而不是待在游戏场地。

几十年后，我们依然能记起自己当时属于哪个小组以及由此产生的感受。如果我们是最先被选中的小组成员之一，我们会感到自己身体协调能力强，而且会感到我们是受大家喜欢的、聪明的，是一个全面发展的优秀学生。无论我们做什么，我们都会成功。相反，如果我们临近最后时才被选中，我们视其为消极的反馈——不仅关于我们的运动能力，还涉及我们的一般智力和受欢迎程度。这一熟悉的情况同样可以以相反的方式发生，即有些幼儿并非特别擅长击球或投篮，但非常受欢迎，他们可能会被首先选中成为运动小组的成员。这些幼儿知道不管自己的运动能力怎样，他们都是非常受欢迎的。这种想法能够让幼儿快乐和自信地来玩游戏。他们在体育馆和运动场都玩得非常开心！

什么时候我们的自我形象与身体能力如此紧密地联系在一起？婴儿在学习爬和走时并不会想到这些。他们的身体是属于自己的，并且他们练习使用自己的身体，在获取技能的同时获得满足感。一个不断翻身的婴儿，或者一个为拿到想要的玩具奋力地穿越房间的学步儿，他们不需要别人的关注或称赞。"看看我"是日后才出现的，是在幼儿感觉到其他人（家长、兄弟姐妹、照看者）对其身体技能加以价值判断以后。在那之前，移动和掌握技能所带来的愉快本身就足以推动身体方面的发展。

支持幼儿身体发展和健康的课程，致力于重新捕获幼儿最初经历中的坚定和快乐。这种课程认识到身体发展不是获得认可的比赛或手段。所有的幼儿都应该把自己视为有能力的探索者，而不是获胜者或失败者。幼儿把身体的各个部分以及整个身体作为其了解世界的主要工具。动摇幼儿对自己不断发展的运动技能的自信，就会打击幼儿学习的强烈愿望，堵塞幼儿学习的通道。相反地，鼓励幼儿去发现其身体能够做什么事情，以及可以如何利用材料来实现自己的意愿，给予了幼儿宝贵的自我形象以及将会终身受益的工具。高瞻课程模式强调主动参与式学习，强调自然地促进幼儿的身体活动，这对幼儿的成长和发展来说是至关重要的。

## 为什么身体发展和健康十分重要

幼儿需要有人教才能发展身体能力的观点看起来可能会有点奇怪。提供幼儿足够的营养，并让他们有足够的机会在安全的环境中使用他们的大小肌肉群，他们的大肌肉运动技能和小肌肉运动技能就会得到自然的生理发展（Copple & Bredekamp，2009）。但是，将这些技能的发展视作纯粹的成熟过程是不对的。许多家庭的因素、幼儿园的因素以及更广阔的文化因素都会影响幼儿的身体发展和健康。事实上，研究确认，仅靠无人指导的游戏，幼儿不能习得基本的运动技能（Manross，2000）。学前运动课程的领军人物斯蒂芬·桑德斯（Stephen Sanders）说："游戏可以为幼儿提供在不同环境下练习运动技能的机会。然而，要想最大限度地丰富幼儿的运动体验，还需要一些结构化的体育活动。"（2002，p.31）

## 运动教育对身体与健康的益处

由于幼儿肥胖的增加，运动教育得到了越来越多的关注。根据美国白宫儿童肥胖工作组（the White House Task Force on Childhood Obesity）关于幼儿肥胖的报告，6 岁幼儿中有 1/5 超重或者肥胖（2010）。因为 3~7 岁是人脂肪组织沉积（即脂肪细胞在体内储存，以满足今后的生活需要）的年龄段，所以学前的这段时期是预防肥胖的关键时期。不健康的饮食和缺乏运动与肥胖关系密切，是健康问题低龄化加剧的主要原因。相反，那些发展了基本的运用技能、经常运动的幼儿则不太可能肥胖，而是更可能成长为健康的成年人（National Center for Health Statistics，2004）。

美国儿科学会公共教育委员会引用的研究表明，观看媒体时间与肥胖之间有显著相关关系（2001）。为了解决幼儿久坐少动的问题，美国国家运动和体育教育协会（the National Association for Sport and Physical Education）建议幼儿每天至少保证 1 小时（包括在家、在幼儿园和其他场所的运动时间总和）的剧烈运动，但是研究表明，这样的目标，多数幼儿远远没有达到。

身体发展也会促进幼儿其他领域的学习。身体素质优秀的幼儿更易得到同伴和成人的积极对待，进而通过社会交往获得更多的知识和技能。与身体素质差的幼儿相比，他们更愿意接受智力上的挑战，并且在学校表现更好（Gallahue & Donnelly，2003）。幼儿运动领域的一位专家瑞·皮卡（Rae Pica）认为身体学习和学业学习间没有差异，他说："运动不仅能在生理上激励学习，而且还能帮助幼儿体验概念，以便他们能从认知上接纳这些概念。"（1977，p.4）关于大脑的研究也表明幼儿的精神与身体之间是紧密相连的，运动时会增加幼儿的心率和血液循环，输送更多的氧气到大脑的各个关键部位（Jensen，2000）。

## 身体发展的各个阶段和原则

幼儿的身体发育一般会经历 4 个发展阶段，或者说是身体能力方面的 4 个熟练水平（Graham，Holt/Hale，& Parker，2004）。尽管会有个体差异，幼儿一般主要处于前两个发展水平。

1. **前控制水平（初级）**：幼儿的动作通常缺乏协调性和流畅性。他们需要许多机会去探索和反馈，进而发现其身体可以做哪些事情。

2. **控制水平（初级高阶）**：幼儿的运动不像之前那么随意了，但是仍然需要多加练习。要想学会一项新的技能，他们必须至少在 80% 的时间里都体验到成功（Sanders，2002）。

3. **使用水平（中级）**：幼儿的运动变得更加自如。在做一个动作之前，他们不需要再加以思考。他们还能把一个运动技能与另一个运动技能很好地衔接起来。

4. **熟练水平（高级）**：幼儿的运动开始看起来毫不费力，轻而易举。他们可以完善特定技能，并且已经为参加正式的比赛做好了准备。

身体发展和健康领域的课堂练习有两个重要的原则。第一，运动的发展是连续的，后期的学习是建立在前期的技能习得之上的（Gallahue，1995）。第二，学前运动教育与青少年体育是有区别的（Pica，2013）。直到 6 岁或更晚，幼儿都不具备参与正式体育运动竞技的相关技能。与此相反，早期运动教育强调的是自我进步、参与和合作，而不是强调

幼儿需要大而开阔的空间来发展其大肌肉运动技能。

竞争。没有赢家，也没有输家。

# 身体发展和健康领域的一般性教学策略

### ▲ 为幼儿提供探索和练习运动技能的空间

为了发展大肌肉运动技能，幼儿需要大而开阔的空间。教室需要具备没有障碍物的活动区域，可以用作大组活动时间，也可以用于幼儿在工作时间进行建构游戏或者完成其他项目。幼儿也需要户外运动，就在当地的操场或者附近的游乐场。如果天气或者安全条件难以满足，那么室内健身房或者多功能厅也可以。

幼儿还需要一些安静的和有保护措施的空间用来练习小肌肉运动技能和手眼协调能力。与幼儿身高相符的整洁的桌子为幼儿在上面玩一些较小的玩具、使用书写工具和美术材料提供了条件。其他一些工作空间还包括地面、画架、钉在墙上的纸、户外人行道、沙桌和水桌、花园等。

### ▲ 为幼儿提供探索和练习运动技能、自助技能的设备与材料

发展大肌肉运动技能需要一些器材，以让幼儿在上面爬、骑、滑，也需要一些幼儿在移动时可以操控的东西（如球、沙包、围巾、铁环、绳子等）。幼儿的小肌肉运动技能可以通过许多工具锻炼，如艺术材料、书写工具、服装、家具、积木及其他建构玩具与工具、拼图、叠加和嵌套玩具、玻璃珠，以及那些可以拆开再组装的物品。像单元积木这类物品就特别值得购买。其他物品可以以最低的成本自行制作或收集，由幼儿的家庭提供或在当地购买。

### ▲ 在一日生活中为幼儿提供探索和练习运动技能、自助技能的时间

运动最常发生在大组活动时间和户外活动时间。但是一天之中的其他时间也能够为幼儿提供机会练习自己的肌肉，学习如何使用他们的身体，照顾自己的身体需求（同时发展自己的自助技能），参加一些促进健康的练习。如幼儿可以在计划时间制作一列火车，然后到了自己想玩耍的地方时从火车上跳下来，这样可以练习大肌肉运动技能。另外，幼儿可以在移动中变换不同的移动方式，或者在小组活动时间将沙包投进筐中。在工作时间画画、玩拼图、翻书，在点心时间倒果汁或使用餐具等，这些都是练习小肌肉的活动。

### ▲ 对新出现的身体技能与健康行为进行示范和指导

尽管比起蹒跚学步时，幼儿的能力有了较大的发展，但他们的身体仍处在发展变化中。他们照顾自己需求的能力和选择健康行为的能力也同样在进化。展示自己的健康行为，鼓励幼儿尝试照顾自己的需求，而不只是对幼儿努力的结果进行评判。记住要让你的期待保持在合理范围。

### ▲ 增加描述有关身体发展和健康的语言

描述和鼓励幼儿描述自己的行动以及与健康有关的行为，可以使他们了解自己的身体、行为、空间关系和自我照顾的能力，增加词汇量，并帮助幼儿驾驭新的挑战。如当学习如何投球时，只有听懂了"把一只脚放在另一只脚前面"的指令，幼儿才能正确做出反应。开始、结束，上面、下面，快速、慢速，挺直、弯曲这些词语也会用于其他领域，如语言、读写和交流领域，数学领域，创造性艺术领域。

## 身体发展和健康领域的关键发展指标

高瞻课程模式在身体发展和健康领域有 5 条关键发展指标：大肌肉运动技能；小肌肉运动技能；身体意识；自我照顾；健康行为。本章接下来的内容将介绍身体发展和健康的关键发展指标，以及可以用来支持幼儿身体发展的各种策略。

### 🔑 关键发展指标 16　大肌肉运动技能：幼儿在运用大肌肉群时表现出力量、灵活性、平衡感和对时机的把握

描述：幼儿在原地（静止）活动（如弯腰、扭身、摇摆）和进行运动（如步行、攀爬、跑步、跳跃、单脚跳、蹦跳、齐步走、飞奔）。幼儿在投接球、踢球、拍球和荡秋千时都是在进行大肌肉运动。

### 大肌肉运动技能是如何发展的

当幼儿的身体变得更加成比例时（如其头部与躯干相比不显得那么巨大，四肢变长），运动会越来越稳当（Tomlinson & Hyson，2009）。然而，由于其神经系统和肌肉系统都还没有完全成熟，幼儿的反应一般会比小学低年级儿童慢。因此，他们有时会看起来有些迟疑或不协调。

身体发展和健康领域的关键发展指标

16. **大肌肉运动技能:** 幼儿在运用大肌肉群时表现出力量、灵活性、平衡感和对时机的把握。

17. **小肌肉运动技能:** 幼儿在运用小肌肉群时表现出灵活性和手眼协调能力。

18. **身体意识:** 幼儿了解自己身体的各个部位,并知道如何在空间中驾驭它们。

19. **自我照顾:** 幼儿自行完成自我照顾的常规活动。

20. **健康行为:** 幼儿进行有益健康的实践活动。

幼儿期会发展一些大肌肉运动技能。原地运动是指在其位置上进行上半身或下半身的运动,不需要到处移动,没有重心的转移(Weikart,2000)。原地运动的例子包括坐着的时候轻拍脑袋、在原地前后摇摆、脚不动向后转。移位运动指重心转移或空间移动,如行走、奔跑、飞驰、跳跃。这两组运动技能可以单独练习,也可以有其他材料相辅(如站立时在头顶挥舞围巾,或边行进边敲鼓)。

## 支持大肌肉运动技能的教学策略

### ▲ 鼓励幼儿探索各种姿势和动作

在探索原地运动时,鼓励幼儿想办法动其胳膊、腿、头部或者躯干,同时始终不动位置(如大组活动时间,幼儿可以站在自己的位置随着音乐摆胳膊,或者转身去观察自己的影子)。对于移位运动来说,计划小组活动和过渡活动,让幼儿可以跑、跳等。也要关注幼儿在工作时间的自发运动。

### ▲ 鼓励幼儿循序发展运动技能

幼儿通过掌握各分解动作,逐渐学会更复杂的运动,如先学会用手击打静止的物品,再学会用棒子击打缓慢行进的物品。

幼儿正在探索原地运动。他们在保持原地不动的同时,伸展自己的胳膊和躯干。

顺序原则也适用于以下动作指令。一开始是一个简单的动作（如拍头），然后在幼儿适应第一个动作以后增加第二个动作（如拍头并摸肩）。向幼儿发布动作指令时，要记住将语言指令和视觉示范区分开来（Weikart，2000），即在展示一个动作的时候不要说话，或者在描述该动作的时候不要有动作，然后让幼儿试着做一下。在幼儿根据语言指令和视觉示范都能够做到时，再将二者结合起来。

### ▲ 提供有趣的材料伴随幼儿运动

想想幼儿在移动时可以以不同的方式使用的设备和材料，包括：移动时可以携带的物品（如风车、纸扇、装有能发声的材料的容器）；可以在其中或其上移动的东西（如能够站在上面滑行的纸碟子、纸板做的洞、低平衡木）；可以产生运动的东西（如揉成团的袜子、手推车、球）。

### ▲ 为幼儿提供探索运动概念的经验和材料

为幼儿提供开放式材料，以探索运动的重心和力量，如空设备箱、轮胎、木块或软管。评论他们的努力程度（如"你搬起了一个重箱子"）和力量（如"你摆动的幅度更大了"）。

## 🔑 关键发展指标 17　小肌肉运动技能：幼儿在运用小肌肉群时表现出灵活性和手眼协调能力

**描述**：幼儿用小肌肉动作来操控材料和工具（如塑形、挤压、戳刺、抚平、放置、书写和切割）。幼儿具有手眼协调能力（如搭积木、拼拼图、穿珠子、倒果汁和敲钉子）。

### 小肌肉运动技能是如何发展的

3~5 岁时，幼儿会获得力量、手眼协调能力和耐力（会用整只手或分着用拇指、食指或中指）。他们更加熟练地操作适合年龄的材料，如剪刀、铅笔、螺丝刀、刷子、纽扣和齿轮。尽管有这些进步，幼儿仍然受限于身体发育水平。他们的手腕不能转圈，因为软骨在 6 岁之前不会硬化（Berk，2011）。另外，书写、绘画和精确切割对于他们仍很困难。虽然右利手或左利手一般到 4 岁就确定了，但是这个年龄的幼儿仍然试图使用他们的非优势手。脑子里要时刻记住这些，这样才能对幼儿有更合理的期待。

## 支持小肌肉运动技能的教学策略

### ▲ 提供要求使用手指和双手的材料和活动

确保在每个活动区都有吸引幼儿运用他们小肌肉运动技能的材料，如剪刀（艺术区）、细棒（积木区）、杂志（图书区）、小玩偶（玩具区）、打蛋器（娃娃家）、量勺（沙水桌）和粉笔（操场）。提供软硬不同的材料，幼儿可以用双手和手指改变这些材料的形状。当你计划小组活动和大组活动时，也应考虑到这些。变换材料和内容，使幼儿可以利用他们的双手和眼睛制作物品，改变物品的形状，探究因果关系，表征事物（如书写、绘画和雕刻）。

### ▲ 提供尺寸、形状适合幼儿操控的各种相似物品

提供相同类型但是难度不同的材料：乐高得宝系列积木；带或不带旋钮的拼图；钉子和钉板；人偶和动物玩偶；手柄粗细不同、刷毛宽窄不同的画笔刷；粗细不同的蜡笔和记号笔；不同类型和不同大小的娃娃衣服。这可以让灵巧程度不同的幼儿以越来越复杂的方式执行他们的计划。

为了支持幼儿小肌肉运动技能，要提供材料，支持那些要用到双手和手指的活动。

### 🔑 关键发展指标 18　身体意识：幼儿了解自己身体的各个部位，并知道如何在空间中驾驭它们

**描述**：幼儿知道身体部位的名称和位置。幼儿知道自己的身体与其周围的人和物有关。幼儿感受节奏并按稳定的节奏移动身体。

### 身体意识是如何发展的

幼儿的身体意识涉及两个组成部分。首先是自我边界，将自己占据的空间与和其他人及物品共享的空间区分开来。幼儿一开始时易撞上东西，但他们越来越善于探索空间。其次是学习身体部位的名称和功能。幼儿内心对自己的身体和身体能做什么感兴趣。

幼儿对自己身体的认识往往落后于现实。幼儿有时因为身体意识不能赶上肢体的成长而表现得笨拙。感知发展也会影响身体意识。稍小的幼儿能感知信息，但不能相应地调整自己的运动。视力也起到了作用，因为幼儿是远视眼，而且难以在近物和远物之间切换焦距（Tomlinson & Hyson，2009）。他们的双眼视力仍在发展，有限的深度知觉意味着他们可能会碰到东西和彼此（Pica，2013）。而且，虽然幼儿的听力比视力更加发达，但噪声很容易让他们分神。

### 支持身体意识的教学策略

#### ▲ 创建环境并设计活动以允许幼儿探索个人（自我）空间和一般（共享）空间

幼儿需要有明确标记的空间，如自己的小屋或衣帽钩。大组活动还可以帮助他们定义自己的空间，从简单的动作开始，如扭扭身体或弯弯腰，但必须待在自己的地方。使用视觉标记，如小方块地毯。一旦幼儿对自己身体有了边界感，鼓励他们在有别人和很多物品的空间中穿行。接着可开展一个简单的移位运动，如爬或走，并说一句话，如"让我们看看如何能移动到房间的那边而不碰到别人和东西"。鼓励他们以自己的方式移动。

#### ▲ 为幼儿提供以不同方式在不同类型的空间中移动的机会

给幼儿在不同——窄与宽、低和高、笔直和弯曲、短和长、平滑和凹凸不平的空间中移动的机会。鼓励他们以不同的方式进入、环绕或穿过这些空间。幼儿可以独自或者与他人一起尝试运动。

#### ▲ 为幼儿提供感受稳定节拍并以稳定节拍移动其身体的机会

"稳定的节拍就是每段旋律、歌曲或音乐中的那些一致的、重复的鼓点。"（Weikart，2000，p.122）请注意，节拍与节奏不同。"节奏是在韵律或歌曲的稳定节拍之上叠加的东西。"（p.124）对稳定节拍的感觉始于对稳定运动的感觉，这就是为什么幼儿园里运动重要的原因（节奏活动可以从二年级开始）。稳定节拍的运动有助于幼儿形成基本的时间感，有助于语言流畅性和阅读流畅性（Haraksin-Probst，Hutson-Brandhagen，& Weikart，2008）。

为了帮助幼儿稳定地运动并感觉到稳定的节拍，要为幼儿提供有规律的、可预测的运动及声音设备（如摇椅、秋千、节拍器、计时器），并提供让他们可以自己创造稳定节拍的材料和活动，如随着一首歌打拍子，拍泥球，在水下拍手。

### ▲ 帮助幼儿学习身体各部位的名称和功能

幼儿在游戏情境中学习身体部位，而不是机械记忆。当你介绍或模仿幼儿运动时，命名身体部位（如"卡拉说用拇指戳肩膀"）。文字和艺术作品中提供了许多关注身体各个部位的机会。

在艺术区的工作时间，森格拉画了她的老师苏。这张画上有一张脸，有胳膊和腿。"你看我的时候，你还看到什么？"苏问。森格拉将手指、脚、鞋、裤子和头发添加到她的画中。

图书、童谣、歌曲中都会涉及身体部位（如歌曲《变戏法》）。鼓励幼儿去描述其使用身体不同部位完成的动作。

 **关键发展指标 19　自我照顾：幼儿自行完成自我照顾的常规活动**

**描述**：幼儿自己吃饭、穿衣、洗手、刷牙、使用纸巾和如厕。

### 自我照顾能力是如何发展的

幼儿喜欢照顾自己。成人有时惊讶于幼儿那么热切地练习自理能力，如自己拉上外套的拉链。幼儿小肌肉运动技能（见关键发展指标 17）的发展使得幼儿能够承担更多的自我照顾责任。随着幼儿学会照顾自己，他们经常表现出对照顾他人的兴趣，如他们可以帮助朋友系鞋带或给豚鼠的饮水壶换水。

## 支持自我照顾的教学策略

### ▲ 让幼儿为自己做事情

成人经常替幼儿做事情，因为这么做更快、更容易或更整洁。然而，除非幼儿有机会自己做事情，否则幼儿就难以学会照顾自己。留出足够的时间让幼儿整理或在去户外前做准备，这样幼儿可以练习做事，而不会感到着急。除非涉及健康或安全，否则请让他们实现自己设定的目标。当你加以改善或纠正幼儿时，他们可能会放弃进一步的尝试。

随着幼儿学会照顾自己，他们经常表现出照顾他人的兴趣。

### ▲ 为幼儿提供练习日常自我照顾技能的活动和设备

提供材料和活动，以便幼儿可以发展双手的灵巧性，如系衬衫扣子，端稳水壶，系鞋带。材料包括珠子和线、钉子和钉板、剪刀、订书机、螺丝刀、锤子和扫帚。幼儿在假装游戏中会练习许多自助技能，如在娃娃家做饭或打扮成消防队员。艺术和建构活动也使他们能够锻炼照顾自己所需的小肌肉运动能力。甚至一页一页翻书也是一种练习，有助于将一摞纸中最上面的纸取出来。

 **关键发展指标 20　健康行为：幼儿进行有益健康的实践活动**

**描述：** 幼儿参与有积极意义的体育游戏。幼儿知道某些食物会比其他食物更加健康。幼儿做出有益健康的行为（如咳嗽时用肘部挡住嘴、便后洗手、使用自己的叉子）和安全行为（如骑车时佩戴头盔，不从晃动的秋千前面走，绕开溢出的液体）。

## 健康行为是如何发展的

儿科医生苏珊·阿伦森（Susan Aronson）认为，身体活动和良好的营养对于健康是至关重要的："活动与食欲和营养状况有很大关系，活跃的幼儿需要更多的热量，这让他们有机会获得所有所需的营养。充足的全身运动对幼儿的发展十分重要，因为这会刺激健康的食欲，消耗热量和维持肌肉组织，改善协调性，并且鼓励幼儿去表达自己和发展社会技能。"（2012，p.79）

幼儿园在提供健康食物与一定时间和强度的运动方面发挥着重要作用。因为幼儿胃小，他们需要少食多餐，而不是一天内只吃一顿或两顿大餐。另外，多样化也很重要。幼儿像成人一样，享受不同种类的食物，只要这些食物是逐步引入的，而且从不强迫他们接受。当幼儿享受各种大肌肉运动时，良好的运动习惯也被建立起来。享受健康的食物，并与幼儿一起运动，向幼儿传递出一种信息：良好的营养和积极的生活方式也是成人的理想和日常行为。

## 支持健康行为的教学策略
### ▲ 示范健康的行为

作为日常生活中的一部分，成人表现出的健康行为越多，幼儿越容易接受这些行为。除了对行为本身进行示范之外，你还要向幼儿传达你的态度。如果你表示不满，幼儿也会内化这些负面情绪。如果你表示喜欢锻炼身体，摄取不同的食物，以及保持良好的卫生，幼儿也会发展这些积极态度。

### ▲ 为幼儿提供实践健康行为的机会

将身体锻炼、健康饮食和保持良好卫生的机会渗透于每日生活：在大组活动时间运动，饭前便后洗手，戴上头盔骑自行车，或用纸巾擦鼻子。幼儿的兴趣和掌握自助技能的自豪感是他们发展这些习惯的自然动机。

对食物和营养的学习活动也可以很容易地融入日常生活中。制订餐点和小组时间计划，以便幼儿能描述和讨论健康食品的属性（包括这些食品的外形、声音、气味、触感和口味）。教师可与幼儿一起烹饪。许多教师不喜欢烹饪，因为他们担心事故和疾病等（Colker，2005）。但是，你可以采取许多简单的措施来保护幼儿的安全和健康：使用钝刀、厚隔热垫，用温水而不是热水；保持食物在推荐的温度，并阻止幼儿在烹饪期间啃咬。如果准备时间较短，而且可以给出具体的完成时间（如使用计时器），幼儿是具备一定自控能力并能耐心等待的。

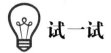

## 试一试

1. 列出你认为幼儿进入学前班时需要知道的或能够在身体健康和发展领域做的 5 件最重要的事情。为什么这 5 件事情很重要？教师可以如何支持？

2. 你认为今天的幼儿有什么健康问题？如何通过一个适合年龄的体育课程来解决这些问题？你会对学校董事会说什么来说服他们资助这样的计划？

3. 在以下情境中识别身体发展和健康领域的关键发展指标。还涉及其他哪些领域的学习？作为教师，你可以做什么去鹰架幼儿的学习体验？

梅拉尼和丽萨正在玩一个游戏。他们在一棵树下挖一个小洞，接着跑到第二棵树，把两只手放在树干上，说"迪诺波波"，然后跑回第一棵树。他们重复所有 4 个步骤。梅拉尼跑完后，丽萨说："你没把两只手都放在树上。你必须重新做一遍。"梅拉尼跑到第二棵树，说"迪诺波波"，这次把两只手都放在树上。丽萨说："不，你必须把全部步骤再做一遍！"梅拉尼拒绝。

4. 列出所有你能想到的描述身体位置的词（如上面、下面、旁边）。与同事、同学或朋友分享你的列表，并征求意见。计划下一次你参与幼儿运动时将如何使用这些词。

幼儿通过动手活动（包括烹饪）了解食物和营养。

# 第13章 语言、读写和交流领域的内容是怎样的?

## 本章导读

本章主要论述了高瞻课程模式促进幼儿语言、读写和交流发展的理论依据和实践做法,主要包括3个部分:第一部分解释了为什么早期语言、读写和交流很重要;第二部分介绍了高瞻课程模式在语言、读写和交流领域的一般性教学策略;第三部分具体明确地介绍了语言、读写和交流领域的 10 条关键发展指标,分别是理解、表达、词汇、语音意识、字母知识、阅读、印刷品概念、图书知识、书写和英语语言学习,并针对每一指标提出了教师支持策略。

## 本章学习目标

**学习完本章,你应该能够**

解释为什么语言、读写和交流领域的早期学习如此重要。

描述高瞻课程模式语言、读写和交流领域的关键发展指标。

理解并应用支持幼儿语言、读写和交流学习的策略。

## 本章术语

口语(oral language)

读写萌发(emergent literacy)

理解(comprehension)

语音意识(phonological awareness)

字母知识(alphabetic knowledge)

印刷品概念(concepts about print)

英语语言学习（English language learners）

互动式阅读（interactive reading）

情境化和去情境化的语言（contextualized and decontextualized language）

共同叙事（co-narration）

接受性词汇 / 听力词汇（receptive /listening vocabulary）

生产性词汇 / 口语词汇（productive /speaking vocabulary）

音素意识（phonemic awareness）

押韵（rhyming）

头韵（alliteration）

音节分割（segmentation）

字母原则（alphabetic principle）

字母链接（letter links）

## ？ 想一想

设想你在国外一个叫作 Paminiland 的国家旅行。当地居民不仅说另一种语言——Pamini，而且使用另一套文字系统。起初，所有的事你都依赖导游。她帮你登记旅馆、订餐、安排交通工具、在市场上与卖家沟通。一个常在这些交易中出现的词是 kindalay，所以你能猜出这是当地货币的名称。当半个星期过去以后，你会注意到市场里所有的标志都是一个数字后面跟着一套标记。这一开始看起来像一串潦草的字符，现在在你看来像是 3 个截然不同的图形——一个中间有个点的方形、一个朝左的半圆、一条顶部有一个花饰的垂直线。你意识到这一定是 Paminiland 货币的书面语，这 3 种符号分别代表 kin/da/lay 的读音。在第五天，你自己去一个货摊并买了一块 mellani——当地的一种油酥糕点。你让你的导游把 mellani 写在你地图的一角，这天的晚些时候你把它们抄写在明信片上寄给家人。你发誓得不到这种美味糕点的配方就不离开 Paminiland。

语言和读写能力之间有着巨大的联系。在上面的案例中，只有在多次听到并见到它后你才会恍然大悟地将 kindalay 的口头语和书面语联系起来。你记住这个特别的词是因为它对你来说很重要——它使你能够获得服务，尤其是你想要吃的美味糕点。在你以后的旅行中，你可能会学会其他特别有用的词或短语，如"洗手间""太贵了""停下来休息一下"。

幼儿读写能力的发展也类似。在能够阅读之前，幼儿需要有丰富的听说经验。他们学会读写的第一个字母或词是那些对他们来说最有意义的东西，常常是他们自己的名字。高瞻课程模式崇尚并提倡语言（听和说）与读写（读和写）的联系，认为幼儿有强大的动力去与他人交流。

## 为什么语言、读写和交流十分重要

早期读写常常被视为入学准备中最重要的学业技能，因为大多数学业学习的前提是知道怎样去阅读。而知道怎样去阅读在很大程度上取决于语言技能，尤其是相当大的词汇量。语言也是认知发展的基础，因为它允许我们用言语表达想法。社会性和情感发展也取决于语言技能。如对各种感受的命名有助于幼儿管理自己的情绪（Raver et al.，2007），语言交流有助于建立积极的关系（Denham，2006）。国际阅读协会（the International Reading Association）和全美幼儿教育协会的联合

读写能力是很重要的入学准备技能，因为大多数学习任务依赖于阅读能力，而阅读能力又取决于语言技能，尤其是词汇量。

立场声明指出："虽然读写能力在一生中都在不断发展，但在童年早期——从出生到 8岁——是读写能力最重要的发展时期。"（Neuman，Copple，& Bredekamp，2000，p.3）

## 早期读写技能是如何发展的

口语是早期读写的基础，它的发展从出生就开始了（Dickinson & Tabors，2002）。婴儿会听照看者说话和唱歌。稍大的婴儿和学步儿则通过谈话向周围的人表达他们的需求。学前时期使用对话去建立和维持人际关系的频率显著增加。幼儿会向别人提问，听别人说话，提及一些不在眼前的事物，谈论自己的愿望和想象的场景。他们的词汇量在增加，逐渐掌握语法的基本规则。幼儿也开始读和写，首先以非常规的方式（如"阅读"图片、画横线），之后以更为正规的方式进行。读写萌发研究表明口语和书面语言之间存在联系，证明读写技能在幼儿早期会逐渐发展（Snow，Burns & Griffin，1998）。因此，我们不必再等到一年级才开始阅读教学。

## 早期读写的关键要素

美国阅读委员会（the National Reading Panel，2000）和早期读写委员会（the National Early Literacy Panel，Strickland & Shanahan，2004）出版的一系列开创性的出版物中，提出读写能力的4个关键要素：理解、语音意识、字母知识和印刷品概念。研究人员和教育者在这个列表中，还添加了口语（对话）和词汇（作为理解力的下一级概念）、具体的图书知识（作为印刷品概念的下一级概念），重视并享受阅读的乐趣，以及书写对学习阅读和交流的促进作用（Dickinson & Tabors，2002；Indrisano & Squire，2000；Schickedanz & Collins，2013）。此外，研究人员和教育者正在越来越多地关注不以英语作为主要语言的那10%的学生（National Center for Education Statistic，2013）。他们面临着同时以两种或更多种语言沟通的挑战。

## 语言、读写和交流领域的一般性教学策略

### ▲ 与幼儿进行真正的对话

在真正的对话中，成人会耐心地倾听幼儿组织其想法，用口头或非口头的语言表达其兴趣（即成人蹲下来，保持和幼儿同身高，注视幼儿的眼睛，使用面部表情），并让幼儿主导整个谈话（即听幼儿说，对幼儿所说的发表评论，偶尔提出一些开放性的问题）。当幼儿被要求谈话时，往往说得很少（如果你问他们"你喜欢这个故事吗"，最常见的回答只是"嗯哼"）。幼儿谈话的前提是，他们有东西要说，以及回应他们的伙伴。

除了通过口头交谈，一些幼儿园对所有幼儿使用手语。手语有助于幼儿认识到单词就是符号，而且可以根据语法规则进行组合，就像语言和文字之间的联系一样（Brereton，2008；Daniels，2001）。

### ▲ 在使用语言中获得乐趣

享受幼儿的声音和话语，而不是让他们操练词汇或语法。幼儿喜欢听故事，喜欢编故事、节奏和歌谣。他们会重复一些词语，包括一些较难的词语，即便他们还不知道这些词语的意思。幼儿也喜欢使用现有的技能或自创的技能来造词和发音。

"我跳上跳下，猜猜，我说在什么？"乔纳问他的老师，"砰汪！"

"贝斯，"杰莎在准备去户外活动时告诉她的老师，"你踩到我的手套了。"贝斯挪

开了她的脚。杰莎抱起她的手套,说:"手套被贝斯老师压坏了!"

### ▲ 创设印刷品丰富的环境

幼儿需要以许多方式接触印刷品,以了解文本可以用于传递和接收信息(如区域标志、留言板、恐龙书),表达想法和意见(如关于树的诗、班级喜欢的歌曲集),建立和维护人际关系(如感谢信、邀请函、轮流表),以及开展和完成任务(如餐馆菜单、机器使用说明)。标志和标签应该对幼儿有意义,应该张贴在与幼儿的视线持平的地方,使用大号字体。书籍的封面应该面朝外摆放,并放在低架上或在幼儿可以拿得到的箱子里。幼儿也需要"触摸"印刷品,所以确保立体字母、书、杂志和书写工具都很好用且结实。最后,注意过犹不及,印刷品丰富并不意味着印刷品塞满整个空间。

### ▲ 成人自己享用印刷品

想想你自己打开一本书,读到里面的人物,跟着人物一起去冒险,回答心中的某个疑问,或者学习如何去做某件事时所体验到的愉悦。记住你把自己的想法和心情,记录下来与他人分享时的那种满足感。让幼儿看到你整天都在愉快地阅读和书写,会激励他们将来成为能读会写的成年人。

## 语言、读写和交流领域的关键发展指标

高瞻在语言、读写和交流领域有 10 条关键发展指标:理解;表达;词汇;语音意识;字母知识;阅读;印刷品概念;图书知识;书写;英语语言学习。

本章的其余部分将会描述这些关键发展指标,以及你可以在一日生活中使用的教学策略,以支持幼儿的发展。有关具体活动,请参阅高瞻官网。

 **关键发展指标 21 理解:幼儿理解语言**

**描述:**幼儿理解(领悟)对话、手语、故事、图书、歌曲和诗歌。幼儿倾听、回应,将信息与自己的生活联系起来,预测接下来会发生什么,并回忆真实和虚构的人物、材料、行动、事件和想法。

## 语言、读写和交流领域的关键发展指标[①]

21. **理解**：幼儿理解语言。

22. **表达**：幼儿使用语言进行表达。

23. **词汇**：幼儿理解并使用不同的单词和短语。

24. **语音意识**：幼儿能识别口语的不同发音。

25. **字母知识**：幼儿辨别字母名称及发音。

26. **阅读**：幼儿为获得乐趣和信息而阅读。

27. **印刷品概念**：幼儿具有关于周围环境中印刷品的知识。

28. **图书知识**：幼儿具有关于图书的知识。

29. **书写**：幼儿为了不同目的而书写。

30. **英语语言学习**：（在适用的情况下）幼儿使用英语和母语（包括手语）。

## 理解是如何发展的

幼儿必须先听得懂发音，才能看得懂文字。他们从理解简单的口头单词和短语（或肢体语言）发展到理解更为详细的信息（如理解"狗""狗跑""狗正在绕着树追猫"）。他们能够理解一个带有动作的短语（取杯子）、一个姿势（点头）或一个词（不）。幼儿对口头和书面故事的理解也有类似的进展：首先他们记住一个角色或一个情节；之后，他们会创造一个叙事序列（如从"男孩"到"男孩哭"，再到"男孩在玩他的卡车，卡车坏了，他哭了"）。

后来，幼儿基于自己的经验来理解角色的动机并做出预测（Paris & Paris，2003）。让幼儿多参加谈话和进行越来越复杂的交互式阅读（即鼓励幼儿将故事和其生活联系起来）会进一步促进其理解（Sulzby，1986）。他们会开始使用在故事和书中发现的那些相同的叙述结构。幼儿不局限于情境化的语言（"这里和现在"），而是使用去语境化的语言（"那里和然后"）来想象那些当下看不到的事物（"很久很久以前"或"在很远很远的地方"）。

---

[①] 关键发展指标 21~29 适用于幼儿的母语和英语学习，关键发展指标 30 专指英语语言学习。

## 支持理解发展的教学策略

### ▲ 与幼儿一起进行有多个来回的交谈

放松地谈话——一种双向对话——鼓励幼儿分享他们的想法和感觉,并给成人一个了解幼儿想法和思考过程的窗口。因此,谈话的主要目的不应该是对幼儿发出命令("穿上你的外套")或引出简单的信息("你还想要果汁吗?")。在以下两段对话中,比较幼儿说了多少以及成人从幼儿的话语中了解了多少。

**成人主导的简短谈话。**老师走到一名正在画架上画画的幼儿旁。

老师:(指着画中的一朵花)这是什么颜色?

幼儿:红色。

老师:(指向另一朵花)那这朵呢?

幼儿:黄色。

老师:告诉我你画里其他颜色的名字。

幼儿:(停止绘画)我画完了(脱下工作服,去水槽洗手)。

**有多个来回的交谈。**老师静静地跪在正在画架上绘画的幼儿旁边。

幼儿:(老师已经看了一分钟后)这是我妈妈的花园。

与幼儿进行有多个来回的交谈会鼓励幼儿分享思想,并且帮助其发展理解能力。

老师:你的妈妈有一座花园。

幼儿:(用手指着自己的画)花朵。

老师:你妈妈的花园里有花朵。

幼儿:还有蔬菜。(用手指着画)黄色的是雏菊,红色圆圈是西红柿。

老师:你妈妈的花园里有雏菊和西红柿,而且你画里也有。

幼儿:现在我要画豆子。昨晚我帮忙摘豆子、做晚餐。

在第二个例子中,成人既不提问也不给指导,而是倾听、重复、澄清和扩展幼儿的话。幼儿控制谈话,因此谈话更丰富。

### ▲ 与幼儿一起创编故事

支持幼儿理解的一种对话方式是与其一起来创编故事，通常被称为"共同叙事"（Moran & Jarvis，2001）。当幼儿利用其经验和想象力与成年人一起创编故事时，他们的叙述会变得更加详细，更有意义。成人鹰架幼儿的想法，如："我想知道接下来会发生什么。""然后他们做了什么（说了什么）？"

讲故事（包括共同叙事）可以促进听力理解。倾听是人最早发展的沟通技巧，我们所获得信息的80%来源于听（Jalongo，2008），但幼儿园较少促进积极倾听。幼儿更愿意听，尤其是听一起创作的故事。

### ▲ 与幼儿一起读书并进行讨论

与幼儿一起读故事可能看起来像我们的第二天性，但是在幼儿享受听故事的乐趣背后存在着惊人的认知技能。事实上，"幼儿如此喜欢听故事，以至于我们可能都没有意识到他们为此付出了很多努力"（Hohmann & Adams，2008，p.5）。为了理解故事，幼儿必须识别角色并回忆事件的顺序，运用其个人经验来理解图片和文本。为了在读书时培养幼儿的理解力，成人可以帮助幼儿做以下事情。

**学习新词。**寻找不寻常的词汇。使用同义词（幼儿已经知道的词），并给出简单的定义，帮助幼儿理解新的词汇。

**联系故事。**与幼儿谈论在书的封面上和内文里看到什么，并询问他们在家里、在幼儿园里或在其他书中见过或经历过的类似事情。

**复述（回忆）故事。**（在不破坏故事的流畅性的前提下）时不时帮助幼儿回忆前面发生了什么（不看图）。

**对故事做出预测。**在你开始阅读之前，让幼儿看一下封面，猜猜这本书是讲什么。当你开始阅读后，时不时地暂停一下，问问幼儿，根据前面的内容，故事中某个人可能会做什么以及为什么。

### ▲ 将故事和书本中的想法融入一日生活中

给幼儿提供可以反映故事和书中内容的材料，包括艺术材料、道具（衣服、木工和厨房用具）、木偶等。在过渡时间，要求他们像故事、书、诗歌或歌曲中的某个人一样进入下一个活动。在阅读时间外，如餐点时间或外出实地考察时，也与幼儿谈论图书和故事中的内容。如果一名幼儿提到早餐要吃热燕麦片，你就可以跟他讲3只小熊喝粥的故事。

**关键发展指标 22　表达：幼儿使用语言进行表达**

描述：幼儿与他人分享观察、体验、想法、说明、感受、喜好和需要。幼儿经历从做手势到使用越来越长、越来越复杂的句子的全过程。

## 表达是如何发展的

幼儿使用言语来表达需求，描述感受，表明偏好，提问，玩假装游戏，描述信息，讲笑话和建立关系。在学前期，幼儿的语言变化显著：句子的长度增加，说的话更易理解，叙事变得更有序和连贯（Curenton & Justice，2004）。幼儿还增加了细节和复杂性。他们使用形容词（柔软的毛毡）、方位词（在椅子下方）、否定词（不）和复合句（并且、但是，以及晚些出现的"如果……那么……"结构）（Hoff，2005）。虽然他们仍然犯错误，但会更注重语法（动词时态、准确代词），因为他们渴望有效沟通（Chapman，2000）。

与幼儿说话时，要向其示范规范的说话方式：讲话清晰；使用标准词汇、发音、语法和句法。当幼儿说错时，不要纠正他们，而是用规范的语言重新表述他们的想法。

随着他们语言能力的提高，幼儿越来越能够维持对话。稍小的幼儿可以进行一两个回合的谈话。稍大的幼儿谈话可以保持好几个回合，并承担更多的责任去保持对话持续进行。到 5 岁时，他们了解对话如何进行，掌握沟通的社会规则。

## 支持表达的教学策略

### ▲ 示范适宜的语言

与幼儿说话时要清楚，并且使用标准的词汇、发音、语法和句法。扩展幼儿的一字句和两字句。如果一名幼儿说"书"，你就可以说，"你想让我们读这本书"。当幼儿犯错误时，不要纠正他们，因为这可能会阻止他们说话。相反，用规范的语言重新陈述他们的意思。如果一名幼儿说："I goed to the barbershop. He cutted my hair."（"我去理发店,他剪了我的头发。")① 你可以说:"That's exciting! You went to the barbershop and the barber cut your hair."("真令人激动! 你去了理发店,理发师给你剪了发。")②

### ▲ 倾听幼儿表达

不要掌控与幼儿的对话。你说得越多,他们发表想法的机会就越少。作为一个耐心的听众,你不仅要鼓励幼儿说话,而且要向他们示范如何倾听,使他们成为更好的交谈者。

### ▲ 谨慎地提出问题

当幼儿受问题困扰时,他们往往停止说话。相比之下,重述幼儿的话或者适当扩展幼儿的话可以表示你对其所讲的内容很感兴趣。"在哪儿?"和"是什么?"这种问题经常只会引出一个词的回复("是""否""蓝色")。使用开放式问题(如"你是怎么做的")更可能引导幼儿说出一个短语或一个句子。

### ▲ 鼓励幼儿说话而非使用手势

虽然非语言互动是基本的沟通形式之一,但是能够开口讲话的幼儿可能会过度依赖这种非语言形式。如幼儿可以拿着一只空杯子到成人面前,表示要牛奶,而不直接用语言表达。如果你认为幼儿可以使用语言代替行为,就要鼓励幼儿多说话,而不是立刻满足他们用手势或身体语言表达的请求。当你不明白幼儿的手势时,要告诉他们你不明白他们的意思,并要求他们给你解释一下,以便你可以更好地满足他们的需要。

### ▲ 鼓励幼儿通过口头指示的方式在集体活动中担任领导者

充分利用那些可以让幼儿成为领导者并且用语言传递他们想法的机会(如大组活动时间、过渡时间)。鼓励幼儿用语言来表达其想法。复述他们的建议,以确保你和其他人都正确理解。如果你们的理解与幼儿要表达的不一致,就请他们使用更确切的语言重说。"我说你做"的游戏有如下几种。

**西蒙说(可以改动)。** 不是简单地让西蒙说"这样做",而是让幼儿想出一个动作并描述这个动作(如"把你的两条腿分开再分开""用手在地板上拍")。

**小狐狸。** 让一名幼儿想出一个让所有狐狸都跑过去的地方,并描述这个地方(如"跑

---

① goed 应为 went,cutted 应为 cut。——译者注

② 英语中的动词存在着时态变化,幼儿在说话时使用了错误的过去分词,教师并没有直接纠正幼儿,而是间接地将幼儿要表达的意思以正确的语言重新说了一遍。——译者注

到石阶上""单脚跳到木头上")。

"让我们变成……。"让每名幼儿轮流告诉别人假装成什么（如"让我们变成一个正在画画的人""让我们变成一只正在舔他脚的小狗"）。

### ▲ 鼓励幼儿相互交谈

设计可以促进合作的活动并提供材料（如支持角色扮演游戏的道具；需要两名幼儿才能使用的大物件，如板子或公共汽车）。或者设计一个小组活动，需要幼儿两两一起工作（如一名幼儿把一个物品藏起来，然后给另外一名幼儿线索去找到那个物品）。为了进一步支持幼儿与同伴之间的交谈，让幼儿提出想法或帮忙解决问题。

 **关键发展指标 23　词汇：幼儿理解并使用不同的单词和短语**

**描述**：幼儿在对话、活动、使用书面材料和游戏中学习并使用新单词和短语。幼儿询问不熟悉的单词的含义。幼儿使用多种词来描述和详细说明其经历和想法。

### 词汇是如何发展的

接受性词汇是幼儿可以理解的词语。生产性词汇是幼儿能够说出来并且能够正确使用的词语。并非所有的幼儿都有相同的接受性词汇和生产性词汇；事实上，研究人员发现在入学时，幼儿听过的词语数量受社会经济背景影响很大（Hart & Risley，1995，1999）。幼儿听到和知道的词语越多，他们就能在上学后成为更强的讲读者和阅读者（National Reading Panel，2000）。那些不常用的词汇尤其重要，即那些超出了幼儿执行日常任务需要的词汇（如铲子、舒适和倾盆大雨）。成人在谈话中越多地使用这些词汇，幼儿日后的读写能力就表现得越好（Dickinson & Porche，2011）。

幼儿产生词语意识后开始学习新的词语。也就是说，幼儿因为词语与自己的所思所想所做有关而对词的意思产生了兴趣（Christ & Wang，2010）。此外，幼儿词汇的增长是循序渐进的："他们越频繁地接触一个词，就越能深入地理解这个词的多重含义。"（Hohmann，2010，p.16）幼儿词汇的增长也体现出主动性；他们不是通过背来学单词，而是通过主动探索材料、进行真正的对话、阅读书籍和讲故事来学习新词语。

## 支持词汇的教学策略

### ▲ 鼓励幼儿描述自己的经验和想法

当你观察幼儿的行为、和他们一起游戏的时候，可以对幼儿正在做的事情做出评论。使用一些他们以前可能没有听说过的基础性词汇，并引入一些更不常用的词。当幼儿在一个对他们有意义的语境中听到新词的时候，他们更容易理解和记住这些新词。如当与幼儿谈论他或她的画时，既使用一些常见的词，如"颜色""笔刷"，也引入一些新的术语，如"阴影""质地"。

幼儿通过说话和倾听来扩大其词汇量。鼓励他们分享想法，描述使用的材料以及如何使用这些材料，并谈论他们与他人的互动。如果他们用错了某个词，不要纠正，你将正确的词语说出来就可以了。

### ▲ 阅读既有基础词汇又有不常见词汇的图书并讲述故事

因为书和故事使用比对话更复杂的语言，所以它们可以拓展幼儿的词汇。当你为班级选书时，关注不常用的词语（如"巨大"而不是"大"，"敏捷"而不是"快"）。帮助幼儿理解新词时，可以询问他们这个词是什么意思，或者使用非语言线索（如模仿某个物品或动作），或者将新词与幼儿熟悉的词汇和情境联系起来。

### ▲ 为幼儿提供体验新材料和新想法的机会

新词来自新的经历。幼儿对某个物品叫什么名字很感兴趣，会寻找词语来称呼新的感觉、新的行为和新的心情。为了丰富他们的词汇，要为他们提供探索新材料和新工具的各种机会（首先在小组活动时间引入），并且提供各种机会让幼儿发现旧材料的新属性（重新引入幼儿已不再使用的材料，或以相同方式使用了很长时间的材料）。带着幼儿外出散步，实地考察，参观社区中的场所（如艺术家的工作室、街角的商店）。所有这些活动都可以为幼儿创造听到和练习使用新词的机会。

 **关键发展指标 24 语音意识：幼儿能识别口语的不同发音**

**描述**：幼儿识别单词的首音和尾音，包括尾韵（相同的尾音）和头韵（相同的首音）。幼儿识别单词中的独立音节（分节）。

## 语音意识是如何发展的

语音意识是指可以识别构成词的发音。把口语发音和词义区分开来的能力对于学习阅读至关重要，可以帮助幼儿理解字母知识（见关键发展指标 25），即字母和其发音之间的关联（Bishop，Yopp，& Yopp，2000）。

口语由不同复杂程度的声音单位构成：单词、音节、子音节（音节头音或尾音、尾韵）和音素（单个发音的最小单位）。语音意识针对的是一般意义上的所有语音，音素意识针对的是词中最小发音单位。

幼儿首先注意到最大的语音单位，然后逐渐注意较小的语音单位（Anthony，2002）。他们先发现首位音素（如他们名字中第一个字母的语音），然后发现最终音素，最后发现单词中间的发音。音素集群中的混合音（如 plop 这个单词中 /pl/ 这个发音）特别难以区分。

幼儿要想发展语音意识，需要具备将字词与发音连接起来的 3 方面经验。

- 尾韵指的是单词最后的发音相同，例如 cat 和 bat 这两个单词结尾的发音都是 /at/。幼儿可以最早区分出来的部分就是韵脚，他们发现押韵很有意思。
- 头韵是两个或多个单词具有相同的首音，如 big 和 boy 这两个单词的首音都是 /b/。幼儿喜欢重复故事、歌曲、歌谣和童谣中押头韵的词。
- 分节涉及将单词分解成音节。许多幼儿直到 5 岁时才能掌握这个能力。然而，他们可以发现名字中的音节或其他熟悉的词中的音节，特别是在他们吟诵或歌唱时。

## 支持语音意识的教学策略

### ▲ 和幼儿一起探索并识别各种声音

倾听环境中各种声音（噪声、电器声、车辆声）的经验会为幼儿区分构成词语的各个发音奠定基础。要支持和扩展幼儿的声音识别能力，请尝试以下做法。

**探索教室中可以制造声音的材料。**提供乐器、计时器、木块、木工工具，以及在填充和倾倒过程中会发出噪声的东西。

**探索教室外可以制造声音的材料。**在操场上，在大自然中，在幼儿园附近倾听各种声音。

**识别声音。**让幼儿闭上眼睛，猜猜是什么东西在发出声音。

**定位声音。**鼓励幼儿猜测声音从哪儿来。

**辨别声音。**将幼儿的声音和熟悉的成人的声音录下来。将这些录音播放给幼儿，让幼儿猜猜是谁在说话。

**听一个词或短语。**在过渡活动时间，约定某个词或短语，作为过渡到下个活动的信号。

### ▲ 培养尾韵意识

使用以下策略培养幼儿的尾韵意识。

**分享那些押尾韵的歌曲、诗歌、图书、故事、儿歌。**当你念到那些押韵的词语时，要将其强调出来（如"down the stream"，"but a dream"）。

**识别尾韵。**当出现尾韵时，要指明（如要说"dock 和 clock 押尾韵"）。鼓励幼儿发现押尾韵的词。

押尾韵的歌谣不仅可以取悦幼儿，而且可以帮助他们识别发音相同的词尾。

**创编押尾韵的词。**让幼儿把押韵的词填入一个熟悉的句子（如"Hickory, dickory, dock. The mouse ran up the ___."）。接着，他们可以在结尾处用不同的词语替换（如"Hickory, dickory, door. The mouse ran up the ___."）。

**替换不押韵的词。**幼儿熟悉一个押韵的词之后，换一个不押韵的词看看幼儿的反应（如"Jack and Jill went up the road."）。

**在游戏中设计押尾韵的内容。**在过渡时间，将幼儿的名字与某个押韵的词配对（如"Red Ted，你去零食桌那儿"），或者让清理时间变得有趣，如玩一个寻找某一个名称与某一个词押尾韵的物品的游戏（如"I spy something that rhymes with flock that needs to be put away."）。

### ▲ 培养头韵意识

支持头韵意识的策略与用于尾韵的策略相似。

**分享含头韵的歌曲、诗歌、书籍、故事、儿歌。**当你在说那些头韵相同的词时，要把头韵强调出来（如"bouncing ball"）。

**识别头韵。**指出常见的开头音，并使用"头韵"这个词来描述它们（即便幼儿不会说"头韵"这个词,他们也开始明白它的意思了)。

**创编押头韵的词。**把熟悉的句子中每个单词的第一个音换成相同的音。让幼儿添加头韵相同的词,如问他们:"还有哪些单词与 red 和 riding 的开头音一样是 /r/ ?"你也可以在日常生活中使用押头韵的词(如"We're having crunchy crackers for snack"),并且在过渡时间,将幼儿的名字与押头韵的词连用(如"Bouncy Becky")。

**替换不押头韵的词。**偶尔在短语中使用不押头韵的词,看看幼儿是否会发现这种错误。

**在计划游戏和活动时加入头韵。**在过渡时间,让幼儿在听到与自己名字的首字母押头韵的单词时过渡到下一个活动。在大组活动时间,讲一些体现押头韵特点的故事(如一个关于"big boat with bells"的故事)。

### ▲ 培养音节识别能力

为了帮助幼儿将单词分成音节,请尝试以下策略。

**大声说出或唱出幼儿名字的音节。**如当你在操场上喊"Ibrahim"这名幼儿的名字时,可以把他的名字分音节"Ib-ra-him"唱出来,每个音节都用不同的音调去唱。

**大声说出或唱出某个单词的音节。**可以是书和故事以及日常生活中的任何一个单词。

**把音节唱出来。**在儿歌和童谣中,把单词分解成适合某些旋律的音节唱出来。

**带幼儿玩拆分和组合音节的游戏。**用幼儿的名字或其他熟悉的词语,如你可以对幼儿说:"我在想一个人,这个人的名字是以 /d/ 这个音开头的,并且是以 /ɒn/ 这个音结尾的。"

## 关键发展指标 25　字母知识:幼儿辨别字母名称及发音

**描述:**幼儿知道字母是一种可以单独命名的符号。幼儿能命名的字母数量逐渐增多,并且可以将字母与发音相联系(通常从自己的名字或其他熟悉的单词的首字母开始)。

### 字母知识是如何发展的

字母知识首先意味着理解字母原则,认识到字母和它们的声音之间存在系统的联系。然后,幼儿对于这些特定的连接会获得越来越多的知识,即逐渐了解与每个字母相关联的那些声音。这种理解的途径通常是从幼儿自己名字的第一个字母开始的,因为名字对他们而言十分重要。如果你试图用死记硬背的方式教幼儿字母的名称和发音（如"每日学一字母"法），则字母的名称和发音之间的关联很可能一会儿就被他们忘记了（Wasik，2001）。

一旦掌握了字母原则，幼儿会经常问成人一些字母的名称和发音。他们在阅读和书写熟悉的词时会做出有效的猜测，如当他们在阅读时碰到"mom"这个单词时，他们会想起 m 是发 / m / 这个音。因此，为了充分发展字母意识，幼儿需要具备语音（声音）意识，并知道声音如何用字母表示。高瞻的字母链接课程（即将幼儿名字开头字母的发音和书写与一个熟悉的物品之间进行配对，如 Evan 和 egg 配对），可以帮助幼儿建立起这种声音与字母之间的联系（DeBruin-Parecki & Hohmann，2003）。幼儿会在玩具小屋、签到表和艺术活动中使用字母链接。他们不仅可以很快学会自己名字中的字母链接，而且也会学会同伴名字中的字母链接。

## 支持字母知识的教学策略

### ▲ 培养字母识别能力

帮助幼儿以有意义（不是死记硬背）的方式学习字母的名称。

**提供字母材料。**除了看到印刷的字母，幼儿需要具体的操作经验。提供由不同材料制成的立体字母、字母积木、字母饼干、字母拼图和交互式识字软件。

**鼓励幼儿制作字母和字母书。**幼儿可以用橡皮泥、毛根和贝壳制作字母。他们可以把大的字母从纸上剪下来（如在旧报纸上的大字母），并将它们分类或粘贴到纸上，然后，制作一本字母收藏书。

**发现室内和户外环境中的字母。**发现在教室内和户外出现的各种字母。给幼儿准备一两个从他们的名字中取出的字母，让他们带在身上，这样他们就可以与在教室或户外看到的字母进行匹配。

**鼓励幼儿画和写字母。**鼓励幼儿书写字母（如幼儿可以画几个字母来展示在计划时间或回顾时间的材料或人，或者描绘实地考察）。帮助幼儿将书写融入角色扮演游戏中，如让他们在角色扮演时，书写购物清单或邀请函。鼓励幼儿采用不同介质书写字母，如用棍子在沙子上书写字母。

### ▲ 培养字母与发音的对应意识

帮助幼儿建立字母与发音相对应的意识。

**认识姓名和其他熟悉词语中的首字母。**当幼儿书写名字时，画出与字母关联的内容时，过渡时间时，或对已经熟悉的词语进行评论时，与幼儿名字首字母的发音联系起来（如"Box 和 Bobby 都以 /b/ 这个音开头"）。

**在幼儿阅读、书写和口述词语时念出字母的名称。**发出单个字母和字母串的音（如在帮助幼儿在菜单上写 pizza 时说出各个字母）。

**通过发音寻找字母。**寻找具有某种特定发音的字母，如"让我们找到这页书上所有发 /s/ 音的字母"；或者与幼儿玩一种"字母找找看"（"letter I spy"）的游戏，"我在娃娃家找到一个以 s 开头并且发 /s/ 这个音的东西"。

**将幼儿写下的字母和发音联系起来，代表真实的词或自创的词。**将幼儿写出来的东西读给他们听（如"我在 happy 这个单词中看到字母 H，它发 /h/ 的音"）。将幼儿自创的拼写念出来。

字母链接是将某幼儿名字的首字母及其发音与某个熟悉物品名字的首字母及其发音联系起来。

 **关键发展指标 26　阅读：幼儿为获得乐趣和信息而阅读**

**描述：**幼儿为获得乐趣和信息而阅读各种各样的印刷材料。幼儿请求成人给他们读书，同时幼儿也给其他人"读"书。幼儿根据图片讲述或复述故事。幼儿大声读出单词、短语和短句。

### 阅读能力是如何发展的

阅读涉及两种能力。第一种是将词语解码或转换成口语形式，如看到"picture"这个单词的书写，就能说出其口语的发音是"pik-chur"。第二种是理解词的意义。幼儿知道的词语越多，他们就越容易成为流利的阅读者（Snow et al.，1998）。

早在幼儿真正开始阅读之前,幼儿就已经开始接触"阅读"了。他们"阅读"图片、"停止"标志、产品标志、屏幕图标和自己的涂鸦。因为阅读在未来学习成功中起着至关重要的作用，所以成人急切地希望幼儿学会阅读。但是，强迫幼儿像成人那样阅读却会摧毁幼儿阅读的内在动机。另一方面，虽然需要时间和耐心——顺其自然地支持幼儿阅读，会让幼儿最终不只是阅读，而是主动去阅读，在阅读中获得乐趣。

## 支持阅读的教学策略

### ▲ 提供幼儿感兴趣的阅读材料

在每个活动区都要准备一些书面的材料。创建一个充满故事书、无字书、非虚构（知识类）图书、儿歌集、图解字典、杂志、地图册和购物目录的阅读区或书籍区。确保这些书面的材料可以体现班中幼儿的家庭语言和文化。在教室的其他区域，都放置适合该区域的文字材料（如在积木区的纸盒上面写字，在沙桌和水桌上放印有标签的塑料箱）。在户外时，引导幼儿注意周围的文字，如交通标志、街道名称和橱窗广告。

### ▲ 每天和幼儿进行交互式阅读

当你和幼儿一起阅读时，停下来谈论他们注意到的图片和词语。评论图片和文字有助于幼儿将其经验与书中的人物、物品和事件联系起来（McGee & Richgels，2000）。与一名幼儿、两名幼儿或一组幼儿一起阅读。确保所有的幼儿都可以看到图片，并可以用手指图片、翻页、倾听、评论和提问。阅读时互动会因为增加了社会交往成分而使阅读变得非常愉快。这不是在一个大组活动中与幼儿一起阅读能够实现的。鼓励父母每天在家和幼儿一起阅读，就像你在班上做的一样。

### ▲ 鼓励幼儿为成人或其他人阅读

幼儿从无字书或有简单插图的书开始，通过翻页、看图片寻找线索以及记住有关短语来"阅读"。最终，他们将开始识别并且靠视觉去读取特定的字母和单词，并根据他们已经知道的字母和发音做出有根据的猜测。

幼儿也喜欢阅读自己写的或自己口述并请成人写的内容。"对许多幼儿来说，书写是通向阅读的途径。一旦幼儿理解了字母原则，并开始根据发音写字，他们就能逐渐读出别人写出来的字词。"（Ranweiler，2004，p.136）鼓励幼儿阅读自己艺术作品上的标签，以及自己在计划或回顾时间、在假装游戏中写的东西。

## 关键发展指标 27　印刷品概念：幼儿具有关于周围环境中印刷品的知识

**描述：**幼儿了解印刷品的功能。幼儿理解口语和书面语的联系。幼儿认识到单词是文字的一个单位，字母组合起来成为单词，单词之间有空格。由于知道了环境中多种形式的印刷品（如标志、报纸和杂志、列表、留言、菜单和包装材料），所以幼儿了解印刷品的规范，如方向性（阅读要从上到下、从左到右）。

### 印刷品概念如何发展

有印刷品概念意味着知道文本在页面上是如何排版的，在阅读和书写中是如何使用的。了解文本的工作原理包括 4 个基本概念，这 4 个概念均在学前时期出现。首先是知道图片和文字之间的区别。其次是知道指导文字构成的原则：文本由单词组成；单词由字母组成；各种单词按一定顺序组成语句；单词之间留有空格；在每句话的结尾都要有句号。再次是文字的方向性，指的是能正确拿书（不依赖于图片判断方向）。最后是理解文字的阅读顺序（英语是从上到下和从左到右）。

稍小的幼儿通过接触身边的书籍和印刷品——这被定义为"在书本之外、充斥于日常生活中的文本"（Neuman et al.，2000，p.123）——来了解文本的工作原理。印刷品概念的建立与今后的阅读表现显著相关（Adams，1990；Clay，2000；Snow et al.，1998）。除了接触纯文本，幼儿还需要贝克等所说的在家里和幼儿园发生的个性化的读写活动，包括看成年人阅读和书写，听别人给他讲故事，读容器或广告上的文字，在卡片上书写自己的名字，以及使用计算机（Baker，Serpell & Sonnenschein，1995）。这样的事件越频繁，幼儿的阅读动机就越强。

### 支持印刷品概念的教学策略

#### ▲ 提供多种印刷品形式和功能范例

大多数幼儿将印刷品与故事书和听故事的乐趣联系起来。但是，十分有必要让他们认识到印刷品的形式除了故事书以外，还有许多其他形式，除了带来阅读乐趣，也还有许多其他功能。当幼儿遇到各种类型的印刷品时，要指出这些印刷品所发挥的功能，如对幼儿说："那个标志说'不要走'。我们必须等待，直到它说'可以通行'。"当你在给一名幼儿的绘画书写标签时，说："我正在把你的名字（或字母链接符号）写在画上，这样我们就可以知道这幅画是谁画的了。"在吃点心前，说："让我们检查一下发餐表，看看今天轮到谁来给大家发点心了。"在娃娃家的工作时间，让幼儿帮你在食品包装上找到成分表，在计算机屏幕上指出诸如上、下等词。

### ▲ 帮助幼儿区分图画和文字

当你和幼儿一起看带插图的文本（如故事书、标志、海报和地图）时，谈论里面的图片，然后说"让我们看看这些文字"。

为了帮助幼儿区分图和单词，你要用手指文字并在大声朗读时将二者联系起来。

当你大声将其朗读出来的时候，用手指着文字，并且将文字与图片联系起来（如"这些词是在说怪物长着蓝色的头发"）。当你给幼儿的作品添加署名或标题时，要让幼儿注意图片与文字的区别，正如克里斯的老师一样。

在小组活动时间，克里斯在完成绘画后对他的老师说："请帮我在画上写一句话：'这是一只鸟。'"在确认完他想要的确切词语后，老师说："我准备在便利贴上写这样一句话'克里斯画了一只鸟'，然后把它贴在画的上方。"克里斯稍做思考后，补充道："请写上'鸟是蓝色的'。"当老师问他这句话要写在哪里时，克里斯说写在画的下方，所以老师在画的底部又贴了一张便利贴，写上了那句话。当天离园时，克里斯的父亲来接他，克里斯给爸爸展示自己的画，用手指着那些便利贴说："这些字的意思是说我画了一只鸟。下面的字是在说鸟是蓝色的。"

### ▲ 帮助幼儿理解文字的构成、方向和阅读顺序

使用以下策略帮助幼儿了解文字的工作原理。

**构成。**文字由构成单词的字母组成，单词按一定顺序摆放就形成了句子、段落和文章。为了帮助幼儿掌握这些想法，强调字母如何构成一个单词，你可以说，"C－A－T 是 cat 这个单词的写法"。当你读一个句子时，用手指着每个单词，而且在与幼儿一起阅读时要使用"句子"（sentence）这个术语（如"让我们找到那个在讲他吃了什么的句子"）。如果幼儿有兴趣，可以再向幼儿介绍文字的其他规则，如大写字母和标点符号。

**方向性**（orientation）。方向性指在拿印刷品时，应保持印刷品是竖向摆放的。让幼儿递给你一本书，与他们一起阅读。如果他们给你时书本上下颠倒了，或者前后颠

倒了，就把书转回正确的位置。时不时地把书故意摆放成错误的方向。如果幼儿没有纠正你，你就说"哎呀，上下颠倒了"，然后把它正过来。 在留言板上与幼儿一起玩与方位有关的游戏：当留言板转动到长边与地面垂直时，要从上往下读取内容；而当留言板转动到长边与地面平行时，则从左向右读取内容（Gainsley，2008）。

**阅读顺序**。阅读顺序是指文字是如何排列的（从左到右，然后返回到下一行重新开始；从一页到另一页）。为了帮助幼儿了解这些规则，可以对幼儿这样说，如"让我们翻到下一页，看看接下来会发生什么"，把你的手指放在下一页的顶部，偶尔在阅读时沿着文字移动你的手指。让幼儿翻页，让他们感受到文字是如何排列的。

 **关键发展指标 28　图书知识：幼儿具有关于图书的知识**

**描述**：幼儿知道图书如何工作，要竖着拿书，放到面前，从前向后阅读，区分文字和图片。幼儿认识书的各个部分。

## 图书知识是如何发展的

掌握图书知识就是理解书作为一种印刷品是如何发挥作用的。书具有自己的特点，如有书名、文字作者、图画作者、封面和封底，还有内文。幼儿能识别一本书的各个要素，并理解书是怎样发挥作用的，如标题揭示这本书是关于什么内容的。当幼儿拿书、读书和自制图书时，能把关于印刷品的一些规则具体用到每本书上（Clay，2000）。 幼儿还需要熟悉不同类型的书，包括故事类、非虚构（知识类）、诗歌和歌词集、字母和数数书、艺术类（照片和复制品）和教学手册。

## 支持图书知识的教学策略

### ▲ 和幼儿一起探索图书的组成部分

当你与幼儿一起看书时，向幼儿指出书的一两个特点（在开始阅读之前或阅读完后做这件事，这样就不会在中途打断故事）。如在开始之前，说："让我们看看封面上的图片，你能不能从图片中推测出这个故事是讲什么的？"解释作者和画家的想法，如："我要读……这本书，它是由……写的，由……画的画。"当你读完之后，说："故事结束了。"

幼儿还通过制作属于自己的书来了解图书的各个组成部分。当幼儿在绘画、书写、装订他们自己的图书时，将已经出版的图书放在桌子上供他们模仿和参考。展示这些幼儿制作的图书，把它们放在阅读区，这样幼儿可以看自己的书或者看其他人的书。邀请他们在小组活动时间或回顾时间大声"朗读"他们的书，并描述他们是如何制作每一部分的。

### ▲ 帮助幼儿理解图书的构成、方向性和阅读顺序

让幼儿递给你一本书与他们一起阅读。接下来，要么就按照他们递给你时书的方向收下这本书，要么就根据实际情况将书重新调整。偶尔用错误的方式拿起或拿着一本书，看看幼儿如何反应。如果一本书被放反了，要通过视觉的形式和说话将其正确的一面朝上摆放。在关于印刷品概念的关键发展指标部分还讲过许多关于文字构成、方向性和阅读顺序的具体策略，你在与幼儿一起读书时也可以应用这些策略。

 **关键发展指标 29　书写：幼儿为了不同目的而书写**

**描述：** 幼儿为了表达想法而书写。幼儿在游戏中使用文字，请求成人记录他们说的话，阅读自己和成人书写的内容。幼儿使用蜡笔、记号笔、铅笔和电脑等工具书写。幼儿抄或者书写字母，经历从涂鸦到写出类似字母的形状，再写出能被识别的字母的全过程。

### 书写能力是如何发展的

幼儿在阅读之前就已经开始"书写"了，即他们在认识字母之前就开始在纸上涂鸦或者画画了（Clay，2000）。学习制作字母和单词（和数字）是书写发展进程中的又一个阶段（Ferreiro & Teberosky，1982; Sulzby，1986，1987）。一开始，幼儿的书和绘画类似，只能由幼儿解释。接下来，幼儿会制作一些在形式（有直线和曲线）和长度（更长的字母串会代表更长的单词）上都很像真正字母的符号，并遵循他们文化中书写的方向。最后，幼儿开始书写真正的字母，但往往存在把字母写反的情况（如把 E 写成 Ǝ）或其他错误，直到二年级才会渐渐减少这些错误。接下来，他们会自创性地将字母组合在一起形成单词，这是"书写初学者在试图把声音和字母联系起来"（Neuman et al.，2000，p.123）。重要的是鼓励幼儿创造性地拼写，而不是一味地纠正他们，否则幼儿就只会写那些简单的单词而不希望承担犯错的风险。幼儿想要准确沟通的愿望会激励他们自己学会常规拼写。

## 支持书写的教学策略

### ▲ 提供大量的书写和绘画材料

在教室内提供书写材料，鼓励幼儿
把这些材料从一个区域带到另一个区域，
以支持他们的游戏（如在积木区中制作
施工标志，在艺术区给图画做标记，在
玩具区描玩具的轮廓，在娃娃家书写聚
会邀请函）。寻找那些交互式的计算机程
序，让幼儿可以绘制图片、类似字母的
符号和真实字母。

保持合理期望，支持正在萌发的书写，就是支持
幼儿正在发展中的书写技能。

### ▲ 期待并支持多种形式的书写和拼写

"幼儿成长为书写者所需的一个最重要的要素是相信他们自己就是书写者。"
（Calkins，1997，p.58）因此，成人应该尊重和支持幼儿在书写过程中的每一步尝试。
你的帮助要与幼儿的发展水平相匹配，如他们是否知道如何书写字母、发出每个字
母的声音和拼写单词。对于有音素意识的幼儿，你可以说，"让我们弄清楚第一个字
母是什么，它发的是 /m/ 这个音"，然后等待幼儿回答出是哪一个字母。你还可以给
幼儿书写字母或给幼儿找一些例子，或让幼儿之间互相帮助。

### ▲ 鼓励幼儿因为各种原因进行书写

幼儿书写有时是因为他们有需要，如给绘画作品取个名字，在假装游戏时制作
菜单，或发慰问卡。当幼儿成为熟练的社会问题解决者（见关键发展指标 15）时，
书写可以帮助他们制作轮流表。每天的计划和回顾时间为幼儿写下自己的想法和经
验提供了机会。数学和科学活动也适合书写。如在实地考察时收集大自然的材料并
进行分类后，幼儿可能会在图表上记录他们发现的物品的名称和数量。

### ▲ 记录幼儿的口述内容

虽然幼儿喜欢自己书写，但有时他们会让成人记录他们口述的内容。对于还不会
书写的幼儿是这样，对于那些已经开始独立书写的幼儿也是如此。你可以记录个别幼

儿的口述内容，也可以采取集体形式（给某幅画添加标题，或把整个班级在实地考察中看到的东西写下来）。确保把幼儿说的话准确地书写下来，不要在意幼儿的语法和语序，事后再原封不动地给幼儿念出来。这个策略可以帮助幼儿将口语和书面语联系起来，并且向幼儿表示你十分重视他们说的话。

## 🔑 关键发展指标 30　英语语言学习：（在适用的情况下）幼儿使用英语和母语（包括手语）

**描述**：幼儿理解并使用英语与自己的母语。幼儿根据交流对象调整他们使用的语言。幼儿知道存在着不同的书写系统（字母表）。

### 英语语言学习如何发展

幼儿学习英语（第二语言）通常会经历几个阶段（Tabors，2008）。

**第一阶段**。幼儿试图用母语与他人交流，但逐渐意识到别人无法理解他们在说什么，因此必须调整交流策略。这个阶段可以持续几天或几个月，这取决于幼儿对环境的意识和反馈。

**第二阶段**。幼儿常常默默地主动关注新语言。这个安静的时期并不意味着他们"走神"了，他们在忙于倾听。同时，他们试图用手势、面部表情和非语言表达方式进行交流。

**第三阶段**。已经掌握了节奏和几个关键的单词或短语后，幼儿准备用英语去与大家交流了。他们会使用电报式的语言，即用一个词代表一个句子，如"上"（"Up"）表示"看天上的鸟"（"Look up at the bird"），以及模板式的语言，如"我想要苹果"（"I want apple"或"I want go"）。

**第四阶段**。幼儿能用自己的词汇表达想法。他们会应用英语的一般规则，虽然他们仍然会犯错误，就像小孩初学母语时也会犯错一样。语法规则的迁移能力取决于他们的母语与英语的相似程度。

学习另一种语言的幼儿也在学习另一种文化，包括何时和如何适当地说话（Rogoff，2003）。考虑到所有情况，幼儿这 4 个阶段的发展可能需要 6 个月到两年的时间，这取决于成人在家庭中与幼儿说英语的数量，幼儿园中的言语交流程度，以及在其他环境中的英语接触机会。

## 支持英语语言学习的教学策略

### ▲ 无论幼儿使用何种语言，鼓励他们去交流

幼儿对其母语了解越多，他们学习第二语言的能力越强（Cheatham & Ro，2010）。如果可能的话，将非英语的幼儿与会双语的幼儿配对，进而帮助他们搭建一个桥梁。唱歌、读书、讲故事时，既使用母语，也使用英语。鼓励英语语言学习者在班上分享其熟悉的歌曲、故事和来自家乡的歌谣，并教大家一些常用的词汇。这些做法有助于幼儿记忆母语，学习英语，也是对幼儿及其家庭的认可。

### ▲ 利用假装游戏丰富学习英语的幼儿的词汇

假装游戏为英语语言学习者提供了在没有压力的情境中融合语言和非语言技能的机会。通过添加行动和道具，幼儿可以用手势和材料辅助母语，以便更好地被他人理解。这会减少他们在尝试沟通时遇到的挫折。第一语言是英语的幼儿常常会将英语语言学习者在游戏中说不出或者漏说的词语自发地补充出来，从而为英语语言学习者提供自然的学习机会。

### ▲ 利用叙事增强学习英语的幼儿表达的流利性

讲故事可以让幼儿学习英语，即使他们还不能用英语进行叙事（Cheatham & Ro，2010）。想一想广义的"讲故事"。计划其实就是一个关于幼儿打算做什么的故事，回忆是一个关于他们做了什么的故事。信息板讲述了一天会发生什么的故事。幼儿经常在其工作时间讲故事或者分享在上学路上发生的事，或者他们期待出现的事件。英语语言学习者分享他们生活中的"故事"的机会越多，就越有动力掌握新的语言。

 试一试

1. 列出你认为幼儿进入学前班时在语言、读写和交流领域需要知道或做到的 5 件最重要的事。为什么你认为这些是最重要的？教师可以如何？

2. 看一本你没看过的书或是杂志里的图或是照片。根据图片编一个故事。你的故事中放进了多少你个人的体验？幼儿会怎样利用他们的兴趣和体验来看图编故事？

3. 当贝卡 3 岁的时候，妈妈曾警告她小心邻居大孩子，他们玩游戏玩得野。贝卡感到很迷惑，就问妈妈："小孩子玩得光滑吗？"下面是一些幼儿的话。这些话体现了

他们什么样的认知水平？

如果我把饼干都摊开，我就需要更长的时间来吃它们。

如果我把夹克穿在外面，风就不会钻进来。

我长大后，我的名字中就会有更多的字母。

我不能和父母一起去法国，因为我还不知道怎么飞呢。

你会怎样把你对幼儿语言应用的理解用于在教室与他们互动？

4. 在下面的场景中可以看到语言、读写和交流领域的哪些关键发展指标？还涉及其他哪些领域的学习？教师该如何支持和扩展这些学习？

贾里德和埃文挨着坐在一起，各看一本书。贾里德对埃文说："你想让我给你读一下这本有关熊的书吗？"当埃文说"行"的时候，贾里德挪得离他更近一点，以便他们可以一起看书里的图。贾里德一边翻页一边"读"给埃文听，编了一个有关熊正在做什么的故事。"现在你把你的书读给我听吧。"贾里德说。埃文看得懂他的书，这是一本关于一家人开车旅行的书。当他详细讲述故事的时候，他时不时地指一指单词，就像他在说那个词一样。当埃文说完故事后，贾里德说："一本好书。"

5. 想一首熟悉的童谣、歌曲或是儿歌。自编一个押头韵的游戏，包含两个或多个首音相同的单词。你会如何把每个游戏介绍给幼儿？

6. 想想你可以用哪些词向幼儿描述书（如标题、作者、第一页和结尾）。和同事分享你的清单并进一步寻求建议。在下一次与幼儿阅读一本书的时候使用这些词。

提供橡皮泥和塑料刀具，让幼儿亲身体验制作字母的过程。

# 第 14 章　数学领域的内容是怎样的？

⊞⊟ **本章导读**

　　本章主要论述了高瞻课程模式在促进幼儿数学能力发展方面的理论依据和实践做法，主要包括 3 个部分：第一部分解释了为什么早期数学学习很重要；第二部分介绍了高瞻课程模式在数学领域的一般性教学策略；第三部分具体介绍了数学领域的 9 条关键发展指标，分别是数词和符号、点数、部分—整体关系、形状、空间意识、测量、单位、模式、数据分析，并针对每一指标提出了教师支持策略。

⊞⊟ **本章学习目标**

**学习完本章，你应该能够**

解释为什么早期数学学习很重要。

描述高瞻课程模式数学领域的关键发展指标。

理解并应用支持早期数学学习的策略。

⊞⊟ **本章术语**

美国数学教师委员会（National Council of Teachers of Mathematics NCTM）

"数字 +"幼儿数学课程（Numbers Plus Preschool Mathematics Curriculum）

基数（cardinal number）

序数（ordinal number）

感数（subitizing）

一一对应（one-to-one correspondence）

部分—整体关系（part-whole relationships）

空间意识（spatial awareness）

空间定位（spatial orientation）

空间可视化（spatial visualization）

单位（unit）

### 想一想

你是否曾经听别人说"让我们看看这些数字"？他们或许是在说预算、比分和投票结果等。不管你是喜欢数字还是害怕数字，数学都是我们每日生活的一部分。数学包含的内容远远不止于数字，如摆放家具就包含了形状和空间，这属于几何的内容。把一个问题分为几个小步骤，有条理地解决问题，类似于解代数系列运算。为你的花园买多少植物则包含了测量。决定何时何地和你的家人度假也需要数据分析（如谁能去，何时有空，每个人想去哪里旅行）。所有这些活动都涉及常见事物或事件的数学属性。

和成人一样，对幼儿来说，数学关乎排序、比较数量、发现规律以及移动身体和位置。因为这些活动很基础，高瞻课程模式认为所有幼儿和成人都是而且应该是富有能力的数学家。

## 为什么早期数学能力发展很重要

教育者们现在意识到，早期数学学习值得获得与早期读写一样的重视。美国国家研究院早期数学委员会指出，数学应当处于"国家政策议程之首"（the National Research Council's Committee on Early Childhood Mathematics，2009，p.1），数学教育应当在学前班以前就开展。幼儿数学能力，甚至比阅读能力更能够预测入学后各门课程的成绩（Duncan et al.，2007）。

美国数学教师委员会甄别出了适宜各个年龄的 5 大学习内容：数和运算、几何、测量、代数以及数据分析（NCTM，2000）。前 3 个内容，或者说"焦点"（focal

幼儿在日常生活中使用数字，如餐点时间通过一一对应来计数，从而理解数字的含义。

point），在幼儿期尤为重要（NCTM，2006）。高瞻课程模式的"数字＋"幼儿数学课程基于美国数学教师委员会所建议的内容和重点，本章将详细描述数学领域的关键发展指标。

## 早期数学学习

幼儿的数学经验"应当建立在大量的游戏以及与学习能自然联系起来的日常活动、兴趣、问题之上"（Clements, 2004b, p.59）。当研究者赫伯特·金斯伯格（Herbert Ginsburg）与他的同事观察幼儿的自由游戏时，他们惊讶于幼儿使用了如此多的数学元素来表达他们的观点（Ginsburg, Inoue, & Seo,1999）。事实上，3~5 岁的幼儿"倾向于（也许是生来就会）注意到数字和数学问题"（Baroody, 2000, p.61）。

研究者也确认了早期数学不仅是唱数（会说"1、2、3"）。幼儿通过数真实的物品来理解数字的含义。当幼儿使用不同形状和尺寸的积木建公路时，他们在学习几何。比一比谁跳得最远，包含了比较距离或者初步的测量。在某个设计或一连串运动中寻找模式，是为中学代数学习做准备。算出班里是否需要更多饼干或者葡萄干的过程包含了数据分析在真实决定中的应用。

## 幼儿如何学习数学

让幼儿参与数学活动中的机会每天都有，但是数学学习不能简单靠运气。成人必须系统地、有目的地使幼儿与材料互动，从事调查研究，并用数学思维方式尝试得出结论。数学教学的一个重要的方面，是理解幼儿的数学学习是循序渐进的（Campbell,1997; Clements, Sarama, & DiBiase, 2004）；也就是说，每一个新概念或技巧，建立在幼儿已经掌握的知识的基础之上。绝大部分的数学课程都是有着固定顺序的系列活动，所有幼儿通过集体活动一起学习，但有一个数学课程（高瞻"数字＋"幼儿数学课程），提供了开放式的活动，允许幼儿根据自己的水平和速度选择互动材料，验证想法。

# 数学领域的一般性教学策略

## ▲ 在教室的每一区域提供广泛多样的数学材料

你需要设立一个独立的数学区，但同时也要创设一个"在每一个角落都会遇到有趣的数学"的环境（Greenes, 1999, p.46），如：厨房的定时器；数字绘本（关于数字的单词和图形）；数字、钉子和小钉板（用来一一对应计数）；可以用来组合和分解的小物体（用来理解部分—整体的关系）；二维和三维的图形（几何）；大型攀爬结构（空间意识）；量杯和小勺（用来测量）；不同长度的绳和有刻度的尺子（非常规或常规性的测量单位）；珠子或其他能制造声音的物品（创造视觉和声音结合的模式）；纸张和记号笔（记录和数据分析）。当使用计算机和其他交互式媒介时，选择开放式的软件和应用，而不是刻板的训练和练习，以促进幼儿探索。

## ▲ 使用数学词汇与幼儿交谈

如果幼儿听到成人在谈话时使用数词，他们便能够逐渐理解数词（Levine, Suriyakham, Rowe, Huttenlocher, & Gunderson, 2010）。关于数词的谈话可以是清点人数或物品的数量（如"只有6个人参与今天的小组活动，因为凯蒂没有来"），讨论相对数量关系（如"比起选择梨的小朋友，更多的小朋友在加餐时间选择苹果"），使用测量术语（如"我们需要加一杯面粉"），或者使用数学回答游戏中的问题（如"我们如何才能判断哪个是更大"）。

尽管幼儿经常自发地使用数学，但他们可能不会意识到这一点，除非成人询问他们理由（Zur & Gelman, 2004）。教师不妨询问幼儿如何分配小汽车，使得每名幼儿都有同样数量的小汽车。你也可以"鹰架"幼儿的思考，鼓励幼儿向数学发展好的同伴学习（Campbell, 1999; Kirova & Bhargava, 2002）。事实上，同伴对话中出现的不同意见，比起成人的评价，更能够激发幼儿进行反思和思考（Baroody，2000）。

## ▲ 鼓励幼儿运用数学回答并解决自己的问题

幼儿逐渐用更为系统的方法和有逻辑的思考代替通过试误解决问题。幼儿能够通过操作材料、观察结果、尝试解释原因发展这些认知技能。为了支持幼儿进行数学推理，不要急于告诉幼儿答案，或者催促幼儿得出结果。看看下面这位教师如何支持幼儿使用数学解决问题。

户外活动时间,利亚、雅各布和佩雷斯在争论谁是最高的。"你们怎么找到答案？"老师问。"我们可以测量！"佩雷斯说。利亚拿了一根粉笔，请老师帮忙在工具架的一侧标记头顶的位置。"我是最高的，"雅各布说。"就差一点儿。"佩雷斯说。"等我5 岁了，我就会是最高的了。"利亚宣布。

让幼儿自我纠错，使他们的想法和他们的发现一致。可能他们需要花很长的时间获得答案，但他们的大脑将更好地建构对数学的理解（Copley, 2010）。

### ▲ 提出鼓励数学思维的挑战

挑战应当能让幼儿享受数学的乐趣，而不是测试或戏弄他们。幼儿乐于接受那些源于他们兴趣的挑战，如"我放多少珠子能正好把罐子装满"。为此，教师可以使用一些表达技巧（"我很好奇如果⋯⋯会怎么样"），或者时常问一些开放式问题（"你能尝试让它适合不同的工作方式吗"）。

## 数学领域的关键发展指标

高瞻课程模式在数学领域有9条关键发展指标：数词和符号；点数；部分—整体关系；形状；空间意识；测量；单位；模式；数据分析。[1]

在这一章，我们讨论早期阶段每一条关键发展指标的学习，以及你可以使用的支持幼儿发展的策略。具体活动，参见高瞻"数字+"幼儿数学课程（Epstein, 2009b），更多的资源可访问高瞻课程官网。

 **关键发展指标31　数词和符号：幼儿识别并使用数词和符号**

**描述**：幼儿识别并命名周围环境中的数词。幼儿理解基数词（如 1、2）指的是数量，序数词（如第一、第二）指的是事物的顺序。幼儿书写数字。

### 数词和符号的知识如何发展

通过日常经验，幼儿逐渐习得基数词（如1、2）和序数词（如第一、第二），并发展了一定的数感（意识到数字代表数量，是可以运算的）。大部分幼儿通过反复记忆

---

① 　数学领域的关键发展指标与美国数学教师委员会提出的内容领域以及"数字+"幼儿数学课程一致：前3条关键发展指标包含数感和运算，第4和第5条属于几何领域，第6和第7条属于测量，第8和第9条分别属于代数和数据分析。

**数学领域的关键发展指标**

31. **数词和符号**：幼儿识别并使用数词和符号。

32. **点数**：幼儿点数物品。

33. **部分—整体关系**：幼儿组合与分解物品的数量。

34. **形状**：幼儿识别、命名和描述形状。

35. **空间意识**：幼儿识别人与物之间的空间关系。

36. **测量**：幼儿通过测量对事物进行描述、比较和排序。

37. **单位**：幼儿理解并使用单位概念。

38. **模式**：幼儿识别、描述、复制、补全及创造模式。

39. **数据分析**：幼儿使用数量信息得出结论、做出决策和解决问题。

来习得基数词。到学前班时，他们一般能够数到 20，虽然他们经常不按顺序数或重复计数（Clements, 2004b）。将数词和物品或行动联系起来，能够帮助幼儿建立一一对应的关系，知道最后一个数就是总数。

学习阅读数字符号，取决于幼儿看到数字以及成人指出它们的频率（Clements & Sarama, 2007）。2~3 岁的幼儿能够认出一些数字。大部分 4 岁的幼儿能够读出 1~10（National Research Council，2009）。当他们学习数字的名称时，幼儿也开始学习书写数字。与书写字母一样，幼儿通常用像数字一样的符号来标记数字，然后逐渐能写出数字，但有时会把数字写颠倒。

## 支持数词和符号的教学策略

### ▲ 使用数词来描述日常材料和事件

在某种语境中听到数字，比起死记硬背，更有利于培养幼儿的数感。就基数词而言，教师可以在问候时间告诉幼儿："娃娃家新添了两个娃娃。"就序数词而言，可以说："我们已经穿上了第一只靴子，现在让我们来穿第二只靴子吧。"或者说："把书翻到第一页。"对英语语言学习者而言，成人可以用幼儿母语中的数词。

### ▲ 请幼儿关注环境中的数字（数字符号）

指出设备和材料上的数字，如玩具、工具、图书、计时器还有点心表上的数字。在信息板上使用数字，如画两个竖条，写一个数字 2，表示今天会有两个参观者。也可以谈论钟表上的数字，玩棋盘游戏。小组活动时间，可以计划一个活动，让幼儿搜索班里、户外、教学楼中、社区中的数字符号。

### ▲ 鼓励幼儿书写数字

将有关字母书写的策略（见关键发展指标 29）迁移到数字上。提供多种多样的材料让幼儿书写和建构数字，如记号笔、纸、沙子、木棍、剃须膏。接受幼儿只是看起来像数字的书写和错误，如写反了。鼓励幼儿在假装游戏、计划和回顾环节中书写和听写数字。

引导幼儿关注环境（如信息板）中的数字，支持幼儿使用数字。

## 关键发展指标 32　点数：幼儿点数物品

**描述**：幼儿一一对应地进行点数（摸一下物品，然后说一个数字）。幼儿理解最后一个数代表总数。幼儿比较数量并排序（如更多、更少、一样多）。幼儿理解"加上"和"减去"的概念。

### 点数能力是如何发展的

幼儿很早便发展出一定的点数能力。学步儿能够注意和识别 3 个物品（感数能力）——早在会数数前。3 岁幼儿对更大和更小的数具备了基本的理解能力（Zur & Gelman, 2004）。稍大的幼儿能够识别出数量相等的两堆物品，只要点数时这两堆物品各自的总数一样，不管外观看起来是否有区别。数学能力发展较好的幼儿甚至能够说出一堆物品比另一堆多多少，或者少多少。起初，幼儿可能会把两堆物品一个个并排摆放，数一数某一排多出来的数量。之后，他们使用手指或其他材料进行简单的加减运算。一些数值较小的运算，幼儿能够通过心算解决（Sophian, Wood, & Vong, 1995）。

## 支持点数的教学策略

### ▲ 点数和比较每一个物品

"幼儿把整个世界看作点数的舞台。他们想要点数一切事物。"（Gardner,1991, p.75）幼儿也很喜欢巨大的数值，如"千""亿"，即使他们并不知道这意味着什么（Ginsburg, Greenes & Balfanz, 2003）。在常见活动中，富有创造性地寻找与幼儿一起点数的机会（如数搭塔的积木数、梯子的级数），也可以用一些不寻常的方式或稍显愚笨的方式（如数蚊子叮的包）。注意，幼儿先会数具体某一物品，接着是某种行为，最后是事件（Campbell,1999）。

### ▲ 提供探索——对应的材料

提供材料，如螺母和螺栓、多米诺骨牌、点卡，让幼儿探索点数，并鼓励幼儿创造性地使用材料（如一个纸杯中放一个橡皮泥小球）。参与班级集体活动（如加餐时间发杯子）也能够支持点数，因为社会交往活动对幼儿来讲很重要（Mix, 2002）。为帮助幼儿更好地点数，可以将物品排成行，数一个，移动一个。与其直接纠正幼儿的错误（数重了或跳着数），不如给幼儿示范正确的点数过程。

### ▲ 请幼儿参与解决简单的数字问题

提出幼儿感兴趣的、具有挑战性的数学问题。如当幼儿发放餐盘时，提醒他们查看签到表，看看是否有人缺席。鼓励幼儿通过数数回答自己提出的问题，如需要带多少零食和糖果来庆祝生日。提醒幼儿可以向同伴寻求帮助（如"也许简能够帮我搞明白再搭一层城墙的话需要多少块积木"）。鼓励幼儿反思他们的解决方案，而不是简单判断其对与错。例如，你可以说："还有一些空地，你觉得还需要多少才能填满它？""罗德里格斯先生和太太会来和我们一起吃点心，我们还需要添加几把椅子？"

 **关键发展指标 33 部分—整体关系：幼儿组合与分解物体的数量**

**描述**：幼儿组合和分解物体的数量。幼儿使用部分组成整体（如把 2 块积木和 3 块积木组合成 5 块积木）。幼儿把整体分解成部分（如把 5 块积木分解为 1 块积木和 4 块积木）。

## 部分—整体关系的理解能力如何发展

理解部分和整体的关系，是掌握简单的运算，如加法、减法、除法、乘法的基础。幼儿通过把物品放在一起（组合）与分开（拆分）来探究这些关系。早在 3 岁时，幼儿便能关注到减法，如一人一块糖，一人玩一分钟电脑，这样大家能够"机会均等"（Clements, 2004b）。有多次动手操作的经验之后，幼儿开始能够在头脑中视觉化部分和整体的关系，能够把两部分组成一个整体（如 5=2+3），慢慢会对 3 个或更多部分进行组合（如 5=2+2+1）。

## 支持部分—整体关系的教学策略

### ▲ 提供可以分组和重组的材料

教室内的许多物品都可以多种方式分组和重组，如小型玩具（计数熊与积木）、书写和绘画材料（彩笔和纸张）、自然材料（贝壳和石头）。让幼儿决定如何分组。一旦他们完成了自己的组合，鼓励他们点数和比较数量。

### ▲ 提供可以拆解和组装的材料

许多艺术区和建构区的材料能够拆解并以新的方式组合，如橡皮泥、单元积木、乐高。除了工作时间，计划其他能为幼儿提供与材料互动的机会，如在小组活动时间把装有纽扣的篮子分给幼儿，并说："我想知道你可以有几种方式组合成 5。"之后逐渐加大数字，并要求幼儿用两个以上部分来组合（如把纽扣分成 3 份再组合）。

 关键发展指标 34　形状：幼儿识别、命名和描述形状

**描述**：幼儿识别、比较二维和三维的形状（如三角形、长方形、圆形，圆锥体、正方体和球体）并进行分类。幼儿理解形状由什么构成（如所有的三角形都有 3 条边和 3 个角）。幼儿通过把物品组合在一起以及把它们分开来变换（改变）形状。

## 形状认知是如何发展的

形状意识在幼儿很小时便开始萌芽。幼儿早在知道形状的名字之前便能够辨别和匹配形状（Clements, 2004a）。起初，幼儿基于自身的经验而不是形状的特点来粗略地给形状分类（认为一个图形是长方形是"因为看起来像个门"，而不是因为它有 4 条边）。

接下来，幼儿逐渐能够识别形状的组成部分（边、角或顶点）。最终，他们理解是每一种形状独一无二的属性使之区别于其他形状。在学前阶段的末期，绝大部分幼儿能够准确命名多种二维和三维的形状，即使尺寸和方向发生变化（Sarama & Clements, 2009）。

## 支持命名和使用形状的教学策略

### ▲ 为幼儿提供可看、可摸的形状

创造一个"形状丰富"的环境。

**在教室中添加二维和三维的形状。**让幼儿有机会通过不同的材料（如木头、纸板、泡沫塑料、布等）来探索形状。提供不同形状的样例，包括宽窄不同的矩形、等边或不等边三角形。

**鼓励幼儿画出形状。**即使幼儿画得不准确，但他们仍会在创作时对形状进行积极思考。

**鼓励幼儿给形状分类并说明分类理由。**请幼儿描述为什么这些形状是相似的，那些不是，并回答为什么有一些是某种形状，而有一些不是。

**提供材料并鼓励幼儿探索非常规的图形，如梯形和八边形。**即使幼儿不能马上识别它们，他们也会乐于听到这些不寻常的形状的名字，并探索多种多样的形状。

**提供垂直对称（左右完全相同）的材料和水平对称（上下完全相同）的材料。**指出幼儿创作的图形中的对称。

**使用一些聚焦于形状的印刷材料。**从网上打印不同形状的图片（或从杂志中剪照片），鼓励幼儿进行分类。在图书区创作一本形状剪贴簿。

不同几何形状的木制积木能够帮助幼儿学习基本的图形及其属性。

### ▲ 鼓励幼儿创造和变换形状，并观察和描述结果

幼儿经常以不同的方式改变材料，包括改变材料的形状（如将两个方形积木组合成一个长方形，或者把橡皮泥球拍扁）（Chalufour & Worth, 2003）。为支持这些活动，需要这样做。

**提供材料供幼儿创造和改变形状。** 幼儿乐于玩牙签、橡皮泥和线。和幼儿谈论他们创造的形状及其特点。

**当幼儿创造新的形状时，和他们多多交流。** 当幼儿组合与分解不同形状、创造新的形状时，和他们进行交流。鼓励幼儿说出每一次变化后什么没变，什么变了。

**寻找可以让幼儿操作形状的电脑程序。** 使用计算机作为可动手直接操作的材料的补充。选择一些能够让幼儿滑动、旋转和翻转不同图形的交互式程序。

### ▲ 给形状和幼儿变换形状的行为命名

给幼儿提供描述不同图形和形状变换的词语。

**在环境中区分和标记形状。** 将当初寻找字母和数字的游戏应用于寻找二维和三维的图形。来一次"形状狩猎"或"形状找找看"的游戏（如"我看到图书区有一些像三角形的图形，你觉得可能是什么"）。

**标记、描述、讨论形状的特征。** 重复幼儿的词语（如边和棱、点、角、变换），并做相应添加（如直线和曲线）。

**描述并鼓励幼儿描述变换形状的行为和结果。** 谈论幼儿最初操作时（如两个正方形）和最终结束时（如一个长方形）的图形。命名他们的动作，使用滑、转、拧、翻转、旋转和颠倒等词。

##  关键发展指标 35　空间意识：幼儿识别人与物之间的空间关系

**描述：** 幼儿使用方位、方向、距离等词语来描述动作或环境中物品的位置。幼儿在游戏中解决简单的空间问题（如搭积木、拼拼图和包装物品）。

### 空间意识是如何发展的

空间意识包括空间定位（知道你身体的位置，知道如何绕开物品，如何穿过某一空间）以及空间视觉化（在头脑中操作、"移动"图像的能力）。稍小的幼儿能够画出他们的积木的位置，稍大的幼儿能够在头脑中移动这块积木并判断其是否适合给定的空间。空间意识对肌肉发展和理解印刷品的方向很重要。

空间意识始于新生儿时期对食物和刺激的反应。学步儿无意识地使用空间知识来绕开障碍物，幼儿则能够明确理解方位、距离和方向（Copley，2010）。在不同文化中，幼儿掌握空间关系词的顺序是一致的（Bowerman，1996）。首先幼儿习得方向词（如上、下），接下来幼儿掌握方位词（如里面、上面、下面、旁边、中间、前面、后面）。最后，幼儿学会表示距离的词语（如近、远）。这些词汇都是主观的（距离自己远、近等）。直到小学低年级，幼儿方能掌握左、右。

## 支持空间意识的教学策略

### ▲ 提供材料并设计有关活动，鼓励幼儿创造空间

为幼儿创造一个能够探索空间的环境。

**提供宽敞的室内空间和精致的户外空间。** 典型的早期教育环境往往是狭小的室内空间和宽敞的室外空间。幼儿也需要相反的经验，如足够大的室内空间（让幼儿搭积木），或者大树下的一小片草坪。

**给予幼儿在不同的空间中操作二维和三维物品的机会。** 我们通常认为空间意识是三维的，如布置娃娃家的家具或在山洞里爬行。然而，幼儿也会使用二维的材料来探索空间，如在纸上摆下所有的字母。提供材料并计划有关活动，允许幼儿开展二维和三维的探索活动。

**提供幼儿能用来全部或部分地覆盖某一空间的材料。** 在小组活动时间，给幼儿小的瓷砖和大的板子，以及不同尺寸的礼物，供幼儿用不同容器来包装。在大组活动时间，让幼儿占用某一小块空间（如一块方形地毯），再穿越一个很大的空间（穿过教室）。

### ▲ 鼓励幼儿从不同角度操作、移动和观察物品

幼儿很少能注意到他们的行为是如何影响空间关系的，除非成人用以下方式让他们注意到这一点。

**鼓励幼儿从不熟悉的角度观察熟悉的事物。** 如幼儿从桌子下面观察桌子，爬上攀爬架俯瞰花园，或者把头放在膝盖之间向后看。

**帮助幼儿从不同角度看物品，从而解决空间问题。** 提出挑战性的空间问题，帮助幼儿从不同方位观察人、物、事。

工作时间，在积木区，西尔万有点困惑。他推着一个圆筒穿过前面那堵墙，可是后墙却倒了。老师站在墙后面说道："我很好奇是什么使你的后墙倒塌了。也许你到我这边来，就能帮你解决这个问题。"西尔万走到另一边，立刻看到这个圆筒太长了，比两面墙之间

的距离还长。他重新在远远的后面建了第二堵墙，再一次滚动圆筒穿过前面那堵墙。

在一日常规中，从不同视角拍摄幼儿的照片。当你讨论照片，谈论拍摄角度和方法，幼儿会告诉你。

**使用图书来探索空间概念。** 许多故事书都会从不同视角呈现某一处环境。鼓励幼儿描述方位或人与物之间的距离。

**使用互动式媒介作为发展空间概念的辅助物。** 计算机能够支持幼儿通过操作探索空间关系。鼠标、触控板、触摸屏更易于幼儿移动屏幕上的物品，并观察结果。

### ▲ 使用并鼓励幼儿使用描述位置、方向和距离的词汇

为帮助幼儿理解和使用关于空间的词语，可以尝试以下方法。

**发现并创造机会使用表示方向和距离的词汇。** 在计划和回顾时间，鼓励幼儿使用空间术语描述其意图（如"你在哪里躲避巨人"）。在工作和小组活动时间，使用空间概念来评论幼儿的工作，如你可以说"我很好奇毯子下面可以藏几个人"或者"我侦查到婴儿车里面有个粉色的东西"。

**鼓励幼儿给他人下指令。** 如在大组活动时间，除了展示某一运动，还要让幼儿说出他们想要其他人做什么。当你在幼儿旁边游戏时，让他们解释他们是如何做的，以便你能模仿（如"我应该把小亮片撒在蕾丝花边的哪里"）。

**唱歌并表演幼儿最喜欢的故事以及韵律。** 鼓励幼儿给他们最喜欢的歌曲填词并添加动作。

### 🔑 关键发展指标 36　测量：幼儿通过测量对事物进行描述、比较和排序

**描述：** 幼儿使用测量术语来描述物品的属性（即长度、体积、重量、温度和时间）。幼儿比较物品的数量（如相同、不同，更大、更小，更多、更少，更重、更轻），并对它们进行排序(如最短、中等、最长)。幼儿估计相对数量(如是否某种物品更多或更少)。

### 测量知识和技巧如何发展

测量的动机来自幼儿比较事物的兴趣：谁跑得最快？哪个塔是最高的？哪块岩石是最硬的？他们的结论最初受到感觉的影响（捏成长长的蛇的橡皮泥，看起来比用同样多的橡皮泥团成的球更多)，但是幼儿很快便能够克服数学思维中的错误概念(Sarama & Clements, 2009)。

4 岁左右的幼儿能够使用简单的测量工具来比较长度。

幼儿关于数量、体积、重量、长度和时间的认知渐渐发展。他们在 3 岁左右开始有长度的概念。在 4 岁左右，幼儿能够抓起一个物品，靠近另一个要比较的物品，或者用简单的测量工具（常规的或非常规的工具）来比较不同物品长度。他们开始正确地测量（使用同样的单位，起始于同一个基线，没有遗漏和重叠的测量），不过有时仍会犯一些错误（Lehrer, 2003）。

理解面积和体积也是始于学前阶段。但是因为这些测量包含 2 个或 3 个的维度，相对来说，关于面积和体积概念的全面理解要到小学低年级或中年级才能实现。幼儿不断发展的数感帮助他们测量（Clements & Stephan, 2004）。如果他们能够计数长度和面积单位，读出天平或计时器上的数字，他们就能够更为准确地比较事物的特性，验证事物的区别。

## 支持测量的教学策略

### ▲ 支持幼儿对发现并比较物品可测量的属性的兴趣

从提供材料和经验开始，鼓励幼儿比较物品的可测量属性，如更短和更长、更宽和更窄、更高和更矮，以及一圈有多长（周长）。测量和比较面积（覆盖更多或更少的空间）、固体的体积或液体的容积①（能装更多还是更少）、重量（更沉还是更轻）、温度（更热还是更冷）、声音（更响还是更柔和），以及时间的两个方面——长度（持续更长还是更短）和速度（走得更快还是更慢）。在幼儿有丰富的两两比较的经验基础上，他们开始比较 3 个或更多物品，并按顺序排列（从最多到最少或相反）。

### ▲ 鼓励幼儿估算数量

鼓励幼儿估算相对的数量，如一个物品比另一个高，或能容纳更多东西。不论他们的猜测是否正确，只要他们去猜了，便是思考了背后的原因。如你可能会说"我好

---

① 体积更用于固体，容积用于液体（Copley, 2010）。不过这些术语常常交换使用。

奇为什么你认为红色的碗比蓝色的碗装得更多"，鼓励幼儿验证他们的估算，并从这其中的差异学到更多（如"为什么比你想的更多或更少"）。

### ▲ 使用并鼓励幼儿使用测量词汇

幼儿需要体验 3 种测量词汇。第一种是表示属性的术语，如长度、高度、时间。第二种是比较的术语（两两比较，或给 3 个及更多物品排序），如更快、更慢，高、较高、最高。第三种是常见的测量单位，如英寸、天数、茶匙。以下是不同测量领域的词语。

**长度术语。**长度、长、高、短、更宽、更窄、宽度、英寸、英尺、尺子、码尺（测量两点之间的距离：近、远、更近）。

**容积和体积术语。**体积、空、满、容纳更多、容纳更少、加仑、升、量杯、量勺。

**重量术语。**重量、重、轻、重量、刻度、平衡、盎司、磅、吨。

**时间术语。**时间、速度、迅速、更快、更慢、马上、以后、持续时长、分钟、小时、天、年、钟表、计时器、秒表。

**温度术语。**温度、热、热度、温暖、凉爽、寒冷、结冰、融化、温度计、度。

 **关键发展指标 37　单位：幼儿理解并使用单位概念**

描述：幼儿理解一个单位是一个标准的（不变的）数量。幼儿使用非常规的（如积木）和常规的（如尺子）测量工具进行测量。幼儿使用正确的测量步骤（如从基线开始，并且没有跳过或重复地测量）。

### 关于单位的理解是如何发展的

幼儿需要理解的关于单位的两个概念，一个是测量包含重复的等量的单位，另一个是单位的数量便是总量（Sophian, 2004）。绝大部分幼儿在学前后期掌握这些原则。他们也开始理解单位的功能——他们使用同一个单位，从基准线开始，没有跳过或重复测量（Clements, 2004b）。幼儿使用非常规的单位（如线、勺、沙漏）或常规单位（如尺子、量杯、秒表）。能够达到平衡的材料，如单位立方体，帮助幼儿在两种工具间转换。

## 支持单位的教学策略

### ▲ 支持幼儿使用常规和非常规的测量工具

非常规的工具因其新奇性和特异性而为幼儿喜爱。这种工具很有趣，如测量教师的身高是多少只鞋子的长度。另一方面，成人使用的常规工具也是诱人的。鼓励幼儿选择自己的测量工具，并解释为什么工具在测量物品的某些属性时有用（或没用）。

### ▲ 示范准确测量的技能

准确的测量不会自然而然地发生。幼儿通过观察习得这一技能。当幼儿犯错，不要纠正他们，而是示范正确测量并描述你做了什么。抓住绝妙的教育时机，即幼儿测量同一种物品却得出了不同的结果时，如："约书亚说桌子有两张板子那么宽，而伊莱扎测了有 3 张板子那么宽。我很好奇为什么你们测量的结果不同。"

 **关键发展指标 38　模式：幼儿识别、描述、复制、补全及创造模式**

描述：幼儿从使用简单的交替模式（如 ABABAB）发展到更复杂的模式（如 AABAABAAB、ABCABCABC），为学习代数打下基础。幼儿发现重复序列（如一日常规和运动模式），并开始识别和描述递增与递减的模式（如随年龄长高）。

### 模式意识是如何发展的

幼儿逐渐习得关于模式的两个重要原则，一是稳定性——每一次重复的元素是相同的（如红蓝两个元素）。第二，幼儿明白顺序的重要性，一旦确定了模式，就决定了接下来的是什么（如蓝色永远在红色后面出现）。

在学前阶段，幼儿逐渐发展识别、描述、复制、扩展（添加或填充）或创

给幼儿提供材料（如钉子和钉板），鼓励他们创造模式。

造模式的能力。首先，他们区分核心单元（重复的部分），这使他们能够预测接下来的样子以补充或扩展（Klein & Starkey, 2004）。之后，幼儿逐渐能够创造他们的模式。稍小的幼儿从简单的 2 个元素的模式开始，如 ABABAB 或 AABBAABBAABB，之后逐渐到更为复杂的 2 个元素的模式（AABAABAAB）或者 3 个元素的模式（ABCABCABC）。[①] 除了重复的模式，幼儿开始识别和推测增加的模式（如身高随年龄增长而增长）或减少的模式（如随着幼儿一个接一个离开计划桌，留下的人也在一个个减少）。

## 支持模式的教学策略

### ▲ 为幼儿提供识别和描述环境中的模式的机会

从最简单的 2 个元素的模式开始，逐渐发展为更复杂的 2 个元素的模式或 3 个元素的模式。提醒他们这是模式，并说明是什么构成了模式（同样的元素，同样的顺序）。指出模式中的元素，并大声地说出它们的顺序（如"皇冠上的珠宝依次是红色、黄色、红色、黄色、红色、黄色，在国王的脑袋上围了一圈"）。鼓励幼儿和你一道指出并命名元素。帮助幼儿了解随机出现的元素并不是模式（如红、黄、蓝、蓝、绿）或者两次重复后序列发生了变化的也不是模式（如红、蓝、红、蓝、红、绿）。

对于绝大多数幼儿，发现视觉的模式是最简单的（除非他们视觉受限），但有许多模式的发生和出现有赖于其他感官，如环境中的声音（汽笛的音量高低变化）和动作序列（如荡秋千时腿的前后摆动）。循环的事件，如每日常规，也是一种重复模式。

除了重复模式，还要帮助幼儿区分增加或减少模式。如他们着迷于随着年龄增长，人逐渐长大的想法。同样的，他们也能理解一日流程中的许多减少模式（如随着桌上毛巾数量的增加，篮子中毛巾的高度会一点点降低）。

### ▲ 为幼儿提供可以自己创造模式的材料和机会

能鼓励幼儿创造模式的材料有珠子、小棒、积木、小动物或人偶、钉子和钉板、绘画和拼贴材料、交互式媒介。搜寻一些描述和展现模式的图书，或精致的有模式图案的杂志、网状物或木制品。教室陈设、服饰上都可以应用模式元素。从大自然中收集材料，如贝壳、落叶、树皮。在花园里种上行列交替的作物，加餐时间把水果或蔬

---

① 因为元素有可能变化（扩展、减少、重置、颠倒），因此数学家要求每个模式至少重复 3 次。因此，当给幼儿介绍一种模式时，应至少重复 3 次。

菜按照一定模式摆放。最后，小组活动时间和过渡时间，让幼儿有机会创造声音和运动模式（交替用两个身体部位打节拍，或用高低不同的音量来唱歌）。

### ▲ 为幼儿提供在模式中获得乐趣的机会

对很多幼儿而言，创造模式与拼拼图或搭积木一样有魅力。为拓展这种兴趣，你可以创造模式并鼓励他们补充下一个元素，或填充空白处。时不时制造一些错误让幼儿去发现和纠正。关注游戏中生成的增加模式或减少模式，如幼儿系统地将一堆玩具转移到另一处。

### 🔑 关键发展指标 39　数据分析：幼儿使用数量信息得出结论、做出决策和解决问题

描述：幼儿基于可测量的属性收集、组织和比较信息。幼儿以简单的方式呈现数据（如计数标记、堆叠积木、画图、列表）。幼儿在工作和游戏中解释与应用信息（如两名幼儿没来园，需要多少个杯子）。

### 关于数据分析的知识和技能是如何发展的

简单的数据分析能够帮助幼儿发展他们的思维和归因能力。他们学着如何问问题，然后通过收集信息和制表来获得答案。一旦收集了相关的数据，幼儿便会获得实际的解释，将结果应用于问题，这会进一步引发他们的兴趣，如：花园中应该有多少行？谁明年要去学前班，不再来幼儿园？谁的午餐包里是牛奶，谁的是果汁？

稍小的幼儿不能自动给收集到的信息分类。他们将汇总成一个表，但不能对信息分组并加以解释。随着数学知识的发展和成人的指导，稍大的幼儿开始分类和计算数据，如以下是学前早期、中期、后期幼儿可能列出的他们在散步时收集到的信息。

| 我们散步时收集到的信息 | | |
| --- | --- | --- |
| 发展水平 | | |
| 早期 | 中期 | 后期 |
| 苏：松果 | 松果：苏、保拉、奥齐 | 松果：/// (3) |
| 约翰：石头 | 石头：约翰、菲奥娜 | 石头：// (2) |
| 依萨克：树叶 | 橡子：萨美 | 橡子：/ (1) |
| 保拉：松果 | 树叶：依萨克 | 树叶：/ (1) |
| 萨美：橡子 | | |
| 菲奥娜：石头 | | |
| 奥齐：松果 | | |

## 支持数据分析的教学策略

### ▲ 提供机会让幼儿对物品进行分类和点数，并对结果进行描述和应用

让幼儿能够根据他们感兴趣的属性（如大小、颜色、质地、重量、声音、速度、图案）来分组。当谈论分类时，使用数学语言，可以是通用术语（如无、一些、全部）以及准确的数值（如"这一堆有 2 个，那一堆有 5 个"）。鼓励幼儿思考数字意味着什么，如何用数字来回答问题，或解决游戏中遇到的问题。

今年第一场小雪之后，凯班里的孩子们说户外活动时间越来越短了，因为他们不得不花时间穿雪服和雪靴。凯问他们如何才能解决这个问题。瑞秋建议更迅速地穿衣服，先穿好的小朋友可以帮助其他人。"那我们怎么知道这样会更快呢？"凯问。米洛建议她用秒表计时，其他幼儿表示赞同。第一天，没有幼儿帮别人穿衣服。凯计时并记录，"15 分钟"。第二天，幼儿互相帮助，她记录时间，"10 分钟"。"10 分钟比 15 分钟短，"本说。幼儿得出结论，这一方法是可行的。从那以后，他们便互相帮助了。

### ▲ 帮助幼儿使用清单、表格和图形表示数据

使用简单的清单和图表来记录信息，能够帮助他们收集数据并具体分析。幼儿能够把小件物品排或一列，或做标记（如画"√"）来表示不同的数据。使用大表格或剪贴板，易于幼儿看到和填写数据。从只有一列的表开始，之后当幼儿分类和计算的能力更强时，把数据分成两列或更多。一旦他们养成制表的习惯，用表来表示自己感兴趣的事（如每一个游戏区的人数、家庭人数），幼儿便会生成很多想法。

### ▲ 邀请并鼓励幼儿提出可以通过收集数据回答的问题

以你自己提问开始，询问幼儿感兴趣的基于数据的问题。如果他们的阅读和假装游戏涉及不同种类的汽车，教师可以计划一次社区散步，并问他们是否会看到更多车辆或更多卡车。带上书写工具，记录下幼儿的观察。回到教室后，帮助幼儿计算每一种车有几辆。一开始，幼儿可能需要你的帮助来重复这一问题，而不是通过收集和分析数据回答问题。如果幼儿好奇谁带了果汁、谁带了牛奶，你可以说："所以你想数一数多少小朋友带了果汁，多少小朋友带了牛奶。"幼儿也需要你指导他们解释和应用结果（如"我们实地考察时要带多少果汁和牛奶当作午餐"）。最后，除了单纯的好奇之外，提问还能帮助幼儿发现生活与数学的相关性。

 ## 试一试

1. 列出你所认为的幼儿入学前班时在数学领域需要知道或做到的 5 件最重要的事情。为什么这些是最重要的？教师可以如何支持？

2. 从下面的情境中找出数学方面的关键发展指标。其中还包含着什么领域的学习呢？作为一位教师，你可以做些什么来支持和拓展幼儿的学习呢？

马克和珍妮弗正在用积木为他们的玩具车修赛车道。"我们把它造得非常长吧，"珍妮弗说，"一直从教室的这边到那边。"他们的老师说："我在想你们需要多少块积木才行。"马克回答道："100 块！"珍妮弗说她不太确定。他们决定建造好跑道后来数一数积木的数量。他们将大的积木放在一起。当他们把大积木用完时，他们开始使用小积木。马克说："现在我们的跑道有更多的积木了。"

3. 写下你一周所做的涉及数学的所有事情，如计算一周收支，调整食谱来供少一半或多一倍的人享用，计算你加的油可以跑的里程数，想出怎么让每一件物品都装进手提箱里。接下来，思考幼儿在他们的日常生活中是如何使用简单数学知识的。

4. 列出和幼儿一起活动时你能使用的与数字相关的所有词汇，而不是实在的数字（如一些、许多、大量、比……少、一样多、一人一个，等等）。与同事分享你的清单，并征求更多的词。想想下次和幼儿一起进行数学活动时可以怎么使用这些词汇。

5. 在你家周围或公园散步时，列出所有你看到的具有一定模式的事物（如窗帘、地砖、树叶、壁画）。现在思考你典型的一周生活。列出你可以在这些事件中找出的所有模式或重复的次序（如你早上的生活惯例，按照一个特定的顺序完成的事）。接下来，列出幼儿可能在自身、周围的环境中或每日活动中遇到的模式。思考你可以使用什么样的方法，使幼儿基于自身经验意识到（并创造）模式与重复次序。

# 第 15 章　创造性艺术领域的内容是怎样的?

## ⊞ 本章导读

　　本章主要论述了高瞻课程模式在促进幼儿创造性艺术领域发展方面的理论依据和实践做法，主要包括 3 个部分：第一部分讨论了为什么创造性艺术的早期学习很重要；第二部分介绍了高瞻课程模式在创造性艺术领域的一般性教学策略；第三部分具体明确地介绍了创造性艺术领域的 5 条关键发展指标，分别是视觉艺术、音乐、律动、假装游戏和艺术欣赏，并针对每一指标提出了教师支持策略。

## ⊞ 本章学习目标

**学习完本章，你应该能够**
解释为什么早期创造性艺术学习很重要。
描述高瞻课程模式创造性艺术领域的关键发展指标。
理解并应用支持幼儿创造性艺术学习的策略。

## ⊞ 本章术语

艺术表征（artistic representation）
过程对作品（process versus product）
节拍（beat）
节奏（rhythm）
音乐演奏的速度（tempo）
音高（pitch）
旋律（melody）

和声（harmony）

社会戏剧游戏（sociodramatic play）

行动对话（action dialogue）

审美选择（aesthetic choices）

## ？。。。想一想

在参加了一个有关幼儿艺术的家长工作坊之后，一位家长想起了自己的经历。

"在为班级合唱队分声部的试音之后，我被告知是少数几位听众之一。我们几个坐在房间的最后一排，欣赏其他人继续试音。还有一次，我们参加一个美术分班考试。教师演奏了乐曲《落潮》（*Ebbtide*），并让我们画出脑海中出现的任何画面。我的作品肯定是完全被潮水冲走了，因为那年我上美术课。"

另一个家长分享了一段非常不同的记忆。

"在四年级时老师告诉我们，我们都是艺术家。每天早晨的第一件事就是花15分钟的时间玩艺术材料。每一同学都感到成功，并且对以后将要面对的数学、阅读或是其他任何科目充满自信。时至今日，我仍旧把自己看作一个艺术家。无论我是在为一个报告选择配图，还是重新布置起居室，我都有当时游戏的感觉。"

这两个相反的故事说明了早期经验会影响我们对自己艺术能力的判断。正如第二位家长的教师一样，高瞻课程模式相信每个人的心里都有一位艺术家。成人常常惊讶于幼儿发明创造的能力，但却不相信自己的创造力并对艺术欣赏课程感到忧虑，这是因为我们怀疑自己的审美能力。然而，艺术是一种人人都懂的语言形式。一旦我们学会了怎样"说"这种语言，艺术就会自然而然地成为日常生活中的一部分。

## 为什么创造性艺术很重要

幼儿参与艺术活动将对其上学后所有领域的学习均有益处（Fiske, 1999）。参与艺术活动为幼儿提供了一种内在的胜任感和控制力："当幼儿参与艺术过程时，他们发现自己可以观察、组织并解释自己的经验。他们可以做决定、采取行动，并监测那些行动产生的效果。"（Arts Education Partnership, 1998, p.2）

# 幼儿创造性艺术能力的发展

学前这几年的发展性变化让幼儿尤为喜欢创造性艺术。语言的习得为幼儿开启了艺术表达的新途径。幼儿能够形成心理表象。"能思考现在不存在的事情，然后去寻找一种方式表达，这对于幼儿来说是一种重要的认知成就。"(Seefledt, 1995, p.40）这种能力使幼儿能够使用多种形式的艺术表征进行表达。他们可以画一幅有关家人的画（视觉艺术），为即将到来的生日聚会编一首歌曲（音乐），像浮云一样在天空中移动（律动），或者分角色演一次做饭（假装游戏）。

创造性艺术给幼儿带来了胜任感和控制力。

## 幼儿艺术创造和欣赏的发展阶段

艺术发展的阶段没有清晰的开始和结束（Taunton & Colbert, 2000）。就像成人艺术家一样，当遇到了一种新的艺术形式时，幼儿的艺术水平在不同程度之间反复。然而，他们创造艺术的能力是随相关能力一起发展的（Epstein & Trimis, 2002; Kerlavage, 1995）。

**从偶然表征到有目的的表征。**稍小的幼儿偶然间创造了一种形式或者动作后，会决定它像一种什么东西（如在地上打滚并说"我像一个球"）。对稍大的幼儿而言，这种顺序是相反的，即他们会选择材料或者动作去匹配他们的心理表象。

**从简单模式到复杂模式。**最初，幼儿的脑海中会有一至两个特征。之后，他们的表征会变得更加详细。稍小的幼儿可能会假装自己是一个宝宝并开始发出哭声，稍大的幼儿则会假装爬行、吮吸瓶子以及伸出手让成人抱。

**从随机到经过思考。**幼儿最初探索艺术形式时不会顾及它的效果。当幼儿获得对材料和工具的更多控制时，他们的行动会变得更加从容。举例来说，在随机唱出几个音符后，他们开始尝试再现一个特定的音。

**从无关到有关。**幼儿逐渐意识到符号、声音、动作以及游戏主题是如何联系起来的。举例来说，他们会在每一次手碰到地面的地方做上标记，然后他们会考虑两个相邻标记或者颜色在一起的效果。

同样地，欣赏艺术的能力也反映了幼儿的整体发展过程。

**感觉水平。**稍小的幼儿喜欢能吸引他们感官的艺术作品（如明亮的颜色和显眼的图案、节奏感强的音乐）。他们在艺术中投入情感并专注于细节。他们不会去区分艺术形式（如图画和照片）之间的不同。

**具象水平。**当幼儿开始使用符号时，他们的喜好是基于客观材料的。他们喜欢那些与自己经验相关的真实作品，认为作品是通过有关图像、声音和动作讲述故事。幼儿在这个阶段可以根据媒介对艺术形式进行分类（如画画和雕塑、声乐和器乐）。

高瞻教师重视幼儿的努力而不是结果，并且给予幼儿大量时间来操作材料。

**表达水平。**在幼儿园末期或学前班早期，幼儿会思考艺术家的观点（艺术家想要展现或表达什么）。他们仍然更喜欢现实主义，但是已经开始注意艺术家如何使用一种艺术形式的特点（如曲调、速度、情节）去表达一个想法或感觉。在这个阶段，幼儿了解不同的艺术形式以及文化如何影响艺术作品。

## 创造性艺术领域的一般性教学策略

### ▲ 提供开放性的艺术材料和经验

提供多种多样的、开放性的材料，让幼儿用于进行艺术性探索和创造性游戏。材料应该是可以实际操作的，并以此去促进探索，但也要包含开放性的（交互的）材料，来为幼儿创造他们自己的画作、音乐等提供条件。除了提供材料之外，教师要有意图地吸引幼儿使用材料，并计划小组活动，帮助幼儿发现和反思创造性艺术所含有的认知及社会性发展可能。"艺术教育者认为有意图地教授、尊重艺术，对于创建良好的学习艺术的气氛至关重要。"（Epstein, 2007, p.110）

### ▲ 建立一种支持创造性冒险并重视过程而非结果的氛围

当幼儿感到被支持,知道不会有人对自己品头论足时,他们的艺术创造力就会蓬勃发展。不要夸一件艺术作品"漂亮",或者批评幼儿的艺术观点,以免幼儿因为害怕惩罚、分歧或嘲笑,或者是为了寻求奖励,而在"安全"范围内表达或者克制住想要表达的观点。

请强调,努力比结果更重要,并且要给予幼儿时间进行探究。缩减创造性的过程或一次性介绍太多的材料会妨碍早期创造性的萌芽(Thompson, 1995)。另外,成人要鼓励幼儿进行合作,并且不要害怕幼儿会"抄袭"其他人。当幼儿一起工作时,创造性实际上是在增长(Taunton & Colbert, 2000)。幼儿会从同伴那里获得想法,然后给他们自己的艺术作品融进更多的细节。

### ▲ 鼓励幼儿通过艺术表现真实和虚构的经验

幼儿很乐意使用艺术的媒介来表达自己。然而,他们的游戏可能会十分地老套并且没有变化,除非成人加以拓展(Kindler, 1995)。尝试使用以下鹰架思路帮助幼儿扩大选择、丰富操作材料以及更多表达自己想法和感受。

- 在小组活动时间,提供艺术材料并且建议幼儿使用它们去分享以前实地考察中的所见所闻。
- 在大组活动时间,为幼儿提供机会去模仿动物、机器或者其他熟悉的东西。鼓励他们去描述它们的运动。
- 利用一日常规活动,询问幼儿如何通过画画、搭建、唱歌、律动或者其他方式来表现人、材料和事件。
- 为在教室中或户外参与各种活动的幼儿拍摄照片。和他们谈论照片以及他们在活动中的言行。

### ▲ 与幼儿谈论艺术

鼓励幼儿用自己的语言来谈论艺术。无论如何,不要自以为了解幼儿所创造的或所思考的艺术作品,因为你可能是错的,甚至可能会剥夺他们描述和思考自己以及同伴的艺术作品的机会。虽然成人过多的问题或评论可能会结束一段谈话,但正合时宜的评论可以开启一次令人满意的交流。这里有一些开启交流的工具,可以引导成人与幼儿进行一次有意义的对话。

- (对材料的味道、声音或其他)感觉如何? 如:"珠子摸起来什么感觉?""黏土的气味怎么样?""铃鼓的声音听起来如何?"

- (声音、图像、运动)使你回想起什么？如："这段舒缓的音乐让你想起了什么？""这个锯齿一般的形状让你回想起操场上的什么东西了吗？""我正在想我们经过的路上看到的一些东西。"
- 我很好奇你将如何（制造、做、完成）那件东西，如："你会使用什么来造小船？""我想知道你使用什么才能成为灭火的人？"
- 告诉我们你从……（材料或工具）中发现了什么？如："杰森，你用压蒜器玩橡皮泥时发现了什么？"
- 你觉得艺术家（画家、作曲家、舞蹈家）为什么要那样做？如："我很好奇为什么这位画大幅作品的艺术家这次画了一幅小作品？""第一位作曲家创作了快节奏的乐曲，第二位作曲家则创作了舒缓的乐曲。为什么你认为他们创作了不同的音乐？"

### ▲ 利用幼儿家庭和社区文化中的艺术形式

在入园之前，幼儿就在家庭、社区以及更广阔的社会环境中接触了艺术。为了强化这种接触，要在班级中的家具、材料以及活动中体现各种形式的典型的艺术作品，鼓励家庭在工作时间以及小组时间分享他们的兴趣和才能。你也可以联系当地的艺术组织，寻找可以为幼儿所用的专业资源。另外，安排外出实地考察及（或者）邀请参观者到教室中，与父母们和当地艺术家们一起工作，确保活动可实际操作且适合所有幼儿。

## 创造性艺术领域的关键发展指标

高瞻课程在创造性艺术领域拥有 5 条关键发展指标：视觉艺术、音乐、律动、假装游戏、艺术欣赏。

本章的剩余部分讨论的是每条关键发展指标中的早期学习以及成人可以支持幼儿发展的方法。要获得更多具体的活动，可访问高瞻课程官网。

### 🔑 关键发展指标 40　视觉艺术：幼儿通过二维和三维艺术来表达与表征自己的观察、思考、想象和感受

描述：幼儿探索并使用各种材料与工具进行绘画和素描、泥塑和雕刻、建构和组装。幼儿根据艺术材料的特性（如形状、色彩和质地）来表征自己的想法。幼儿的表征和设计从简单向复杂、从偶然向有意图发展。

**创造性艺术领域的关键发展指标**

40. **视觉艺术**：幼儿通过二维和三维艺术表达与表征自己的观察、思考、想象和感受。

41. **音乐**：幼儿通过音乐表达与表征自己的观察、思考、想象和感受。

42. **律动**：幼儿通过律动表达与表征自己的观察、思考、想象和感受。

43. **假装游戏**：幼儿通过假装游戏表达与表征自己的观察、思考、想象和感受。

44. **艺术欣赏**：幼儿欣赏创造性艺术作品。

## 视觉艺术能力是如何发展的

幼儿创作视觉艺术作品的兴趣是普遍存在的（Thompson, 1995）。早期的艺术理论家弗洛伦斯·古迪纳夫（Florence Goodenough）强调："对于幼儿来说，绘画是一种语言，即一种认知表达的形式，并且绘画的主要意图不是审美。"（1926，p.14）换句话说，比起创作一个作品，幼儿更关心创造的过程。

尽管视觉艺术能力的发展在一定程度上取决于文化的标准（如表征人像能否被接受），但是其一般过程是这样的：认为视觉艺术材料与其他材料一样，探索视觉艺术材料的使用方式和性能，命名涂鸦和其他视觉符号，尝试捕捉（表征）物体的基本特征，为更好地表现准确性而努力（Wolfe & Perry, 1989）。认知的、社会情感的、知觉的以及生理成长的变化会影响幼儿视觉艺术能力的发展。随着幼儿发展，他们可以在脑海中保存心理表象，从他人角度思考，体会情感，识别色彩和造型，在处理材料和工具时表现出更好的运动控制能力和手眼协调能力。

## 支持视觉艺术的教学策略

### ▲ 在教室中提供多种多样的视觉艺术案例

除了印刷品和雕塑之外，请记住艺术还存在于生活的细节中，如毛衣的色彩、手工雕刻的碗的造型、瓷盘的纹理、假日照片中优美的风景或者木箱上的合页。自然界同样充满了艺术的元素。唤起幼儿对房间内和户外的这些物品的注意。请选择不同绘画风格和媒介的书，如带有拼贴画、线条画、照片和蜡笔画的书。在大组活动时间提供各种颜色的围巾。有的时候，还可以在盘子中巧妙地摆放零食，然后和幼儿讨论它们的图案和纹理。几乎所有的材料或经验都可以从美的角度来欣赏。

### ▲ 给予幼儿深度探索艺术材料和工具的时间

慢慢地向幼儿介绍材料,而不是一下子介绍多种不同的材料。如果持续地向幼儿展示新的材料而加以深入探究,他们就"永远无法实现对任何一种介质的操作,无法获得使用这些材料创作所需要的技能技巧"(Seefeldt, 1999, p.209)。如在小组活动时间,以一个基础色开始,然后让幼儿充分探索色彩,了解向其中添加了白色或黑色会有怎样的变化。此后,他们就能够去混合两种颜色了。

用同样渐进的方法来探索工具。幼儿应该先用手来体验艺术媒介,如:"颜料是湿的还是干的?""黏土捏起来是硬的还是软的?""用多大劲才能把纸撕开?"然后,给幼儿提供工具,如刷子、海绵等。

为幼儿定期重新介绍熟悉的材料,让幼儿以新方式来探索,并且提供安全的环境来存储带有"正在进行中"标签的未完成作品。最后,教师也享受探索艺术材料和工具的过程,模仿幼儿的行动并实验他们的想法。当成人在幼儿旁边工作时,幼儿倾向于花更长时间、以更多样化的方式使用美术材料,并且主动谈论他们正在做什么(Kindler, 1995)。

### ▲ 展出幼儿的艺术作品并让幼儿将作品带回家

在教室的墙上和架子上展出幼儿的艺术作品。请保持这些艺术作品在幼儿的视线水平以便幼儿能注意到它们,从而增加他们讨论创作意图和想法的可能性。记录幼儿的讨论能够进一步促进幼儿谈论他们的美术作品。在便签上记录而不是直接写在艺术作品上,能显示出你对幼儿作品的尊重。

让幼儿把作品带回家,不管它的艺术内容是否得当或者技能水平是否够高。如果家长对半成品艺术作品有疑问,教师应该帮助家长理解并欣赏探索的价值而不是探索的成果。可以对家长做如下解释,如艺术对幼儿智力、社会性、情感、生理和创造力均有益处。

### 🔑 关键发展指标 41　音乐:幼儿通过音乐表达与表征自己的观察、思考、想象和感受

**描述:**幼儿通过唱歌、做动作、倾听和演奏乐器来探索与体验声音。幼儿用自己的嗓音进行试验并创编歌曲和儿歌。幼儿探索并回应音乐元素,如音高(高或低)、节拍(快或慢)、力度(强或弱)和稳定拍。

## 音乐理解力是如何发展的

音乐理解力的发展沿着 4 条线索（Stellaccio & McCarthy, 1999）。首先，幼儿了解节奏或者时间元素，包括节拍（有序的强弱）、节奏（声音持续时间）以及速度（音乐演奏的速度）。这种感悟能力的发展自学步儿期开始，一直持续到学前期，尤其是当幼儿常"暴露"于节奏鲜明的音乐中时（Metz, 1989; Weikart, 2000）。

这名幼儿一边击鼓，一边创作自己的儿歌。

接下来，幼儿理解音调的品质，包括音高、旋律（曲调）以及和声。婴儿尝试用自己的嗓音去匹配各种各样的声音，学步儿可以再现音调优美的音程（唱出一个音符后唱出一个更高或更低的音）。3 岁时，幼儿的歌唱带上了抒情的色彩；到了 5 岁时，幼儿已经很好地建立了音调的稳定性。

音乐还有情感属性，即它对我们的感情有很强烈的影响。幼儿会对作曲家想要表达的情感做出反应。最后，幼儿通过创作儿歌、歌曲以及演奏简单的乐器来探索音乐的创造性。学步儿创作歌曲、体验节奏，幼儿使用音乐去描述事件、扮演角色以及表达情感（Tarnowski & Leclerc, 1994）。

成人在教音乐时常感到不安，然而"幼儿像做游戏一样参与音乐活动。尽管很多早期教育工作者可能不认为自己是音乐家或者音乐教育家，但他们通常能很舒服地把游戏当作媒介"（Kemple, Batey, & Hartle, 2005, p.25）。为了帮助幼儿玩音乐，可以使用这里所描述到的教学策略。

## 支持音乐的教学策略

### ▲ 寻找与幼儿一起倾听、辨别和创造声音的机会

引导幼儿注意自然环境中的声音（包括室内以及室外），如鸟鸣声、风声、车笛声、铃声、门声、雨声或电话声。为幼儿提供会发出声音的材料，如乐器、音乐播放器、计时器或者电脑聊天软件以及其他交互软件。此外，幼儿还乐于创造声音，尤其是在假装游戏时（如宝宝的哭声、机器的轰鸣声）。成人可以倾听并且模仿幼儿的声音，然后询问他们这些人、动植物或机器还制造了哪些声音。教师要对声音有所期待，你可

以说："我想知道如果我们在户外保持安静，我们将会听到什么。"要鼓励幼儿去命名与描述声音，并且增加他们的词汇量。

### ▲ 与幼儿一起歌唱

幼儿喜爱歌唱多种类型的音乐，包括童谣（如《小雨小雨快走开》）、传统儿童歌曲（如《汽车轮子转啊转》）、简单的民间歌谣（如《她就要从山那边过来了》）以及特殊场合的歌曲（如《生日歌》）。首先，教师可以通过节拍来介绍一首歌曲，然后不断重复歌曲以便幼儿有时间来学习。其次，读一些介绍这些歌曲的书籍，当你与幼儿一起看书时把歌词唱出来。

在一日生活中为幼儿创造机会歌唱。教师可以使用唱歌的方式提醒幼儿（如"离清理时间还有 5 分钟"），或描述他们正在做什么（如当他们给积木分类时，用《划小船》的曲调来唱："蓝色，蓝色，蓝色方块在这里。红色方块在那里。"）。不仅如此，幼儿也可以唱出他们的计划或者在工作时间做了些什么。你还可以发起歌唱游戏。举例来说，在音高匹配游戏中，唱出或演奏出两个音并邀请幼儿重复它们，倾听他们的第二个音是高了还是低了。

### ▲ 播放各种录制音乐，演奏各种现场音乐

聆听各种各样的音乐能让幼儿受益，民间音乐、古典音乐、爵士乐和现代音乐，进行曲、圆舞曲、华尔兹、探戈以及芭蕾舞曲都可以。将具有当地地方特色的音乐纳入课堂。播放纯音乐，因为大脑会先注意到语言（词汇）从而阻止幼儿听到其他的音乐特征，如节奏和乐器。此外，还可以教师自己演奏，展现现场音乐，邀请家长和当地音乐人进入教室，或外出去听一场学校或社区乐队的演出。

就像一日生活中歌唱会随时发生一样，倾听音乐也是如此——在大组律动时，在小组画画时，在工作时间使用耳机时，还可以在过渡环节时。但不要在幼儿活动时播放背景音乐，因为这会干扰幼儿的思考和行动，影响对话，也有损对于音乐的鉴赏。

### ▲ 提供简单的乐器

幼儿喜欢演奏简单的乐器，尤其是那种可以让幼儿动手和活动身体的打击乐器，如木鱼和木槌、鼓、排钟、木琴、铃鼓、三角铁、沙槌、刮板以及罐子和勺子。教师确保提供能反映幼儿文化的乐器，如简单的弦乐器或葫芦。幼儿还能够通过填充容器、盖盖子来创造发声器（如用珠子、鹅卵石、沙子、金属片或木屑，去填充金属的、木制的、

硬纸板的或布制的容器)。幼儿在假装游戏时、在计划和回顾时、听到过渡时间提示时以及小组玩"暂停—开始"的游戏时,将愉快地使用这些乐器。

## 🔑 关键发展指标 42　律动:幼儿通过律动表达与表征自己的观察、思考、想象和感受

**描述:**幼儿随着音乐(或在没有音乐的情况下),活动全身或身体某个部位进行探索。幼儿通过身体动作对音乐的特征和情绪做出回应。

### 律动能力是如何发展的

当幼儿能更好地控制动作时(见第 12 章),他们会最大限度地运用他们的身体。他们乐于通过创造性的动作表达自己,即"把常见的动作用某种方式表现出来"(Sawyers, 2010, p.32)。然而,尽管幼儿喜欢探索他们身体的界限,但是他们创造范围可以说是有限的——上下、左右或转圈(Sims, 1985)。幼儿各种各样动作的增加,需要成人有意地示范并鼓励幼儿探索身体造型、行动和手势(Stellaccio & McCarthy, 1999)。

游戏时,幼儿能够把他们的心理表象转换成创造性动作,如像巨人一样跺脚、转一个假想的方向盘或者像风筝一样飞翔。通过动作来表达感觉、体验以及想法,培养了幼儿用身体进行交流时的自信。这种活动身体的快感与动作创造力会在其他学习领域蔓延,并且让幼儿更加相信自己在认知、社会性和想象力方面有能力(Centers for Disease Control and Prevention, 2010)。

正如律动教育家菲利斯·韦卡特(Phyllis Weikart)所说:"通过动作来表达创造力不是一次性的。……在幼儿探索、计划、做选择、实施想法、领导其他幼儿、与他人合作以及解决问题时,如果成人能够始终促进并支持幼儿的创造性律动,那么随着时间的推移,幼儿的创造性律动就会得到发展。"(2000,p.111)

### 支持律动的教学策略

#### ▲ 描述并鼓励幼儿描述他们对律动的创造性使用

在一日生活中对幼儿的律动表现做出评论。如在工作时间说,"你慢慢踏步,这样头巾不会从头上掉下来"。在清理时间记录幼儿是如何搬动物品的(例如"贾斯汀踮着脚向拼图柜走去")。在大组活动时间,命名某个动作并鼓励其他幼儿效仿。教师可能

会说："乔茜和卢克正像小鸟一样摆动他们的胳膊，我也要试试。"鼓励幼儿用自己的语言描述自己创造的动作（就像下面逸事说明的那样），并且添加新的词汇（如滑翔、蜷伏、急转）。

在大组活动时间，朱莉老师弹一会儿吉他，暂停一下，然后继续弹奏。当她弹奏时，孩子们随着音乐舞动他们的双臂。当她暂停时，孩子们停止舞动。当她又开始弹奏时，孩子们按一种不同的方式舞动双臂。在暂停时间她说："你们用了各种各样的方式挥手臂！"孩子们给出的回复是："我来回摆手臂。""我让手臂上下跳动，就像你弹吉他一样。""我把胳膊弯得像根吸管。""我挥得比任何东西都快！""我向你挥手！"

### ▲ 鼓励幼儿在集体活动时间和过渡时间解决律动问题

幼儿喜欢接受来自成人的有趣的动作挑战，并且从成人发起的活动中获得很多灵感并运用到自发（幼儿发起）的游戏中。你可以在一日生活中任何时间提出一个律动问题，但在小组或大组活动期间比较合适，也可以作为一个有效的过渡策略（但要建立在幼儿户外活动的基础上）。这里有一些例子。

**清理时间。**要求幼儿只用肘部来收放积木。

**回顾时间。**让幼儿展示他们刚才在工作时间时用双手都做了些什么。

**过渡时间。**鼓励幼儿不用走路而用其他方式进入下一个活动。

**小组活动时间。**询问幼儿他们可以用什么（除了他们的手）把他们的作品放到小柜格中。

**户外大组活动时间。**询问幼儿有多少种方式钻进、钻出、爬上以及环绕一排轮胎。

### ▲ 为幼儿提供通过律动展示经验的机会

因为幼儿有展示自我的能力，所以他们能够通过律动来反映自己的体验，表达自己的想象。鼓励幼儿使用他们的身体来表达情感，如"当你感到开心时会做什么动作？""我们现在又累又困，让我们到餐桌那边去吧。"要求幼儿根据故事角色某一时刻的感受进行律动，举例来说，当麦克斯（莫里斯·桑达克《野兽国》中的角色）回到家中发现晚餐仍然温热时，他可能做出什么动作？让幼儿用动作表现某次实地考察，如用动作表现参观农场时所看到的动物。

## ▲ 鼓励幼儿用简单的方式随音乐创造性地进行律动

播放各种各样风格的音乐来激发幼儿进行不同的律动。模仿幼儿，引导他们发现同伴律动的创造性，并且把动作与音乐要素联系起来（如"萨米正在跟着欢快的节奏前后挥动胳膊""埃莉诺正在跟着流畅的音乐滑过地板"）。鼓励幼儿创编简单的动作序列，例如选一首两段的歌曲，然后鼓励幼儿为每一段创编一个动作（先齐步走，然后挥动手臂）。为幼儿提供道具（如围巾、彩条、纸盘、节奏棒），鼓励他们根据音乐的节奏、音高、音量创造性地做出动作。

大组活动时间，教师给幼儿提供围巾，鼓励他们随着音乐创造性地舞动。

## 🔑 关键发展指标 43　假装游戏：幼儿通过假装游戏表达与表征自己的观察、思考、想象和感受

**描述：**幼儿模仿别人的行为，用某一物品代表另一物品，根据自身兴趣和经验扮演角色。幼儿用某个形象来代替游戏脚本中的角色（如用玩具熊代替家人）。幼儿的游戏主题随着时间推移发展得更为详细和复杂。

### 假装游戏是如何发展的

假装游戏，又称社会戏剧游戏，包含模仿和想象两个方面。当幼儿进行模仿时，他们用手势、声音、词汇以及道具来表征他们所了解的世界。在想象游戏中，幼儿会表现"要是……就会……"的想法。研究表明，假装游戏使幼儿的注意力、记忆力、推理能力、语言能力、想象力、情感理解以及自控力方面均有增强（Tomlinson & Hyson, 2009）。幼儿的社会性行为在假装游戏中相比于真实游戏更加成熟（Chafel, 1984），并且当有成人鹰架游戏时，还会更加复杂（Bodrova & Leong, 2007）。

假装游戏约开始于出生后 18 个月，幼儿模仿熟悉的动作和声音时。平行游戏（在他人旁边游戏）产生于两岁时并且会在 3 岁时逐渐变成社会性游戏（与他人一起玩）。上幼儿园后，假装游戏还会变得更加富有想象力。幼儿使用道具，从使用一个物品代

表另一个（如假装黑色积木是电话）发展到创造一个物品来支持复杂的游戏主题（如用积木和靠垫建造一个狗窝）。到了 4 岁时，幼儿会与同伴合作创造多个角色以及多条故事线索（如一位妈妈带着生病的宝宝去医院，医生给宝宝打针吃药）。在这些假装游戏的情境中，幼儿的交流持续较长时间，有更多的伙伴参与，并且较于在其他的社会性场景中表现出更强的合作性（Creasey, Jarvis & Berk, 1998）。

## 支持假装游戏的教学策略

### ▲ 当幼儿模仿其所见所闻时给予支持

幼儿使用自己的身体和嗓音来模仿他们观察到的东西。教师的模仿可以支持这种类型的假装游戏，可能引发一段动作对话——用手势而非语言来实现交流，正如盖里和杰伊一样。

工作时间，在积木区，杰伊宣布她正在带一节体育课。她把手臂高高地举过头顶。她的老师盖里模仿她伸胳膊。杰伊向前踢一条腿，然后再踢另一条腿，盖里也做了相同的动作。展示完常规的锻炼环节即弯腰、扭腰等后，杰伊停下来，看了看盖里是否要模仿她的动作。只有盖里重复做完她的每个动作后，杰伊才会继续下一个动作。

抓住一日生活中其他的机会去模仿。在回顾环节，教师可以要求幼儿用手势（即默剧形式）回顾他们刚才在工作时间做了些什么。还可以请幼儿模仿相关书籍或歌曲里的动作。最后，教师可以再现实地考察时的动作与声音，帮助幼儿回顾他们的经验。

### ▲ 在教室中留意并支持富有想象力的角色扮演

为假装游戏和角色扮演游戏提供空间和材料。鼓励幼儿创造自己的道具，并且向当地企业及家庭寻求捐赠。假装游戏经常跨越多个区域，教室内要留出较大空间且各空间之间的流通性要好。不仅如此，假装游戏还会出现在户外活动中。有轮子的玩具可能被当作巴士、宇宙飞船或者小船，攀爬器材变成了堡垒、帐篷和冰屋，来自自然界的小材料（如鹅卵石、树叶）变成了宴会中的大餐。将室内的材料（如围巾、娃娃以及厨房用具）用于户外活动中，可以帮助幼儿拓展想法。

### ▲ 以同伴身份参与幼儿的假装游戏

以同伴身份参与幼儿游戏的成人会成为一位更好的观察者，更能理解幼儿，并且他们之间的交流更加有效（Paley, 1990）。然而，实施时必须要敏感，以确保幼儿保留对游戏的控制。教师首先要观察并理解幼儿的意图，然后遵循以下一系列的原则。

- 继续幼儿之前设置的游戏主题，如成为另一只小狗，而不是添加一个新的角色。
- 提供建议时要保持游戏情境，如果幼儿正在假装去参观医生的办公室，那么就不要建议呼叫一辆救护车去医院。
- 支持幼儿当前的发展性水平，匹配同等复杂程度的游戏。
- 确认并接受幼儿对你善意地去扩展他们游戏的想法的回应。如果他们不接受你的建议，就放弃，继续先前的游戏。

##  关键发展指标 44　艺术欣赏：幼儿欣赏创造性艺术作品

**描述**：幼儿表达有关艺术作品的观点和偏好。幼儿知道自己喜欢或不喜欢哪些作品（如一幅画或一段音乐）和艺术风格，并能简单地解释为什么。幼儿描述自己和其他艺术家创造出的效果，学习谈论艺术的词汇。

### 艺术欣赏能力是如何发展的

理解艺术的意义和美听上去很抽象，但是幼儿拥有远比我们认为的更高的艺术欣赏能力（Gardner, 1991）。随着幼儿的感官经验越来越丰富，幼儿注意到身边的艺术性特征，比如由颜色唤起的感情、通过声音传递的信息、动作带来的能量爆发，以及在一个戏剧场景中人物之间的情绪张力。

尽管幼儿最初专注于对象本身而不是审美，但当成人吸引他们参与一段相关的、有意义的对话时，他们能够敏锐地感受到艺术作品的品质。幼儿能基于艺术风格而不只是内容来分类，因为他们天然地依据自己感知的属性对事物进行分类。如果问幼儿开放性问题，他们能够说明自己认为这位艺术家想要传达什么或者这件艺术品带给他们什么样的感觉。实际上，艺术教育家马乔里·席勒（Marjorie Schiller）曾说，幼儿喜爱谈论艺术，能识别艺术家和他们作品中的特性（1995）。

### 支持艺术欣赏的教学策略

#### ▲ 在和幼儿一起探索艺术作品时聚焦于作品的特定方面

稍小的幼儿只能注意到艺术作品中的一个显著特征。随着他们认知能力和审美能力的发展，稍大的幼儿可以注意整个作品以及每个部分之间的关系。为了帮助幼儿保持与拓展其艺术兴趣，教师可以从具有有限特点的艺术作品开始，比如用亮色画的一幅画、节奏感强的乐曲、一个单独的动作或者一个有简单重复情节的故事。鼓励幼儿谈论他们所观察到的东西。逐渐增加艺术的复杂性，鼓励幼儿关注更多的元素以及元素之间的关系，如颜色的对比与音乐情绪的变化。

### ▲ 鼓励幼儿做出简单的审美选择并进行解释

当幼儿看一幅图的时间比另一幅更长，从歌曲集中选出他们最喜欢的歌曲，展示一个动作让他人模仿或者选择在情景剧中饰演哪个角色时，他们就已经表现出了审美选择。然而，稍小的幼儿可能拥有清晰的偏好，但他们并不能阐明自己选择的原因。稍大的幼儿能说出他们为什么这样做（或不这样做）的原因，（这些原因）是基于自己的审美（如"黄色是一种快乐的颜色"）或私人的关联（如"我爷爷也是那样说的，真好玩"）。为了帮助幼儿关注艺术属性及其吸引他们的原因，教师应提供各种各样的艺术材料和艺术形式，以便他们可以找到一些吸引他们的东西。正如你为幼儿提供词汇去谈论艺术作品一样，要鼓励他们使用这些词汇去描述他们的审美偏好。

### ▲ 讨论艺术作品所传递的情感

随着幼儿语言能力的发展，他们在识别以及描述艺术作品中的情感元素方面变得更加敏锐。举例来说，他们能够说出画上的某根线条是快乐的还是悲伤的，音乐的某一段是否听起来很热闹，这个动作是否传达出疲惫的感觉或者这个戏剧性的事件是否可怕。幼儿还能够通过他们自己的面部表情、手势和身体动作展现出艺术作品中内含的情感。事实上，创造性艺术对语言水平有限的幼儿来说是一种表达情感的有效手段。他们还可以以有意义的方式为英语语言学习者架起与教师和同伴沟通的桥梁。

刚学会站在他人的立场思考问题的稍大的幼儿，可以说出他们认为一个艺术家正在思考或感受什么。他们还可以清晰地表达艺术所唤起的内心的情感。为了支持这种发展，请对艺术的情感特性进行评论。如评论一本书中的插图时，你可以说："这浅绿色看着很柔和，就像一块柔软的婴儿毯。"此外，请在你与幼儿的对话中使用描述性语言。如与幼儿谈论时，你可以说："只要我一穿上这条闪闪发光的红裙子，我就高兴得想跳舞！"

### ▲ 让幼儿充分接触艺术家所使用的材料、工具和技法

为了帮助幼儿体验各种各样的艺术媒介，教师可以提供如下材料。

- **视觉艺术。**带有不同艺术风格插画的故事书；体现各种媒介和主题的艺术复制品，如明信片和海报。

- **音乐。**古典、爵士、歌剧、民歌以及其他类型的音乐;由通过个人、小组、合唱队以及管弦乐队表演的音乐影像作品;各种各样的打击乐器和弦乐器。
- **律动。**能激发幼儿用动作对和声、速度或音高进行回应的音乐;体现全世界不同舞蹈风格和表演场景的音频和视频。
- **假装游戏。**给幼儿提供道具表演熟悉的电视节目和电影;鼓励幼儿扩展游戏脚本。

### ▲ 计划本地的实地考察以便向幼儿介绍创造性艺术

在你的社区中寻找艺术场馆——博物馆、工作室、画廊、表演场所——那些欢迎幼儿的地方。艺术博览会、植物园、景观公园以及面向公众的音乐节和舞蹈节也为幼儿提供了欣赏的条件。教师可以邀请相关人员到教室中,但要事先和他们沟通,以便其了解幼儿的兴趣并确定自己的传授内容。教师还要事先开展动手操作活动(如陶艺家来访之前,在小组活动时探索黏土;事先让幼儿阅读戏剧家将要表演的故事)。

为了拓展来访活动或实地考察,教师应鼓励幼儿使用各种各样的媒介或通过小组活动来再现自己的经历。可以提供材料并且请求艺术家捐赠一些幼儿可以用来创造自己的艺术作品或再现体验的材料(如线、黏土、雕刻工具、舞蹈和戏剧节目海报、门票存根)。最后,让他们知道你与幼儿对他们的贡献的感谢。教师可以写一封集体感谢信,寄送幼儿创造的艺术作品样品或照片,作品中融入幼儿在日常游戏中获得的经验。

与幼儿分享不同艺术家创作的图画书和非虚构类图书。

 **试一试**

1. 列出你认为幼儿进入学前班时在创造性艺术领域需要知道或做到的 5 件最重要的事。你为什么认为这 5 件事是最重要的？教师可以如何支持？

2. 回顾当你还是幼儿时在视觉艺术、音乐、律动以及假装游戏方面的经历。你觉得自己很有天赋和创造力，还是缺乏才能和想象力？是什么影响你把自己看作一位艺术家？考虑以下每件事情的重要性：接触艺术、操作材料和工具，成人对于你的努力的兴趣和态度。你如何在自己的幼儿园中让创造性艺术对于幼儿来说是积极的体验？

3. 列出你能用于和幼儿交流的与艺术作品特征相关的词汇，如色彩、空白、线条、阴影和造型。现在，列出描述音乐的词汇，如快、慢、响亮、柔和、清脆、急速、跳跃以及平缓；描述动作轨迹的词汇，如高、低、直线、锯齿形、灵活、平稳；描述假装游戏中情感和动作的词汇，如迷茫、激动、性格、角色、对话、喜剧、戏剧。和一个同事分享你的列表，并请他提出其他的词汇。每一次你和幼儿讨论创造性艺术时，选用其中的一两个词汇使用。

4. 你喜欢哪种或哪些类型（风格、主题）的电影、戏剧或电视节目？为什么？你的成长经历怎样影响了作为一个成人的你的偏好？成人如何向幼儿介绍各种创造性媒介和艺术形式？

5. 和你信任的人一起参观一家艺术博物馆。在观看展览的时候，互相说说对展示的艺术作品的感受，包括它看上去是怎样的（色彩、造型、尺寸），它是怎样做的（所使用的介质和技术），主题如何（是写实的还是抽象的，艺术家想表达什么），以及它唤起了你什么样的情感（好奇、高兴、疑惑、欣喜、悲伤）。花时间去找出能表达你想法和感受的词。仔细地聆听你的同伴说了什么。这对你培养幼儿的艺术欣赏能力有什么启发？

# 第 16 章　科学和技术领域的内容是怎样的？

## 本章导读

　　本章主要论述了高瞻课程模式在促进幼儿科学和技术领域发展方面的理论依据和实践做法，主要包括 3 个部分：第一部分讨论了为什么科学和技术领域的早期学习很重要；第二部分介绍了高瞻课程模式在科学和技术领域的一般性教学策略；第三部分具体明确地介绍了科学和技术领域的 8 条关键发展指标，分别是观察、分类、实验、预测、得出结论、交流想法、自然和物质世界、工具和技术，并针对每一指标提出了教师支持策略。

## 本章学习目标

**学习完本章，你应该能够**
解释为什么科学和技术领域的早期学习很重要。
描述高瞻课程模式科学和技术领域的关键发展指标。
理解并应用支持幼儿科学和技术学习的策略。

## 本章术语

学前阶段科学方法 (preschool scientific method)
认知矛盾 (cognitive discrepancy)
没有 / 不是语言 (no and not language)
试误 (trial and error)
同化 (assimilation)
顺应 (accommodation)
如果 / 那么语言 (if/then language)

 **想一想**

"我在想如果那样做的话将会发生什么呢？""它们好像是一样的，但你是否也注意到它们的不同之处了？""让我们把两种方法都试一试，看看哪种方法更好。"这些表述显示出我们在日常活动中对科学原则和方法的运用是多么频繁。即便是在没有意识到的情况下，我们也经常自信地运用知识和技能进行科学思考和活动。如我们根据颜色和质地的不同，将衣服分开来清洗。同样地，生物学家根据植物和动物分类体系对自然界进行分类。烹饪涉及化学知识——液体或固体原料在搅拌、拍打、加热或冷冻的过程中会发生改变。运动时我们运用自己对自然世界（身体如何移动）以及物理世界（物体碰撞时会发生什么）的认识来帮助我们得分。木工和缝纫要求弄清楚开展某个具体项目所需的工具和材料。实验室研究涉及类似的科学过程——做出预测（假设），设计实验，观察结果，得出结论。

当我们收集信息并形成关于物、人和事件的假设时，我们都是科学家。我们通过分析过去的信息，得出结论并预测未来。科学植根于好奇心，好奇心是幼儿大量拥有的一项特质。他们提出有关世界怎样运转的问题，进行观察，并且用他们收集来的信息回答问题。幼儿是天生的科学家，他们的知识和技能会随着时间的推移不断发展。本章我们将讨论高瞻课程模式如何鼓励小小科学家们这种探究和发现的过程。

## 为什么科学和技术很重要

幼儿沉浸在科学中，指的是幼儿"对世界如何运转形成解释的过程，发展出有用而强有力的科学理论的过程"（Landry & Forman, 1999, p.133）。对于幼儿来说，科学不是记忆事实，而是观察、预测、实验、证明和解释的过程。科学充分利用幼儿的知觉能力，发展他们的批判性思维技巧，并在他们交流彼此想法的过程中促进他们语言能力发展。科学研究还包含社会性合作。事实上，解决同伴之间互相矛盾的解释可以促进幼儿改变他们的理论——效果远比成人提出评论或质疑强（Tudge & Caruso, 1988; Vygosky, 1978）。

## 科学思维是如何发展的

科学和技术的学习贯串于整个学前阶段，如幼儿用自己的感官去观察，按类别分类，尝试回答他们自己的和别人的问题，尝试理解他们周围的世界，发现他们逻辑上的矛盾，以及利用工具和技术实现他们的目的（Neill, 2008）。

"做科学"（Doing Science）包含 3 个相互关联的要素（Gelman & Brenneman, 2004）。第一是认识到预期发生的事情并没有发生。稍小的幼儿往往会轻易地接受他们所看到的。然而，随着他们知识的积累，幼儿开始形成自己的设想，逐渐意识到矛盾并且询问自己："这里出了什么问题？"这就会引出第二个要素。意识到他们需要调整他们的思维，幼儿接着会问：

幼儿是天生的科学家——他们探究材料和行为，提出问题，进行观察，并建构有关世界是怎样运转的知识。

"这里发生了什么？"基于观察，他们构造出另一个理论。这个理论可能不准确，但是如果它"适合"他们的经验，他们将会得到满足。

到了发展的最后一步，幼儿会问："证据在哪里？"幼儿可能不会自己去检验理论，但在成人的支持之下，他们会更加系统化并且完善他们的想法。成人的角色不是给予答案，而是提供材料和支持，"以便幼儿自己检验并发现自己的想法是否正确"（DeVries & Sales, 2011, p.2）。

## 科学和技术领域的一般性教学策略

### ▲ 向幼儿介绍科学方法的各个步骤

幼儿运用与成人科学家相同的探究方法，但是高瞻课程模式更倾向于称其为"学前阶段科学方法，（因为）幼儿大多是在随机的且无意识的情况下参与探究过程中的"（Neill, 2008, p.2）。为了帮助幼儿熟悉这个过程，使用科学语言给每个步骤命名。罗切尔·格尔曼和金柏莉·布伦尼曼（Rochel Gelman & Kimberly Brenneman）建议，教师要向幼儿介绍"观察、预测以及验证的词汇以及方法"（2004，p.153）。他们举了幼儿对苹果进行探究的例子，教师记录下幼儿所说的内容（它是红的、圆的、滑的、凉的），"因为（教师解释道）科学家记录他们的观察结果"。接下来，幼儿做出预测。教师告诉幼儿，预测就类似于猜测，如苹果内部是什么样子（它是白色的，它里面有种子）。最后，当切开苹果时，幼儿对比所看到的东西与自己的预测是否一致（它是白色的，也有种子；它还是湿漉漉的）。

## ▲ 鼓励幼儿进行反思

采取行动并观察会发生什么通常会满足幼儿的好奇心。然而，科学还意味着问怎么样和为什么这类问题去解释结果。科学教育家凯伦·沃斯和莎伦·格罗尔曼（Karen Worth & Sharon Grollman）认为需要由教师来建立起提问的习惯。"通过材料获得直接经验至关重要，但并不够。幼儿还需要反思自己的活动。他们需要分析自己的经验，思考其中的模式和关系之类的想法，尝试新的理论，并与他人进行交流。这些过程能使幼儿用新的方式思考他们做了什么，是怎么做的，以及哪些对他们来说是重要的。"（2003，p.5）

与幼儿一起工作和回顾为你创造了鼓励他们反思的机会，比如你可以这样说："告诉我你是如何做到的？""我们要怎样做才能让它发生一次？""我很想知道为什么会发生这个？"或者"如果……你认为将会发生什么？"

## ▲ 制造意外和矛盾

幼儿的科学思想是在他们遇到认知矛盾时发展的，也即是说，是在他们观察到某些他们无法解释的事情时发展的。给幼儿创造自然的（而非刻意的）机会去获得这类经验。提供多种类型的材料和工具让幼儿探索，可以保证他们有可能遇到意外事件。你也可以有意识地提供一些与熟悉的材料不一样的材料，如通过介绍不规则形状的积木，让幼儿可以探索用不同于规则形状的积木的方法把积木拼起来。尝试在室外使用黏土，因为室外比室内风干得更快，或者用光滑的和粗糙的材料覆盖坡道，让幼儿可以观察质地是如何影响赛车速度的。

创造一个自然的机会，让幼儿观察自己不曾预想到的一些事情，如向沙水池中加入剃须膏。

### 鼓励幼儿进行记录

幼儿专注于他们当下看到和听到了什么，可能会忘记他们早些时候观察到了什么。幸运的是，3~4 岁的幼儿有能力去表征和解释自身经验。这让他们可以在成人的协助下，通过画画或者制作简单的图表来记录数据并进行解释（Katz & Chard, 1996）。教师还可以将物品和幼儿的操作拍成照片或录成视频。当幼儿做出自己的解释时，这种记录行为就像一种视觉提示。

### ▲ 鼓励合作进行探究和问题解决

社会交往不仅帮助幼儿建构想法，还能深化他们的理解。当他们尝试去告诉其他人他们看到了什么、想到了什么时，他们会关注到更多的细节，并且尝试清楚地说明背后的原因。幼儿从同伴中学习，而且正如之前提到的，当他们被同伴而不是成人质疑时，会更有可能改变自己的思维方式。

在小组活动时间，幼儿在蔬菜园中种植西红柿幼苗。菲奥娜和加布里埃拉对要浇多少水产生了分歧。菲奥娜灌了半桶水，但是和妈妈在家种过植物的加布里埃拉说水太多了。当菲奥娜把水浇完后，她看到幼苗向一边斜了，而加布里埃拉浇了少一些水的幼苗还仍然直直地挺立着。菲奥娜什么都没说，但是下次浇水时她用的水就少些了。

## 科学和技术领域的关键发展指标

高瞻课程模式的科学和技术领域包含 8 条关键发展指标：观察；分类；实验；预测；得出结论；交流想法；自然和物质世界；工具和技术。

 **关键发展指标 45　观察：幼儿观察周围环境中的材料及变化过程**

描述：幼儿具有好奇心并用自己的所有感官去更多地了解自然和物质世界。幼儿通过观察他人行为、探究工具和材料如何动作来收集信息。

### 观察能力是如何发展的

与随意看看不同，"观察是要密切关注某个事物从而增进对它的了解"（Neill, 2008, p.10）。仔细而准确地观察是成为优秀科学家所需的最重要的能力。这项能力是逐步发展的。举例来说，幼儿能够观察到越来越多的细节。稍小的幼儿专注于一件或两件事情（如积木的颜色，汽车能否很快地滑下坡道）。稍大的幼儿则进行复杂的分辨

### 科学和技术领域的关键发展指标

45. **观察**：幼儿观察周围环境中的材料及变化过程。

46. **分类**：幼儿对材料、行为、人物和事件进行分类。

47. **实验**：幼儿通过实验检验自己的想法。

48. **预测**：幼儿对将要发生的事进行预测。

49. **得出结论**：幼儿基于经验和观察得出结论。

50. **交流想法**：幼儿交流关于事物特性及运行方式的看法。

51. **自然和物质世界**：幼儿积累关于自然和物质世界的知识。

52. **工具和技术**：幼儿探索并使用工具和技术。

（如浅的、中等的和深的颜色；慢、快、更快和最快的速度）。

幼儿逐渐能够描述他们的感官印象以及物体和动作的属性。他们的观察伴随越来越多的语言表述（Gronlund, 2006）。随着幼儿词汇量的发展，他们用简单的词语去描述他们看到、听到、摸到、尝到以及闻到的东西。在那之后，随着意识的拓宽，幼儿渴望用更加复杂的语言去描述他们关于这个世界的观察和发现。

## 支持观察的教学策略

### ▲ 提供要使用多种感官的环境

在室内的和室外的学习环境中融入不同的感官属性。比如，提供能产生光和影的物品（如手电筒、贴在窗户上的玻璃纸、飞扬的旗帜、风车、搭或挂在桌子和椅子上的布单）；不同质地的材料（如树皮、稻草、葫芦、棉花、羽毛）；芳香的材料（如调味瓶、蜂蜡，打开窗户让植物和雨的味道飘进来）；能产生声音的物品（如乐器、嘀嗒作响的钟表和计时器、鹅卵石和珠子、流动的水、吸引户外的鸟的喂食器）；有各种各样口味、气味的小零食。

### ▲ 为幼儿运用全部感官进行观察营造安全的氛围

与提供丰富多彩的感官材料同等重要的，是营造一种幼儿可以自由地探索、冒险、制造混乱以及尝试未知的氛围。同时，幼儿还必须具有拒绝尝、闻、摸或体验所提供材料的权利。换句话说，应该允许幼儿自己做主且保证幼儿安全。

## ▲ 提供词汇帮助幼儿命名、理解和使用他们的观察结果

除了命名物品（名词）和动作（动词），还要加入描述性的词语（形容词和副词）来增强幼儿的观察技巧。提供词汇，并且鼓励幼儿用语言去解释下述方面：幼儿感知到了什么，如："摸起来怎么样？""这个声音让你想起什么？"幼儿做了什么，如："你是怎样贴上它的？""我应该做些什么才能让我的看起来和你的一样？"他们观察到的结果，如："我想知道为什么它变大了？"

把一些户外的物品带进室内（这里是泥土），帮助幼儿探索不同材质和气味。

"为什么你认为压碎后会有更浓的味道？"将你的语言与幼儿的发展水平相匹配。将那些可观察的线索（如颜色、音量）清楚地说出来，然后逐步介绍那些较不明显的属性（如湿度、温度）。在注意到事情（看起来、听起来、摸起来、尝起来或者闻起来）是怎么样的之后，谈论事情如何变化，如你可能会评论："当太阳出来时，雪就会化了。"

 **关键发展指标 46　分类：幼儿对材料、行为、人物和事件进行分类**

**描述**：幼儿把相似的事物归为一类。幼儿识别事物及其所属类别之间的关系。幼儿寻求新方式去组织他们已经拥有的知识，并寻求将新的发现纳入熟悉类别的方式。

### 分类能力是如何发展的

幼儿在游戏时会自发地进行分类，即区分物品、人或者动作（Langer, Rivera, Schlesinger, & Wakeley, 2003）。首先，他们把同一个属性的物品归为一类（如所有红色的珠子），尽管他们可能难以陈述理由，分类标准难以保持一贯性。下一个阶段，幼儿的分类标准保持一致，并且使用"相同"和"不同"这两个词语，接下来是"一些""一个都没有"和"全部"。然后，幼儿基于多个属性分类（如颜色和尺寸）。分类的最高水平是幼儿可以识别并描述分类背后的原因，甚至对他人的分类也能说出相应的原因。幼儿在这个阶段还可以描述某种物品是否能被归入每个类别中。

## 支持分类的教学策略

### ▲ 鼓励幼儿进行收集和分类

一日生活中、学习环境中有许多机会能满足幼儿收集和分类的热情。在教室中，有大量有组织且多元化材料并贴有标签的区域有助于幼儿思考如何分类。大自然也会提供许多材料用于分类——小石头和大石头、会飞或会爬的动物、不同叶子的树。

散步和实地考察提供了额外的机会来进行有趣的收集。给每名幼儿一个容器去收集。回到班级后（在小组活动时间），鼓励幼儿分类并标注他们收集的东西。之后在工作时间，将这些物品放入任何适宜的区域，如橡子可以放在娃娃家供幼儿假装烹饪使用，或者放在艺术区用于粘贴，也可以放在沙水桌。

### ▲ 请幼儿关注"相同"和"不同"

当你制订一日计划时，考虑一下介绍"相同"和"不同"这两个概念的机会。如读完一本喜爱的书后，给幼儿提供美术材料去画出与故事中的人物相同或不同的角色。在工作时间以及小组活动时间，组织像"宾果"（Bingo）这样的游戏来帮助幼儿匹配形状、数字以及字母。在清理时间，玩"我发现"这个游戏，如"我在玩具区发现一个玩具与这个东西形状一样"(举起一个圆形的物体)。在大组活动时间,进行寻宝游戏，寻找一些相同的和不同的物品：刚开始根据一个属性寻找（如长方形），然后增加到两个或三个属性（如长方形且是蓝色的）。在大组律动时，让幼儿模仿另外一名幼儿动作，或者发起一个不同的动作。你还可以运用"相同"和"不同"作为过渡（如"带着分指手套的人去户外…… 现在轮到所有带着连指手套的人"）。最后，在餐点时间，给幼儿提供各种各样的食物用来对比。讨论来自不同家庭和文化的幼儿所钟爱的食物之间有何相同之处和不同之处。

### ▲ 使用"没有"和"不是"的表达方式

为了发展关于"没有"和"不是"的概念，幼儿需要多次倾听这些词语。在一天中要抓住各种机会来强调，如：当幼儿穿好衣服准备到户外时，说说谁的外套有帽子，谁的没有帽子；在点心时间，说出谁想要或不想要果汁。当幼儿收集物品时，鼓励其识别某类物品所没有的特征（如"这些珠子是亮闪闪的，那些不是亮闪闪的"）。在大组活动时间,向幼儿发出挑战,让幼儿不用脚来移动。在过渡时间运用没有/不是概念(如"如果你的名字'不是'以字母 B 开头的，请到小地毯上"）。

介绍通用的"不"标志（一个带有斜线的红圈压在一个相关物品或动作的图像上）。例如，幼儿会在他们隔天还想继续操作的物品旁放上"正在进行中"的标志，用一只手加一条斜线表示"不要触摸"，从而将其与可以动手操作的物品区分开来。

分类需要知道是什么以及不是什么。高瞻鼓励幼儿使用"没有""不是"，如此图表示"不要触摸"。

 ## 关键发展指标 47  实验：幼儿通过实验检验自己的想法

**描述：** 幼儿通过实验检验一个想法是否正确或一个解决方案是否奏效。幼儿可能会遇到有关材料的自己尚无答案的问题。幼儿通过操作材料、反复试误，然后在头脑中形成可能的问题解决方案。

### 实验能力如何发展的

幼儿进行实验有两种原因——出于好奇心和解决他们在游戏中遇到的问题。

在去儿童博物馆的实地考察中，在男生的卫生间内，詹姆斯把双手放在自动烘干机下，拿开，再放，自动烘干机不断开启和关闭。

小组活动时间，埃琳为了得到苹果酱而用碾磨器磨苹果。她向下看，发现什么也没有出来。"你需要更用力地去磨。"迈克说道，并用他的碾磨器做演示。"我认为它卡在孔里面了。"埃琳说道。桑德拉在桌子的另一边说："你应该把果皮挖出来。"艾琳试着这样做了，然后碾碎的苹果顺畅地出来了。

在进行实验的过程中，幼儿观察因果关系。刚开始时这是偶然发生的。如胳膊乱动的婴儿打到风铃，风铃上的挂饰上下晃动；他们重复着相同的动作而丝毫没理解其中的关联。相比之下，幼儿逐渐意识到某个具体的动作会产生某种可预见的结果，并且他们努力去实现所期待的结果。在这个阶段，他们的努力仍然主要是试误，但是在成人的鹰架下，幼儿的实验可以进行得更为系统。

幼儿也逐渐意识到时间的作用（Van Scoy & Fairchild, 1993）。他们注意到顺序：原因发生在前，结果发生在后。幼儿也观察持续时间，了解结果是持续的还是消失了。最后，他们注意到事件的进展速度（如在暴雨中水坑会被"迅速地"填满，在阳光下雪融化得"很慢"）。稍大的幼儿可能会注意到延迟的结果（如滴在纸上的水几分钟之后会渗到边缘）。当幼儿开始注意这些因素（因果、顺序和时间）时，他们的实验就会变得更复杂，然后他们会通过做实验来回答更加复杂的问题。

## 支持实验的教学策略

### ▲ 提出并回答"假如……将会怎样""为什么""怎么样"的问题

当你用"为什么""怎么样"这类开放式的问题去启发幼儿的研究，如"你如何让陀螺旋转起来""为什么你认为它会一直下落"，幼儿会发展更高水平的思维能力。除了询问问题，发表一些可以让幼儿质疑你以及质疑他们自己的评论。为了支持幼儿的探究，你要支持并激发幼儿天生的好奇心（Gronlund, 2006）。如果你表现出兴趣和惊讶，如你可能说"哇，醋加到小苏打里后会冒出泡泡并溢出来"，幼儿将被鼓励自发地提出"为什么""怎么样"这类问题。接下来，你可以通过追问来帮助他们的实验，检验他们的想法，并且试着回答自己的问题。

### ▲ 鼓励幼儿逐渐用系统的实验取代试误的摸索

为了鹰架（支持和适当拓展）幼儿通过实验学习，与幼儿讨论他们正在做什么及这些行为的结果。运用小组活动时间，开展一些简单的且结果易于观察的操作实验（如混合不同分量的面粉和水后比较黏稠度；在户外用水绘画并且观察路面变干的过程）。介绍新颖的材料和工具，同时鼓励幼儿考虑熟悉材料的新用途。问幼儿他们这次的行为与这些行为所带来的结果有何不同。向幼儿提出体现逐步或者系统地变化的挑战，如你可能会问一名正在坡道上比赛赛车的幼儿："你能让它再快一点儿吗？比刚才再快一半时间呢？假如你想让它跑得非常快，该怎么办呢？"

### ▲ 为幼儿探究事物如何随时间变化提供材料和经验

自然世界和物理世界的许多方面都会随时间而改变——小猫逐渐长大，树叶变黄，日复一日的踩踏使得沙子变结实。吸引幼儿关注在这些变化中时间所起的作用。鼓励幼儿注意这些事情发生需要多久，并询问一些让幼儿检验其关于时间的理论的开放式问题（如"昨天，我们播放了两遍音乐才完成清理。你觉得我们今天需要播放几遍？"）。因为时间对幼儿来说是个抽象的概念，所以要利用一些材料将时间变得具体一些，这些材料包括表示停止和开始的工具（计时器、停止标志、乐器），可以动起来的物品（带轮子的玩具、节拍器、球、陀螺和风车）。

## 关键发展指标 48　预测：幼儿对将要发生的事进行预测

**描述：**幼儿通过言语和（或）动作表明自己的预期。幼儿思考过去在相似情境中发生过什么并预期可能会发生什么。幼儿基于实验做出预测。

### 预测能力是如何发展的

预测不仅仅是猜测或愿望。他们依据先前的知识，判断在未来有可能发生什么。鉴于其不断增长的认知能力，幼儿会"开始呈现出科学过程最典型的特点——提出假设，即对某些事实做出、通过进一步探究可以被验证的解释"（Neill, 2008, p.15）。预测帮助幼儿思考。相较于关注此处和当下（即此刻正在发生什么），幼儿考虑彼处和那时（即通过在其他时间和地点所发生过的事情来想象尚未发生的事情）。幼儿运用这样思考方式的机会越多，他们就会越善于对自己的经验和观察结果进行反思，并基于此做出预测（Church, 2003）。

### 支持预测的教学策略

### ▲ 帮助幼儿反思过往经验和当下经验之间的相似之处

鼓励幼儿回忆他们观察到什么，伴随着类似的材料或动作，相同的事情是否会再次发生，如你可能会对幼儿说："想一下你是怎样把木棒粘在纸上的。我想知道是否也可以用同样的方法把木棒粘在布上。"利用幼儿对分类的兴趣，帮助他们确定同一类别中的物品是否会具有某种共性（如所有黏的材料都可以用来粘东西），而不同类的物品可能会有不同，如："你把软土压扁塞进洞口。那硬积木块可以吗？"

### ▲ 鼓励幼儿说出他们认为将会发生什么

鼓励幼儿说出自己的预测为幼儿创造了思考和应用已有经验的机会。如当教师询问拉吉夫，为什么他预测"户外活动时外面会有许多树叶"，拉吉夫指着窗外回答道："外面风很大，风会让叶子落下来。我喜欢帮姑姑扫叶子时，她会让我跳进叶子堆里玩。"让幼儿说出自己的预测，给成人带来了解幼儿推理过程的机会，而且可以帮助我们避免提出一些有关幼儿想法和意图的错误假设。

### ▲ 鼓励幼儿验证他们的预测

在幼儿说出其相信将会发生的事情后，他们一般都会认为自己预测的事情千真万确。然而，成人的鼓励能够让他们质疑自己的预测。为了帮助幼儿验证其科学的预测，可以进行评论，如："让我们来验证一下吧。"也可以问问题，如："我们怎样才能确定呢？"讨论观察结果的哪些方面与他们的预测结果相符（或不符），为什么。你不必知道答案（所以不用担心你不是一位"科学家"），与幼儿一起探索去满足你自己的好奇心吧。

 **关键发展指标 49　得出结论：幼儿基于经验和观察得出结论**

**描述：**幼儿尝试将观察和推理纳入已有的知识和理解。幼儿收集数据帮助自己形成关于世界如何运转的理论，从而用自己的方式建构知识（如"现在是晚上，因为太阳去睡觉了"）。

### 得出结论的能力是如何发展的

幼儿使用之前介绍的科学过程来得出结论。皮亚杰（Piaget，1950）使用"同化"描述幼儿接受那些与自己现有看法一致的新信息的过程。他使用"顺应"来描述幼儿调整自己的理解以解释那些矛盾的信息。

幼儿通过归纳他们对相同事物的观察结果来得出结论（Gelman, 1999）。一开始，他们的结论会基于具体感知和直接经验（Bruner, Olver & Greenfield, 1966）。接下来，他们开始更广泛地思考，不过他们所归纳的结论可能是错误的，如果一只鸟产下蓝色的蛋，他们可能认为所有的鸟都会产下蓝色的蛋。一个错误的理论可能真的会影响幼儿的观察及其得出的结论。如果他们认为黏稠的东西不好闻，那么他们将会断言黏稠的蜂蜜也很难闻。在他们调整自己的思维之前，还将有许多矛盾的例子。在一个让幼儿可以自由改变自己想法的安全环境中，幼儿的思考会更加灵活。

## 支持得出结论的教学策略

### ▲ 提供相似但又不完全相同的材料和经验

为幼儿提供接触那些有时一样而又不总是一样的事物的机会（如根据橡皮泥中水分含量的不同，橡皮泥会改变其属性；只有一些灌木丛会长小浆果）。为了帮助幼儿发展基于多个证据得出结论，加以评论，询问开放性问题，以便鼓励他们去探索其他可能："为了弄清真相，你还能做什么（或观察什么）？""另一个呢？你认为它会一样还是不一样？""它们是相同的吗？它们是不同的吗？"

### ▲ 鼓励幼儿反思他们观察的过程和结果

得出结论需要经过深思熟虑。为了促进幼儿的反思，可以进行点评，如你可以说："我注意到水没有顺着排水管流下去。"然后，提出开放性的问题，如："为什么把重的积木块放在塔的顶部，塔就会倒塌？"让幼儿注意那些与其预测不一致的事情："你本以为大的那个会更重一些，但是它却比小的那个轻。"你不需要先知道答案才能去鼓励幼儿思考问题。当你和幼儿一起进行探索时，要表现出困惑、惊讶以及高兴——惊奇的感觉是会传染的，好奇心也是！

## 🔑 关键发展指标 50　交流想法：幼儿交流关于事物特性及运行方式的看法

**描述**：幼儿分享他们的问题、观察、调查、预测和结论。幼儿讨论、展示和表征他们的体验与想法。幼儿表达对世界的兴趣和好奇。

### 交流想法能力是如何发展的

幼儿渴望分享他们的科学发现。谈话可以使幼儿更加敏锐并且注意到更多细节。交流想法的过程鼓励他们使用"如果……那么……"这种句型，并考虑因果关系。符号交流（绘画、书写、演示和角色扮演）帮助幼儿记录他们的观察，发现模式（Chalufour & Worth，2003）。通过观察和倾听幼儿沟通，成年人可以洞察幼儿的思维。如幼儿可能将玩具烤箱的按钮向左拧，用以演示饼干需要高温烘烤的经验。当幼儿在制作图表用于对比可以被磁铁吸住与无法被磁铁吸住的物品时，他可能会问教师"吸"这个字该怎么写。

"你要将第二个机翼添加到飞机的哪里？"这位教师问道，"怎样才不会倒？"

## 支持交流想法的教学策略

### ▲ 用科学语言与幼儿讨论他们的行动、观察和发现

"无论对于幼儿还是成人，科学都不是在真空中而是在社会环境中形成的。在社会环境中，各种想法经过讨论、争辩最终成形。"（Landry & Forman, 1999, p.137）为帮助幼儿讨论他们的科学探索，仔细倾听幼儿说了什么，同时分享你自己的观察和发现，来向幼儿介绍一些新的词汇（如当你描述来园前将挡风玻璃上的冰刮掉时，你可以使用"结霜"这个词）。因为建立讨论科学的词汇量需要花费时间，所以要反复使用同样的词语。幼儿最终将会自己理解并运用这些词语。

当幼儿观察到的结果与之前预测的结果不一致时，他们提出问题、表达质疑和惊讶时所用到的词汇，至少与你所说的词语同等重要。用一些关于是什么、在何地、在何时、怎么样以及为什么的温和问题来表明你的兴趣。保持耐心，以便幼儿有时间构建自己的答案并思考你的评论和提问。

### ▲ 提供机会让幼儿运用符号表征他们的科学经验

用多种方法支持幼儿去记录以及表征他们的科学想法。

**艺术作品。**提供绘画和造型材料，便于幼儿展现他们对于一些事情的理解，如何建造房子，动物长什么样、在做什么，以及什么使得物品快速运动。

　　工作时间，在积木区，乔茜把贝壳和弹珠放在天平上。她拿起纸和记号笔，告诉老师："我打算在这里画两个贝壳（她指向一边），在中间画一条线，在这里画 6 个弹珠（她指向另外一边）。"老师评论道："你打算画一幅画，告诉人们你是怎样让贝壳和弹珠在天平上平衡的。"

　　**假装游戏**。提供制作道具的材料，像同伴一样在幼儿的情境中游戏。如当在娃娃家假装烘烤蛋糕时，教师请幼儿拿一个搅拌的东西过来。幼儿递给她一个电动搅拌机（去除了电源线），说："你不能真的插上电。你要假装它在工作。"为了拓展幼儿的想法，教师回答道："是的，得有一根电线才能用电带动发动机，让搅拌机转起来。"

　　**书写**。提供书写工具，如书写板夹和记号笔，以鼓励幼儿记录他们的想法。阅读关于科学的书也将启发幼儿通过书写来交流自己的想法。

　　**清单、表和图**。制作简单的表格，可以让幼儿反思科学方法的各项步骤，如帮助他们决定如何分类（如"表格的每一列如何标记"），使用什么样的符号（如"该画竖线还是写数字"），最重要的是如何解释结果（如"我想知道为什么这一列比另一列多"）。

## 🔑 关键发展指标 51　自然和物质世界：幼儿积累关于自然和物质世界的知识

　　**描述**：幼儿逐渐熟悉自然和物质世界的特性与变化过程（如动物和植物的特性、坡道与岩石的特性、生长与死亡的过程、结冰和融化的过程）。幼儿探索变化和因果关系。幼儿认识到一些对他们有意义的循环过程。

### 对自然和物质世界的认识是如何发展的

　　幼儿对于世界如何运转的观点看似幼稚，但是当深入观察他们的逻辑系统时，这些观点经常是十分复杂的（太阳让东西变暖。如果太阳出来，即使是冬天也一定会变暖和）。因为理论对于幼儿来说是合理的，并且可以有效地帮助他们组织信息（Landry & Forman, 1999），所以幼儿坚持自己的理论。只有反复地体验和操作之后，他们才能调整他们的想法。因此，幼儿不会靠记一系列的事实来学习关于自然和物理世界的知识。尽管如此，幼儿已经愿意开始了解某些领域的知识。这些知识建立在他们对于自然世界（身体、植物、动物、天气规律）和物理世界（机器如何运转、为什么相同大小的物体有不同的重量、为什么物体混合在一起时会改变颜色或产生气泡）的兴趣和观察之上。成人可以通过倾听幼儿的提问来发现他们对什么感兴趣，支持幼儿关于自然和物质世界的学习。

## 支持自然和物质世界学习的教学策略

### ▲ 为幼儿积累关于自然和物质世界的知识提供材料与经验

收集有生命的和无生命的物质（植物、动物、贝壳、种子、盐和淡水、土壤、岩石、五金材料），让幼儿可以去对比。用印刷材料以及仿真替代物，作为对真实的物品的补充。鼓励幼儿对这些集合进行分类，利用各种感官，去发现物品属性之间的相同点和不同点。观察材料如何随着时间变化，或者产生了什么结果（如湿毛巾比干毛巾重；叶子会变黄，叶子可以捏碎；花会凋谢并且不再有香味）。

利用物品和经验，包括实地考察，了解动植物需求（空气、食物、水、阳光）、自然和城市环境（水、森林、沙滩、山丘、农田、草地、沙漠、积雪覆盖的山峰、城镇和城市、公园）以及循环（如出生、成长、衰老，季节变化，天气规律）。抽象的天气对于幼儿来说毫无意义，但是他们关心短期的变化如何影响他们（如他们是否可以在户外游戏，他们应该穿什么衣服）。

### 鼓励幼儿建立联系以解释世界的形态和运转方式

利用吸引幼儿的物品和事件。问"怎么样"与"为什么"的问题，如："为什么有一些石头很光滑，但是另一些却很粗糙？""我很好奇小鸟是怎么飞的？""为什么使劲蹬腿会让秋千荡得更高？"你不必知道这些问题的答案。和幼儿一起建立理论并且寻找答案，并且让幼儿互相咨询，这样当他们听到同伴的思考后更倾向于创建自己的理论（Campbell, 1999）。

在问候时间，伊恩说他们家正在自己家的后院建溜冰场。"我们要铲雪，把水倒在上面，等一分钟就可以变成冰。"老师评论道："我很好奇雪是如何变成冰的。"幼儿说了各种理论："水干了之后，雪就会变硬。""水会让雪更冷。""不只需要一分钟。你得等一整个晚上。""当水结成冰的时候，它会变得很滑。"

 ### 关键发展指标52　工具和技术：幼儿探索并使用工具和技术

**描述：** 幼儿逐渐熟悉日常环境中的工具和技术（如订书机、钳子和电脑）。幼儿了解设备的功能并安全小心地使用它们。幼儿使用工具和技术来支持游戏。

## 使用工具和技术的能力是如何发展的

幼儿有两种方式使用工具和技术。他们对于工具和技术本身感兴趣（掌握订书机的用途或者按下录音机的按钮）。工具和科技还能成为达到目的的手段（把两根带子钉在一起成为一根更长的带子，或者用音乐播放器听一首喜欢的歌）。幼儿最初像探索材料一样探索工具，但是当他们变得更加有能力的时候，他们就会思考工具能够如何帮助他们完成一个目标或者解决一个问题。因为在解决问题时涉及"计划、有序思考以及预测使工具会造成什么结果"，所以用工具解决问题建立了幼儿的概念意识（Haugen，2010, p.50）。

当技术被合理使用时，它可以在早期科学学习（还有读写和数学学习）中发挥重要作用（National Association for the Young Children & Fred Rogers Center for Early Learning and Children's Media，2012）；技术应该去补充而不是替代动手操作真实材料开展的学习（Hyson, 2003）。幼儿在逐渐熟悉工具原理（打开或关闭机器、使用触摸屏和触摸板），运用交互的、开放式的和促进发现式学习的应用程序中获得发展，而并不是靠训练和练习进步（Clements, 2002）。计算机还能充当社交催化剂。幼儿可以在电脑前一起工作来解决问题，讨论他们在做什么，帮助和指导朋友，创造轮流和合作的规则（Clements,1999）。注意：并没有证据表明独立使用的设备能促进社会互动，现在有人担心，它们可能使幼儿与社会隔离（Rosen & Jaruszewicz, 2009）。所以，随着新科技的发展，它们对于幼儿认知和社会的适宜性必须持续加以评价。

## 支持使用工具和技术进行探索的教学策略

### ▲ 在教室的所有区域中提供各种工具

不要被限制在典型的"科学"工具（如放大镜、望远镜、磁铁、天平、齿轮、温度计）中。许多其他的物品也可用来实验和发现，如厨房用具、木工工具、橡皮筋、过滤网、粗绳和园艺工具。从家带来工具和小配件，并且鼓励家庭贡献一些旧的、不再使用的物品，如闹钟和手机（取出电池）。去旧货市场和跳蚤市场广泛收集。鼓励幼儿思考什么是工具以及如何使用它们。

### ▲ 帮助幼儿考虑如何及为什么以多种方式使用工具

除了支持幼儿在工作时间和户外活动时间自发地探索工具，在一日中其他时间，也可计划使用工具的活动。如在小组活动时间用不同的方式连续击打不同物品表面；

在大组活动时间用工具制造声音；在回顾时间带上一种在工作时间使用过的工具；借助工具准备和提供零食，或者去五金商店进行一次实地考察。当幼儿参与其他领域活动时，寻找机会探索工具，如模具（创造性艺术）、有关科学家和发明的书籍（语言、读写和交流）、常规的和非常规的测量工具（数学），或者解决社会性冲突的计时器（社会性和情感发展）。

### ▲ 为幼儿选择适宜的技术并在使用过程中予以指导

计算机和其他的电子设备相对于需要操作和社会互动的直接学习应该处于次要地位。然而，因为幼儿在幼儿园外接触技术的经验差异很大，所以在教室中要有电脑等，从而为那些受家庭收入或其他因素限制而无法使用计算机的幼儿提供一种重要的经验（Lee & Burkham, 2002）。为了支持均衡和恰当地使用科技，要注意以下几点。

**示范安全小心地使用技术。** 帮助幼儿学习正确使用技术，既不伤害幼儿，也不损坏设备，就像对待课堂中其他材料一样。

**选择方便幼儿使用的硬件。** 技术创新让幼儿更便捷地使用科技。选择适合幼儿感知觉和身体条件的设备。鼓励知道设备使用方法的幼儿去帮助同伴。

**选择适宜的软件或应用。** 强调交互性及开放式学习，而不是机械重复。在工作时间分组给幼儿介绍每一个软件，如在小组活动时或在工作时间正式开始之前，介绍软件及应用。

**确定摆放的位置有助于社会交往。** 给幼儿和成人留出一起使用设备的空间。从教室的其他区域也能看得见，以便路过的幼儿可以参与。

**鼓励幼儿在使用技术解决问题时表达自己的想法。** 帮助幼儿反思他们的解决办法，如："如何使音量更大？我怎样把拼图拼好？"一旦某些工具不工作时，你要及时提供帮助，以免幼儿感到失望或沮丧。

电脑可以充当社会交往的催化剂。

 **试一试**

1．列出你认为幼儿进入学前班时在科学和技术领域需要知道或做到的 5 件最重要的事。在每一件事情上简要写出为什么你认为它是最重要的。教师可以如何支持？

2．写下一周之内你所做的涉及科学推理的事情（如观察天空以预测天气，用包装袋来保护易碎的物品，收拾柜子以防再次倒塌）。幼儿如何在他们的生活中运用简单的科学思维？

3．找出下面场景中所反映的科学和技术领域的关键发展指标。其中还包含了其他领域的哪种类型的学习？作为教师，你怎么来支持和拓展幼儿的学习？

在户外活动时间，海蒂用木棍制作篝火。她将木棍分成短的、中等和长的 3 类，并说："开始时你要用最短的木棍，这样容易点着火。我爸爸就是这样做的。"她说她会在半夜生火并邀请乔治、本和弗（老师）坐在篝火边。她把一个小树枝放在两块大而平整的石头之间，假装在烤串。她烤了 4 串，给篝火旁的人每人一串（包括她自己）。然后她装了一桶水，并把水倒到火上，说"水能灭火"。

4．下面有一些典型的"为什么"和"怎么样"的问题，是幼儿可能问到的关于世界是什么样的以及它是如何运转的问题。

如果在教室中投放电脑，那么就该把电脑摆放在有足够空间的合理位置，可以让幼儿（和成人）一起使用。

- 为什么在水里吹吸管时会有水泡?

- 冰柱是怎么制作的?

- 为什么按这个按钮屏幕就亮了,而按另一个按钮屏幕就不亮?

- 为什么车轮在泥浆里动不了?

- 为什么我们是同样的年龄,但不一样高呢?

从这些问题中选择一个,或者从你听到的幼儿的问题中选择一个,想一想你将如何帮助幼儿成为"科学家",回答自己的问题。

# 第 17 章　社会学习领域的内容是怎样的？

## 本章导读

本章主要论述了高瞻课程模式在促进幼儿社会学习领域发展方面的理论依据和实践做法，主要包括 3 个部分：第一部分讨论了为什么社会学习领域的早期学习很重要；第二部分介绍了高瞻课程模式在社会学习领域的一般性教学策略；第三部分具体明确地介绍了社会学习领域的 6 条关键发展指标，分别是多样性、社会角色、做出决策、地理、历史和生态，并针对每一指标提出了教师支持策略。

## 本章学习目标

**学完本章后，你应该能够**

解释早期社会学习的重要性。

描述高瞻课程模式社会学习领域的关键发展指标。

理解并应用支持幼儿早期社会学习的策略。

## 本章术语

公民能力（civic competence）

社会化（socialization）

多元文化教育（multicultural education）

班级决策对班级规则（classroom decisions versus class rules）

# ❓ 想一想

工作时间，一个幼儿和他的哥哥玩起了摔跤比赛，引发了同班几个幼儿玩摔跤游戏的兴趣。他们用一块小地毯作为垫子，卷起袖子便开始玩摔跤了。摔跤游戏持续了几天，并且变得越来越复杂了。每个幼儿给自己选了一个摔跤手的名字，并开发了一套计分体系。

然而第二周的时候，一些幼儿抱怨说游戏有些粗暴。教师也担心幼儿会受伤，可又不想中止这个幼儿都非常喜欢的游戏。这个游戏也促进了幼儿很多领域的发展——大肌肉动作技能、合作与竞赛、冲突解决、计数、空间意识、假装游戏以及预测。所以，有一天，当摔跤手们开始他们的游戏时，教师表达了她的担忧。她说："我们可以制定一些规则来保证大家不受伤。"她记下了幼儿的想法并将它们贴在垫子旁边的墙上。下面是幼儿想出的规则。

1. 把鞋子脱掉（但不脱袜子）。

2. 不要撞人。

3. 不要打人（幼儿对打人和撞人是否相同进行了辩论，但最后决定要分别列出）。

4. 不要掐人。

5. 不能给别人起绰号。

6. 不要吐口水。

7. 不要撞头。

8. ~~只有男孩才能玩~~（几个女孩抗议这条规则，然后大家就删除了这条）。

9. 至少 3 个人在一起玩，那样就有一个人可以做裁判，保证游戏的公平。

10. 做裁判的必须能够数到 10（计数到 10 以后，比赛就宣布结束了）。

11. 如果没有摔跤手名字就不能参加比赛。

12. 不能和别人使用相同的摔跤手名字。

13. 每个想玩摔跤游戏的人都要排队等候，由裁判来决定下一个轮到谁。

14. 想要观看比赛的人必须站在线后（经过一些争论，他们决定将积木架作为"观看线"）。

在接下来的几周里，幼儿继续提出规则。他们对摔跤游戏的兴趣也在持续增加。如果他们中有人犯规了，其他幼儿很快就会指出。

以上例子展示了幼儿的民主参与。虽然幼儿经常以自我为中心，但当教师引导其关注潜在问题时，他们表现出对他人安全和感受的发自内心的敏感。他们运用创造性的解决方法，平衡个人对摔跤游戏的热情与对班级集体感的渴望。

　　高瞻课程模式将教室看作一个集体，在这里，幼儿形成了他们作为个体和团队成员的认同感。尽管在幼儿的世界，人与人之间会有所不同，但他们仍然能够找到将其联系在一起的共性，并且互相尊重。每个人都能发表看法。总之，高瞻课程模式的教师依据参与式民主的原则管理课堂。体验和学习这些基本原则是这个阶段社会学习的重要内容。

# 为什么社会学习很重要

　　"社会学习的目的是提升幼儿的公民能力，包括成为积极的公民生活参与者所需的知识和思维过程，以及民主性格。"（National Council for the Social Studies，2010，p.1）这一观点强调幼儿园日常学习活动的重要性——帮助幼儿形成关于集体、正义、民主的基本观念。更重要的是，作为社会的一员，我们与这些主题息息相关。这也很好地诠释了为何社会学习成为美国大多数州早期教育课程标准中的一个

对幼儿来说，社会学习意味着发展集体意识。幼儿在其中分享共同的经验、常规、兴趣。

独特的内容领域（Gronlund，2006）。教育者面临的挑战就是将这些崇高的理想转化为具体的经验，只有这样，对追求实际体验的幼儿才有意义。

# 幼儿对社会学习的兴趣

　　自一出生，幼儿便开始探索他们周围的世界。迈入幼儿园之时，幼儿已能够熟练地观察和理解群体行为。幼儿关于社会学习的知识获得，建立在与不同的人（来自不同背景、拥有不同兴趣和技能的教师和同龄人）、广泛的材料（道具、书）、日常和特殊活动（实地考察、庆祝活动、小组决策、共同对教室空间负责）互动的基础之上。正如明德斯（Mindes）所说："在幼儿园和小学阶段，社会学习为幼儿的探究提供了一个有多个切入点和机会的内容框架。对幼儿来说，这些内容既是获得问题解决能力的训练场，也是发展人际应对技能和策略的试验田。"（2005，p.16）

# 早期教育课程中的社会学习

与其他领域一样，社会学习遵循从简单到复杂、从以自我为中心到能站在他人的角度进行换位思考的发展过程。它涉及对特定内容的学习，诸如历史、地理和生态（Seefeiclt, Castle, & Falconer, 2013）。社会知识与理解是指对社会规范和习俗的认识，掌握这些认识被称为社会化或成为集体的一员。为了加入这个集体，幼儿必须为了更大的利益（"我们"）而牺牲个体（"我"）。而社会技能是指与他人互动的策略，如幼儿在换位思考中获得的认知发展，有助于他们进一步的学习。早期分类技能也能帮助幼儿意识到个体与他人的差异，并影响后期对多样性和包容性的认识。

## 社会学习领域的一般性教学策略

### ▲ 利用具体经验帮助幼儿构建社会理解和社会行为的一般原则

面对不熟悉的情况，幼儿会将此时此地的知识迁移到其他时间和地点（Seefeldt et al., 2013）。通过观察自己家庭中的差异（如体验到父母不同于祖父母的喜好和习惯）和更切实的线索（如着装、面部特征、家具、植物、交通工具），幼儿能够理解他们未曾见过的真实生活着的人，能理解那些想象中的人物做着他们从未做过的事情。通过与教师、同伴一起交谈和玩耍，幼儿了解不同生活安排、语言、工作、庆祝活动、信仰、习惯和品位的家庭。教师可进一步加以评论（如"胡安的爸爸是老师，马尔科姆的爸爸是油漆工人。人们有不同的工作"），不时地提出问题（如"你为什么认为其他动物没有帮助红色的小母鸡"）。

### ▲ 帮助幼儿认识到自己的行为可以对世界产生积极影响

当幼儿与成年人一起分享教室的控制权时（见第 5 章），幼儿便会发现自己的选择和行为会引起可见的结果。对于成年人（主要是教师）而言，尤其重要的是，要关注幼儿行为产生的积极影响。多数情况下，成人在谈论"结果"时，暗示行为产生消极的结果或影响。然而，如果我们希望幼儿享受自主权，我们就需要相信他们能带来积极的改变。因此，我们要在幼儿帮助他人时，给予评论（如"你握住卡尔的手时，他就不哭了"）；在幼儿解决了社会问题时，给予肯定（如"你们找到了可以一起玩大卡车的方法"）；在幼儿做出"义举"时，给予认可（如"你擦干了地上的水，这样就没人会滑倒了"）。

> **社会学习领域中的关键发展指标**
>
> 53. **多样性**：幼儿理解人们有不同的特征、兴趣和能力。
> 54. **社会角色**：幼儿了解人们在社会中具有不同角色和作用。
> 55. **做出决策**：幼儿参与做出班级决策。
> 56. **地理**：幼儿识别和解释周围环境的特征与地理位置。
> 57. **历史**：幼儿理解过去、现在和未来。
> 58. **生态**：幼儿理解保护周围环境的重要性。

# 社会学习领域的关键发展指标

高瞻课程模式的社会学习领域包含 6 条关键发展指标：多样性；社会角色；做出决策；地理；历史；生态。

以下讨论的是社会学习领域关键发展指标的早期学习，以及如何在与幼儿游戏和互动时支持他们的发展。有关支持社会学习的具体活动，请参阅高瞻官网。

## 关键发展指标 53　多样性：幼儿理解人们有不同的特征、兴趣和能力

**描述**：幼儿认为个人属性（包括性别、文化、年龄、家庭结构、能力水平和外貌）的异同是自然和积极的。幼儿对他人与自己乃至自己的家人如何相同和（或）不同有兴趣。

### 幼儿的多样性概念是如何发展的

如幼儿在对事物进行分类时一样，他们运用相同的思维方法来形成对于人及人的属性的看法（Epstein, 2009a; Levin, 2003）。在年龄尚小之时，幼儿一次能注意一个特征，一个显而易见的特征。但是，他们还不能确定哪些特征是固定的（如性别或种群），哪些特征是可变的（如工作或食物选择）。稍小的幼儿思考问题是二元对立的，对他们而言，人们要么就是与他们一样，要么就是不一样。稍大的幼儿则能够意识到，别人可能既与他们相同，也与他们不同。

幼儿只有在成年人的帮助下才能在这个日渐多元化的社会中成长（Gonzalez-Mena,

2013)。作为教师，要尊重幼儿理解多样性的尝试，并且不将成人的想法强加于幼儿之上，帮助幼儿领悟和适应这个社会（Derman-Sparks & Edwards, 2010）。幼儿对于多样性的思考和反应，受到他们家庭的影响，也越来越受到主流媒体的影响 (Carlsson-Paige, 2008)。虽然我们经常将幼儿对他人的接受能力理想化，但实际上，他们吸收了不少刻板印象，并可能在很早的时候就有了一些消极的态度（Aboud, 2005）。这也是为何一些较早的观点坚持认为，早期教育工作者有最好的机会，能够从一个积极的方面影响将伴随幼儿一生的种族和民族观念（Soto, 1999）。

## 支持多样性的教学策略

### ▲ 示范对多样性的尊重

如果我们希望幼儿能够平等地对待他人，那么我们必须在与其他成年人（同事和长辈）或与幼儿交流时以身作则。不尊重差异，源于人内心之中的恐惧。幼儿同成人一样，可能会在和陌生人相处或者从事不熟悉的活动时感到不适。如果我们在日常交流的过程中，能够加入探索差异性的环节，稍小的幼儿便不会自行将"不同"与"坏的"画上等号。理解人与人之间的差异将成为另一个学习内容。

为了营造一种情感安全的环境，一定要用事实性的词汇来描述差异（如"库拉尼留着卷发，而弗兰克的头发是直发"）。如果幼儿说出了伤人的话（如"克里斯特的肤色很脏"），那么请纠正他们。举例而言，你可以说："克里斯特的肤色比你的和我的深，皮肤有很多不同的颜色。"如果幼儿不是有意说出这些冒犯性的言论，温和地纠正他们。与其更正他们的观点，你不如指出他们言论自身的谬误之处。如果一名幼儿说"老人都闻起来怪怪的"，你可以问他们的祖父母闻上去如何。同龄人的回答能促使幼儿重新思考自己的想法。

### ▲ 注重相似和差异而不进行评判性比较

将幼儿对于差异的好奇心视作一次很好的教学机会。评论幼儿的特征和行为时，不要贴孰优孰劣的标签。可能现在你的教室中没有差异（如有人要拄拐或者使用其他的语言），找到有意义的并且切实的方式来介绍差异。可以是图画书、照片、艺术品、电脑程序以及其他交互技术、实地考察，也可邀请嘉宾。记住，多样性既包括相同点也包括不同点，也就是说人们的相同之处和不同之处。因为幼儿的思维是具体形象的，多在他们能看见的、听见的、尝到的、摸到的、闻到的共同特征上做评论。

## ▲ 在教室的每一区域和每一活动中融入多样性

许多有计划性的学前教育机构借助节日或者传统食物、服饰来介绍差异性。然而，即便这种经历对于能够理解的幼儿来说是有价值的，却也不能帮助他们领会到差异性是无时不在、无处不在的。为了将多样性融入教学环境之中，教师可以参考多元文化教育——将幼儿置于一个能接触到不同价值观和生活方式的环境，并且能帮助他们更好地欣赏自己和其他群体（Ramesy, 2006, p.280）。因此，相比采用"观光式"（Gronlund, 2006, p.86）的课程，更好的方式是向幼儿展示日常生活中的多样性。为了做到这一点，确保班上的设备和材料能够反映儿童所处的家庭和社区。家庭一般都能提供许多这些材料。

当成人尊重多样性时，幼儿就可以用一定的知识和开放的心态去探索他们的相同点和不同点。

- 在娃娃家，增添不同工种的工作服和工具、厨房用具和空的食物容器以及特殊需要人群的设备。

- 在餐点时间，定期提供来自不同文化的食物，而不仅是在某个节日才提供某种食物。

- 在图书区投放反映多元文化和非刻板印象的角色的图书。教室中可用的交互性媒介也应该反映人类的多样性。

- 到当地的商店和市场参观，参加音乐会，欢度展现社区多样性的节日。

## 🔑 关键发展指标 54　社会角色：幼儿了解人们在社会中具有不同角色和作用

**描述：** 幼儿了解其所属集体中熟悉的角色（如家人、同学和邻居）。幼儿理解人与人之间相互依赖。幼儿知道人们需要金钱来购买物品和服务。

### 对社会角色的理解是如何发展的

幼儿首先会注意到他们在家庭之中的角色。他们最初一门心思地关注家中那些带给他们幸福生活的活动，但是随着逐渐去自我中心化，幼儿就会注意到家庭成员在家庭以外的集体中所扮演的角色。最后，幼儿对在家庭之外服务人员感兴趣，如医生、消防员以及公共汽车司机。这种注意会很明显地表现在他们的假装游戏中。随着时间的推移，他们的假装游戏融入了更多的角色，并且能表现出更多的细节。

幼儿还会理解角色之间初级的互惠原则，包括人们之间提供物品或服务的金钱交易（Jantz & Seefeldt, 1999）。尽管"经济"可能看起来是一个抽象的词语，实际上，幼儿对于社会学习的这个方面了解甚多。如他们知道人们工作是为了赚钱买食物、药品和电影票，钱和它的等价物有多种赚取方式。幼儿还有能力对于如何花钱做出简单的选择。他们知道特定的物品和服务的价值是高于其他的，尽管他们更喜欢依据它对于他们的价值而不是它真实的市场价值做出判断。

### 支持社会角色的教学策略

#### ▲ 为幼儿提供学习和表现不同社会角色的机会

为了支持幼儿在家庭中的角色，提供假装游戏的材料（如装扮服装、家庭用品、商店和园艺工具）。讨论家人在家中和外面都会做些什么。如你可能会说"赛亚的爸爸和马蒂的爸爸昨天都做了晚饭"，或者"杰罗姆的姑妈和我一样是老师"。用幼儿家人参与不同的工作或志愿者角色的照片制作一本班级书。鼓励幼儿以文字的方式或口头描述他们的家人正在做什么（如"那是我爸爸，他在卖花"或者"我妈妈正在教成年人"）。鼓励家长在可能的情况下带上幼儿去工作。

实地考察和参观也能给幼儿直接接触家庭以外角色的机会。在社区里散步可以让幼儿看到人们在工作，参观在假装游戏中出现的工作场所（如消防站、超级市场）。带回材料（如购物袋、购物小票）以便幼儿添加到他们假装

给幼儿提供小组解决问题和做出决策的机会。这是幼儿和教师在一起讨论对于蚯蚓来说哪里是最好的家。

游戏的情境中。你还可以邀请家庭和社会成员分享他们的经历和工作工具（事先沟通、确保带来的操作材料对于幼儿来说是适合的）。

### ▲ 为幼儿提供学习和表现用钱交换物品及服务的机会

为了帮助幼儿把基本的经济和自己的生活联系起来，让他们有购买物品和享受服务的家庭经验（如购买食品、家电，享受保姆的照顾）。阅读那些包含人们去商店和市场卖买东西的故事。当幼儿玩饭店、理发店或者医院游戏时，教师作为伙伴参与游戏。帮助他们认识到工作和金钱之间的关系。例如，你可能会问："医生，给我的宝宝打针我需要付多少钱？"幼儿喜欢在这些情境中使用游戏币，还喜欢制作自己的游戏币，如纸或小物件（石头和小珠子）。

 **关键发展指标 55　做出决策：幼儿参与做出班级决策**

**描述：** 幼儿理解每个人都有分享观点和被倾听的权利。幼儿可以是领导者，也可以是追随者。在成人指导下，幼儿参与课堂讨论，帮助做出决策并分享观点，解决集体的问题。

### 做出决策的能力是如何发展的

随着自我调节能力和移情能力（观点采择）的发展，幼儿能够参与制定决策（Harter, 2006）。他们开始把自己看作集体的一员，努力把集体工作做到最好，以实现个人和集体的共同目标（Thompson, 2006）。然而，（幼儿参与制定的）班级决策不同于班级规则，规则是成人为了幼儿的安全和健康加之于幼儿身上的（如"禁止拿着剪刀跑"）。规则通常在幼儿的可控范围以外，并且制定时往往没有幼儿参与。不像班级决策，提供给幼儿选择并且允许他们参与解决问题（如"我们如何防止记号笔逐渐变干"），或者展现一种偏好（如"我们今天应该选择哪条路走"）。当幼儿参与做出决定后，他们不仅自己更有可能去遵守，而且还会提醒自己的同伴去遵守（Elias et al., 1997）。

邀请幼儿参与班级决策通常要经历 3 个阶段（DeVries & Zan, 2003）。第一个阶段，他们鹦鹉学舌般地复述或重复其他人的观点。他们经常在不完全理解讨论主题的情况下表示同意，他们想要成为过程的一部分。第二阶段，幼儿将详细描述其他人的观点。尽管这些贡献不完全是幼儿的创造，但他们反映出一种关于自主权和胜任感的成长。这也表明幼儿能够倾听和回忆其他人曾经说了些什么。第三个阶段，幼儿"提出原创想法"。这种技能反映了他们思考手头重要事情的能力的成长，以及想象（心理表征）他们的建议将会产生什么结果。这也涉及使用语言去表达他们的想法，以便其他人能够理解并回应他们。

## 支持做出决策的教学策略

### ▲ 为幼儿提供作为一个集体解决问题和制订计划的机会

以简单的事情作为开始，比如在哪里张贴分发杯子和纸巾的名单。确保所有的幼儿理解将要讨论的事件，知道任何限制条件（如"它必须足够低，要让每个人都能看到"）。如果必要，提供一些建议以便开始讨论。在情绪激动和行为模式固定之前，尽早识别出讨论过程中意见不一致的地方（Gartrell, 2006）。为了帮助幼儿思考他们选择的结果，提出问题，如："如果……你认为将会发生什么？""是否有另一种方式，我们可以尝试？"确保你承诺实现幼儿的想法（只要是安全且切实可行的）。最后，让幼儿来评价集体决策的成功与否，如果需要的话，请幼儿商量备选方案。

### ▲ 鼓励幼儿思考自己的选择和决定如何影响他人

一个决策可能会提升集体效率（如"自从我们决定在清理环节使用计时器，我们就能在户外玩更长时间"）、增加乐趣（如"转到那条街，我们就能看到推土机了"）和情谊（如"给哈利先生写感谢信时，我们感到很自豪"）。同样地，也能帮助幼儿提高对决策的消极影响的注意（如"自从我们把小盒子移到积木区，就再也没有人用了。我们应该把它们放到哪里呢？"）。当幼儿意识到他们的选择会影响他人时，他们可能为了集体的利益而选择使用决策技巧。

## 🔑 关键发展指标 56　地理：幼儿识别和解释周围环境的特征与地理位置

**描述：**幼儿识别熟悉的地标（如家、幼儿园和公园）并在它们之间规划出简单的路线。幼儿在游戏中将物品和事件同它们的位置相匹配（如剪刀／艺术区；户外活动时间／操场），并且重现它们的物理特征（如大厦、道路和大桥）。幼儿使用简单的地图来描述和定位事物在环境中的位置（如活动区、操场）。

### 地理知识是如何发展的

尽管"地理"听起来是抽象的，但早期教育领域与地理教育标准项目的定义是一致的："一个让我们找到有关周围世界问题的答案的学习领域——关于事物在哪里，是怎么来的，以及为什么来的学科。"（Geography Education Standards Project，1994，p.11）早在 1934 年，露西·斯普雷格·米切尔（Lucy Sprague Mitchell）在一本很有影响力的书《年轻的地理学家》（*Young Geographers*）中强调，让幼儿了解"此时此地"的世界，以此为基础扩大他们对遥远的世界乃至宇宙的理解。

当幼儿有能力找到熟悉的地方时，即掌握"个人的地理"（Hewes，2007，p.94），他们便具备了正式学习这一领域内容的基础。提供机会去探索环境，对生活在城市中（城市安全保障可能会限制他们的行动自由）的幼儿来说，是至关重要的。事实上，研究表明，生活在郊区的幼儿在地理位置推理（空间）指标上比在城市生活的同伴表现得更好（Hewes，2007）。

运用早期认知和社会发展的知识，我们能够识别早期地理学习的 3 个适宜领域（Jantz & Seefeldt，1999）。

**简易绘图。** 空间意识在学前阶段发展迅速（Liben & Downs，1993）。3 岁的幼儿能自发地绘画地图，并且学前阶段能够用一张航拍照片画出一条路线。从熟悉的地标开始，他们逐渐将空间逻辑扩展到经验以外的地方。4~5 岁的幼儿能够从多种角度考虑空间问题（如桌对面的人看到的这幅地图是什么样子的）。

**熟悉的位置。** 幼儿以自己的经验为出发点，学习"位置地理"（Mayer，1995）。他们运用他们生活环境的知识来理解那些不同的环境（如"我的房子后面是山，并且山上有雪，我的奶奶生活在有阳光和沙滩的大海边"）。正在不断发展的分类技能帮助幼儿比较那些他们没有直接观察到的地理区域的特征。这也是为什么依斯拉·杰克·济慈（Ezra Jack Keats）的《白雪皑皑的日子》（*The Snowy Day*）一书对生活在温暖气候乡村地区的幼儿与那些生活在北方城市的幼儿具有同样吸引力的原因。

**自然的特征。** 自然的特征包括地球的大气层、地球的表面以及太阳如何影响地球环境。幼儿对于天气由衷地感到好奇（Huffman，1996）。日常的天气预报表对幼儿来说没有意义，但他们在意天气是如何影响户外游戏的，他们该穿什么衣服或者花园里的植物如何生长。而那些家长的工作（农民、渔民）受天气影响较多的幼儿，则更为熟悉天气。幼儿喜欢看云卷云舒，也喜欢观察潮起潮落（如果他们住在海边的话）。总之，当幼儿学习这些与他们自己生活相关的特征，他们"表现得非常像地理学家，不仅调查他们的世界，学习事实，更重要的是，他们把每个事实与其他内容联系起来并加以概括"（Jantz & Seefeldt，1999，p.173）。

## 支持地理的教学策略

### ▲ 让幼儿识别社区中熟悉的位置

与幼儿讨论他们及其家庭所熟悉的地方（如家庭、学校、公园、图书馆、商店和餐馆），并鼓励幼儿分享什么时间、怎样到达和离开这些地方。绕着学校建筑转一转，找到前门、办公室、别的班的教室以及其他对于幼儿来说重要的位置，并指出社区中有趣的位置（例如"莱拉和她的爸爸上学前吃早餐的地方"）。帮助幼儿制作简单的地图，并在地图上使用标志、旗帜、贴画或其他标志物定位熟悉的位置。

### ▲ 用具体的表征将幼儿与超出他们经验的地方联系起来

书籍、照片、艺术品、歌曲、拼图，能帮助幼儿意识到超出他们经验的人和地方。幼儿将这些材料与能够引起他们兴趣的事物——食物、衣服、房子、玩具、动物——联系起来，幼儿学习类似或不同于自身的经验。例如，阅读简·布瑞德（Jan Brett）的《三只雪熊》（*Three Snow Bears*），一本关于遥远的北极的书，对比幼儿和书中角色为了保暖所穿的衣服。幼儿还喜欢探究地球仪、公路和等高线地图、航拍照片和指南针。将这些与幼儿个人的经验联系起来。当你发现其他具有相似特征的地方时，与幼儿讨论他们熟悉的景观（如蜿蜒穿过小镇的河流）。

 **关键发展指标 57  历史：幼儿理解过去、现在和未来**

**描述**：幼儿谈论过去发生了什么（如"昨天，当我还是婴儿的时候……"）和未来将要发生什么（如"等我再长大一点儿，我就会去姐姐的学校"）。幼儿描述事件的顺序（如"我先画了一幅画，然后搭了一座塔"）。

### 历史的理解能力是如何发展的

幼儿对历史的理解，与其对时间的概念紧密相连（Wyner & Farquhar, 1991）。首先，时间是个人化的和直观的，与幼儿日常生活中事件发生的时间长短和顺序相关联。在学前期后期，幼儿开始应用逻辑去理解时间。他们知道时间不断流逝，并能够推理之前发生过什么，也知道刚刚过去的如何影响现在（如今天上学可以穿昨天买的新外套）。心理表征帮助幼儿描绘更远的过去和未来的事件（Povinelli, Landry, Theall, Clark, & Castille, 1999）。

不断增长的词汇量（如之前、之后；首先、最后；然后、接着）也能帮助幼儿发展时间观念（Thornton & Vukelich, 1988）。虽然还不能精准理解，但幼儿已开始知道一分钟短于一小时、一天短于一年。他们理解某些发生在多年之前的事情比昨天更遥远。稍大的幼儿还会使用视觉线索，如衣物或科技，去判断图像是来自久远的过去还是更接近于现在（Jantz & Seefeldt, 1999）。

## 支持历史的教学策略

### ▲ 支持幼儿意识到现在、不远的过去和不久的将来发生的事情

高瞻课程模式中的一日常规是帮助幼儿发展时间观念的理想结构。它主要利用图片、照片、卡片和实物，来帮助幼儿将一天的各个部分视觉化和排序。特别是计划和回顾时间，为幼儿提供了参与活动和反思活动的机会。留言板也对不远的过去（如昨天小组活动时间介绍的新材料是今天操作时间要使用的）和不久的将来发生的事件进行了具体的提醒（如实地考察倒计时）。系列活动是探索时间和相关词汇的另一种方式。例如，在大组活动时间，要求幼儿按顺序做两个动作，先让幼儿轻拍他们的耳朵，然后再轻拍肩膀。让幼儿有机会成为领导者，然后向他们的同伴发出指令并示范动作序列。音乐活动时间也可以这样做（唱两个音高不同的音）。在幼儿逐渐适应这些动作和音乐之后，再增加到按顺序做 3 个及以上的动作或唱 3 个及以上的音。

### ▲ 用具体的表征让幼儿意识到久远的过去和遥远的未来

为了支持幼儿对时间而非自身的兴趣，把读书和唱歌安排在不同的时间段。鼓励幼儿带来其他时代的艺术作品，谈论历史上的人物并比较当时的生活与现在的生活（如"苏珊娜坐着带篷的马车而不是小汽车旅行"）。同样，讨论关于未来的故事。在为幼儿的假装游戏分享材料时，教师要使用并鼓励他们运用时间词汇和顺序短语。从单词开始，如之前和之后、首先和最后以及昨天和明天。然后介绍时间短语，如从前、过去和现在、很久以前和长大之后。倾听并使用这些词语，才能帮助幼儿在更广阔的空间思考时间的流逝。

## 关键发展指标 58　生态：幼儿理解保护周围环境的重要性

**描述：**幼儿分担保护教室内部与外部环境的责任（如捡起垃圾、给植物浇水和将物品分类放入回收箱）。幼儿理解其行为会影响环境的状态。

### 关于生态的知识是如何发展的

生态是关于人们对环境的责任。它涉及自然和物质世界，同时也是社会学习领域的内容，因为它关系我们作为地球看护人的角色。下面是世界儿童自然行动协作论坛 (the World Forum Nature Action Collaborative for Children ) 的看法。

我们相信，与自然世界的定期联系有利于儿童

• 尊重当地文化、气候以及将自身作为自然的一部分。

• 感受作为全球公民的团结、和平与幸福（2010, para.1 ）。

幼儿有关生态的观点与其社会技能几乎同步发展，尤其是同理心（关心他人和动植物的能力）和集体意识（对维护公共空间负责任）。另外，随着幼儿了解自然世界，他们将这种知识运用于环境，开始识别生命的基础（食物、水、住所、温度），并理解简单的转化（如热量融化冰块，流动的水冲刷物体）。由于幼儿经常运用多种资源去完成他们的目标（如用纸画画、用黏土建构），无形中让他们认识到资源是有限的，甚至会枯竭。

人对自然的情感、态度和价值观在生命早期就得以形成（Kellert, 2002）。幼儿必须在他们能够科学了解地球，并成为它的保护者之前，发展对自然的热爱（Sobel, 2008）。因此，"在童年早期，环境教育的主要目标应该是发展幼儿对自然世界的同理心"（White & Stoecklin, 2008, para.11）。它包括为幼儿提供在自然中游戏、照顾植物以及与动物（真实的和想象的）建立关系的机会。

发展幼儿欣赏自然的意识，有助于他们长大后逐渐成为地球的守护者。

## 支持生态的教学策略

### ▲ 引导幼儿认识和欣赏自然

幼儿越喜爱自然世界带来的感觉,他们对生态的关心就会随着年龄的增长变得越有意义。除了极端的天气条件,包括一日常规中让幼儿外出的时间,教师要鼓励幼儿感受阳光和风在脸上的感觉。同时,教师要支持幼儿欣赏当地动植物,可以开展种植活动或制作一个喂鸟器。当然,在社区附近散步和实地考察,也能让幼儿体验不同的环境(农场、森林、海滩、湖泊、瀑布或者城市花园)。教师还要向家长解释多参与户外活动、少面对电子屏幕对幼儿的重要性。

### ▲ 为幼儿提供爱护室内外学习环境的机会

幼儿可以采取适当的方式来承担相应的环境责任。

- 保护材料并正确使用它们,避免损坏(如盖上笔盖,不敲打或扔机械工具或电子设备)。
- 整理(收好)材料并放到指定的位置,以便其他人能够找到它们。
- 帮助进行简单的修理(如把木制字母粘回到区域标志上)。
- 照顾宠物(如喂食物,在笼子里铺上碎纸)。
- 在班级花园种植、浇水以及除草。
- 捡起走廊上和操场上的垃圾(要有成人的监督和保护,并带有合适的安全措施)。
- 不伤害植物和在操场上栖息的动物。

### ▲ 将幼儿个人的环境与世界环境联系起来

随着幼儿对环境的感知大大超出他们的家庭、学校和社区的范围,讨论他们的行为对地球的健康运行有怎样的贡献(如关灯和节约水资源,以保证每个人都足够使用)。教师应关注于积极的行为,不要过于担心或害怕因幼儿太小而不能理解或没有能力控制的环境问题。另外,还要鼓励父母在家以身作则,保护环境,并征求父母意见,将其在家庭中的环保行为应用于教室。

 **试一试**

1. 列出你认为幼儿进入学前班时在社会学习领域最需要知道或做到的 5 件最重要的事情。为什么你认为这些是最重要的？教师可以如何支持？

2. 思考"对多样化的包容"对你意味着什么。

• 你在家中及学校中的早期经验怎样帮助你更包容或不包容他人？

• 你曾在什么时候有意地做了些事情，和来自不同背景和信仰的人增加接触？你为什么要这样做？你是怎样做的？你从这些体验中学到了什么？

• 你的反思怎样帮助你理解班级中的幼儿并和他们一起工作？

3. 思考一下在家、工作地点及教室里建立"集体"意味着什么。

• 在以上提到的每种情境中，人们如何建立集体？

• 建立一个集体需要多久？

• 什么因素能够支持集体的建立？什么因素会威胁到集体的建立？

4. 在下面的场景中，识别社会学习领域中的关键发展指标。其中还包含了什么领域哪种类型的学习？作为一位教师，你如何支持和扩展幼儿的学习？

内尔老师在留言板上画了一幅女性形象的简笔画，并在画上做了标记：下面写着字母 P、O、L、L、Y（波莉）。内尔老师告诉孩子们，波莉老师今天不会来，因为她生病了。在计划时间，莫林说她要为波莉老师画一幅画。工作时间，莫林画了一幢房子、一个大太阳和一些花。莫林说："这样波莉老师就会好起来，明天就能回来了。"接着，莫林走到留言板前，在画的上方，照着抄下了波莉的名字。莫林把纸对折，并在上面画了一张邮票，说："我要在回家的路上把它寄出去。"

**第四部分**

# 高瞻课程模式的评价

本部分全面探讨高瞻的幼儿评价法和机构评价法。

**第 18 章** 阐述真实性评价在评价和制订活动计划中的价值，并介绍了高瞻基于研究并经过验证的幼儿评价工具——《学前儿童观察评价系统》（COR Advantage）。

**第 19 章** 关注有效且可信的机构评价对幼儿、教师、家庭和学前教育机构的价值，并介绍了高瞻基于研究并经过验证的机构评价工具——《学前教育机构质量评价系统》（PQA）。①

---

① 两大评价工具已由教育科学出版社于 2018 年 7 月出版。——编辑注

# 第 18 章　高瞻课程模式如何评价幼儿发展？

## 🔲🔲 本章导读

本章分为两个部分，主要介绍高瞻课程模式如何评价幼儿：第一部分主要阐述了高瞻课程模式主张使用真实性评价来评价幼儿，并详细解释了相比于传统测试而言，真实性评价能够关注幼儿所有发展领域、侧重评价幼儿思考和解决问题的能力等优势；第二部分重点介绍了高瞻开发并经过验证的真实性评价工具——《学前儿童观察评价系统》（COR Advantage），并对该评价系统的内容及使用等进行了系统的说明。《学前儿童观察评价系统》（COR Advantage）是一种持续评价幼儿发展的综合性评价工具，可面向 0~6 岁的所有幼儿（包括有特殊需要的幼儿），客观真实地观察和评价幼儿所有领域的发展。

## 🔲🔲 本章学习目标

**学习完本章，你应该能够**

定义真实性评价并描述它的优势。

描述综合评价幼儿发展的工具——《学前儿童观察评价系统》（COR Advantage），并知道如何运用它。

## 🔲🔲 本章术语

测量（testing）

真实性评价（authentic assessment）

信度（reliability）

效度（validity）

标准化的（standardized）

《学前儿童观察评价系统》（COR Advantage）

 **想一想**

露西正和她的医生分析每年例行体检报告中的血液检查报告。医生对露西说："你血液中总胆固醇水平是 275，这太高了，只要是超过 240，就有引发心脏疾病的危险。我建议你在生活方式上做一些调整，再给你开一些降低胆固醇的药。"医生让露西看体检化验报告中的数据，并解释"好"胆固醇和"坏"胆固醇之间的不同。她告诉露西在日常饮食中要减少脂肪的摄取，并给露西一张健康饮食表。医生还建议露西每天至少运动 30 分钟。露西和医生一起讨论了不同的运动项目（散步、游泳、跑步）以及怎样将这些日常运动嵌入到生活作息中。

在上述情境中，露西和她的医生两人都关注一个潜在的严重健康问题。通过化验生活习惯改变前后的血液，他们能够判断新的饮食习惯、运动和药物是否对降低露西的胆固醇水平产生了预期的效果。如果检查结果是露西的胆固醇正在逐渐降低，那么露西可以继续保持新的生活方式。如果结果并不尽如人意，那么露西和她的医生就要寻求其他方法，比如试用一种新的药物。

除了关注自己的病人外，露西的医生同其他医学研究者一样，渴望知道不同的治疗方案是否会产生不同的结果。已采用的药物是否对更多患者或对同一个患者继续有效呢？新药物是否会有副作用呢？药物对不同的人有不同的效果吗？医生怎样帮助患者理解并采纳改变生活方式的建议呢？其他家庭成员应该参与到治疗计划中去吗？

甚至在一些没有"问题"需要解决的情况下，我们可能会想要知道日常行为对我们自己、我们的家人以及我们的财产是否有益，这就引导我们去探寻关于我们的日常行为及其后果的客观答案。有时答案

因为高瞻教师与幼儿联系密切，所以可以准确地评价幼儿的发展。把幼儿看作学习者可以帮助我们把自己当作教师。

是明显的（如站上体重秤就可以知道体重是否减轻了），但是还有一些时候，我们不确定需要探寻的问题是什么或者如何测量。虽然我们也许能够测量出我们自身行为的变化，但是有时我们想知道自己与其他人对比会如何。正如这一章开篇的故事那样，对露西和她的医生来说，仅仅知道露西的胆固醇水平是否已经降低是不够的，她还需要知道露西的胆固醇水平是否达到或优于医学专家建议的正常水平。

同样，好的幼儿评价工具能够提供有关幼儿及其发展情况的各个方面的信息。这些评价工具帮助我们专注于重要的行为，尤其是在我们还没有深入了解的领域。如对特定课程内容领域的具体测量，能够帮助我们清楚在早期语言发展和社会表现中应该寻找哪些具有里程碑意义的行为。适宜的、综合性的评价工具也允许我们反思并以更广阔的视野看待课程中的幼儿，了解我们的课程是否符合幼儿的需要。把幼儿视为学习者有助于我们把自己看作教师。

系统的评价能帮助我们将感性的印象组织成客观的、有数据支撑的报告。虽然数据不能代替描述具体逸事的文字，但是数据方便概括长期收集到的、关于某一个体或集体的大量信息。数字也使得与其他人的交流变得比较容易，尤其是在与那些对评价对象并不熟悉的人进行交流时。与管理者、基金会、决策者、纳税人以及其他关心整个高瞻课程模式有效性的人的交流时，系统的评价显得尤其有用。

因为高瞻课程模式关注班中的每一名幼儿和教师，也关注公共政策制定者，所以评价幼儿的工具可以服务于多种目的。这些工具用于检测有意义的教育成果,以让幼儿、成人感觉自然和舒适的方式收集信息。它们还为制订个别教育计划和制定政策提供准确的数据。另外，因为高瞻课程模式倡导普遍意义上的优秀学前教育实践，所以它的评价工具也能够用于非高瞻课程模式的评价。

> "如果我能改变一点的话，那么我想要减轻评价带来的繁重工作。开学时我需要花整整一个月的时间逐一测试每一名幼儿，而事实上我应该和所有幼儿一起待在教室里。最重要的是，一旦我完成测试，我所获得的信息对我的教学并不是都那么有用。我需要的是花不太多的时间获取对我有意义的信息。"
>
> ——一位教师

## 真实性评价的好处

教师评价幼儿的目的是了解他们的发展状况，并测量课程对幼儿成长的作用。传统测试如一系列的多项选择题，是测量幼儿学习的方式之一。但是，就像引文中这位

## 真实性评价的优势

- 基于幼儿在真实情境中的而不是在人为的测试场景中的行为表现。

- 关注所有发展领域。

- 评价幼儿思考和解决问题的能力，而不仅仅是知识的积累程度。

- 能够呈现幼儿的发展过程。

- 有助于成人学习客观观察技能。

- 有助于成人掌握更多有关幼儿发展的知识。

- 鼓励课程更加以幼儿为中心（从幼儿的角度看待学习）。

- 提供有关幼儿的信息以便在设计活动时使用。

- 引导成人去关注"被忽视的"幼儿。

- 评价成为日常活动的一部分，不会延长课程时间或提高成本。

- 经过适当的培训，所有教师包括助教和其他辅助教师都能进行评价。

- 能向课程管理人员和资助机构提供反馈。

- 能提供有价值和有意义的信息与同事和家长分享。

教师所说的那样，这种测试方式只能提供有限的信息，它通常着眼于评价只有一种正确答案的学习。这种评价不能展示幼儿如何解决问题或怎样与他人合作。另外，这种评价仅仅反映出幼儿在测试情境中的表现，不能反映出幼儿在真实的教育情境、日常生活中的表现。

另外一种方式就是用真实性评价测量幼儿的发展。真实性评价包含客观的观察、幼儿作品档案、家长和教师对幼儿行为的评价。真实性评价更加自然，通常这种评价是在日常情境中，或模拟幼儿熟悉的情境进行，而不是在人为创设的测试情境中进行。在这种情境中进行的评价能够更准确地反映幼儿平常的行为和真实的能力。

我们可以从真实性评价中发现许多东西。真实性评价为教师提供有价值的信息，这些信息帮助教师了解幼儿发展的需求并制订相应计划。与只关注单个学习领域的测试相比，真实性评价能够观察到幼儿更多领域的行为。真实性评价的过程更加开放——允许有多个答案，甚至可能观察幼儿是怎样得到这些答案的。最后，与单一测试相比，真实性评价通常关注幼儿在更长时间内的表现，评价的结果不是基于幼儿某一天的感受和意愿。

高瞻课程模式认为测验是有益的并且有时也是必要的，如用于研究或现状诊断。测验可能是大规模教育机构评价唯一可行的选择，并且出资方经常要求这样做。然而，高瞻基金会是真实性评价的有力支持者,尤其是在幼儿评价方面。因此,高瞻教育研究基金会开发真实可信的评价工具来测量幼儿各方面的发展和在具体课程领域的学习情况。

评价工具总是需要经过验证的,这就意味着在信度和效度方面,这些工具要符合与一般测验同样严格的科学标准。信度要求不同观察者或两个相近时间点完成的评价所得到的结果是相同的,效度指能够实现评价目标,与类似的评价获得的结果具有一致性,评价结果可以预测未来的行为。如果评价工具都依据这些严格的要求进行开发,那么真实性评价能够并且应该和传统测试一样标准化。

本章介绍了由高瞻课程模式开发的真实性评价工具——《学前儿童观察评价系统》(COR Advantage)。因为这个真实性工具评价了幼儿广泛的发展,所以可以用于任何学前教育机构中,而不仅仅是那些实施高瞻课程的机构。

# 《学前儿童观察评价系统》( COR Advantage )

## ▲《学前儿童观察评价系统》( COR Advantage ) 概述

《学前儿童观察评价系统》(COR Advantage)(Epstein et al., 2014) 是一个以观察为基础的评价工具,能对 0~6 岁幼儿 9 个领域认知和能力的发展提供系统的评价。每个内容领域都包含了关键经验条目,一共有 36 个(其中含 2 个条目针对英语语言学习者)。在对幼儿进行客观的逸事记录基础上,观察者(如教师、看护者、父母或研究人员)还要不间断地进行记录,每个条目使用由 0 级水平(最低水平)到 7 级水平(最高水平)的 8 级水平进行记分。为了帮助观察者记分、解释以及应用其结果,这个评价工具给每个领域、条目以及水平阶段提供了做记录的地方,并且每个水平阶段配有 2 个逸事案例。

《学前儿童观察评价系统》(COR Advantage)是对幼儿进行持续测量的评价工具。这种持续性允许机构进行多年的追踪调查。多级水平划分还有助于评价那些发展不同的幼儿,即有特殊需要的幼儿。

## ▲《学前儿童观察评价系统》( COR Advantage ) 的组成部分

《学前儿童观察评价系统》(COR Advantage)是用来帮助观察者收集数据并给观察所得数据记分的工具,可以在线使用(www.coradvantage.org)。相关使用指南阐述了观察和记录的基本原则(如如何使用问卷、对逸事记分以及汇编总结表格),同时对于一些常见的问题进行回答。相关评分指南提供了所有内容领域、条目以及发展水平的案例描述,以帮助使用者进行可信度更高的记分。除此之外,有多种表格可以来总结说明幼儿层面以及班级层面的数据。使用者还可以对表格加以选择和创新(如对幼

## 《学前儿童观察评价系统》（COR Advantage）的领域和条目

### 学习品质

A. 主动性和计划性

B. 使用材料解决问题

C. 反思

### 社会性和情感发展

D. 情感

E. 与成人建立关系

F. 与其他幼儿建立关系

G. 集体

H. 冲突解决

### 身体发展和健康

I. 大肌肉运动技能

J. 小肌肉运动技能

K. 自我照顾和健康行为

### 语言、读写和交流

L. 表达

M. 倾听与理解

N. 语音意识

O. 字母知识

P. 阅读

Q. 图书知识与乐趣

R. 书写

### 数学

S. 数字和点数

T. 几何：形状与空间意识

U. 测量

V. 模式

W. 数据分析

### 创造性艺术

X. 视觉艺术

Y. 音乐

Z. 律动

AA. 假装游戏

### 科学和技术

BB. 观察与分类

CC. 实验、预测和得出结论

DD. 自然和物质世界

EE. 工具和技术

### 社会学习

FF. 对自我和他人的认知

GG. 地理

HH. 历史

### 英语语言学习（如果适用）

II. 英语听力与理解

JJ. 英语口语

儿年龄或家庭背景加以区分），以满足不同报告的要求或机构需要。《学前儿童观察评价系统》（COR Advantage）还包含家园联络网，这个网让家庭得以了解教师为幼儿拍摄的照片、记录的逸事，帮助家长和教师支持幼儿不同水平的发展。然而这些指南的目的并不是要替代相关培训。高瞻课程强力推荐有关《学前儿童观察评价系统》（COR Advantage）的培训，该培训需通过大量的课程和工作坊来完成（详见第 2 章）。

### ▲《学前儿童观察评价系统》（COR Advantage）的内容

《学前儿童观察评价系统》（COR Advantage）包含 9 个领域的发展：学习品质，社会性和情感发展，身体发展和健康，语言、读写和交流，数学，创造性艺术，科学和技术，社会学习，英语语言学习。

### ▲《学前儿童观察评价系统》（COR Advantage）的填写

《学前儿童观察评价系统》（COR Advantage）的使用是一个持续的过程。成人全年都要客观地记录幼儿的逸事，定期填写《学前儿童观察评价系统》（COR Advantage）。评价者也可利用幼儿档案、照片或其他文件记录的信息。虽然教师不会记录每名幼儿每一天、每一个条目下的逸事（那是不可能的），但是他们每周对每名幼儿都要进行几次观察。教师会定期回顾逸事记录，以确保每名幼儿的行为都被分别记录到《学前儿童观察评价系统》（COR Advantage）的各条目下。如果发现有遗漏，教师会在接下来的几天里特意观察某名幼儿和某一领域并做相应的记录。

通过有关文字记录，评价者按照 0~7 的等级进行记分或分级，反映每名幼儿当前的发展水平。根据机构需要和报告的要求，教师每年需要完成逸事记录，并进行《学前儿童观察评价系统》（COR Advantage）记分 2~3 次，如在课程开始、课程中期、课程结束时。不定期评价不能追踪整个发展过程，但过于频繁的评价会因为没有时间间隔，而不能通过前后对比反映出发展变化。

### ▲《学前儿童观察评价系统》（COR Advantage）的使用

《学前儿童观察评价系统》（COR Advantage）可以由不同的人使用，可以用于不同的目的。任何熟悉观察对象并接受过逸事记录和评价培训的人都可以填写《学前儿童观察评价系统》（COR Advantage）。《学前儿童观察评价系统》（COR Advantage）主要由负责每日计划和定期课程报告的保教人员填写。幼儿发展和课程研究者、评价者也可使用《学前儿童观察评价系统》（COR Advantage）。家长、志愿者、专业辅导人员、机构管理者以及其他直接与幼儿相关的人员也可以，但前提是这些人必须接受指定的高瞻培训者的培训，以确保正确地使用并获得可靠的、有价值的结果。

对于那些运用《学前儿童观察评价系统》（COR Advantage）制订计划的人有特殊价值的，就是基于对幼儿不同发展水平的观察结果来开展活动。这些活动可以帮助教师鹰架幼儿所有领域的学习。更多关于这些计划资源的信息，请访问高瞻官网。

逸事记录和幼儿观察记分除了能作为教师日常活动设计的基础外，还可用来与其他人员分享。在正式会议或安全家园联络网站中，教师与家长一起分享幼儿的逸事记录，让家长参与其幼儿的课程经验中并教家长如何在家里拓展幼儿的学习。行政管理者可以用《学前儿童观察评价系统》（COR Advantage）的结果来监控课程并确定教师在哪些领域需要培训。最后,关心课程实施效果的政策制定者和出资方同样有赖于《学前儿童观察评价系统》（COR Advantage）提供关于幼儿学习和发展状况的准确、客观的信息。

 试一试

1. 写下你自己幼儿园或你所观察的幼儿园的幼儿的3件逸事，反思你的逸事记录是否客观。它们只是描述行为（瑞秋皱着眉把拼图扔到地上），还是做了主观评价（瑞秋把拼图扔到地上，考验老师的耐心）？如果有必要，重写逸事记录以客观地描述幼儿的行为。也可以记录家人和朋友的逸事。反思记录是否客观。如果有必要，请重写。

2. 虽然一般是研究人员来做复杂的统计分析，但是教师和行政管理者经常也不得不做一些简单的数据分析。下面的表格列出了5名幼儿在《学前儿童观察评价系统》（COR Advantage）社会性和情感发展上的中期得分。你会怎么描述每名幼儿和整个小组的发展？

| 社会性和情感发展 | 丽萨 | 顿 | 艾里 | 莫莉 | 内玛 |
|---|---|---|---|---|---|
| D. 情感 | 4 | 3 | 4 | 5 | 3 |
| E. 与成人建立关系 | 4 | 3 | 4 | 5 | 4 |
| F. 与其他幼儿建立关系 | 3 | 3 | 2 | 4 | 3 |
| G. 集体 | 3 | 3 | 3 | 4 | 4 |
| H. 冲突解决 | 4 | 3 | 2 | 4 | 3 |

# 第 19 章　高瞻课程模式如何评价机构质量？

## ⊞ 本章导读

本章分 3 个部分讨论高瞻课程模式如何进行机构质量评价：第一部分主要从机构质量两要素——"构成"和"过程"——阐述评价的重要性；第二部分指出了有效的机构质量评价应具有的 4 个特点以及在不同性质和背景下的 4 种使用方法；第三部分详细介绍了高瞻课程模式机构质量评价的工具——《学前教育机构质量评价系统》（PQA），并对该评价系统的内容和使用等进行了系统说明。《学前教育机构质量评价系统》（PQA）是一种用于评价学前教育机构质量和确定教师培训需要的综合性评价工具，面向所有学前教育机构，不仅可用于培训、监管、研究和评价，还能够帮助并促进教师专业发展和自我评价等。

## ⊞ 本章学习目标

**学习完本章，你应该能够**

列举学前教育机构质量的组成要素。

阐述学前教育机构评价的重要性。

描述有效的学前教育机构质量评价工具的特点和使用方法。

了解《学前教育机构质量评价系统》（PQA）的特点及其使用方法。

## ⊞ 本章术语

《学前教育机构质量评价系统》（Program Quality Assessment，PQA）

在线《学前教育机构质量评价系统》（Online PQA）

机构质量测量 / 质量评分系统（program quality measures or quality rating system）

机构质量（program quality）

结构要素（structural components）

过程（process）

间信度（interrater reliability）

自我评价（self-assessment）

发展适宜性实践（developmentally appropriate practice）

监控（monitoring）

 **想一想**

思考下面两个场景。

**场景1**

珍妮教二年级。每年春季，学校都会对所有教师进行年度考核，以确定他们是否有资格调高年薪。学校不提前告知教师哪一天进行评价。

4月中旬的一天早上，学校校长博德特先生来到珍妮的教室。这是去年秋天以来——那时他过来简单打了个招呼，欢迎孩子们返校，他第一次来到这间教室。然后，博德特先生没有和珍妮打一声招呼就直接走到教室的后面。当珍妮上阅读课时，博德特先生坐在那儿用30分钟填完了一张表。孩子们也时不时转过头去看他。10天后，珍妮在她的信箱里发现一张填好的表格的复印件。博德特先生在仪容、发音清晰、准确传递信息以及布置家庭作业等栏写上了"满意"。在"需要改进"一栏中，博德特先生写到了维持教室秩序、遵循课程标准、为每个学科留足够的时间、保持学生课桌和作业本的整洁。在接下来的两个月内，珍妮将收到一封信，告知珍妮是否可以调薪。

**场景2**

帕特在另外一所学校教二年级。按事先约定，督察洛厄尔太太会来帕特的教室观察一上午教学。学生们知道他们非常熟悉的洛厄尔太太将会光临他们教室。她到的时候，学生们欢迎她的到来，然后回到自己的工作中。洛厄尔太太在观察的时候，记录他们能使用的材料，帕特如何与学生互动，有多少学生参与到讨论中，分配给所要求的学科的时间，在"开放"时间里都发生了什么。

观察完之后，帕特和洛厄尔太太一起仔细阅读记录和评分。洛厄尔太太告诉帕特，她的教室里有趣的材料非常多，建议另外增加其他二年级老师发现的有价值的材料。洛厄尔太太说帕特在教学目标中涵盖了阅读、数学和社会学习，但是科学领域不够。帕特和洛厄尔太太一起进行头脑风暴，想办法调整一日流程，为科学领域提供更多的时间。洛厄尔太太说她将会从新开的儿童动手博物馆（hands-on children's museum）带一些项目说明书过来。

帕特说这一年她的主要目标是让更多的学生参与进来，尤其是参与图书讨论的环节。帕特和洛厄尔太太回顾了可以实现这一目标的几种形式，比如让学生选书，让他们领导讨论，以此补充阅读课。她俩商定洛厄尔太太在以后的两个月里观察一次阅读讨论活动，并评价教师和学生的互动以及学生的参与情况。

绩效考核会让所有人感到紧张，即使你是一位经验丰富、备受尊敬的员工。相对于第一个场景，第二个场景中的评价不易引起焦虑。首先，什么时候接受考核，教师是预先知道的。此外，评价者的目的是观察能够做出客观评价的有意义的教学实践，比如教师提供给学生的材料数量和种类。评价者不会根据一些随意和主观的因素而对教师做出判断，比如仪容（也许评价者刚好不喜欢某一着装和发型）。观察结束之后也许会有一个会议，在这个会上评价者会肯定好的地方。在鼓励之后，教师可能会讨论隐含的问题及其解决办法。这也许是制定专业发展目标的一个机会，教师也能因此获得支持。这一年中后续还会有观察，显示哪些措施是有效的，哪些还需要改善。

总之，这种团队合作的评价方法将会使人更容易接受，也更有益。这种评价的目的并不是判断我们能不能通过考试，而是共同致力于为幼儿提供最好的教育。

高瞻的评价方法与第二场景中的一致。高瞻认为有效评价有赖于收集多样的、有意义的客观信息。不管我们评价的是教师还是管理者，最终目的是发现有助于幼儿及其家庭的东西。

在这一章中，我们将讨论为什么这一机构评价工具是所有综合课程模式的一个重要组成部分。此外，你将会看到《学前教育机构质量评价系统》（PQA）如何客观评价机构满足儿童、家长以及教师的需求的程度。因为这种评价方式是基于有记载的最佳实践，所以能够用于任何基于儿童发展的学前教育机构。

高瞻运用当前评价结果发现机构的优点和需要改善的领域，并制定教师发展策略。

## 机构评价的重要性

《渴望学习：教育我们的幼儿》概括了十几年的研究成果，清楚地表明学前教育机构与幼儿的表现有积极而重要的联系。为了了解幼儿的表现和发展，我们需要评价幼儿所在的机构提供的教育经验。换一个角度来看，是机构而不是幼儿，应该对学习负责。为了帮助机构履行义务，教师需要有效的工具来评价机构如何促进幼儿各个领域的学习。因此，这样的工具一般被称为机构质量测量或者评分系统，目的十分简单，就是为了回答这个问题："它有用吗？"（Gilliam & Leiter, 2003）

为了了解如何开发这种工具，我们首先看看什么是机构质量。学前教育领域的专家想做的就是对所有幼儿、家庭和社会最有益的事。但是，机构质量如同幼儿发展，复杂且有许多维度。机构质量包括教室环境的"构成"——指学习环境如何创设以及在一天中会发生什么，尤其取决于"过程"——成人如何与幼儿互动以及如何计划并实施有意义的教育。教师与家长以及社区的联系是"过程"的一部分，也会影响幼儿。最后，机构层面的因素会影响教室，直接或间接影响幼儿。这些因素包括教师的聘用和培训、资金来源和管理等。

知道所有这些质量要素都非常重要之后，我们要考虑如何界定和评价它们。只有有效的评价工具才能够保证我们真实、确切地观察到有关质量的要素。评价工具能揭示是否已经达到合格的质量标准。如果没有达到标准，则需要找到不足之处并做出改进。好的评价工具还能让我们用普通的语言，与家长、行政管理者以及政策制定者分享信息。一个客观的机构评价工具必须能鼓励自评，并促进关注机构质量的每个人之间的交流，最终促进幼儿的发展。总之，"目标应该是可实现的"，这样，评价结果就能揭示机构的成功之处和待改进的地方。

## 有效机构质量评价工具的特征

基于这些目标，高瞻教育研究基金会开发并在实践中验证了《学前教育机构质量评价系统》（PQA），同时还有《婴儿—学步儿教育机构质量评价系统》（Epstein et al., 2013; Hohmann, Lockhart, & Montie, 2013）以及《家庭育儿机构质量评价系统》（2009）。为了确定最有效的评价模式和内容，高瞻教育研究基金会检验了学前教育领域其他的机构质量评价工具，包括《幼儿学习环境评价量表》（Early Childhood Enviroment Rating Scale，Harms, Clifford, & Cryer, 2005）和《课堂评价评分系统》（the Classroom

Assessment Scoring System，Hamre & Pianta, 2007）。这一过程让我们得以发现有效而且方便使用的机构质量评价工具的特征。

**最有效的机构评价工具认为质量是一个连续体。** 在与教师和研究者的谈话中，我们发现他们中许多人都说，只允许回答"是"或"不是"的评价工具让他们感到沮丧。这类评价通常用于判断是否符合一定的规定，而不接受"质量是分阶段实现的"这一事实。把质量看成一个持续的过程，能帮助教师看到现状以及下一步他们需要做什么。

**能够为使用者提供许多范例的评价工具是最有用的。** 为了正确和客观地使用评价工具，应该清楚地描述每个质量水平的典型行为。范例提示不同的评价者以同样的方式理解同一个行为并进行打分，这就是研究者所说的间信度。多样化的范例还有助于教师认清现实，并且知道努力的目标。

**综合性的评价信息量最大。** 高瞻认为综合性包括两个方面。第一，评价工具应该关注机构的结构和过程。许多评价工具关注到了结构，如安全性或材料的多样性，然而都没有给予过程，如教师和幼儿的互动、幼儿和幼儿的互动同等的甚至更多的关注。《渴望学习：教育我们的幼儿》中引用的研究指出这些特点对于界定质量和促进幼儿发展颇为关键。第二，从多个视角观察机构。虽然我们最关注的是幼儿，但是我们也应该关注机构如何服务于家长和教师。因此，一个完整的机构评价工具应该关注教师如何与家长互动，教师如何共同为幼儿制订计划，管理者如何促进教师的发展、获得足够的资源。也就是说，评价应该关注班级、整个机构、家庭以及社区即每个参与者的活动和经验。

**经过测试和验证的评价最有用。** 因为每个人都想确立自己的独特性，所以大家都尝试开发自己的评价工具。这样做的问题在于我们只能和同事或其他几个了解我们机构的人进行讨论。我们无法与机构外的其他人交流或分享，或者不能将我们的机构放在更大范围内比较。另外，编制自己的评价工具这样"白费力气的重复工作"将不能利用多年来有价值的研究成果。相反，如果我们按照最佳实践的标准建立评价体系，我们能够促进整个学前教育领域发展，同时自身也受益。因此，高瞻认为最有效的评价工具能够并且应该用于不同的机构中，如那些使用其他发展性课程模式的机构。

管理者和教师运用《学前教育机构质量评价系统》（PQA）的结果改善学习环境、一日常规、师幼互动以及团队制订计划的过程。

**有效的机构质量评价工具**

（1）具有以下特征：

- 认为质量是一个连续体，而不仅仅是"是"或"否"；
- 为使用者提供许多范例；
- 是综合性的；
- 经过实地验证且证实有效。

（2）可以用于：

- 促进教学团队实施课程；
- 制订并实施员工发展计划；
- 研究和评价机构；
- 与多方进行交流。

# 有效机构质量评价工具的运用

好的质量评价工具可以用于不同性质和背景的学前教育机构。

**有效的机构质量评价工具也可以作为培训工具。**评价机构的优点，发现有待通过教师培训加以改善的领域，通过具体的范例告诉新教师什么是好的教学实践，帮助有经验的教师进行反思并鼓励他们继续努力，逐渐成为专家。

**有效的评价工具使管理者得以观察每位教师并提供建设性的反馈。**如果评价的标准很随意并且评价的意图是进行判断而不是为了改善现状，那么，评价会让人紧张。但是一个好的结构化的评价工具可以给被评价者明确的期望和发展的机会。正确地运用一个好的评价工具能让管理者和教师精诚合作，就像本章开头的场景2。

**有效的评价工具是研究和评价机构的根本。**我们经常评价我们的机构以满足各个出资者的要求。除此之外，大家都共同致力于学前教育领域的发展。评价应该服务于本地社区乃至更广的利益群体。评价应该符合严格的科学标准，得到的结果清楚、简明。评价要让研究者和实践者建立联系，使研究者能够提出一些有意义的问题，实践者能将结果运用到实践中。

**有效的评价工具能用于与许多人进行交流。**好的评价工具杜绝难懂的专业术语。它们可用于与专家乃至外行进行交流，如教师、行政管理者、家长、研究者和政策制定者。如果所有这些参与的人都理解评价工具的术语，那么，这些人更能精诚合作，提高机构的质量。

根据这些原则，高瞻研发并实地验证了机构质量评价工具。这是一个综合性评价工具，关注机构质量的所有方面。通过收集许多机构包括高瞻幼儿园和非高瞻幼儿园的反馈，高瞻教育研究基金会定期优化和修订该评价工具。

## 《学前教育机构质量评价系统》（PQA）

### 表A：班级层面

#### Ⅰ. 学习环境

A. 安全而健康的环境

B. 明确划分的兴趣区

C. 科学设置兴趣区

D. 户外空间、设备和材料

E. 有组织和标识的材料

F. 多种多样的开放性材料

G. 充足的材料

H. 多样化的材料

I. 展示幼儿的作品

#### Ⅱ. 一日常规

A. 固定的一日流程

B. 一日流程的环节

C. 一日流程各环节时间分配合理

D. 幼儿计划时间

E. 幼儿自发活动时间

F. 幼儿回顾时间

G. 小组活动时间

H. 大组活动时间

I. 过渡时间的选择

J. 清理时间允许合理选择

K. 餐点时间

L. 户外活动时间

#### Ⅲ. 成人一幼儿互动

A. 满足基本的生理需求

B. 处理与家人的分离焦虑

C. 温暖关爱的氛围

D. 支持幼儿的交流

E. 支持母语非英语的幼儿

F. 成人以伙伴身份参与游戏

G. 鼓励幼儿的主动性

H. 在集体活动时间支持幼儿学习

I. 幼儿探索的机会

J. 认可幼儿的努力

K. 鼓励同伴互动

L. 独立解决问题

M. 冲突解决

#### Ⅳ. 课程计划和评价

A. 课程模式

B. 协作教学

C. 全面的幼儿记录

D. 教师记录逸事

E. 幼儿观察评价工具的运用

### 表B：机构层面

#### Ⅴ. 家长参与和家庭服务

A. 家长参与的机会

B. 决策委员会中有家长

C. 家长参与幼儿活动

D. 分享课程信息

E. 与家长交流

F. 家庭中的拓展学习

G. 正式的家长会

H. 诊断式 / 特殊教育服务

I. 必要的服务引介

J. 幼小衔接

VI. 员工资质和员工发展

A. 机构管理者的背景

B. 教师的背景

C. 员工接受上岗培训与监督

D. 持续的专业发展

E. 在职培训的内容和方法

F. 观察与反馈

G. 加入专业组织

VII. 机构管理

A. 机构注册

B. 保教的持续性

C. 机构评价

D. 入园以家庭为中心

E. 制度与程序

F. 残疾儿童的入学机会

G. 机构资金的充足性

# 《学前教育机构质量评价系统》（PQA）

## ▲《学前教育机构质量评价系统》（PQA）概述

《学前教育机构质量评价系统》（PQA）是一个用于评价学前教育机构质量和确定教师培训需要的工具。它是一个综合性的评价工具，检查学前教育机构质量的所有构成因素，包括了教室里的活动、与家长的关系以及机构管理实践与政策等。因为《学前教育机构质量评价系统》（PQA）基于学前教育领域中的"最好实践"，所以它适用于所有幼儿园，而不仅仅是实施高瞻课程的幼儿园。

《学前教育机构质量评价系统》（PQA）允许评价者通过观察班级、访谈教师和行政人员系统地收集信息，可由受过培训的外部评价者填写，也可自己填写——以个人或小组形式评价自己。基于客观的证据（包括逸事记录、图表和访谈），评价者能够完成一系列反映机构多方面特征的5分量表。为了确保评价的信度和效度，每个量表都运用行为指标和具体范例进行界定。不同于服从性评价只允许用"是"或"否"进行评分，《学前教育机构质量评价系统》（PQA）的评价是一个连续的过程，得到的是比较准确的信息。这种评价也帮助评价者明确当前机构的质量水平。如果有需要，还可以为机构进一步发展提供建议。

## ▲《学前教育机构质量评价系统》（PQA）的组成部分

《学前教育机构质量评价系统》（PQA）包含几个组成部分，其中有使用手册、用于教室里的观察和教师访谈的表格、用于对行政管理人员进行访谈的表格以及总结评分表。

该系统中的各条目与《提前开端计划表现标准》相一致，也与美国各州和地方的标准以及评分系统相一致（详见高瞻官网）。

虽然《学前教育机构质量评价系统》（PQA）对如何使用和记分有说明，但是高瞻教育研究基金会建议评价者接受针对使用评价工具的培训（见第 21 章）。培训是为了能更有效地、可信地、准确地进行评价。

### ▲《学前教育机构质量评价系统》（PQA）的内容

《学前教育机构质量评价系统》（PQA）一共有 63 项，分为 7 个部分。每一项的评分范围从最低到最高共分 5 个水平。第一份表（表 A）包括学习环境、一日常规、成人—幼儿互动、课程计划和评价。第二份表（表 B）包括家长参与和家庭服务、员工资质和员工发展、机构管理。

### ▲ 填写《学前教育机构质量评价系统》（PQA）

如果用于自我评价或用于促进教师工作，可在某一个时间段完成《学前教育机构质量评价系统》（PQA）一个或多个部分的观察。如果进行综合性的自我评价，需要完成整个系统，每一个部分可在不同的时间完成。如想对机构的某一方面获得准确的了解，那最好在几天或一周内完成。

### ▲《学前教育机构质量评价系统》（PQA）的使用

经过训练的独立评价者，如研究者、机构评价者、外部顾问或机构行政管理人员能够填写《学前教育机构质量评价系统》（PQA）。该系统也可以用于自我评价，由机构负责人、专家、教育或家长协调员、教师个体、教学小组或者家长实施。即将准备成为保教人员的学生也能使用该系统进行自我评价，并与指导老师和同学讨论评价结果，作为学习和专业发展的一部分。

《学前教育机构质量评价系统》（PQA）可以用于培训、监管、员工支持、研究和评价。评价结果可以与教师、行政管理者、家长和出资方分享，也能够供整个学前教育领域的实践者、研究者和政策制定者使用。从《学前教育机构质量评价系统》（PQA）中获得的结果能够被用来界定和描述最好的实践是什么样的，也能让培训聚焦于机构需要加强的地方。统计分析能够检验幼儿发展与机构实践之间的关系，也能促成学前教育机构质量政策的出台。《学前教育机构质量评价系统》（PQA）的用途如下。

**专业发展。**《学前教育机构质量评价系统》（PQA）可用于加强职前和在职培训。在培训的整个过程中运用《学前教育机构质量评价系统》（PQA），可让受训者对质量有一个综合的了解。《学前教育机构质量评价系统》（PQA）每个部分对应机构具体部分。每个条目中的具体范例描述了什么是最好的实践。《学前教育机构质量评价系统》（PQA）使用者常说，《学前教育机构质量评价系统》（PQA）通过将发展适宜性实践的理念转化成具体的实施策略，从而界定了"发展适应性实践"这个术语。即使是经验丰富的教师也会发现《学前教育机构质量评价系统》（PQA）的深刻性和具体性，能帮助他们以一个新的视角反思传统的实践。

**自我评价和监督。**《学前教育机构质量评价系统》（PQA）是管理者和教师评价自己的实践和进步的一个有价值的工具。那些负责对一个或多个不同机构的质量进行监督的人也能运用这一系统。因为系统是客观的、定量的评价，所以它也能用于设定一个或多个领域的目标——通过数据和逸事记录。高瞻教育研究基金会也用《学前教育机构质量评价系统》（PQA）的严格标准认证教师和机构。

**员工支持和监管。**当运用《学前教育机构质量评价系统》（PQA）进行观察和讨论时，管理者可以更有效率，更令人放松。教学小组和管理者都熟悉机构和评价工具，便于共同聚焦于某一方面（如学习环境）。然后，管理者根据《学前教育机构质量评价系统》（PQA）中相关内容进行观察、记录、评分，并与实践者讨论评价结果。实践者和管理者承认优点，同时指出需要改进的领域。他们一起运用其中的具体实例制订行动计划，然后约定时间跟进观察，检查计划的实施情况。

**研究和评价。**《学前教育机构质量评价系统》（PQA）被经过培训的外部观察者广泛地用于研究。研究者和评价者可以用该表来记录实践，对比不同机构的质量，评价是否能够以及如何通过教师培训改善质量，检验机构质量与幼儿发展之间的关系。

**信息和传播。**《学前教育机构质量评价系统》（PQA）用简明的语言和详细的

《学前教育机构质量评价系统》（PQA）可供管理者和教师自我评价，也可用于与投资和监管机构分享信息。

范例，向不同的人解释有科学依据的实践。这些人包括行政管理者和政策制定者，尤其是那些对高质量机构的要素不太了解的人。该系统有助于促进对教师行为和要求的理解，是向家长介绍机构和建议他们在家中如何开展类似活动的有效工具。《学前教育机构质量评价系统》（PQA）的结果也便于研究者交流。许多具体的实例还能帮助其他人在自己的环境中重复被验证了的实践。

 试一试

1. 为某个行为或技能（如烹饪）编制一个 5 分量表，从最低水平（1 分）"电话簿里至少有 3 家外卖餐馆的电话号码"，到最高水平（5 分）"每月为 8 位客人准备一顿美味的晚餐"。列出能够界定各个水平的行为指标。运用量表做逸事记录并评价你认识的 5 个人。你也可以把量表的不同水平指标放在不同的索引卡上。不要给它们编号。把这些卡片混在一起，交给你的一个朋友或同事，看他或她能不能发现你要评价的行为并给卡片排序。

2. 下面列出了 4 位教师在《学前教育机构质量评价系统》（PQA）"成人—幼儿互动"上的得分。找到每个人的长处和需要改进的地方。你会建议这几位教师参加什么样的在职培训？

### 《学前教育机构质量评价系统：成人—幼儿互动》

| 评价条目 | 教师 / 班级编码 | | | |
| --- | --- | --- | --- | --- |
| | #1 | #2 | #3 | #4 |
| A. 幼儿基本生理需求得到满足。 | 5 | 5 | 4 | 5 |
| B. 成人对幼儿每天入园时的情绪保持敏感，并给予尊重。 | 4 | 3 | 2 | 3 |
| C. 成人为幼儿创造一种温暖和充满关爱的氛围。 | 5 | 5 | 4 | 5 |
| D. 成人用多种策略鼓励并支持幼儿的语言和交流。 | 3 | 3 | 3 | 3 |
| E. 成人用各种策略支持母语非英语的幼儿在教室里交流。 | 2 | 3 | 2 | 3 |
| F. 成人以伙伴身份参与幼儿的游戏。 | 4 | 5 | 3 | 4 |
| G. 成人在一日生活（室内和户外活动）中鼓励幼儿学习的主动性。 | 5 | 5 | 3 | 4 |
| H. 成人在集体活动时间里支持和拓展幼儿的想法和学习。 | 4 | 3 | 2 | 3 |

续表

| 评价条目 | 教师 / 班级编码 | | | |
|---|---|---|---|---|
| | #1 | #2 | #3 | #4 |
| I. 成人为幼儿提供机会，让他们根据自己的发展水平和节奏探索与使用材料。 | 5 | 5 | 3 | 4 |
| J. 成人认可每一名幼儿的成就。 | 4 | 5 | 4 | 4 |
| K. 成人在一日生活中鼓励幼儿之间互动并彼此寻求帮助。 | 3 | 3 | 2 | 3 |
| L. 幼儿有机会运用材料解决问题，为自己做事。 | 5 | 4 | 3 | 5 |
| M. 成人让幼儿自己解决冲突。 | 4 | 3 | 1 | 3 |

# 第五部分

# 高瞻课程模式的教师专业发展

本书在这一部分概述了高瞻员工的专业发展，描述了高瞻教师、保育人员以及管理人员如何相互协作以保证课程的质量。本书介绍的教师专业发展途径，不能代替由高瞻教育研究基金会或其指定的培训者开展的培训。

**第 20 章**　阐释了高瞻如何运用主动参与式学习的原则来对服务幼儿的成人进行培训。

**第 21 章**　介绍了高瞻教师专业发展课程以及高瞻教育研究基金会的认证程序。

# 第 20 章　高瞻课程模式如何将主动参与式学习原则应用于成人?

**本章导读**

　　本章首先指出主动参与式学习对成人有着与对幼儿同样重要的意义,高质量专业发展具有重要价值。其次,通过对比不同专业发展项目中的教师培训,给出了高瞻学前教育机构中成人主动学习的 5 个特点,分别是:内容整合、适合成人学习、显性课程、分散学习及跟进机制。最后,总结出成人学习的 8 条原则。

**本章学习目标**

**学习完本章,你应该能够**

解释为什么主动参与式学习对成人有着和对幼儿同样重要的意义。

描述高瞻课程模式中成人主动参与式学习的原则。

讨论高瞻教师专业发展课程的结构和内容如何与主动学习原则联系起来。

**本章术语**

做中学（hands-on learning）

职前培训（preservice training）

在职培训（inservice training）

整合内容（integrated content）

显性课程（articulated curriculum）

分散学习（distributive learning）

指导或训练（mentoring or coaching）

 **想一想**

　　蕾切尔一直喜欢自然科学。高一时，她选修了由谢弗老师主讲的生物课。在有关植物的那个单元，学生们从当地的森林里和田野中收集植物标本。蕾切尔和同学们一起观察植物标本，并列出这些标本的相似和不同之处。他们根据自己的观察将植物分类，并将他们的分类方式与官方的科学分类方式进行比较。学生们提出问题和假设，然后收集资料来检验他们的假设。谢弗甚至还教他们运用软件进行简单的统计，检测他们的发现是否符合科学标准。在学校每年的科学展览会上，蕾切尔的班级会展出一个集体项目，并受邀在学生礼堂和一场面向家长的晚会报告他们的研究结果。

　　高二的时候，蕾切尔选修了一门由森达女士任教的植物学课程。这个课有些不同，老师要求学生记住列出的各种植物之间的相同和不同之处，而不是收集和比较学生自己的标本。很少有实验，多数是听报告，报告的内容通常是重复课本或其他文字材料上的信息。在课堂最后的 5 分钟，学生可以提问题，由老师回答。蕾切尔失去了自己收集数据寻找答案的机会。到了春天，只有一个学生提交了参加学校科学展览会的申请。

　　到高三选课的时候，蕾切尔不知道该怎么办了。她已经准备好放弃科学。当看到谢弗女士开了一门环境田野课程时，蕾切尔决定冒险试试。整整一年，为了检测水污染，学生们沿着河流收集水的样本。他们将野生动物的数量与 10 年前的数据做比较，确定在过去 10 年中数量急剧下降的植物和动物的种类。谢弗女士还安排学生沿着河流到更南或更北的地方去收集污染的证据。当他们发现污染最严重的地方靠近北方的一家制造厂时，他们给州议会代表写信，并被邀请去自然资源部（Department of Natural Resources，DNR）做报告。谢弗女士教他们如何组织和呈现信息，结果促成当地自然资源部和议会拟定了一个反污染法案。到蕾切尔毕业的时候，该法案正在等待表决。学校的学生和教师对结果都充满信心。当蕾切尔上大学后，她立即选修了自然科学课程，并最终将环境研究作为自己的专业。

　　是什么让蕾切尔每一年的学习体验如此不同？在高一的课程中，学生致力于"做中学"。他们直接接触材料，做观察，提出问题并收集资料去解答问题。蕾切尔和她的同学们在这门课程中都是积极主动的学习者。在高二的课中，教师用填鸭的方法给他们灌输信息，用讲座和书本学习来取代实验工作。在这种情况下，蕾切尔和她的同学们是被动学习者。幸运的是，高三时蕾切尔不只是重复了第一年的做中学，还运用他们的科学知识和技能去改变这个世界。

高瞻课程模式的成人培训模式反映了那些体现在蕾切尔高一和高三学习经历中的原则和策略。高瞻课程模式不仅促进幼儿的主动学习，也促进成人的主动学习。成人不仅要懂得课程"是什么"，课程"为什么"要基于理论和研究，他们更需要懂得怎样在课堂中进行教学实践。尽管预设性的课程可能会指导教师如何做，但高瞻课程模式会将教师视为有思想的个体——想知道行动背后的原因。

# 为什么主动参与式学习对成人很重要

研究表明，教师素质与幼儿发展和学习之间有着强烈的正相关关系（Barnett, 2003; National Research Council, 2001）。教师接受正规教育和专门培训的层次越高，就越有可能在课堂上使用适宜的教学策略。此外，他们与家庭的合作也会更加有效，并且会与同事形成一种持续的合作关系。同时，这意味着较低的教师流失率，可以给幼儿和家长提供一种必要的连续性，给他们所在的机构提供一种重要的稳定性（Bloom & Sheerer, 1992）。

最好的专业准备能够鼓励教师反思学到了什么以及如何将所学有意义地运用到工作当中（Katz, 1995）。反思的目的在于发现如何将学到的东西转化为实践。一个有智慧的教师不需要依赖预设的课程，因为课程有可能不适合特定的个体或群体。

主动参与式学习对成人和幼儿来说有着同样重要的意义，教师们正在学习如何通过参加工作坊、亲身实践以及在线培训实施高瞻课程。

相反，经过适宜教育和培训的教师能使用他们学到的东西去指导实践，做出对每名幼儿以及整个班级的最佳决定。

幼儿教师可以通过 2 年或 4 年的大学教育（Early & Winton, 2001），或者是学前教育机构或专业组织的工作坊（National Institute on Early Childhood Development and Education, 2000）来接受培训。正规教育有时被称作职前培训，在工作期间进行的培训则被称作在职培训。然而，专业人员可能会在其职业生涯的任何时间参与以上两种或其中一种培训。实际上，能够持续地参与教育和培训被认为是有效专业人士的标志。由于有关幼儿发展和成人如何最好地支持早期学习这两个方面的研究不断拓展，所以了解最新的研究动态和实践是有能力、负责任的教师必备的素质。

除了要关注何时、何地进行教育和培训外，如何进行也至关重要。研究表明，主动学习对成人和幼儿都有着同样重要的意义（Mezirow，2000）。尽管成人可以理解概念以及抽象的东西，但同时他们也需要操作，从而将他们学到的知识和技能与自身的生活联系起来，并亲自观察他们对幼儿和同事所采取的行动产生的直接效果。然而，大多数情况是——幼儿教师的培训包括一系列不相关的主题，没有和教师正在应用的理论或课程联系起来，缺乏实践性的信息。当教师想要在课堂中实施新学到的理念时，没有为他们提供后续跟进（Bloom & Sheerer，1992）。

与之相反，美国专业教学标准委员会的核心议题是教师应该系统地思考自身的实践并从实践中学习经验（National Board for Professional Teaching Standards，NBPTS，2012）。该委员会在其早期教育的一般标准中指出："熟练教师批判性地检验自身实践，拓宽自身技能，深化自身知识，以适宜幼儿的学习与发展。"（p.17）这种观点在其他专业组织的标准中也得到了回应，如全美幼儿教育协会和特殊儿童委员会／早期教育部门（Council for Exceptional Children ／Division of Early Children）。

## 高质量专业性发展的价值

《准备幼教专家》（*Preparing Early Childhood Professionals,* Hyson, 2003）一书指出：高质量教师教育和培训的价值高于仅仅学习具体的技巧或教学技巧。实践者参与专业性发展后，变得更擅长建立以下的联系。

- 研究和日常实践之间的联系。
- 挑战性的内容标准和幼儿的积极发展结果的联系。
- 课程和幼儿个体之间的联系。
- 家庭和学校之间的联系。
- 已有的知识／经验和新的信息之间的联系。
- 国家和州政策与它们对幼儿生活的影响之间的联系。
- 机构和多元文化社区之间的联系。
- 机构工作人员和其他可提供资源的专业人才之间的联系。（p.4）

# 有效的专业发展项目

　　有效的专业发展项目应用主动参与式学习的原则培训成人。下面对比了有效专业发展项目和无效专业发展项目在帮助教师学习优秀教师必备知识和技能及其应用方面的特征。

| 在有效的专业发展项目中 | 在无效的专业发展项目中 |
| --- | --- |
| • 培训主题相互联系，教师通过持续培训不断积累知识 | • 主题不按任何逻辑或知识积累的方式组织 |
| • 培训过程基于有关成人如何学习的理论。培训者与教师分小组互动，并安排参观课堂 | • 互不联系的主题通常意味着一系列一次性报告，而且报告人做报告的方式可能并不适合成人学习 |
| • 培训使用基于儿童发展理论的课程模式，课程模式是教师应用新知识的基本框架 | • 培训者呈现的信息与课程理念没有关系，并且与日常实践也没有关系。培训后，教师也许会有一些有趣的想法，但因为不能将这些想法轻易地融入所在机构整体教育目标当中，也就没有任何动力持续地落实这些想法 |
| • 培训会议研讨实际应用策略，随后在实际工作中加以应用 | • 理论与实践没有结合起来。在受训者应用他们所学到的知识时，没有为他们提供"如何做"的指导 |
| • 培训将持续几个月的时间；教师一般是先花一周时间在工作坊研讨，然后花几周时间在自己的幼儿园实践。参加工作坊与实践交替进行。这种循环促进了理念的应用和问题的解决，并强调了技能的不断发展 | • "发现"与"应用"脱节，没有形成学习新观点与实践新观点的自然循环 |
| • 定期培训和督导表明在这一模式中有追踪。受训者可以单独与培训师或在小组研讨会中与同伴一起探究问题 | • 没有追踪服务。当教师面临真正的问题、尝试应用他们学到的东西时，没有任何解决个人或是小组问题的研讨会。当教师们需要应用培训学到的经验时，得不到持续的帮助 |

资料来源：*Training for Quality*（Epstein，1993，pp.6-7）

高瞻课程模式的成人培训模式也同样立足于这些原则。高瞻课程建议管理人员"每月给员工分配一定的时间进行在职培训和研讨，并确保这些研讨会议能够帮助教师在课堂中系统地运用有关幼儿发展的原则"（Schweinhart，2004，p.22）。这一建议不仅仅来于理念，更根植于实践。本书总结了高瞻"为质量而培训"研究（Epstein，1993），明确了专业发展项目能够使教学实践产生真正变化，能够为幼儿及其家庭带来真正的好处。以下将描述成人主动参与式学习的关键特征是如何体现在高瞻教师培训模式中的。

## 高瞻培训中成人主动学习的原则

高瞻向保教人员以及为保教人员提供培训和支持的管理者提供专业培训。高瞻课程模式从 20 世纪 60 年代以来就一直致力于培训教师，从 80 年代开始培训培训者。保教人员的培训课程是课程实施的途径。对管理者的培训不仅要包括课程内容，还包括如何为教师实施高瞻课程提供准备和支持。这些培训课程以及机构认证程序将在第 21 章进行论述。

高瞻培训的所有课程旨在弥补教师普遍存在的不足。"为质量而培训"研究由 80 个培训课程的参与者和美国 366 名高瞻以及其他课程模式参与者共同实施。研究证明，主动参与式学习对成人来说有着和幼儿同样的价值（Epstein, 1993）。以下列举的成人主动学习的特征，极大地提高了机构的质量，促进了幼儿的发展。

### ▲ 内容整合

当学习不断累积时，成人才能理解并使用知识。因此，当保教人员在课程研究中能够获得系统的知识和技能时，其专业发展才是最好的。在职培训从一个主题跳到另一个主题、报告的关注点和主持人随每个研讨会而发生变化的情况太常见了。如果主题能够依据逻辑顺序建构，参与者就能将他们学到的新知识与已有的信息联系起来，这样就能建立起一整套有关幼儿发展和教学实践的整体框架，从而指导工作。

每一次高瞻培训课都是以产生此类累积性知识和技能（还被称为整合的内容）为目的而组织起来的。每次课程都

就像幼儿的计划—工作—回顾一样，成人的专业发展课程也遵循做计划、讨论、行动并反馈学习内容的流程。

## 成人学习的原则

1. 将学到的东西迅速应用到真实情境中，可以强化学习。

2. 如果成人可以控制或影响学习的内容，学习就会得到加强。

3. 学习依赖过去和当前的经验。

4. 学习依赖学习者的主动参与。

5. 学习依赖尊重和舒适的氛围。

6. 自学可以增强学习。

7. 相互交流可以增强学习。

8. 学习应该考虑不同的学习风格。

会导入一个主题。因为每个主题都是以前面的主题为基础，所以参与者能够获得对每个主题较深层次的理解。而且，因为每次培训的培训者（或培训者团队）是固定的，所以培训的内容和方式是有连续性的。当受训者将学到的知识运用在工作中时，他们仍然有机会（在线下或者线上）讨论存在的问题以及解决问题的方案。

### ▲ 适合成人学习

正如高瞻教师与幼儿"分享控制"，高瞻培训者鼓励受训者在学习时发挥能动性。因此，参与高瞻培训的保教人员制订计划、完成作业和活动，并对他们学到的东西进行反思，就像正在参与高瞻培训的这位教师反思的。

我觉得参加高瞻课程模式培训就像是第一次当外婆一样。当你满足幼儿天生的好奇心，给他们时间去探索他们所处的世界，你是在帮助他们学习他们现在需要学习的东西，同时也鼓励他们进行终身学习。我自己接受培训时也是如此。我们被鼓励说出疑问，提出问题，自己尝试各种事情，并且享受培训者和伙伴给予的支持。这一过程将我们变成终身学习者。我们将继续实践，并进一步了解这一可由幼儿以及成人发起的成功模式。

为协调不同学习方式，课程作业包括口头和书面报告、个人项目、小组及大组项目、实践、角色扮演以及线下或线上的分享。另外，经过高瞻培训认证的管理人员在培训时也运用同样的原则。

如何使培训有助于保教人员将他们在课堂上所学到的东西与他们的自身工作和家庭生活联系起来？高瞻工作坊在这方面是个很好的例子。就像各个年龄段的幼儿一样，成人也需要"做中学"。因此，在高瞻培训工作坊上，有很多探索新概念的机会。这些原则同样适用于针对想要理解高瞻课程模式并拓展孩子家庭学习的父母举办的工作坊。

每一次高瞻工作坊都以开放式活动开始，就像本书中每一章都以"想一想"开始一样。开放式活动作为一种激发人们思考的方式，能够使人们记住学习经验或分享活动。

工作坊的第二部分被称作"中心思想和实践"。通过将报告、材料、集体活动和讨论结合起来，参与者能够学到作为工作坊核心的有关幼儿发展和教育实践的主要概念。工作坊的组成与本书的章节设置是相似的，先说明为什么这个主题是重要的，然后再详细描述高瞻理论和实践原则。

在做培训计划时，培训者应为参与者确定主要的学习目标（就像我们为这本书中的每一章确定学习目标）。有时需要确认参与者已经知道和做过的事情，有时培训会拓展参与者当前的思维方式。对参加培训的人来说，改变态度和实践虽然很有压力，但同时也能使他们再次振奋起来。

工作坊的第三个组成部分就是"应用活动"。这一过程中允许参与者通过在相关情境、角色扮演或其他动手操作活动中的应用，进一步内化新学的知识（就像本书详细阐述案例和逸事一样）。

最后，因为培训的最终目标是提高教学实践，参加培训的人要制订回到各自岗位后将所学用于实践的计划。对教师来说，计划的焦点是与幼儿和家长的合作；对管理人员来说，切实可行的计划可用于在现场工作坊或观察反馈会上介绍课程理念。本书每一章结尾"试一试"部分同样有助于像学生、教师或管理者这样的读者巩固其所学的经验，并将这些经验运用到当前的情境中。

## ▲ 显性课程

一项对 671 名全美幼儿教育协会成员的调查显示，多数成员所在的机构不只使用一种课程（Epstein, Schweinhart, & Mcadoo, 1996）。他们或组合多种课程或根本没有课程。但是正如本书第一章所强调的那样，只有实施一种已经被证明有效的完整课程模式时，教育质量才是最好的。这种课程应该以书面形式陈述课程理念、儿童发展理论以及促进和评价幼儿学习的教学策略。高瞻课程模式符合上述所有要求。

## ▲ 分散学习

人们普遍认为改变是非常困难的。做我们已经知道的事情会更容易一些。即使他们已经决定改变自身的行为，但是欲望通常会超越能力。为此，高瞻将其培训课程延长为数周或数月，参与者会往返于工作坊和幼儿园之间。这种分散学习使得培训参与者能够试验他们新学到的东西，去观察什么起作用，什么不起作用，并且将他们成功的秘密或遇到的问题带到小组讨论中。每次工作坊都以解决问题和反思先前的内容开始，以实施新的想法或解决方法结束。高瞻成人学习模式采用计划—工作—回顾的顺序，也是幼儿一日常规的关键特征。

> 当我计划开一次工作坊的时候，我会平衡做报告和让学员参与的时间。就像给幼儿创造有效的学习环境那样，我们也需要给正在培训的成人创造同样的环境。
>
> ——一位管理者

### ▲ 跟进机制

如上所述，高瞻课程模式的参与者能够在培训工作坊后期（线下或是线上）提出问题。但是当培训课程结束后呢？高瞻网站、额外的面授和在线课程、出版物以及电子邮件会提供持续的信息和技术支持。另外，地方性、国家性和国际性的会议会为参与者提供新的信息和技能，并提供与其他实践者联系的机会。

高瞻课程模式认识到保教人员同样需要即时的现场指导，但因为不可能直接培训成千上万的高瞻实践者，所以早在 20 世纪 80 年代就开始提供"培训者培训"（见第 21 章）。这种培训方式让机构内部管理人员既学会课程，也学会怎样培训员工去实施课程。经过高瞻认证的培训者能够指导教学团队在课堂中观察并给予反馈，并能设计小组工作坊回应所在机构具体专业发展需求。另外一个现场跟进机制就是让经过高瞻认证的教师与缺少经验或没有接受培训的教师合作，尤其是在没有内部培

---

**指　　导**

**一位成功的指导者：**

- 乐于倾听；
- 对合作教师的需求敏感；
- 能够建立并维持关系；
- 表达对对方的认可；
- 愿意分享观点和材料；
- 善于向合作教师学习；
- 能培养并支持教师；
- 尊重合作教师的独特性和优点；
- 自信、稳重、灵活、无私、热情、关心他人。

资料来源：*Mentoring in the HighScope Preschool Classroom*（Ranweiler, 2001, p.383）.

训者的机构中。因为机构有时没有足够资金来让所有教师参加培训，也可能是，在机构和高瞻的培训合同结束之后，有新职员入职。在这种情况下，展现出高水平课程知识和实践技能的有资质的教师就能指导他们的助理、合作教师或其他教学伙伴。他们还能够回答问题并通过线上培训课程帮助新职员以他们自己的方式进行工作。作为指导者，他们就像高瞻培训的管理者一样使用相同的支持策略，观察，提供反馈，并支持参加培训的教师。

## 试一试

1. 写出幼儿学习的所有方式，写出成人学习的所有方式。他们在多大程度上是相同的？在多大程度上是不同的？或者你也可以回想在你小的时候，你怎样学得最好？现在你怎样学得最好？你长大以后，哪些没变，哪些变了？

2. 回想你教某人或是指导某人的一次经历，如教弟弟或妹妹学骑自行

高瞻认证教师一对一地指导初入职教师。

车，指导学生准备科学测验，教朋友编织。怎样做时你是成功的？怎样做时是不成功的？基于本章的学习，你将如何改变策略以更好地促进他人的学习？

3. 使用日志描述一个在班级中反复发生的、你想改变自己在其中行为的情境（如帮助一名在每次清理时间都溜走的幼儿，设计一个能够增强幼儿专注程度和参与度的集体活动）。什么样的培训、指导或支持能帮助你更好地应对这些情况？你将如何获得你所需要的支持和帮助？或者你也可以想一想家中的问题情境，哪种外部支援或观点能够帮助你改变行为？

4. 和没有学过高瞻课程模式的同学或同事分享你在本书中学到的内容。为了使本课程"活灵活现"地展现在这个人面前，你会怎么做？

5. 以下列举的是能够增加研讨会或工作坊趣味性和多样性的培训方式。哪些是你已经经历或使用过的？在使用过程中哪些是成功的？哪些是不成功的？

| | |
|---|---|
| 头脑风暴 | 新闻发布会 |
| 案例 | 问题解决 |
| 竞赛 | 完成项目 |
| 辩论会 | 报告 |
| 示范 | 小测验 |
| 讨论 | 幻灯片展示 |
| 练习 | 角色扮演 |
| 讲义 | 短剧 |
| 实地考察 | 小组合作 |
| 游戏 | 歌曲与诗歌 |
| 访谈 | 讲故事 |
| 讲座 | 幽默（卡通、笑话） |

你还能想出其他的策略吗？写出来，说一说，为什么你认为这些策略有用，或这些策略怎么有用？

# 第 21 章　高瞻课程模式提供何种教师专业培训和认证？

## 🔲 本章导读

　　本章共分为 3 个部分。第一部分从教师教育质量与幼儿学习、有效的认证系统、全美幼儿教育协会等国际组织标准角度得出为什么专业发展和认证很重要。第二部分介绍了高瞻培训课程类型，一类是课程培训，另一类是面向培训者的培训。培训课程的参与者参加工作坊，亲身实践，完成作业，接受现场访问和持续指导。培训者培训课程渗透成人学习原则以及管理和支持策略。高瞻课程模式也介绍了如何在培训后跟进。第三部分介绍了高瞻认证方法，包括教师认证、培训师认证以及机构认证。

## 🔲 本章学习目标

　　**学习完本章，你应该能够**

　　描述为什么培训和认证非常重要。

　　了解学前教育领域的专业组织。

　　理解高瞻培训课程的结构和类型，知道参与者能从培训中学到什么，可以获得何种类型的后续支持。

　　描述高瞻的认证和资格证书。

## 🔲 本章术语

　　认证（credentialing）

　　高瞻学前教育课程培训（HighScope Preschool Curriculum Course）

　　高瞻培训者培训（HighScope Training of Trainers Course）

课程评价（curriculum evaluation）

培训评价（training evaluation）

经过高瞻认证的教师（HighScope Certified Teacher）

经过高瞻认证的培训者（HighScope Certified Trainer）

经过高瞻认证的机构（HighScope Accredited Program）

 **想一想**

城市建筑监察人员刚刚通知你，说你房子的电线已经老化，存在火灾隐患。为保证安全，这所房子必须重装电线——这是一笔很大的开销。你需要雇一名电工。你怎样才能找到来完成这项工作的人呢？

有一个选择是通过你认识且信任的人介绍，但是如果介绍来的人做的工作很糟，就有可能破坏家庭的和谐或和朋友的友谊。另一个策略是查看网上的电工列表或分类广告。你可以从回你电话或邮件的人中选择（有可能你接到一个人或多个人的回复），你可以选择最便宜的且承诺会完成工作最快的电工。

或者，你可以咨询行业协会，让他们给你提供你所在地区有执照的电工的名单。你可以联系许多电工，要求其出示工作证明，并咨询他们过去的顾客。比起那些水平一般或没有执照的维修工，有执照的电工收费可能会贵一些，但有时候"最好的就是最便宜的"。在一开始花费多一些，使得工作能顺利地完成，在长远来看反而能省钱。

谈到幼儿的安全时，有资质的专家也一样重要。教师的工作对他们所看护幼儿的健康和发展有着终身的意义。幼儿的幸福反过来会影响家庭的正常生活。与此同时，高瞻佩里学前教育研究和其他研究表明，幼儿和家庭的幸福决定着他们是否能成为快乐的、有贡献的社会成员。

给幼儿看护设施提供认证的政府机构认识到了雇佣有资质的专业人员的重要性。尽管标准还没统一，已有标准也不是很严格，但多数认证标准都包含对职员学历和培训的要求。开展适宜的教师培训和认证同样也是高等教育机构的目标。它们设计相关课程并寻求美国教师教育认证委员会（National Council for Accreditation of Teacher Education，NCATE）的认可。其他专业组织，如全美幼儿教育协会和美国家庭式儿童保育协会（National Association for Family Child Care，NAFCC）也制定了专业发展和机构认证的客观标准。这些组织的标准都是基于对幼儿发展规律的研究和对最佳实践的认识而制定的。

作为高质量学前教育的提倡者，高瞻同样感到有责任提供专业性的发展建议，使教职员工、家庭和幼儿从中受益。高瞻教育研究基金会不断探索，以确保那些应用高瞻课程模式的教师和机构能够获得适宜的培训，从而使教育质量达到预期水平。

当一名熟练工人从官方行业组织取得认证证书，这意味着此人接受过适当的培训，经过了学徒期的训练，并通过了考察知识和技能的客观测试。因此，当有机构聘请经过认证的教师时，就有理由相信此人可以高质量地完成工作。同样，当一个学前教育机构从一个有公信力的政府或专业团体获得资格证书时，家长和其他人会感到放心，因为机构及其教职员工至少达到了安全和教育的最低标准。如果这个证书能够进一步体现深度培训、做中学的学习方法以及最佳实践，那么，这一机构和其教职员将更有可能提供高质量的服务。

## 为什么培训和认证很重要

马里奥·希森在《准备幼教专家》一书中，对众多研究进行了总结："学前教育实践者拥有正规教育或专业培训的水平越高，他们在为幼儿和家庭提供服务时越倾向于采用经过验证的方法，并一以贯之。我们都知道，想要对幼儿的生活产生积极影响，这是必备的。"（Hyson，2003，p.3）

前几章的焦点放在培训的过程上，最后这一章则强调为什么培训的内容同样重要。研究表明，教师接受正规教育的总体水平与其教学质量和幼儿的学习显著正相关（Barnett，2003; National Reasearch Council，2001）。例如高瞻国际教育成就评价学前项目的跨国分析发现，幼儿4岁时接受的教育与他们在7岁时的语言表现显著相关（Montie et al.，2006）。

然而，除了这种一般性的教育要求以外，教师培训同时必须满足"具体化、专业化"这两点，以达到最佳的效果，即当教师们参加的课程或培训是专门针对幼儿发展、学前教育课程和评价以及学前教育教学实践时，培训才是最有效的。

进一步讲，想要提高教师培训水平，仅仅提供适宜的培训内容是不够的，还需评价教师是否理解并运用培训内容中的专业知识去实施高质量的教育。有效教师认证系统应该以教师能够掌握和应用发展性知识和最佳实践为基础。如果没有证据能证明实践的品质，那么，学前教育的即时收益和终身效益便无法保证。这是高瞻佩里学前教育研究项目和高瞻基金会在持续工作中得到的经验（Schweinhart et al.，2005）。

希森深入探讨了全美幼儿教育协会的专业发展标准："要打下专业发展的坚实基础并不容易。学历很重要，但有学历并不能保证具有专业能力。真正重要的是专业准备和持续发展的结果，即他们所知道的，他们所能做的，以及他们在培养或促进幼儿发展和学习时表现出来的个性倾向或'思维习惯'。"（Hyson，2003，p.4）

为此，全美幼儿教育协会、美国专业教学标准委员会等专业组织提倡建立学前教育的专业标准。他们在订立标准时同时强调知识和实践，试图使用可测量的术语定义标准，并就如何评价教师是否达标给出指导。

同样，高瞻专业发展项目包括幼儿发展和教学实践的特定内容，并使用系统的程序评价参与者是否理解并使用他们从与幼儿、幼儿家庭以及同事互动中学到的知识。因为质量取决于在课堂上、培训中以及在办公室发生的具体事情，所以高瞻据此对教师、培训者和机构进行认证。为了保证质量，参与者必须客观、严格，包括积极参与培训，完成现场作业，积极反思，还需在教育幼儿、培训成人、管理机构时接受观察和评价。

在本章中，你将了解高瞻提供的培训课程类型以及高瞻基金会针对实践者、管理者和教育机构的认证系统。① 高瞻培训可以在美国以及全世界范围内进行，同时也可在位于密歇根州伊普西兰蒂的总部进行。很多课程可以在线学习。在线培训为实践者提供了很大的灵活性，他们可以根据自己的工作和家庭情况来做具体的安排。高瞻不断地更新培训课程的范围和内容以及学员服务系统。

## 高瞻专业发展课程

高瞻学前教育领域的在职培训与专业发展项目有两大基本类型。高瞻教育研究基金会面向保教人员提供了多个婴幼儿培训课程。这些培训课程全面覆盖了高瞻课程模式的内容，如基本理念、成人—幼儿互动、学习环境、一日常规、团队协作、家长参与以及所有发展领域的课程内容和评价。这些培训可以在线下开展，也可以在线上进行。

高瞻教育研究基金会提供的第二种课程类型是面向培训者的培训课程。这种课程面向那些已经完成课程培训的参与者，可以帮助他们为培训和支持其他人实施高瞻教育做好准备。首先，从本课程中学习到的策略不仅能应用在课程培训中，同样也可以用于支持其他成人的教育和活动。而且，学习有效的报告技巧能够使参与者在专业发展会议中更自信地公开演讲或主持会议。这些参加培训者培训课程的人通常处于管理岗位，如幼儿园主管、教育协调员或课程专家，但是经过高瞻认证的教师也会参与相

---

① 本章所描述的课程供面向幼儿的教育机构。高瞻也提供婴儿—学步儿教育机构培训以及面向小学的入学准备评价培训（HighScope Foundation,2006）。此外，高瞻地区性、国家性和国际会议会提供额外的、聚焦于某些特定主题的研讨会和工作坊，如"研究计划的撰写""与特殊需要儿童一起工作""与专业标准保持一致"等。

关类型的专门培训以便指导其他同事。

高瞻课程模式与美国的儿童发展副学士学位认证课程（Child Development Associate，CDA）、本科生（2 年制和 4 年制）和研究生的学历教育要求非常一致。顺利完成一种或两种课程的学生通过高等教育机构和高瞻教育研究基金会之间的互惠协议，可以获得继续教育部门（CEUs）和学校的学分。

## ▲ 课程培训

高瞻的课程培训包含多个内容，需要持续多个星期。这些课程直接面向实践者，即每天与幼儿共处的保教人员。希望成为高瞻培训者的管理者同样需要学习课程。工作坊和操作性的实践为他们在课程原则和方法方面打下了坚实的基础，由此他们可以有效地将经验传授给他人。

高瞻课程学习内容囊括了本书第二部分和第三部分的内容，也就是教学实践和课程内容。教学实践关注成人—幼儿互动策略、室内外的学习环境、一日常规和日程表、团队协作以及与家庭合作。可以通过参加工作坊和阅读，了解幼儿发展以及该年龄段的关键发展指标。学员也会开始熟悉基于观察的评价工具并练习撰写客观逸事。

参与培训的人在工作坊中分小组和大组进行操作性学习，在自己单位完成培训作业。培训课程时间是分散的，所以学员可以在持续数周的培训期间实践他们学习的内容。在参与培训期间，学员能够获得文本资料、视听材料、学习指导和评价工具。他们通过以下的方式掌握高瞻模式的应用性知识。

**工作坊。**面对面的和线上的工作坊包括学习理论、实践和评价，并包含大量分享和反思的机会。在培训期间，教师主动参与集体活动，获得培训者线下或者在线的指导。

**实践。**在参与培训期间，教师在课堂中应用他们学到的东西。在每周开始的时候，他们与培训者和合作教师一起反思在实施和评价中遇到的问题，并面对面地或是以在线的方式分享解决问题的办法。

**培训作业。**在培训时或是两次研讨会之间，教师需要完成阅读和反思作业。通过完成这些作业，他们能够学习并内化高瞻课程的核心要素。教师提交作业后可以获得面对面或者在线的反馈。

高瞻培训含工作坊、在线培训、实践、反思等多种形式。

**现场访问和持续指导。** 高瞻培训者会对每个教室进行观察并提供反馈。经过培训者培训课程认证的幼儿园内部的培训者，在培训结束后也能持续地提供相关支持。相关资源都可以通过高瞻官网获取。

## ▲ 培训者培训课程

高瞻培训者培训课程是为那些已经接受过课程培训，想要在现有教育模式下拓展技能、培训他人的人设计的。同样，培训者培训课程也是持续多个星期的。工作坊和研讨会与学员在本单位的实践交替进行。

培训者培训课程渗透成人学习原则以及成人监管和支持策略。学员学习怎样设计和组织工作坊，如何指导教师进行观察和反馈。他们还更加细致地研究高瞻评价工具《学前教育机构质量评价系统》（PQA）以及《学前儿童观察评价系统》（COR Advantage），并练习使用。学员学到的最为重要的经验就是——改变很难，教师需要理解教学。因此培训者培训课程探索有效的策略来促进教学实践循序渐进且切实地发生改变，就像这位管理者所记录的："我改变了自己的目标——试图改变一切、教会一切。高瞻帮助我选出在特定情境下，哪些内容最相关、最适宜而且最有用，而不是试着在短时间内强迫自己必须改变一切。选择一部分或一个可以改变的问题，然后提供支持，让时间去改变它。"

除了获得知识和技能外，学员还在整个培训过程中与其同事建立了广泛的联系。这些联系将会延伸到培训期外。因为高瞻课程模式现场培训项目是将离得比较近的学前教育机构的教师召集在一起，学员能分享和交换培训资源，交流专业知识。当许多学员学习同一核心资源时，这种培训能够帮助他们实施并传播类似的教育资源和知识。

培训者培训课程的每一个参与者都需确定一个"培训教室"，通常是在本园中，并在那里培训教师。整个课程中参与者需要做大量的笔记（称作《培训者报告》），记录他们在培训教室中对教师进行的工作。在培训者培训课程快要结束的时候，学员需要回答"实践中遇到的问题"以显示他们掌握本课程的程度。他们还需要在培训教室中录制一日常规录像，与培训者一起观看并记录自己的实施技巧，从而了解自身的长处和一些需要改善的

高瞻要求教师不仅知道最佳实践，更知道该如何将之应用在教学中。

问题。另外，每个学员都要组织一次工作坊，学员一起观察并给予反馈。高瞻培训者会考察这些活动并做出评价。最后，每个学员需在培训教室中记录大量的幼儿逸事（锁定一名目标幼儿），并在此基础上制订计划。

在培训课程结束的时候，培训者会从课程和培训两方面的知识与技能来评价学员。在课程方面，培训者评价幼儿学习、《学前教育机构质量评价系统》（PQA）实施情况以及一日常规。在培训方面，培训者考察学员组织同伴工作坊、开展观察和反馈研讨会以及撰写《培训者报告》的情况。那些在课程和培训两方面都能满足高瞻教育研究基金会严格要求的学员将成为高瞻认证的合格培训师。

### ▲ 跟进

在培训结束后，教师可以通过访问高瞻官网不断更新知识和提高技能。该网站提供有关课程进展、教学和培训策略、最新课程内容以及研究报告等。教师还可通过高瞻教育研究基金会一年一度在密歇根州举办的国际会议和遍及全美的地区性会议来不断提高自我。其他国家的高瞻机构同样会每年举办会议，帮助学员更新知识，提高技能。

## 高瞻认证方法

为保证质量，高瞻对达到严格标准的教师、培训者和机构进行认证。资格认证的有效期是 3 年。3 年之后，他们必须重新申请并获得认证。

下面概括每一级别认证的标准和资质。

### ▲ 教师认证

要成为高瞻认证教师，教师必须先注册，然后参加课程学习（或接受相当的培训）并完成全部作业。接下来，高瞻会在申请者所就职的机构观察申请者，申请者必须在《学前教育机构质量评价系统》（PQA）班级层面的条目获得高分。而且，还要在接下来的几个月中收集逸事并完成两篇幼儿观察记录，完成一系列计划表，记录和反思自己的实践。根据他们参加的课程，教师还能获得某一特定发展水平或课程（婴儿课程、幼儿课程）的认证。经过高瞻认证的教师有资格使用"高瞻教师"这一头衔，并在他们的机构实施经过认证的高瞻课程。

### ▲ 培训师认证

要成为高瞻认证的培训师，申请者必须同时完成高瞻课程培训（或接受相当的培训）和培训者培训。正如本章前面提到的，高瞻会对申请者在课程实施和成人培训方面的知识和技能进行评价，包括在课程中完成报告和作业，实施《学前教育机构质量评价系统》（PQA）和《学前儿童观察评价系统》（COR Advantage），召开同伴工作坊，以及在培训现场对员工进行成功的指导和观察 / 反馈。高瞻认证培训师有资格使用"高瞻培训师"这一头衔，并在他们自己或附近的使用高瞻课程模式的机构中培训教师。他们还能培训和推荐教师参加认证，并能在会议中组织高瞻工作坊。

### ▲ 机构认证

要得到高瞻认证，机构所有骨干保教人员必须是高瞻认证教师，而且必须与一位高瞻认证培训师（在园内或离得很近以便定期现场访问并提供支持）保持持续合作。另外，申请认证的机构在《学前教育机构质量评价系统》（PQA）班级层面和机构层面的条目上必须取得高分。经过认证后就可以使用"高瞻幼儿园"等称号，并能够在其经过认证的课程领域实施高瞻课程。

 试一试

1. 你认为学前教育机构应该满足的最低标准是什么？是什么促使一个机构表现优秀？什么是高质量机构的标志？找出你们国家对于学前教育和保育人员的资格要求。你认为这些标准体现的是低水平、适当水平还是高水平？你会提出什么修改建议（如果有需要）？

2. 从本书中选一个你特别感兴趣的并想把它应用到工作或个人生活中的领域或主题（例如"鼓励幼儿而不是表扬幼儿"）。为在这一领域想要获得的知识和技能设定一个目标。你如何考察你是否已经实现了既定目标（即你会关注哪种态度和行为）？实现目标将用多长时间？利用你自己设定的标准，对你现有的知识和技能做自我评价。在你自己设定的达成目标的时间过去之后，再进行一次自我评价，看自己发生了多大改变。肯定自己的进步。考虑是否想在这一领域继续成长，或是选择另外的目标并重复上述过程。

3. 制订你自己的专业发展计划。首先，列出你的专业发展目标。例如你可能会列出你想要何种学历和资格证书，想去何种机构工作，是想要从事教学工作还是成

为行政管理人员。然后，为每一个目标写下要实现它需要的行动（措施）和时间表。定期回顾你的计划并评价你的进步。在必要时修改你的目标和策略。你也可以与家人、朋友或同事分享你的计划，要求他们根据对你在哪方面有优势和对哪方面感兴趣的了解给出反馈意见。

# 参 考 文 献

Aboud, E E.(2005). The development of prejudice in childhood and adolescents. In J.F. Dovidio, P. Glick, & L.A. Rudman(Eds.), *On the nature of prejudice: Fifty years after Allport*(pp.310-326), Malden, MA: Blackwell. http://dx.doi.org/10.1002/9780470773963.

Adams, M. (1990). *Beginning to read: Thinking and learning about print*. Cambridge, MA: MTT Press.

Administration for Children and Families, Head Start Bureau. (2002, October). *Program Performance Standards and other regulations*. Washington, DC: US Government Printing Office.

American Academy of Pediatrics.(2006). *The importance of play in promoting healthy child development and maintaining strong parent-child bonds*. Elk Crove Village, IL: Author. http://dx.doi.org/10.1542/peds. 2006-2697.

American Academy of Pediatrics, Committee on Public Education. (2001). Children, adolescents, and television. *Pediatrics*, 107(2), 423-426. http://dx.doi.org/10.1542/peds.107.2.423.

Anthony, J.I. (2002). Structure of preschool phonological sensitivity: Overlapping sensitivity to rhyme, words, syllables, and phonemes. *Journal of Experimental Child Psychology*, 82, 65-92. http://dx.doi.org/10.1006/jecp.2002.2667.

Aronson, S.S. (Ed.).(2012). *Healthy young children : A manual for programs* (5th ed.) J. Washington, DC: National Association for the Education of Young Children.

Arts Education Partnership (1998). *Young children and the arts：Making creative connections—A report of the Task Force on Children's Learning and the Arts：Birth to age eight.* Washington, DC：Author.

Atance, C.M.,Bélanger, M.,& Meltzoff, A. (2010). Preschoolers' understanding of others' desires: Fulfilling mine enhances my understanding of yours. *Developmental*

*Psychology*, 46(6), 1505-1513. http://dx.doi.org/10.1037/a0020374.

Baker,L., Serpell,R., & Sonnenschein, S.(1995). Opportunities for literacy learning in the homes of urban preschoolers . In L.M. Morrow(Ed.), *Family literacy: connections in schools and communities*(pp.236-252). Newark, DE: International Reading Association.

Bandura,A.(1994), Self-efficacy. In V.S. Ramachandran (Ed.), *Encyclopedia of human behavior*(Vol.4, pp. 71-81).New York, NY: Academic Press.

Barnett, W.S. （2003）.*Better teachers, better preschools：Student achievement linked to teacher qualifications.* New Brunswick, NJ: National Institute for Early Education Research.

Barnett, W.S., Epstein, D.J., Carolan, M.E., Fitzgerald, J. , Ackerman, D.J. ,&Friedman, A.H. (2010).*The state of preschool 2010.* New Brunswick, NJ: National Institute for Early Education Research.

Baroody, A.J. （2000） Does mathematics instruction for three- to five- year olds really make sense? *Young Children*, 55 （4）, 61-67.

Battistich, V., Solomon, D., & Watson, M. (1998, April).*Sense of community as a mediating factor in promoting children's social and etbical development.* Paper presented at the meeting of the American Educational Research Association, San Diego, CA.

Baumeister, R.F., Campbell, J.D., Krueger, J.L., & Vohs, K.D.(2004). Exploding the self-esteem myth. *Scientific American*, 292(1),84-91. http://dx.doi.org/10.1038/scientificamerican0105-84.

Belsky, J. (2002). Quality counts: Amount of child care and children's social-emotional development. *Journal of Developmental and Behavioral Pediatrics*, 23(3), 167-170. http://dx.doi.org/10.1097/00004703-200206000-00010.

Benson, J.B. （1997）. The development of planning: It's about time. In S.L. Friedman & E.L. Scholnick （Eds）,*The developmental psychology of planning：Why, how, and when do we plan?* （pp.43-75）. Mahwah NJ：Lawrence Erlbaum.

Bereiter, C.,& Engelmann, S. （1966）. *Teaching disadvantaged children in the preschool.* Englewood Cliffs, NJ：Prentice -Hall.

Bergen, B. (1998a). Method of studying play. In D. Bergen(Ed.), *Play as a medium for learning and development* (pp.49-66). Portsmouth, NH: Heinemann.

Bergen, B. （1988b). Stages of play development. In D. Bergen （Ed.), *Play as a medium for learning and development* （pp.27-44). Portsmouth , NH:Heinemann.

Berk, L.E. (2011). *Infants and children: Prenatal through middle childhood* (7th ed.).

Boston, MA: Pearson/Allyn & Bacon.

Berry, C.F.,& Sylva, K.（1987）. *The plan-do-review cycle in HighScope：Its effects on children and staff.* Unpublished manuscript, available from High Scope Educational Research Foundation, Ypsilanti, MI.

Bishop, A. , Yopp, R.H. , & Yopp, H.K. (2000). *Ready for reading: A handbook for parents of preschoolers.* Boston, MA: Allyn & Bacon.

Black, J.E ,Jones, T.E., Nelson, C.A.,& Greenough, W.T.（1998）. Neuronal plasticity and the developing brain. In N.E. Alessi, J.T. Coyle, S.I. Harrison,& S.Eth（Eds）, *Handbook of child and adolescent psychiatry：Basic science and psychiatric treatment*（Vol.6, pp.31-53）.New York：Wiley.

Bloom, P.J., & Sheerer, M.（1992）. The effect of leadership training on child care program quality. *Early Childhood Research Quarterly*, 7(4),579-594.http://dx.doi.org/10.1016/0885-2006(92)90112-C.

Bodrova, E., & Leong, D.(2007). *Tools of the mind: The Vygotskian approach to early childhood education* (2nd ed. ). New York, NY: Prentice Hall.

Bourtchouladze,R（2004）. *Memories are made of this：How memory works in humans and animals*(2nd ed.).New York, NY：Columbia University Press.

Bowerman, M.(1996). Learning how to structure space for language: A cross-linguistic perspective . In P. Bloom, M.A. Peterson, L. Nadel, & M.F. Garrett( Eds.), *Language and space* (pp.385-436). Cambridge, MA: MIT Press.

Brand,S.（1996,January）. Making parent involvement a reality：Helping teachers develop partnerships with parents.*Young Children*, 51 （2）, 76-81.

Brereton, A.(2008). Sign language use and the appreciation of diversity in hearing classrooms. *Early years: An International Journal of Research and Development*, 28(3), 311-324. http://dx.doi.org/10.1080/09575140802393702.

Bruner, J.S.(1986). *Actual minds, possible worlds.* Cambridge, MA: Harvard University Press.

Bruner, J. S., Olver, R. R. , & Greenfield, P. M.(1996). *Studies in cognitive growth.* New York, NY: Wiley.

Calkins, L. (with Bellino, L.). (1997). *Raising lifelong learners: A parents' guide.* Cambridge, MA: Perseus Books.

Campbell, P.F.(1997). Connecting instructional practice to student thinking. Teaching

*Children Mathematics*, 4 , 106-110.

Campbell, P.F.(1999). Fostering each child's understanding of mathematics. In C. Seefeldt (Ed.), *The early childhood curriculum: Current findings in theory and practice* (3rd ed., pp.106-132). New York, NY: Teachers College Press.

Carlssonpaige, N. (2008). *Taking back childhood: Helping your kids thrive in fast-paced, media-saturated, violence-filled world.* New York NY: Penguin.

Case,R（1985）. *Intellectual development：Birth to adulthood.* Orlando,FL：Academic Press.

Catherwood, D.(2000). New views on the young brain: Offerings from developmental psychology to early childhood education. *Contemporary Issues in Early Childhood Education,* 1(1), 23-25.http://dx.doi.org/10.2304/ciec.2000.1.1.4.

Centers for Disease Control and Prevention. (2010). *The association between school-based physical activity, including physical education, and academic performance.* Atlanta, GA: US Department of Health and Human Services.

Chafel, J. A. (1984). "Call the police ,okay?" Social comparison by young children during play in preschool. *Early Child Development and Care*, 14, 201-215.http://dx.doi.org/10.1080/0300443840140303.

Chalufour, I.,& Worth, K. (2003). Discovering nature with young children. St. Paul, MN: Redleaf Press.Chapman,R.S.(2000).Children's language learning: An interactionist perspective. *Journal of Child Psychology and Psychiatry*, 41,33-54.http://dx.doi.org/10.1111/1469-7610.00548.

Cheatham, G.A., & Ro, Y.E.(2010, July).Young English learners' interlanguage as a context for language and early literacy development. *Young Children,* 65(4), 18-23.

Chess, S., & Alexander, T.(1996). Temperament. In M. Lewis(Ed.), *Child and adolescent psychiatry: A comprehensive textbook*(2nd ed., pp.170-181).Baltimore，MD: Williams & Wilkins.

Christ, T., & Wang, X.C.(2010). Bridging the vocabulary gap: What the research tell us about vocabulary instruction in early childhood. *Young children*, 65(4),84-91.

Church, E.L.(2003). Scientific thinking: Step-by-step. *Scholastic Early Childhood Today*, 17(6), 35-41.

Clay, M.M.(2000). *Concepts about print: What have children learned about the way we print language?* Auckland, New Zealand: Heinemann.

Clements, D.H. (1999).The effective use of computers with young children. In J.V. Copley (Ed.), *Mathematics in the early years* (pp.119-128). Reston, VA: National Council of Teachers of Mathematics and Washington, DC: National Association for the Education of Young Children.

Clements, D.H. (2002) . Computers in early childhood mathematics. *Contemporary Issues in Early childhood*, 3(2), 160-181. http://dx.doi.org/10.2304/ciec.2002.3.2.2.

Clements, D.H. (2004a). Geometric and spatial thinking in early childhood education. In D.H. Clements, J. Samare, & A.-M. DiBiase (Eds.), *Engaging young children in mathematics: Standards for early childhood mathematics education* (pp.267-297). Mahweh, NJ: Lawrence Erlbaum.

Clements, D.H.(2004b). Major themes and recommendations. In D.H. Clements, J. Sarama, &A.-M. DiBiase (Eds.), *Engaging young children in mathematics: Standards for early childhood mathematics education*(pp.7-72). Mahwah, NJ: Lawrence Erlbaum.

Clements, D.H.,& Sarama, J.(2007). Early childhood mathematics learning. In F.K. Lester, Jr. , (Ed.), *Second handbook of research on mathematics teaching and learning* (pp.461-555). New York, NY: Information Age.

Clements, D.H., Sarama, J., & DiBiase, A.-M.(Eds.).(2004). *Engaging young children in mathematics: Standards for early childhood mathematics education.* Mahweh, NJ: Lawrence Erlbaum.

Clements, D. H., & Stephan, M. (2004). Measurement in pre-K to grade 2 mathematics. In D.H. Clements, J. Samara, &A.-M. DiBiase(Eds.), *Engaging young children in mathematics: Standards for early childhood mathematics education*(pp.299-317). Mahweh, NY: Lawrence Erlbaum.

Colker, L.J.(2005).*The cooking book: Fostering young children's learning and delight.* Washington, DC: National Association for the Education of Young Children.

Common Core State Standards Initiative.(2012). *Common core state standards: Kindergarten.* Washington, DC: Author. Retrieved from www.corestandards.org.

Copley, J.V.(2010).*The young child and mathematics*(2nd ed.).Washington, DC: National Association for the Education of Young Children and Reston, VA: National Council for Teachers of Mathematics.

Copple, C., & Bredekamp, S. (Eds.).(2009). *Developmentally appropriate practice in early childhood programs serving children from birth through age 8*(3rd ed.). Washington,

DC: National Association for the Education of Young Children.

Creasey, G.L., Jarvis, P.A.,& Berk, L.E.(1998). Play and social competence. In O.N.Saracho & B. Spodek(Eds.), *Multiple perspectives on play in early childhood education*(pp.117-143). Albany, NY: State University of New York.

Cumming, C.(2000). *Wining strategies for classroom management*. Alexandria, VA: Association for Supervision and Curriculum Development.

Curenton, S., & Justice, L.M. (2004). Low-income preschoolers' use of decontextualized discourse: Literate language features in spoken narratives. *Language, Speech, and Hearing Services in Schools, 35,* 240-253.

Curry, N.E., & Johnson, C.N. (1990). *Beyond self-esteem: Developing a genuine sense of human value*. Washington, DC: National Association for the Education of Young Children.

Damon, W.(1990). *The moral child: Nurturing children's natural moral growth*. New York, NY: Free Press.

Daniels, M.(2001). *Dancing with words: Signing for hearing children's literacy*. Westport, CT: Bergin & Garvey.

DeBruin-Parecki, A., & Hohmann, M. （2003）. *Letter links：Alphabet learning with children's names*. Ypsilanti, MI：HighScope Press.

Denham,S.(2006). The emotional basis of learning and development in early childhood education. In B. Spodek & O.N. Saracho(Eds.), *Handbook of research on the education of young children*(pp.85-104). Mahwah, NJ: Erlbaum.

Derman-Sparks, L., &Edwards, J.O.(2010). *Anti-bias education for young children and ourselves*. Washington, DC: National Association for the Education of Young Children.

DeVries, R., & Sales, C. (2011). *Ramps & pathways: A constructivist approach to physics with young children*. Washington, DC: National Association for the Education of Young Children.

DeVries, R., & Zan, B. (2003). When children make rules. *Educational Leadership*, 61(1), 64-67.

DeVries, R., & Zan, B. (2012). *Moral classrooms, moral children: Creating a constructivist atmosphere in early education* (2nd ed. ). New York, NY: Teachers College Press.

Dewey, J. （1938/1963）. *Experience and education*. New York, NY：Macmillan.

Dickinson, D.K., & Porche, M.V. (2011). Relation between language experiences in preschool classrooms and children's kindergarten and fourth-grade language and reading abilities. *Child Development*, 82(3), 870-886. http://dx.doi.org/10.1111/j.1467-8624.2011.01576.x.

Dickison, D.K., & Tabors, P.O.(2002). Fostering language and literacy in classrooms and homes. *Young Children*, 57(2)., 10-18.

Dietze, B., & Kashin, D.(2011). *Playing and learning in early childhood education*. New York, NY: Prentice Hall.

DiNatale, L. (2002) .Developing high. quality family involvement programs in early childhood settings. *Young Children,* 57(5), 90-95.

Dowling, J.L., & Mitchell, T.C. (2007).*I belong: Active learning for children with special needs.*Ypsilanti, MI: HighScope Press.

Duncan, G.J., Dowsett, C.J., Claessens, A., Magnuson, K., Huston, A.C., Klebanov, P., ... Brooks-Gunn, J.(2007). School rediness and later achievement. *Developmental Psychology,* 43(6),1428-1446. http://dx.doi.org/10.1037/0012-1649.43.6.1428.supp.

Dunn, J.(1998). *The beginnings of social understanding*. Cambridge, MA: Harvard University Press.

Dweck, C.S.(2002). The development of ability conceptions. In A. Wigfield & J.S. Eccles (Eds.), *Development of achievement motivation*(pp. 57-90). San Diego, CA: Academic Press.

Early, D., & Winton, P. (2001) . Preparing the workforce: Early childhood teacher preparation at 2- and 4- year institutions of higher education. *Early Childhood Research Quarterly,*16 (3) ,285-306. http://dx.doi.org/10.1016/S0885-2006(01)00106-5.

Eisenberg, N., Spinrad, T.L., & Sadvosky, A.(2006). Empathy-related responding in children. In M. Killen & J.G. Smetana(Eds.), *Handbook of moral development*(pp.517-553). Mahwah, NJ: Lawrance Erlbaum.

Elias, M.J., Zins, J. E., Weissberg, K. S., Frey, M.T., Greenberg, N. M., Kessler, R., ...Shriver, T.P.(1997). *Promoting social and emotional learning: Guidelines for educators.* Alexandria,VA: Association for Supervision and Curriculum Development.

Epstein, A.S. (1993). Training for quality: Improving early childhood programs through systematic inservice training. Ypsilanti, MI: HighScope Press.

Epstein, A.S. (2003)How planning and reflection develop young children's thinking skills. *Young children*, 58(5), 28-36.

Epstein, A.S. (2007). *The intentional teacher: Choosing the best strategies for young children's learning*. Washington, DC: National Association for the Education of Young Children.

Epstein, A.S. (2009a). *Me, you, us: Social-emotional learning in preschool*. Ypsilanti, MI: HighScope Press and Washington, DC: National Association for the Education of Young Children.

Epstein, A.S. (2009b). *Numbers Plus Preschool Mathematics Curriculum*. Ypsilanti, MI: HighScope Press.

Epstein, A.S. (2012a). *Approaches to learning*. Ypsilanti, MI: HighScope Press.

Epstein, A.S. (2012b). *Creative arts*. Ypsilanti, MI: HighScope Press.

Epstein, A.S. (2012c). *Language, literacy, and communication*. Ypsilanti, MI: HighScope Press.

Epstein, A.S. (2012d). *Mathematics*. Ypsilanti, MI: HighScope Press.

Epstein, A.S. (2012e). *Physical development and health*. Ypsilanti, MI: HighScope Press.

Epstein, A.S. (2012f). *Science and technology*. Ypsilanti, MI: HighScope Press.

Epstein, A.S. (2012g). *Social and emotional development*. Ypsilanti, MI: HighScope Press.

Epstein, A.S. (2012h). *Social studies*. Ypsilanti, MI: HighScope Press.

Epstein, A.S., Gainsley, S., Hohmann, M., Jurkiewicz, T., Lockhart, S., Marshall, B., & Montie, J.(2013). *Program Quality Assessment From B – Agency Items for infant-toddler and preschool programs*. Ypsilanti, MI: HighScope Press.

Epstein, A.S., & Hohmann, M.(2012). *The HighScope Preschool Curriculum*. Ypsilanti, MI: High Scope Press.

Epstein, A.S., Marshall, B., & Gainsley, S. (2014a). *COR Advantage: User guide*. Ypsilanti, MI: High Scope Press.

Epstein, A.S., Marshall, B., & Gainsley, S. (2014b). *COR Advantage 1.5: Scoring guide*. Ypsilanti, MI: HighScope Press.

Epstein, A.S., Marshall, B., Gainsley, S., Red-e Set Grow, Albro, C., Claxton, J., ...Smith, E.V.(2014). *COR Advantage 1.5* [Computerized assessment system]. Online at http://www.coradvantage.org.

Epstein, A.S., Schweinhart, L.J., & McAdoo, L. (1996). *Models of early childhood education.* Ypsilanti, MI：HighScope Press.

Epstein, A.S., & Trimis, E.（2002）. *Supporting young artists：The development of the visual arts in young children.* Ypsilanti, MI：HighScope Press.

Erikson, E.（1950）. *Childhood and society.* New York：Norton.

Evans, B.（2002）. *You can't come to my birthday party! Conflict resolution with young children.* Ypsilanti, MI：High Scope Press.

Fantuzzo, J.W., Perry , M.A., & McDemott, P.(2004). Preschool approaches to learning and their relationship to other relevant classroom competencies for low-income children. *School Psychology Quarterly*, 19(3),212-230. http://dx.doi.org/10.1521/scpq.19.3.212.40276.

Ferreiro, E., & Teberosky, A. (1982). *Literacy before schooling.* Portsmouth, NH: Heinemann.

Fiske, E.B. (Ed.) (1999). *Champions of change : The impact of the arts on learning.* Washington, DC: Arts Education Partnership and the President's Committee on the Arts and Humanities.

Fitch, M., Huston, A.C.,& Wright, J.C.（1993）. From television forms to genre schemata：Children's perceptions of television reality. In G.L. Berry & J.K. Asamen（Eds.）, *Children and television：Images in a changing sociocultural world*（pp.38-52）. Newbury Park, CA：Sage.

Flavell, J.H., Miller, P.H., & Miller, S.A.(2011). *Cognitive development* (4th ed.). New York, NY: Prentice Hall.

Fox, L., & Lentini, R.H. (2006). "You got it!" Teaching social and emotional skills. *Young Children,* 61(6), 36-42.

Friedman, H.S., & Martin, L.R.(2011). *The Longevity Project: Surprising discoveries for health and long life from the landmark eight-decade study.* New York, NY: Hudson Street Press.

Gainsley, S. (2008) . *From message to meaning: Using a daily message board in the preschool classroom.* Ypsilanti, MI：HighScope Press.

Gallahue, D.L. (1995). Transforming physical education curriculum. In S. Bredekamp & T. Rosegrant (Eds.), *Reaching potential: Transforming early childhood curriculum and assessment* (Vol.2, pp.125-144). Washington, DC: National Association for the Education of Young Children.

Gallahue, D.L., & Donnelly, F.C.(2003). *Developmental physical education for all children* (4th ed.). Champaign, IL: Human Kinetics.

Gardner, H. (1991). *The unschooled mind: How children think and how schools should teach.* New York, NY: Basic Books.

Gartell, D. (1995). Misbehavior or mistaken behavior. *Young Children*, 50(5), 27-34.

Gartell, D. (2006). The beauty of class meetings. *Young Children*, 61(6), 54-55.

Gelman, S. (1999). Concept development in preschool children. In *Dialogue on early childhood science, mathematics, and technology education.* Washington, DC: American Association for the Advancement of Science. Retrieved from http://www.project2061.org/publications/earlychild/online/default.htm.

Gelman, R., & Baillargeon, R.(1983). A review of some Piagetian concepts In P.H. Mussen (Ed.), *Handbook of child psychology socialization, personalitly and social development* (pp.167-230). New York: John Wiley & Sons.

Gelman, R., & Brenneman, K. (2004). Science learning pathways for young children. *Early Childhood Research Quarterly*,19 (1) ,150-158. http://dx.doi.org/10.1016/j.ecrecq.2004.01.009.

Gelman, R.,& Gallistel, C.R. (1978/1986). *The child's understanding of number.* Cambridge, MA: Harvard University Press.

Geography Education Standards Project. (1994). *Geography for life: National education standards – 1994.* Washington, DC: Author.

Giles, J.W., & Heyman, G.D.(2005a). Preschoolers use trait-relevant information to evaluate the appropriateness of an aggressive response. *Aggressive Behavior*, 31(5),498-509. http://dx.doi.org/10.1002/ab.20086.

Giles, J.W., & Heyman, G.D.(2005b). Young children's beliefs about the relationship between gender and aggressive behavior. *Child Development*,76(1),107-121. http://dx.doi.org/10.1111/j.1467-8624.2005.00833.x.

Gilliam, W.S., & Leiter, V. (2003.July). Evaluating early childhood programs: Improving quality and informing policy. *Zero to Three*, 23(6), 4-5.

Ginsburg, H.P., Greenes, C., & Balfanz, R.(2003). *Big math for little kids: Prekindergarten and kindergarten.* Parsippany,NJ: Dale Seymour.

Ginsburg, H.P. ,Inoue, N. ,& Seo, K-H. (1999). Young children doing mathematics: Observations of everyday activities. In J.V. Copley (Ed.), *Mathematics in the early years* (pp.88-99). Reston, VA: National Council of Teachers of Mathematics and Washington,

DC: National Association for the Education of Young Children.

Gonzalez-Mena, J. (2013). *Foundations in early childhood education: Teaching children in diverse settings*(6th ed.). New York , NY: McGraw-Hill.

Goodenough, E.L. (1926). *Children's drawings as measures of intellectual maturity.* New York, NY: Harcourt Brace.

Goodwyn, S.W., Acredolo, L.P., & Brown, C. A.(2000). Impact of symbolic gesturing on early language development. *Journal of Nonverbal Behavior*, 24 (2),81-103.http:// dx.doi.org/10.1023/A:1006653828895.

Goswami, U.(Ed.). (2002). *Blackwell handbook of childhood cognitive development.* Malden, MA：Blackwell.

Graham, G. , Holt/Hale. S., & Parker, M.(2004). *Children moving: A reflective approach to teaching physical education* (9th ed. ). St. Louis, MO: McGraw Hill.

Greenes, C. (1999). Ready to learn :Developing young children's mathematical powers. In J. Copley(Ed.), *Mathematics in the early years*(pp.39-47). Reston, VA: National Council of Teachers of Mathematics and Washington, DC: National Association for the Education of Young Children.

Greenough, W.T., & Black, J.R. (1992) . Induction of brain structure by experience：Substrates for cognitive development. In M.R. Gunnar & C.A. Nelson (Eds.), *Minnesota symposium of child psychology: Developmental behavioral neuroscience* (Vol.24, pp.55-200). Hillsdale, NJ：Erlbaum.

Gronlund, G. (2006). *Making early learning standards come alive: Connecting your practice and curriculum to state guidelines*. St. Paul, MN: Redleaf Press and Washington, DC: National Association for the Education of Young Children.

Hamre, B.K., & Pianta, R. C.(2007). Learning opportunities in preschool and early elementary classrooms. In R. Pianta, M. Cox, & K. Snow(Eds.), *School readiness and the transition to kindergarten in the era of accountability* (pp.49-84).Baltimore, MD: Brookes.

Haraksin-Probst, L., Huston-Brandhagen, J. , & Weikart, P.S.(2008). *Making connections: Movement, music, and literacy.* Ypsilanti, MI: HighScope Press.

Harms, T. ,Clifford, R.M., & Cryer, D. (2005). *The early childhood environment rating scale*(Rev.ed.). New York, NY：Teachers College Press.

Hart, B., & Risley, T. (1995). *Meaningful differences in the everyday experience of young American children.* Baltimore, MD：Brookes.

Hart, B. ,& Risley, T. (1999). The social world of children learning to talk Baltimore, MD：Brookes.

Harter, S. (2006). The self. In W. Damon, R.M. Lerner, & N. Eisenberg (Eds.), *Handbook of child psychology: Social, emotional, and personality development* (6th ed., Vol. 3, pp.505-570). New York, NY: Wiley.

Haugen, K.(2010). Learning to use tools and learning through tools: Brain development and tool use. *Exchange*, 32(5), 50-52.

Hemmeter, M.L., & Ostrosky, M.(2003). Classroom preventive practices. *Research synthesis on effective intervention procedures: Excutive summary*(chapter4). Tampa: FL: University of South Florida, Center for Evidence-Based Practice: Young Children With Challenging Behavior.

Henderlong, J., & Lepper, M.R. (2002).The effects of praise on children's intrinsic motivation: A review and synthesis. *Psychological Bulletin*, 128(5), 774-795.

Hewws, D.W.(2007). Preschool geography: Developing a sense of self in time and space. *Journal of Geography*, 81(3), 94-97. http://dx.doi.org/10.1080/00221348208980855.

HighScope Educational Research Foundation. (2003). *Preschool Program Quality Assessment*（*PQA*）(2nd ed.). Ypsilanti, MI：HighScope Press.

HighScope Educational Research Foundation. (2006). *Ready Schools Assessment.* Ypsilanti, MI：HighScope Press.

HighScope Educational Research Foundation. (2010). *Growing Readers Early Literacy Curriculum(GRG)*(2nd ed.). Ypsilanti, MI：HighScope Press.

HighScope Educational Research Foundation. (2013). *Key developmental indicator(KDI)scaffolding charts*. Ypsilanti, MI：HighScope Press.

HighScope Educational Research Foundation & Red-eSet Grow. (2012). *Online PQA*[Computerized assessment system]. Online at http://www.onlinepqa.net.

Hoff, E. (2009). *Language development* (4th ed.). Belmont, CA: Wadsworth.

Hohmann, M. (2010). *Growing Readers Early Literacy Curriculum teacher guide* (2nd ed.). Ypsilanti, MI：HighScope Press.

Hohmann, M. ,& Adams, K. (2008). *Storybook talk: Conversations for comprehension.* Ypsilanti, MI：HighScope Press.

Hohmann, M. , Lockhart, S., & Montie, J. (2013). *Infant-Toddler Program Quality Assessment (PQA).* Ypsilanti, MI：HighScope Press.

Huffman, A.B.(1996). Beyond the weather chart: Weathering new experiences. *Young Children*, 51(5),34-38

Hyson, M. （Ed.） （2003）. *Preparing early childhood professionals：NAEYC's standards for programs*. Washington, DC：National Association for the Education of Young Children.

Hyson, M. （2008）. *Enthusiastic and engaged learners: Approaches to learning in the early childhood classroom*. New York, NY: Teachers College Press and Washington, DC: National Association for the Education of Young Children.

Indrisano, R., & Squire, J.R. (Eds.)(2000). *Perspectives on writing: Research, theory, and practice*. Newark, DE: International Reading Association.

Iverson, J.M. ,& Goldin-Meadow, S. （2005）. Gesture paves the way for language development. *Psychological Science*,16 （5）, 367-371. http://dx.doi.org/10.1111/j.0956-7976.2005.01542.x.

Jalongo, M.R. (2008). *Learning to listen, listening to learn: Building essential skills in young children*. Washington, DC: National Association for the Education of Young Children.

Janofsky, M. （2005,October, 27）. New Nevada school will serve super-smart kids. *The Ann Arbor News*, p.A6. （Reprinted from the New York Times）.

Jantz, R.K. ,& Seefeldt, C. （1999）. Early childhood social studies. In C. Seefeldt （Ed.）, *The early childhood curriculum：Current findings in theory and practice* （3rd ed., pp. 159-178）.New York, NY：Teachers College Press.

Jensen, E.(2000). Moving with brain in mind. *Educational Leadership,* 58(3),34-37.

Kagan, J. （2005）. Temperament and the reactions to unfamiliarity. In M. Gauvain & M. Cole(Eds.), *Reading on the development of children* (4th ed., pp.73-78). New York, NY: Worth Publishers.

Kagan, M. ,& Kagan, S. （2003）. *The five major memory systems SmartCard.* San Clemente, CA：Kagan Publishing.

Kagan, S. L., Moore, E., & Bredekamp, S. （Eds.） （1995, June）. *Reconsidering children's early development and learning：Toward common views and vocabulary* （Goal 1 Technical Planning Group Report 95-03）. Washington, DC：National Education Goals Panel.

Katz, L. (1993). *Dispositions, definitions, and implications for early childhood practice.* Champaign, IL: ERIC Clearinghouse on Elementary and Early Childhood Education.

Katz, L. (1995). *Talks with teachers of young children：A collection.* Norwood, NJ：Ablex.

Katz, L., & Chard, S.C. (1996). *The contribution of documentation to the quality of early childhood education.* Retrieved from ERIC database. (ED3936081996-04-00)

Katz, L., & McClellan, D. (1997). *Fostering children's social competence：The teacher's role.* Washington ,DC：National Association for the Education of Young Children.

Kellert, S.R. (2002). *Children and nature: Psychological, sociocultural, and evolutionary investigations.* Cambridge, MA: MT Press.

Kemple, K.M., Batey, J.J., & Hartle, L.C. (2005). Music play: Creating centers for musical play and exploration. In D. Koralek (Ed.), *Spotlight on young children and the creative arts* (pp.24-31). Washington, DC: National Association for the Education of Young Children.

Kerlavage, M.S.(1995). A bunch of naked ladies and a tiger: Children's responses to adult works of art. In C.M. Thompson (Ed.), *The visual arts and early childhood learning* (pp.56-62). Reston, VA: National Art Education Association.

Kindler, A.M. (1995). Significance of adult input in early childhood artistic development. In C.M. Thompson (Ed.) , *The visual arts and early childhood learning* (pp. 1-5). Reston, VA：National Art Education Association.

Kirova, A., & Bhargava, A. (2002). Learning to guide preschool children's mathematical understanding: A teacher's professional growth. *Early Childhood Research and Practice,* 4(1), 1-21.

Klein, A., & Starkey, P. (2004). Fostering preschool children's mathematical knowledge: Findings from the Berkeley Math Readiness Project. In D. H. Clements, J. Samara, & A.-M. DiBiase (Eds.), *Engaging young children in mathematics: Standards for early childhood mathematics education* (pp.343-360). Mahweh, NJ: Lawrence Erlbaum.

Kohn, A. (1999). *Punished by rewards：The trouble with gold stars, incentive plans, A's, praise, and other bribes* (2nd ed.). New York：Houghton, Mifflin.

Ladd, G.W., Birch, S. H., & Buhs, E. H.(1999). Children's social and scholastic lives in kindergarten: Related spheres of influence? *Child Development*, 70(6),1373-1400.http://dx.doi.org/10.1111/1467-8624.00101.

Ladd, G.W., Herald, S.L., & Andrews, R.K. (2006). Young children's peer relations and social competence. In B. Spodek & O.N. Saracho(Eds.), *Handbook of research on the education of young children* (2nd ed., pp.23-54). Mahweh, NJ: Lawrence Erlbaum.

Landry, C.E.,& Forman, G.E.(1999). Research on early science education. In C. Seefeldt(Ed.), *The early childhood curriculum: Current findings in theory and practice* (3rd ed., pp.133-158 ).New York, NY: Teachers College Press.

Langer, J., Rivera, S., Schlesinger, M., & Wakeley, A.(2003). Early cognitive development: Ontogeny and Phylogeny. In J. Valsiner & K. Connolly (Eds.), *Handbook of developmental psychology* (pp.141-171). London: Sage.

Lee, V.E., & Burkam, D.T. (2002).*Inequality at the starting gate: Social background differences in achievement as children begin school.* Washington, DC: Economic Policy Institute.

Lehrer, R. (2003).Developing understanding of measurement. In J. Kilpatrick, W.G. Martin, & D. Schifter(Eds.), *A research companion to principles and standards for school mathematics*(pp.179-192). Reston, VA: National Council of Teachers of Mathematics.

Levin, D.E.(2003). *Teaching young children in violent times: Building a peaceable classroom*(2nd ed.). Washington, DC: Educators for Social Responsibility and National Association for the Education of Young Children.

Levine, S.C., Suriyakham, L.W., Rowe, M.L., Huttenlocher, J., & Gunderson, E.A. (2010). What counts in the development of young children's number knowledge?*Developmental Psychology*.38(3),376-393.http://dx.doi.org/10.103///0012-1649.38.3.376.

Liben, L.S., & Downs,R.M.(1993).Understanding person-soace-map relations:Cartographic and developmental perspectives.*Developmental Psychology*, 29(4),739-752.http://dx.doi.org/10.1037//0012-1649.29.4.739.

Manross, M.A. (2000). Learning to throw in physical education class: Part 3. *Teaching Elementary Physical Education*, 11(3), 26-29.

Marsh, H., Ellis, L., & Craven, R.(2002).How do preschool children feel about themselves? Unraveling measurement and multidimensional selfconcept structure. *Developmental Psychology*, 38(3), 376-393. http://dx.doi.org/10.1037//0012-1649.38.3.376.

Marzano, R., & Kendall, J.S. (2007). *The new taxonomy of educational objectives*(2nd ed.). Thousand Oaks, CA: Corwin Press.

Mayer, R.H.(1995). Inquiry into place as an introduction to world geography: Starting with ourselves. *Social Studies*, 86(2), 74-77.http://dx.doi.org/10.1080/00377996.1995.9958374.

McGee, L.M., & Richgels. D.J. (2000). *Literacy's beginnings: Supporting young readers and writers* (6th ed.). Boston, MA: Allyn & Bacon.

Meece, J.L. ,& Daniels, D.H. (2007).*Child and adolescent development for educators*(3rd ed.). New York, NY: McGraw-Hill.

Metz, E.(1989).Movement as a musical response among preschool children. *Journal of Research in Music Education*, 37 (1), 48-60.http://dx.doi.org/10.2307/3344952.

Mezirow, J.(Ed.). (2000). *Learning as transformation: Critical perspectives on a theory in progress*. San Francisco, CA:Jossey-Bass.

Mindes, G.(2005). Social studies in today's early childhood curricula. *Young Children*, 60(5), 12-18.

Mitchell, L. S.(1934). *Young geographers.* New York, NY: Bank Street College.

Mix, K. S.(2002). The construction of number concepts. *Cognitive Development*, 17, 1345-1363. http://dx.doi.org/10.1016/S0885-2014(02)00123-5.

Montie, J. E., Xiang Z., & Schweinhart, I. J.(2006). Preschool experience in 10 countries: Cognitive and language performance at age 7. *Early Childhood Research Quarterly*, 21(3),313-331. http://dx.doi.org/10.1016/j.ecresp.2006.07007.

Moran, M. J., & Jarvis, J. (2001). Helping young children develop higher order thinking. *Young Children*, 56(5), 31-35.

Namy, I.L., Acredolo, L, & Goodwyn, S.(2000). Verbal labels and gestural routines in parental communication with young children. In *Journal of Nonverbal Behavior*, 24(2), 63-79. http://dx.doi.org/10.1023/A: 1006601812056.

National Association for the Education of Young Children.(2005). *Early childhood program standards and accreditation performance criteria*. Washington, DC: Author.

National Association for the Education of Young Children & Fred Rogers Center for Early Learning and Children's Media.(2012). *Technology and interactive media as tools in early childhood programs serving children from birth through age 8: A joint position statement.* http://www.naeyc.org/files/naeyc/file/positions/PS-technology-WEB2.pdf.

National Association for the Education of Young Children & National Association of Early Childhood Specialists in State Departments of Education（2002，November）. *Early Learning Standards: Creating the conditions for success- Joint position statement*. Retrieved from http://www.naeyc.org/files/naeyc/file/positions/position_statement.pdf.

National Association for Sport and Physical Education. (2009). *Active start: A statement of physical activity guidelines for children birth to age 5* (2nd ed.). Reston, VA: Author.

National Board for Professional Teaching Standards. (2012). *Early childhood generalist standards*(3rd ed.). Retrieved from http://www.nbpts.org/sites/default/files/documents/certificates/nbpts-certificate-ec-gen-standards.pdf.

National Center for Education Statistics. (2013). *The condition of education 2013* (NCES 2013-037), English language learners. Washington. DC: Author. Retrieved from http://nces.ed.gov/fastfacts/display.asp?id=96.

National Center for Health Statistics. (2004). *Health, United States, 2004: With chartbook on trends in the health of Americans*. Hyattsville, MD: Author.

National Council for the Social Studies. (2010). *National curriculum standards for the social studies : A framework for teaching, learning, and assessment*. Silver Spring, MD: Author.

National Council of Teachers of Mathematics. (2000). *Principles and standards for school mathematics*. Reston, VA: Author.

National Council of Teachers of Mathematics. (2006). *Curriculum focal points for prekindergarten through grade eight mathematics*. Reston, VA: Author.

National Institute of Child Health and Human Development (NICHD) . (2006, January). *The NICHD study of early care and youth development: Findings for children up to age $4\frac{1}{2}$ years* (NIH Publication No.05-4318). Washington, DC: US Department of Health and Human Services, National Institutes of Health, NICHD.

National Institute on Early Childhood Development and Education, US Department of Education. (2000). *New teachers for a new century: The future of early childhood professional preparation*. Jessup, MD: US Department of Education. ED Publishing.

National Reading Panel. (2000). *Teaching children to read: An evidence-based assessment of the scientific research literature on reading and its implications for reading ins-truction*. Washington, DC: National Institutes of Health, National Institute of Child Health and Human Development.

National Research Council.(2001). *Eager to learn: Educating our preschoolers.* Washington, DC: National Academies Press.

National Research Council. (2005). *Mathematical and scientific development in early childhood: A workshop summary*. Washington, DC: National Academies Press.

National Research Council. (2009). *Mathematics learning in early childhood: Paths toward excellence and equity.* Washington, DC：National Academics Press.

National Research Council & Institute of Medicine. (2000). *From neurons to neighborhoods: The science of early childhood development.* Washington, DC: National Academic Press.

Neill,P.(2008). *Real science in preschool: Here, there, and everywhere.* Ypsilanti, MI: HighScope Press.

Neuman, S.B. , Copple, C. , & Bredekamp, S.(2000). *Learning to read and write: Developmentally appropriate practices for young children.* Washington, DC: National Association for the Education of Young Children.

Newcombe, N. (2002). The nativist-empiricist controversy in the context of recent research on spatial and quantitative development. *Psychological Science,*13 (5), 395-401. http://dx.doi.org/10.1111/1467-9280.00471.

Office of Head Start. (2012). *The Head Start child development and early learning framework: Promoting positive outcomes in early childhood programs serving children 3-5 years old.* Washington, DC: US Department of Health and Human Services, Administration for Children and Families, Office of Head Start. Retrieved from http://www.edkc.ohs.acf.hhs. gov/hslc/sr/approach/cdelf.

Paley, V. G. (1990). *The boy who would be a helicopter.* Cambridge, MA：Harvard University Press.

Pairs, A.H., & Pairs, S. G. (2003). *Assessing narrative competence in young children.* Reading Research Quarterly, 38, 36-42.

Piaget, J.L. (1932/1965), *The moral judgment of the child.* New York, NY：Free Press.

Piaget, J.L. (1950), *The psychology of intelligence.* London, England: Routledge.

Pica, R. (1997). Beyond physical development：Why young children need to move. *Young Children*, 52 (6), 4-11.

Pica, R. (2013). *Experiences in movement and music: Birth to age eight* (5th ed.). Clifton Park, NY: Delmar Learning.

Pinker, S.(2008,January 13). The moral instinct. *The New York Times Magazine*, 32-37, 55-56, 59.

Pomerantz, E.M. , Ruble, D.N. , Frey, K.S. ,& Greulich, F.(1995). Meeting goals and confronting conflict: Children's changing perceptions of social comparison. *Child*

*Development*, 66(3), 723-738. http://dx.doi.org/10.1111/j.1467-8624.1995.th00901.x.

Post, J. ,Hohmann, M. ,& Epstein, A.S.(2011). *Tender care and early learning: Supporting infants and toddlers in child care settings*(2nd ed). Ypsilanti, MI: HighScope Press.

Povinelli, D.J. ,Landry, A.M. ,Theall, L.A. ,Clard, B.R. ,& Castille, C.M. (1999). Development of young children's understanding that the recent past is causally bound to the present. *Developmental Psychology*, 35(6), 1426-1439. http://dx.doi.org/10.1037//0012-1649.35.6.1426.

Power, F. C. , Higgins, A., & Kohlberg, L.(1991). *Lawrence Koblberg's approach to moral education.* New York, NY: Columbia University Press.

Ramsey, P.G.(2006). Early childhood multicultural education. In B. Spodek & O.N. Saracho(Eds.), *Handbook of research on the education of young children* (2nd ed., pp.279-302).Mahweh, NJ: Lawrence Erlbaum.

Randolph, J., & Gee, P.(2007). *Building community in the classroom.* Retrieved from http://centerforeducation.rice.edu/pdf/Randolph011406.pdf.

Ranweiler, L.(2001).Mentoring in the HighScope preschool classroom. In N.A.Brickman（Ed.）, *Supporting young learners*（Vol.3, pp.383-390）Ypsilanti,MI：HighScope Press.

Ranweiler, L. （2004）. *Preschool readers and writers：Early literacy strategies for teachers.* Ypsilanti, MI：HighScope Press.

Raver,C.C., Garner, P.W., & Smith-Donald, R.(2007). The roles of emotion regulation and emotion knowledge for children's academic readiness. In R.C. Pianta, M.J. Cox, & K.L. Snow(Eds.), *School readiness and the transition to kindergarten in the era of accountability*(pp.121-147). Baltimore, MD: Brookes.

Rogoff, B.(2003). *The cultural nature of human development.* New York, NY: Oxford University Press.

Rosen, D.B. , & Jaruszewicz, C.(2009). Developmentally appropriate technology use and early childhood teacher education. *Journal of Early Childhood Teacher Education*, 30(2), 162-171. http://dx.doi.org/10.1080/10901020902886511.

Rothbart, M.K., Sheese, B.E., & Posner, M.(2007). Executive function and effortful control: Linking temperament, brain networks, and genes. *Child Development Perspectives,* 1(1),2-7.

Rowe, S.M., & Wertsch, J.V. (2002). Vygotsky's model of cognitive development. In U Goswami (Ed.), *Blackwell handbook of child cognitive development* (pp.539-554). Malden, MA：Blackwell.

Rubin, K.H., Bukowski, W., & Parker, J.G.(2006). Peer interactions, relationships, and groups. In N. Eisenberg(Ed.), *Handbook of child psychology: Social, emotional, and personality Development*(Vol.3.pp.571-645). New York, NY:Wiley.

Saarni, C. (1999). *The development of emotional competence.* New York, NY: Guilford.

Sanders, S.W. (2002). *Active for life：Developmentally appropriate movement programs for young children.* Washington, DC：National Association for the Education of Young Children.

Sarama, J. , & Clements, D.H.(2009). *Early childhood mathematics education research: Learning trajectories for young children.* New York, NY: Routledge.

Satir, V. (1988). *The new peoplemaking.* Mountain View, CA：Science and Behavior Books.

Sawyer, R.K. (2004). Improvised lessons：Collaborative discussion in the constructivist classroom. *Teacher Education*, 15 (2), 189-201. http://dx.doi.org/10.1080/104 7621042000213610.

Sawyers, K.S.(with Colley, E & Icaza, L.). (2010). *Moving with purpose: 54 activities for learning, fitness,* and fun. Ypsilanti, MI: HighScope Press.

Schank, R.C. (1990). *Tell me a story：A New look at real and artificial memory.* New York, NY：Scribner.

Schickedanz, J.A., & Collins, M.F.(2013). *So much more than the ABCs: The early phaces of reading and writing.* Washington, DC: National Association for the Education of Young Children.

Schiller, M. (1995). An emergent art curriculum that fosters understanding. *Young Children*, 50 (3), 33-38.

Schweinhart, I.J. (2004). *A school administrator's guide to early childhood programs* (2nd ed.). Ypsilanti, MI：HighScope Press.

Schweinhart, L.J., Montie, J., Xiang, Z., Barnett, W.S., Belfield, C.R., & Nores, M. (2005). *Lifetime effects：The HighScope Perry Preschool study through age 40.* Ypsilanti, MI：HighScope Press.

Schweinhart, L.J.,& Weikart, D.P. (1997). *Lasting differences：The HighScope*

*Preschool Curriculum comparison study through age 23*. Ypsilanti, MI：HighScope Press.

Sears, P.S. ,& Dowley, E.M.（1963）. Research on teaching in the nursery school. In N. L. Gage（Ed.）, *Handbook of research on teaching*(pp.814-864). Chicago, IL：Rand McNally.

Seefeldt, C.（1995）. Art – A serious work. *Young Children*, 50(3),39-45.

Seefeldt, C.（1999）. Art for young children. In C. Seefeldt（Ed.）, *The early childhood curriculum：Current findings in theory and practice*（3rd ed., pp.201-217）. New York, NY: Teachers College Press.

Seefeldt, C., Castle, S, & Falconer, R. (2013). *Social studies for the preschool/primary child* (9th ed.). Englewood Cliffs, NJ: Prentice Hall.

Shore, R.（2003）. *Rethinking the brain：New insights into early development* (Rev.ed.). New York, NY：Families and Work Institute.

Sims, W.L.(1985). Young children's creative movement to music: Categories of movement, rhythmic characteristics, and reactions to change. *Contributions to Music Education,* 12, 42-50.

Smilansky, S.（1971）. Play：*The child strives toward self-realization.* Washington, DC：National Association for the Education of Young Children.

Smith, L.（2002）. Piaget's model . In U. Goswami（Ed.）, *Blackwell handbook of child cognitive development*（pp.515-537）. Malden, MA：Blackwell.

Snow, C.E. , Burns, S., & Griffin, P.（Eds.）.（1998）. *Preventing reading difficulties in young children.* Washington, DC：National Academies Press.

Sobel, D. (2008). *Children and nature: Design principles for educators*. Portland, ME: Stenhouse.

Sophian, C. (2004). Mathematics for the future: Developing a Heard Start curriculum to support mathematics learning. *Early Childhood Research Quarterly*, 19(1), 59-81. http://dx.doi.org/10.1016/j.ecresq.2004.01.015.

Sophian, C., Wood, A.M. ,& Vong, K.I. (1995). Making numbers count: The early development of numberical inferences. *Developmental Psychology,* 31(2),263-273. http://dx.doi.org/10.1037/0012-1649.31.2.263.

Soto, L.D.(1999). The multicultural worlds of childhood in postmodern America. In C. Seefeldt(Ed.), *The early childhood curriculum: Current findings in theory and practice*(3rd ed., pp. 218-242). New York, NY: Teachers College Press.

Stellaccio, C.K., & McCarthy, M. (1999). Research in early childhood music and movement education. In C. Seefeldt(Ed.), *The early childhood curriculum: Current findings in theory and practice*(3rd ed., pp.179-200). New York, NY: Teachers College Press.

Stipek, D.(2002). *Motivation to learn: Integrating theory and practice* (4th ed.). Boston, MA: Allyn & Bacon.

Strickland, D.S. ,& Shanahan, T.（2004）. Laying the groundwork for literacy. *Educational Leadership*, 6(6), 74-77.

Subrahmanyam, K., Gelman, R., & Lafosse, A.（2002）. Animates and other separably moveable objects. In E. Forbe & G. Humphreys（Eds.）, *Category specificity in brain and mind*（pp.341-373）. London：Psychology Press.

Sulzby, E.(1986). Writing and reading: Signs of oral and written language organization in the young child. In W.H. Teale & E. Sulzby(Eds.), *Emergent literacy: Reading and writing* (pp.50-89). Norwood, NJ: Alex.

Sulzby, E.(1987). Children's development of prosodic distinctions in telling and dictation modes. In A. Matsuhashi(Ed.), *Writing in real time: Modeling production processes*(pp.133-160). Westport, CT: Alex.

Sylva, K.(1992). Conversations in the nursery：How they contribute to aspirations and plans. *Language and Education*, 6(2), 141-148. http://dx.doi. org/10.1080/0950078920954133.

Sylva, K, Smith, T., & Moore, E.（1986）. *Monitoring the HighScope training program：1984-85*. Oxford, United Kingdom: Department of Social and Administrative Studies, University of Oxford.

Szanton, E. S.(1992). *Heart start: The emotional foundations of school readiness*. Arlington, VA: Zero to Three/National Center for Clinical Infant Programs. Retrieved from ERIC database.(ED352171)

Tabor, P. O.(2008). *One child, two languages: A guide for preschool educators of children learning English as a second language*. Baltimore, MD: Brooks.

Tarnowski, S. M., & Lederc, J. (1994). Musical play of preschoolers and teacher-child interaction. *Update, Applications of Research in Music Education,* 13(1),9-16.

Taunton, M., & Colbert, M.（2000）. Art in the early childhood classroom：Authentic experiences and extended dialogues. In N.J. Yelland（Ed.）, *Promoting meaningful learning：Innovation in educating early childhood professionals*（pp. 67-76）. Washington, DC：National Association for the Education of Young Children.

Thompson, C. M.(1995). Transforming curriculum in the visual arts. In S. Bredekamp & T. Rosegrant(Eds.), *Reaching potentials: Transforming early childhood curriculum and assessment*(Vol.2, pp.81-96). Washington, DC: National Association for the Education of Young Children.

Thompson, R. A.(2002). The roots of school readiness in social and emotional development. *The Kauffman Early Education Exchange*,1,8-29.

Thompson, R. A.(2006). The development of the person: Social understanding, relationships, conscience, self. In W. Damon, R.M. Lerner, & N. Eisenberg(Eds.), *Handbook of child psychology: Social, emotional, and personality development* (6th ed. , Vol.3, pp.24-98). New York, NY: Wiley.

Thompson, R. A., & Nelson, C.A. (2001). Developmental science and media: Early brain development. American Psychologist,56 (1), 5-15.http://dx.doi.org/10.1037//0003-066X.56.1.5.

Thornton, S., & Vukelich, R(1998). Effects of children's understanding of time concepts on historical understanding. *Theory and Research in Social Education*, 16(1), 69-82. http://dx.doi.org/10.1080/00933104.1988.10505556.

Tomasello, M., & Farrar, M. (1986, December) Joint attention and early language. *Child Development,* 57 (6), 1454-1463.http://dx.doi.org/10.1111/j.1467-8624.1986.tb00470.x.

Tomlinson, H. B., & Hyson, M.(2009). Developmentally appropriate practice in the preschool years-ages 3-5: An overview. In C. Copple & S.Bredekamp(Eds.), *Developmentally appropriate practice in early childhood programs serving children from birth through age 8,* (3rd ed., pp.111-148) . Washington, DC: National Association for the Education of Young Children.

Tudge, J., & Caruso, D. (1988). Cooperative problem-solving in the classroom: Enhancing young children's cognitive development. *Young Children*, 44(1),46-52.

Vandell, D.L., Nenide, L., &Van Winkle, S. J.(2006). Peer relationships in early childhood. In K. McCartney & D. Phillips(Eds.), *Blackwell handbook of early childhood development* (pp.455-470). Oxford, United Kingdom: Blackwell. http://dx.doi.org/10.1002/9780470757703.

Van Scoy, I. J., & Fairchild, S.H.(1993). It's about time! Helping preschool and primary children understand time concepts. *Young Children*, 48(2), 21-24.

Veen, A.,Roeleveld, J.,& Leseman, P. (2000, January) *Evaluatie van kaleidoscoop en piramide eindrapportage*[Evaluation of Kaleidoscope and pyramid final report]. SCO Kohnstaff Instituut, Universiteit van Amsterdam.

Vygotsky, L.S. （1934/1962）. *Thought and language.* Cambridge, MA：MIT Press.

Vygotsky, L. S. (1978). *Mind and society: The development of higher psychological processes.* Cambridge, MA: Harvard University Press.

Wasik, B.(2001). Teaching the alphabet to young children. *Young Children*, 56(1),34-40.

Weikart, P.S. （2000）. *Round the circle：Key experiences in movement for young children* （2nd ed.）. Ypsilanti, MI：HighScope Press.

Weist, R.M.(1989). Time concepts in language and thought: Filling the Piagetian void from two to five years . In I. Levin & D.Zakay(Eds.), *Time and human cognition: A life-span perspective* (pp.63-118). Amsterdam, The Netherlands: North Holland.

Wellman, H.(2002). Understanding the psychological world : Developing a theory of mind. In U. Goswami (Ed.), *Blackwell handbook of childhood cognitive development*(pp.167-187). Malden, MA: Blackwell.

White House Task Force on Childhood Obesity. (2010).*Solving the problem of childhood obesity within a generation: Report to the President.* Washington, DC: Author. Retrieved from http://www. letsmove.gov/sites/letsmove.gov/files/TaskForce_on_Childhood_Obesity_May2010_FullReport.pdf.

White, R. , & Stoecklin, V. L.(2008). *Nurturing children's biophilia: Developmentally appropriate environmental education for young children.* Retrieved from www. whitehutchinson.com/children/articles/nurturing.shtml.

Wolfe, D. , & Perry, M. D.(1989). From endpoints to repertoires: Some new conclusions about drawing development. *Journal of Aesthetic Education*, 22, 17-34. http://dx.doi.org/10.2307/3332961.

Wood, D., McMahon, L. , & Cranstoun, Y. （1980）. *Working with under fives.* Ypsianti, MI：HighScope Press.

World Forum Nature Action Collaborative for Children.(2010). *Connecting the world's children with nature environmental action kit.* Retrieved from http://www. worldforumfoundation.org.

Worth, K., & Grollman, S, (2003). *Worms, shadows, and whirlpools. Science in the early childhood classroom.* Portamouth, NH: Heinemann and Washington, DC：National Association for the Education of Young Children.

Wyner, N., & Farquhar, E.(1991). Cognitive, emotional, and social development: Early childhood social studies. In J. Shaver(Ed.), *Handbook of research on social studies teaching and learning*(pp.101-146). New York, NY: Macmillan.

Zeiger, J. (2007, February 25). *Developing a community of learners*. Retrieved from http://classroom-management-tips.suite101.com/article.cfm/developing_a_community_of_ learners.

Zelazo, P.D., & Mueller, U.（2002）. Executive function in typical and atypical development. In U Goswami（Ed.）, *Blackwell handbook of child cognitive development*（pp. 445-469）. Malden, MA：Blackwell.

Zelazo, P. D., Muller, U., Frye, D., & Marcovitch, S.(2003). The development of executive function. *Monographs of the Society for Research in Child Development*, 68(3), Serial No.274.

Zill, N., Resnick, G. , Kim, K. , O' Donnell, K. , & Sorongon, A（2003, May）. *Head start FACES（2000）：A whole child perspective on program performance：Fourth progress report*. Administration for Children and Families, US Department of Health and Human Services. Contract HHS-105-96-1912, Washington, DC：Author.

Zur, O. , &Gelman, R.(2004). Young children can add and subtract by predicting and checking. *Early childhood Research Quarterly*,19(1),121-137. http://dx.doi.org/10.1016/ jecresq.2004.01.003.

# 后　记

　　高瞻课程模式是一套涵盖学习内容、实践方式、幼儿和服务于幼儿的教育机构的评价以及教师专业发展培训的完整体系。20世纪80年代末以来，高瞻课程模式逐渐成为在美国被运用得最为广泛的课程模式之一。与此同时，由于在课程研究、课程推广方面卓有成效的工作，高瞻课程模式在国际社会中也享有盛名。2003年，经济合作与发展组织（OECD）学前教育和保育政策主题评价小组将高瞻课程模式认定为OECD国家学前教育领域盛行的四种课程模式之一。

　　"他山之石，可以攻玉。"了解高瞻课程模式关于幼儿学习目标、路径和内容，幼儿学习与发展评价的维度和指标，学前教育机构质量评价的维度和指标，以及幼儿园教师专业发展的目标、内容与路径等多个方面的理念和实践，可以为我国建构基于中国文化且适合中国幼儿的幼儿园课程模式、幼儿学习与发展评价模式、教师专业发展模式、教师学习与发展评价模式、课程发展与教师专业发展一体化的幼儿园教育质量综合提升模式提供帮助。由此，我们选择对高瞻课程模式进行系统研究，而本书就是这一研究的"重点工程"。本书是对高瞻课程模式的概览，较为全面、深入地呈现了高瞻课程模式理论与实践。基于此认识，在对我们翻译的第1版进行系统回顾和反思的基础上，我带领由北京师范大学多位博士、硕士研究生组成的研究团队共同完成了第2版的翻译工作。本书的完成是我们研究团队集体力量的结晶。我和刘祎玮在对全书先行通读的基础上，对全书章节标题和关键表达等进行了细致翻译和多轮修订，并在此基础上对全书框架和翻译思路、风格和分工等进行了讨论和确认，之后，对全书涉及的通用术语和高瞻课程模式涉及的专业术语进行了认真筛选、翻译和多轮校改，也请李金、刘睿文、李冰伊等深度参与了对术语的多轮讨论和最后确认。就本书的具体翻译工作来说，刘睿文负责翻译前言至第4、第12、第13章，刘祎玮负责翻译第5、第6、第7、第8、第9、第21章，李金负责翻译第10、第11、第14章，何淼负责翻译第15~20章。此外，研究团队在翻译的过程中，还开展了多轮次的细致讨论和互校工作，特别是李金和刘祎玮对值得商榷的一些翻译问题进行了深入研究，对书中多次重复出现的关键词、句的译法寻求达成一致意见。在校稿过程中，除了上述同学的辛苦努力外，还得到了姜珊珊、黄爽、陈雅川、徐鹏、黄双、李文婧、刘凌云、赵一璇、谷虹、杜宝杰和王冰虹的鼎力帮助。最后，还要感谢何淼、张艺、张昭、张静漪等再次用时一个月，认真、高效率和负责任地进行了最后一轮的关键词替换乃至书稿的校对。我和刘祎玮在前面多轮次的将翻译当作"研""究"的工作基础上，再一次通读并修改书稿。本书由李冰伊和李金进行了最后一轮认真、系统、全面的审校与完善。书稿最后由我定稿。丛书译者前言由刘祎玮协助我完成。本书请原作者美国高瞻教育研究基金会的高级主管安·S.爱泼斯坦博士所做中文版序言，由李冰伊翻译完成。特别感谢刘睿文和黄双，她们是我的博士研究生，对本书的翻译与校对表现出了突出的学术研究品质和学术研究潜质。特别感谢何淼，她是我的硕士研究生，在翻译的过程中体现了突出的翻译水准和学术研究功底。还要特别感谢李冰伊，作为非学前教育领域的学生，她的英文功底和翻译经验是本书"信、达、雅"的有力保障。还要特别感谢本译丛的主要负责人，也是迄今为止我最为年轻的合作伙伴——李金、刘祎玮和何淼，她们既自始至终主要负责各自的学术翻译和学术研究，又自始至终地协助我对本丛书中每本书一轮轮"鹰架"布设和实际执行。她们都是我的硕士研究生，是 20 岁出头的年轻人，但她们主动性的学习品质、合作性的行动品质、创造性的思维品质让我受益良多，也让整个翻译团队能够百折不挠地持续前行。她们和她们所代表的年轻人是"早上八九点钟的太阳"，是我们学前教育事业改革和发展的希望。

　　在此书翻译的过程中，我们参考和学习了第 1 版的译文，因此对所有参与该版翻译工作的老师和同学表示感谢。

　　在此书出版之际，感谢教育科学出版社学前分社为此书出版所付出的长期努力，感谢教育科学出版社给予的多个方面的大力支持和帮助。

　　感谢整个研究团队长期以来尤其是这段时间以来所付出的艰辛努力。尽管深知也和团队有着共识——此书是我们学前教育课程研究、幼儿园教师培训课程研究的对象之一和副产品之一，或者说是我们建构适宜中国儿童的学前教育课程模式研究、建构适宜中国教师的幼儿园教师培训课程模式研究的对象之一和副产品之一，我还是要在本书完稿之际感谢整个研究团队的不懈追求和持续努力。我相信，这本书的出版也是我和团队在"办好学前教育"的背景下继续追求专业进步的新起点。我们也已经踏上新的征程。

　　希望本书的翻译出版能够激发和我们一样热爱学前教育并有志于学前教育质量提升的同人乃至每一位读者灵感的火花和思维的深入，能够启迪我们大家为创造适合中国文化和中国儿童的学前教育课程模式和幼儿园教师培训模式持续地贡献自己的智慧和力量。


北京师范大学　霍力岩

出版人　李　东

责任编辑　王春华

版式设计　宗沅书装　沈晓萌

责任校对　贾静芳

责任印制　叶小峰

## 图书在版编目（CIP）数据

学前教育中的主动学习精要：认识高瞻课程模式／
（美）安·S.爱泼斯坦（Ann S.Epstein）著；霍力岩等
译.—2 版 .—北京：教育科学出版社，2019.3（2021.10 重印）
（高瞻课程的理论与实践）
书名原文：Essentials of Active Learning in
Preschool：Getting to Know the HighScope
Curriculum，Second Edition
ISBN 978-7-5191-1402-2

I. ①学…　II. ①安…　②霍…　III. ①课程—教学研
究—学前教育　IV. ① G612

中国版本图书馆 CIP 数据核字（2018）第 258163 号

北京市版权局著作权合同登记　图字：01-2016-9145 号

高瞻课程的理论与实践

学前教育中的主动学习精要——认识高瞻课程模式（第 2 版）

XUEQIAN JIAOYU ZHONG DE ZHUDONG XUEXI JINGYAO ——RENSHI GAOZHAN KECHENG MOSHI

| | | | | | |
|---|---|---|---|---|---|
| 出版发行 | 教育科学出版社 | | | | |
| 社　　址 | 北京·朝阳区安慧北里安园甲 9 号 | | 市场部电话 | 010-64989572 | |
| 邮　　编 | 100101 | | 编辑部电话 | 010-64989395 | |
| 传　　真 | 010-64989419 | | 网　　址 | http://www.esph.com.cn | |
| 经　　销 | 各地新华书店 | | | | |
| 制　　作 | 宗沅书装 | | | | |
| 印　　刷 | 保定市中画美凯印刷有限公司 | | | | |
| 开　　本 | 787 毫米 ×1092 毫米　1/16 | | 版　　次 | 2019 年 3 月第 2 版 | |
| 印　　张 | 26.25 | | 印　　次 | 2021 年 10 月第 4 次印刷 | |
| 字　　数 | 453 千 | | 定　　价 | 78.00 元 | |

如有印装质量问题，请到所购图书销售部门联系调换。

图片来源：高品（北京）图像有限公司